사례 중심의
장애아동 부모 교육

김미경

박영story

이 책은 2021년 세한대학교 교내연구비 지원에 의해 출판되었습니다.

머리말

부모들은 아이에게 단순한 말소리가 아닌 삶의 기본 바탕과 사람에 대한 생각과 뜻이 담겨 있는 말들을 가르치려 한다. 요즘 우리 사회는 너무나 급변화하고 있으며, 사람들은 갈수록 바쁘다는 핑계로 아동을 적게 배려하고 이해한다. 특히 장애아동을 대하는 우리 사회를 보면 더더욱 그런 생각이 든다. 다른 사람과 마찬가지로 장애아동들도 안전, 애정, 소속, 성취에 대한 기본적인 욕구를 가지고 있다. 일반적으로 장애아동들은 같은 연령의 장애아동들보다 비장애아동들을 더 좋아한다. 청소년이 되면서 그들은 집단 동일시와 또래의 수용을 원하게 된다. 그들은 초기 성인기가 되면서 점점 성적 정체성에 집중하게 된다. 계속 성숙하면 직업과 사회생활에서의 독립을 더 찾게 된다. 장애청소년들도 비장애 또래들과 같은 기본적인 욕구, 흥미, 가치, 포부를 가지고 있기 때문에 상담 목적과 방법 역시 같은 것이다. 그러나 장애아동과 비장애아동 사이에는 중요한 차이가 존재한다. 상담 전략의 변화를 요구하는 이러한 차이는 복잡하여 쉽게 구별되지 않는다. 그러나 장애아동의 상담 요구와 비장애아동의 상담 요구가 다르지 않다는 것을 말해주는 것은 이들이 공통적인 특성을 가지기 때문이다.

장애아동의 일반적 욕구, 기본적인 상담 전략, 장애아동의 상담에 있어서 고려할 점, 장애아동에게 성공적인 것으로 증명된 몇 가지 대안적인 상담기법에 대한 간단한 설명은 본서에서 언급하였으나 상담가의 특성, 상담 이론, 특정 상담학과의 방법과 같은 주제는 의도적으로 생략하였다. 이러한 주제는 많은 교과서에서 다루고 있고, 상담가를 위한 연수나 현직 교사 연수 프로그램을 통해 일반적으로 접할 수 있기 때문이다.

따라서 본서에서는 특수교육 현장에서 절실히 요구되지만 어려운 부분이라 할 수 있는 실제 현장에서 부모 교육과 상담을 어떻게 해야 할지, 이들의 욕구를 어떻게 하면 충족시켜 줄 수 있을지를 사례 중심으로 살펴보고 이를 바탕으로 이론적으로 정리해보았다.

'어설프게 한다'라는 오류를 범하지 않으려고 노력하였으나, 필자가 강의 준비를 하는 데 일차적인 목적이 있었기에 다소 이론적인 부분들을 배제하기가 힘들었고 그 내용 또한 부족한 부분이 많으리라 여겨진다. 내용상 일부 잘못된 표현이나 내용이 있다면 이는 전적으로 필자의 무지에서 비롯된 것이며 반드시 수정, 보완할 것을 약속드린다.

또한 본서의 내용 가운데 개인 블로그에서 발췌한 내용들에 관해서는 대부분 동의를 구했으나 일부 인터넷 기사와 홈페이지 내용을 자료로 사용하면서 사전에 양해를 구하지 못한 점에 대해 유감을 표한다. 이 내용들이 현장에서 장애아동 부모를 대상으로 교육하고 상담하는 데 조금의 밑

거름이 되었으면 하는 바람이 있다. 넉넉지 않은 시간에도 불구하고 도와주신 박영스토리 관계자분들과 자료 정리를 도와준 우리 학생들에게도 고마움을 표한다.

눈 내리는 겨울날 대불쎄느강을 바라보며 연구실에서.

2021년 3월
김미경

차례

제 1 장

장애아동 상담의 이해

　모든 사람과 마찬가지로 장애아동들도 안전, 애정, 소속, 성취에 대한 기본적인 욕구를 가지고 있다. 일반적으로 장애아동은 같은 장애를 가진 나이가 많거나 어린 사람보다 같은 연령의 비장애 아동을 더 좋아한다. 청소년이 되면서 그들은 집단 동일시와 또래의 수용을 원하게 된다. 그들은 초기 성인기가 되면서 점점 성적 정체성에 집중하게 된다. 계속 성숙하면서는 직업과 사회생활에서의 독립을 점점 더 찾게 된다. 장애 청소년들도 비장애 또래들과 같은 기본적인 욕구, 흥미, 가치, 포부를 가지고 있기 때문에 상담 목적과 방법 역시 같다. 하지만 장애에 대한 심리적 적응 과정은 장애아동의 이해 못지않게 중요한 부분이다. 그리고 양육자인 장애아동 부모가 겪는 심리적 변화를 이해하는 것 또한 중요한 부분이라 할 수 있다. 장애아동이 겪는 심리적 발달 단계를 크게 초기, 중기, 후기 단계로 나누어 보면 다음과 같다.

1) 초기 단계

　충격은 장애아라는 사실을 최초로 알았을 때 발생하는 심리적 마비 상태를 말한다.
　다음의 불안은 장애라는 사실을 인식한 초기 단계에서 발생하는 심리적 공황과 유사한 반응을 말한다.
　다음 단계의 부정은 장애 때문에 발생하는 고통스러운 현실을 회피하기 위해 사용하는 심리적 방어 수단으로서, 자신의 장애 자체를 거부하려는 마음을 말한다.

2) 중기 단계

　우울은 신체적·감각적·심리적 능력의 상실을 최초로 그리고 완전히 인정하면서 발생하는 심리적 상태를 말한다.
　내재화된 화 단계는 죄책감과 자기 비난이 동반된 자기를 향한 분노감을 말하는 것이다. 즉, 자기 자신의 장애와 그에 따른 제한을 자기의 죄로 돌리며 자학하는 상태를 말한다.
　다음 단계는 외재화된 적개심의 단계이다. 장애에 대한 보복의 형태로 다른 사람들에게 향하는 분노 반응을 말한다. 즉, 자신의 장애에 느끼는 분노감을 다른 사람을 상대로 표출하려는 일종의 공격적 행동 반응이다.

3) 후기 단계

인정은 장애와 장애로 인한 결과를 인정하고, 그 장애와 결과가 영구적으로 유지된다는 것을 심리적으로 수용하는 것을 말한다.

적응의 단계는 새롭게 주어진 생활 상황에 대해 행동을 적응시키고, 장애로 인한 기능적 불리함을 정서적으로 내면화하는 것을 말한다.

이렇듯 장애에 대한 반응이 다르므로 이러한 각 단계에 따라 적용되는 상담 기법 또한 달라진다. 장애아동 상담에 적용할 수 있는 일반적 상담 기법의 내용을 요약하여 소개하고, 심리적 적응 단계에 가장 적합한 상담 기법을 소개하고자 한다.

여기서 소개하고자 하는 상담 기법은 장애인을 위한 상담에서 가장 보편적으로 사용되는 상담 방법으로서, 정신분석 상담, 개인 심리학적 상담, 인간중심적 상담, 형태주의적 상담, 합리적－정서적 상담, 현실적 상담, 행동적 상담, 신체 심리적 상담 등 여덟 가지 방법이다.

1-1 상담 이론

1) 정신분석 상담(Psychoanalytic Approach)

정신분석 상담의 대표적 인물로는 Freud, Abraham 등이 있으며 이 이론을 장애에 적용하는 데 있어서 핵심 개념은 다음과 같다.

> 자기방어 기제(defense mechanisms): 억압(repression), 억제(suppression), 승화(sublimation), 합리화(rationalization), 감정전이(transference), 치환(displacement), 퇴행(regression), 도피(escape), 동일시(identification), 섭취(interjection), 투영(projection), 반동형성(reaction formation), 보상(compensation)·신체상(body image)

상담의 목적은 장애로 인한 무의식적인 내용을 의식화시키고, 무의식에 내재된 장애와 관련된 부정적 감정들을 재생시키고 억압된 감정을 해결하는 것이다. 이 방법은 장애에 대한 심리적 적응 단계의 초기와 중기 단계에 적용되며 사용되는 상담 기법은 자유연상(free association), 해석(interpretation), 꿈의 분석(dream analysis), 저항의 분석과 해석(analysis and interpretation of transference) 등이다.

2) 개인 심리학적 상담(Individual Approach)

개인 심리학적 상담의 대표적 인물로는 Adler 등이 있고 장애 적용에 있어서 핵심 개념은 다음과 같다.

- 열등감(inferiority feelings)
- 보상(compensation)
- 우월성 추구(striving for superiority)
- 생활양식(life-style)

상담의 목적은 열등감을 감소시키고 자신의 잘못된 지각을 교정하고 동시에 새로운 생의 목적을 갖도록 하는 것이다. 사회적 상호작용을 통하여 자기 안에 내재하는 사회적 관심을 재개발하도록 한다.

결과적으로 개인의 행동 패턴을 수정하고 증상을 제거하는 것이 아니라 인생의 목적, 자아 개념, 사고방식 등을 수정하는 데 주된 관심을 가진다. 방법 적용의 심리적 적응 단계는 우울 반응이나 내재화된 화 반응을 나타내는 초기 단계에 특히 유용하다. 인정과 적응의 후기 단계에도 도움이 된다. 개인 심리학적 상담에서는 크게 네 단계로 구분할 수 있다.

- 내담자와 관계 형성과 유지 단계 : 허용적이고 온화한 분위기를 통해 내담자가 수용되고 있다는 것을 느끼도록 하고, 자신의 열등감을 공개할 수 있도록 신뢰 관계를 형성한다.
- 내담자의 생활양식 조사와 이해 단계 : 내담자의 감정과 관심사, 가족사, 일상생활 등의 조사를 통하여 내담자를 있는 그대로 이해하고 수용하는 것이다.
- 내담자의 생활양식 해석 단계 : 내담자가 자신의 생활양식, 현재의 심리적 문제, 잘못된 신념, 즉 기본적 오류를 깨닫도록 해주고 그것이 어떻게 해서 내담자에게 문제가 되는지를 해석해 주는 단계이다.
- 내담자 재교육 단계 : 해석을 통해 획득된 내담자의 통찰이 실행행동으로 전환되게 하는 재교육 단계이다. 여기서 내담자는 과거의 잘못된 신념, 행동, 태도를 버리고 새로운 생활양식을 갖게 된다.

사용되는 상담기법은 다음과 같다.

- 일반 상담 기술 : 관심 기울이기, 경청하기, 공감, 구체성, 진실성, 자기 노출, 바꾸어 말하기, 맞닥뜨림, 해석, 즉시성 등. 다만, 공감은 중요하게 여기지 않는다.
- 언어적 기술 : 충고, 격려
- 격려하기
- 행동적 기술 : 역할놀이, 빈 의자 기법 등
- 시범 보이기
- 가상행동 : as if 기법
- 역설적 의도
- 상상하기(creating image)
- 포착하기(catch oneself)
- 초인종 누르기(push button teaching)
- 침 뱉기(spiting in the soup)
- 과제 설정하기(task setting) 등

3) 인간 중심 상담(Person-Centered Approach)

인간 중심 상담의 대표적 인물로는 Rogers 등이 있으며 장애 적용에 있어서 핵심 개념은 다음과 같다.

- 자아의 불일치 : 기대 자아와 현재 자아의 불일치
- 부정적 자아 개념

상담의 목적은 내담자의 자아 개념과 유기체적 경험 간의 불일치를 제거하고 내담자가 느끼는 자아에 대한 위협과 그것을 방어하려는 방어기제를 해체함으로써 충분히 기능하는 사람이 되도록 한다. 즉, 상담가는 상호 신뢰적인 분위기 속에서 내담자가 거리낌 없이 자기를 노출하도록 함으로써 자신의 내면세계를 이해하고 자신의 문제를 파악할 수 있도록 돕는다. 방법 적용의 심리적 적응 단계로는 불안, 우울, 내재화된 화 반응을 나타내는 초기 단계에 가장 유용하다.

인간 중심 상담 과정은 명확하게 구분되는 것은 아니지만, 편의상 구분하면 7단계로 구분할 수 있다.

- **1단계** : 처음 상담을 받으러 온 상태로서, 아직은 자신에 대해 기꺼이 털어놓지 않는 상태이다.
- **2단계** : 1단계에서 내담자가 자신이 충분히 수용되고 있음을 알게 되면 2단계로 발전한다. 여기서는 가끔 감정이 표출된다.

- **3단계** : 보다 많은 감정들과 사적인 표현들을 하게 된다. 그러나 아직은 자기가 느끼는 감정 이나 경험이 아니라, 객체로서 자기와 관련된 경험들을 표현한다.
- **4단계** : 전에는 의식하기를 부정하던 감정들은 그대로 표현하지만 아직은 약간의 두려움을 느 낀다.
- **5단계** : 지금 여기서의 느낌의 상태대로 표현된다. 이전에 부인했던 감정들이 두려움을 가지 면서도 의식 속으로 흘러나온다. 자신이 갖고 있는 문제들에 대해 자신이 분명하게 책임을 가 지고 있음을 인정한다.
- **6단계** : 이전에 부인했던 감정들이 그때그때 현재의 경험들로 수용된다. 이제까지 객체로서의 자아는 사라지고 경험의 과정은 현실적인 것이 된다. 내담자 자신의 문제를 주체적으로 대처 해갈 수 있게 된다.
- **7단계** : 이제는 더 이상 상담자의 도움이 필요하지 않게 된다.

이에 사용되는 상담 기법은 다음과 같다.
- **진실성(genuineness : 일치성, realness : congruence)** : 상담자가 내담자와의 관계에서 순 간 경험하는 자신의 감정이나 태도를 있는 그대로 솔직하게 인정하고, 경우에 따라서는 솔직 하게 표현하는 태도를 말한다. 상담자의 진실하고 진지한 태도는 내담자와 더불어 탐색함이 없이 순수한 인간적 만남을 가능하게 하고, 내담자의 개방적인 자기 탐색을 촉진·격려하게 된다.
- **무조건적인 긍정적 관심(unconditional positive regard)** : 상담자가 내담자를 평가·판단하 지 않고 내담자가 나타내는 어떤 감정이나 행동 특성들도 그대로 수용하며 그를 소중히 여기 고 존중하는 태도이다.
- **정확한 공감적 이해(accurate empathic understanding)** : 상담자와 내담자가 상호작용하 는 동안 발생하는 내담자의 경험과 감정들, 그리고 그러한 경험과 감정들이 상담 과정 순간순 간에서 내담자에게 갖는 의미를 민감하게, 그리고 정확하게 이해하려고 하는 노력을 말한다.

4) 형태주의적 상담(Gestalt Approach)

형태주의적 상담의 대표적 인물로는 Peris 등이 있고 장애 적용에 있어서 핵심 개념은 다음과 같다.
- 각성의 결여(lack of awareness)
- 책임의 결여(lack of responsibility)
- 환경과의 접촉 상실(loss of contact with the environment)
- 형태의 미완성(incompleted Gestalt) 또는 미해결의 일(unfinished business)

- 욕구의 부인(disowning of needs)
- 양극화(dichotomizing the self)

상담의 목적은 자기의 책임을 받아들이고 자아가 제대로 기능을 발휘하도록 가르치는 것이다. 각성이 매우 중요하게 취급되는데, 각성이 없이는 내담자가 진정으로 자신을 알 수 없을 뿐만 아니라 자신의 부정적인 면을 직면하고 수용할 수 없기 때문이다.

이 방법 적용의 심리적 적응 단계는 부정, 우울, 내재화된 화, 외재화된 적대감 단계에서 고착된 내담자에게 특히 유용하다.

상담의 과정을 살펴보면 다음과 같다.

- **자기 각성 단계** : 상담가가 내담자가 현재의 자기를 각성하도록 촉진시키는 환경을 제공하는 단계이다.
- **자기 욕구 발견 단계** : 비교적 개방적이고 정직한 상호작용을 하게 되어 내담자가 자기를 각성하게 되면, 그것을 바탕으로 자신의 '현재－여기서'의 문제와 부정적인 측면을 발견하고, 그러한 상황을 수용하게 되는 단계이다.
- **자기 책임의 수용과 기능 발휘 단계** : 지금 여기서 내담자 자신의 부정적인 측면을 수용하도록 함으로써, 이 상황에 대한 책임은 결국 본인에게 있다는 것을 알게 되고, 그것을 바탕으로 통합적인 기능을 발휘하게 된다.

이에 사용되는 상담 기법으로는 다음과 같은 것이 있다.

- **자기 각성** : 지금 여기서 내담자의 상태를 그대로 인식하는 과정을 제공한다.
- **대화게임(games of dialogue)** : 내담자의 갈등하는 마음을 대화로 엮어보는 것이다.
- **투사 연기하기(playing the projection)** : 내담자가 다른 사람이 잘난 체한다고 비난하면, 그러한 행동을 내담자가 하도록 하는 것이다.
- **반대 행동하기(reversal technique)** : 내담자의 평소 행동과는 정반대되는 행동을 하게 하는 방법이다.
- **책임지기(assuming responsibility)** : 내담자로 하여금 그가 어떤 말이든 한 후에 "나에게 책임이 있다"라고 말하게 한다.
- **신체 표현을 활용하기(using body expression)** : 내담자의 자기 각성을 촉진하기 위하여 그의 신체 표현을 관찰하고 그것에 초점을 두는 방법이다. 예를 들어, 상담 중에 내담자가 계속 고개를 숙이고 있다면 그것을 지적하고 그것이 무엇을 의미하는지 말해보게 한다.
- **과장하기(exaggeration)** : 신체언어를 이해할 수 있는 수단이 되는 기법으로 내담자가 무심코 또는 습관적으로 보여주는 행동이나 거동을 반복해서 과장되게 표현하도록 하는 방법이다.
- **빈 의자 기법(empty chair)** : 이것은 내담자가 갈등 상태에 있는 어떤 감정 문제를 해결하도록 하는 데 도움이 되는 기술이다. 빈 의자를 보고 자신의 감정을 투사하도록 하는 방법이다.

- **뜨거운 자리(hot seat)** : 내담자의 자기 각성을 촉진하는 방법 중 하나이다.

  내담자는 자기를 괴롭히는 구체적인 문제를 말하게 하고, 상담자는 내담자가 그것에 대해 직접적이고 공격적으로 직면하도록 하는 기법이다.
- **언어적 접근 기법(language approaches)** : 일상적인 언어 가운데 일정 부분을 바꾸어 사용하도록 하는 기법이다.
- **일인칭 대명사로 바꾸기** : '그것'을 '나로', '당신'을 '나'로, '우리'를 '나'로 바꾸게 한다.
- **동사 바꾸기** : '할 수 없다'를 '하지 않겠다'로, '필요하다'를 '원한다'로, '해야만 한다'를 '선택한다'로, '안다'를 '상상한다' 등으로 바꾸도록 한다.
- **문장 바꾸기** : '그러나'를 '그리고'로, '의문형'을 '진술문' 문장으로 바꾸도록 한다.
- **기타 언어적 접근** : '왜' 대신에 '어떻게'와 '무엇'으로 묻기 등

5) 합리적-정서적 상담(Rational-Emotive Congnitive Approach)

합리적-정서적 상담의 대표적 인물로는 Ellis 등이 있다. 장애 적용에 있어서 핵심 개념은 다음과 같다.
- ABC 성격이론
- 행동유발사실(A)에 대해 합리적 또는 비합리적 생각(B)이 결과(C)를 만들어낸다.

상담의 목적을 살펴보면 내담자의 핵심적인 자기 파괴적 생각을 최소화하고 삶에 있어 더욱 현실적이고 관대한 철학을 갖도록 한다.

삶에 있어서 바람직하지 못한 결과가 나왔을 경우에 자기 자신이나 다른 사람에 대한 비난을 줄이도록 하는 것이다.

즉, 내담자의 겉으로 드러난 어떤 행동과 관련된 자기 파괴적 생각을 줄여서 그 행동을 바람직하게 변화시키거나 그의 행동 결과에 대해 자기 자신이나 다른 사람 또는 환경을 비난하지 않도록 할 뿐만 아니라, 부적절한 정서나 행동에 큰 영향을 미치는 신념 또는 가치 체계를 재검토하도록 도움으로써 성격이나 인생관을 근본적으로 변화시키는 것이다.

이 방법 적용의 심리적 적응 단계는 우울 반응이나 내재화된 화 반응을 나타내는 초기 단계에서 특히 유용하다.

상담의 과정을 살펴보면 다음과 같다.
- 상담관계 수립 : 내담자가 자유롭게 이야기할 수 있는 분위기를 마련해주어야 한다.
- 부적절한 정서 및 행동의 확인 : 내담자 자신의 문제와 관련하여 자유롭게 이야기하는 가운데 내담자는 자신의 문제를 분명히 밝힌다.
- 성격의 ABC 이론 확인 : 내담자가 경험하는 부적절한 정서(C)와 행동(C)과 가장 관계가 있는 어떤 사실(A)을 찾아낸다. 그리고 그러한 행동이나 정서는 비합리적인 생각(B) 때문임을 분명

히 알도록 한다.

- 비합리적 생각 확인
- 비합리적 생각의 논박 : 부적절한 정서와 관련된 생각이 아무런 합리적 근거가 없음을 밝히는 것이다.
- 합리적 생각 확인 : 비합리적 생각과 대치된 합리적 생각을 찾고, 이러한 합리적 생각에 근거한 합리적 자기 언어를 짧은 문장으로 구성하여 진술해 보도록 한다.
- 합리적 생각 적용 : 비합리적 생각과 대치된 합리적 생각과 그러한 합리적 생각에 근거한 자기 언어를 자기 논리로 진술할 수 있게 되면, 부적절한 정서나 행동을 유발하는 상황에서 이러한 자기 언어를 적용할 수 있도록 한다.
- 합리적 인생관 확립 : 자기 언어를 합리적 생각과 자기 언어로 바꾸는 데 그치지 말고 보다 일반화할 수 있도록 한다.

이에 사용되는 상담 기법으로는 다음과 같은 것이 있다.
- **인지적 기법** : 논박 기법
- **정서적 기법** : 합리적 − 정서적 심상법(rational − emotive imagery), 역할놀이(role playing), 부끄러운 도전 연습(shame − attacking exercise), 무조건적 수용(uncon - ditional acceptance), 시범(modeling), 유머(humor)
- **행동적 기술** : 조작적 조건 형성(operant conditioning), 자기관리(self − manage − ment), 체계적 탈감법(systematic desensitization), 바이오 피드백(biofeedback), 이완(relaxation)

6) 현실적 상담(Reality Approach)

현실적 상담의 대표적 인물로는 Glasser 등이 있는데 장애 적용에 있어서 핵심 개념은 다음과 같다.
- 정체감(identify) : 성공적 정체감과 패배적 정체감
- 상담의 목적은 내담자로 하여금 현실적이고 책임감 있는 행동을 학습하도록 하고 성공적 정체감을 획득하도록 한다. 또한 행동에 대하여 가치판단을 하게 하여 행동 계획을 세워 행동이 변화되도록 한다.
- 이 방법 적용의 심리적 적응 단계는 외재화된 적대감을 가진 장애 내담자에게 유용하고 후기 단계인 인정과 적응 상태에 있는 내담자에게도 매우 유용하다.

상담의 과정을 살펴보면 다음과 같다.
- **상담관계 형성** : 상담자와 내담자가 친구가 되는 단계이다.
- **현재 행동에 초점 두기** : 내담자가 그의 욕구 충족을 위해 현재 어떤 행동을 하는지를 알기

위한 것이다.

- **행동을 평가하기** : 현재의 내담자의 행동이 그의 욕구 충족에 도움이 되는지(긍정적인지), 방해가 되는지(부정적인지)를 포함하여 내담자가 자신의 행동을 평가하도록 상담가가 도움을 주는 단계이다.
- **활동계획 수립하기** : 욕구 충족과 관련된 내담자의 현재 행동 중에서 비효과적이고 부정적인 것들을 찾아 이를 효과적이고 긍정적인 것으로 고치기 위해 계획을 수립하는 단계이다.
- **다짐 받아내기** : 내담자에게 그가 계획한 활동을 일상생활에서 그대로 실천하겠다는 다짐을 받아내는 단계이다.
- **변명을 수용하지 않기** : 다짐을 받아낸 것에 대해 내담자가 실행을 하지 못했을 때 상담가는 내담자의 어떤 변명도 수용하지 않는 단계이다.
- **처벌을 사용하지 않기** : 현실적 상담에서는 처벌을 배제하고 있다.
- **포기하지 않기** : 현실적 상담의 특징이라면 집요하다는 것이다.

사용되는 상담기법으로는 다음과 같은 것이 있다.
- 질문(ask)
- 유머(humor) : 이는 상담 과정의 '상담 관계 형성하기'에 도움이 되는 기술이다. 상황에 따라 적절한 유머를 사용하여 내담자의 긴장감을 풀어주는 것이 중요하다. 특히 내담자뿐만 아니라 상담가도 자신의 어리석음, 실수 등과 관련된 긴장감을 유머를 통해 풀 수 있다.
- 토의와 논쟁(discussion and argumentation) : 서로 질문을 주고받는 과정에서 내담자의 대답이나 어떤 말이 현실성이 없는 등 합리적이지 못하면, 상담가는 내담자와 논쟁을 하거나 토의를 한다.
- 맞닥뜨림(confrontation) : 질문, 논쟁 또는 토의 중 내담자의 모순성 특히 현실적 책임과 관련된 모순성이 보이면 이에 대해 상담가는 맞닥뜨리기를 할 수 있다. 예를 들어, 전공 학과가 싫어 학교를 그만두고 싶은 내담자가 그 책임을 어머니에게 돌리는 경우라면, 상담가는 "다른 모든 일도 어머니가 시키면 그대로 실행했습니까?"라고 묻고 그에 대해 내담자가 "그렇지 않습니다"라고 하면 "다른 일은 어머니가 시키는 그대로 하지 않았는데 학과 선택에 있어서는 어떻게 어머니가 시키는 대로 했습니까?"라고 맞닥뜨림으로써 결국 현재 다니는 학과는 내담자 자신이 선택했다는 점을 알려주고 자신의 책임을 인식시킨다.
- 언어충격(verbal shock) : 현실적 상담에서 자주 사용되는 것은 아니고, 상황에 따라 적용하는 것이다. 예를 들어, 내담자가 "당신이 보기에 제가 무엇이 잘못되었습니까?"라고 물었을 때, 상담가가 "나는 당신이 미친 사람이라고 생각합니다"라고 대답하는 것이다.

7) 행동적 상담(Behavioral Approach)

행동적 상담의 대표적 인물로는 Wolpe, Salter, Eysenck 등이 있는데 장애 적용에 있어서 핵심 개념은 다음과 같다.

행동주의적 학습 원리 : 고전적 및 작동적 조건 형성, 인지적-행동적 학습 원리

상담의 목적은 내담자의 부적응 행동 유형을 제거하고 바람직한 행동을 학습하도록 한다. 이 방법 적용의 심리적 적응 단계는 심리적 적응의 후기 단계에 특히 효과적이다.

- 상담의 과정을 살펴보면 다음과 같다.
- 문제행동과 바람직한 행동의 확인과 분석
- 새롭고 바람직한 행동을 모델링하기
- 새롭고 바람직한 행동을 지도하고 강화하기
- 새롭고 바람직한 행동의 획득 여부 평가
- 획득과 행동의 일반화 촉진

사용되는 상담 기법으로는 다음과 같은 것이 있다.
- 고전적 조건화 방법 : 체계적 탈감법, 주장 훈련법(assertiveness training), 정서적 심상법 (emotive imagery)
- 작동적 조건화 방법 : 강화법, 사고 정지법(thought stopping), 혐오법(aversion), 소거법
- 구성 강화법(structuring and reinforcement)
- 역할놀이(role playing)
- 행동 계약법(behavioral contract)
- 강화법(reinforcement)

8) 신체 심리적 상담(Somatopsychological Approach)

신체 심리적 상담의 대표적 인물은 Wright 등이 있는데 장애 적용에 있어서 핵심 개념은 다음과 같다.
- 장 이론(Field theory) : 내적 기제와 외적 조건에 의해 심리적 문제 발생됨.
상담의 목적은 내담자가 자신의 한계를 인정하고 장애인이 할 수 있는 것이 무엇인지를 알게 하여 의미있고 생산적인 삶을 살도록 한다.
이 방법 적용의 심리적 적응 단계는 광범위한 장애에 대한 심리적 적응 과정에서 적용할 수

있다. 즉, 초기 단계에서 시작하여 심리적 적응 단계의 마지막까지 적용하는 것이다.

상담의 과정을 살펴보면 다음과 같다.
- **내담자의 시야를 확장하기** : 장애로 인해 제한된 것보다 제한되지 않은 영역이나 능력에 있다는 것을 알도록 한다.
- **외모에 대한 가치 부여를 적게 하기** : 내담자가 외모 이외의 다른 부분에 더 많은 가치를 부여하도록 도움을 준다.
- **장애의 영향을 예방하기** : 장애의 영향을 받지 않은 정상적인 능력 영영으로 방애의 부정적 영향이 침투하지 않도록 한다.
- **상대적이기 보다 절대적인 가치를 부여하기** : 다른 사람과의 비교보다는 내담자가 자신의 본질적 수용하고, 긍정적인 자질과 잠재력을 볼 수 있도록 한다.

사용되는 상담 기법으로는 다음과 같은 것이 있다.
- 역할놀이
- 모델링
- 지역사회 중심 교수 : 실제 생활 장면에서 생활하고 경험하도록 함.

1-2 대안적 상담 방법

다음에서 설명하는 방법은 전통적인 상담 방법의 대안으로서 많은 학교 상담가들이 적용하는 것이다. 독서치료(bibliotherapy), 역할놀이(role playing), 창의적 미술/활동 상담(creative arts/activity counseling)은 장애아동과 의사소통하기 위한 선호된 방법도 아니며, 정상아동보다 장애아동에게 더 적절한 방법도 아니다. 이러한 특수한 방법도 몇 가지 특성을 공유하는 방법으로 제시되었다. 즉, 이 방법들은 몇 가지 특성을 공유하는 방법으로 제시되었다. 즉, 이 방법들은 개별적 책임에 크게 의존하며, 말(discussing)보다는 행동(doing)에 초점을 두며, 과제에 대한 창의성, 협력, 수행을 촉진하고, 학생이 개인적 기능과 대인관계 기능을 학습하는 데 도움이 되는 고정된 기제(mechanisms)를 포함하고 있다.

1) 독서치료

그리스 단어 biblion(책)과 therapeo(치료)에서 유래된 독서치료는 정의적 변화를 이끌어내고, 성격 성장과 발달을 증진하는 데 책을 사용하는 것이다. 형식적인 치료 전략으로서 독서치료의 개념은 20세기에 나타났다. 정신질환자의 치료를 위한 분리된 형태로 처음 사용되었고, 1930년대 캔사스주의 토페카에 있는 Menninger Clinic에서 수행된 일련의 연구 결과로 독서치료의 효과가 인정되었다. 그 후 독서치료는 많은 병원과 심리적 임상실에서 상담의 한 형태로 사용되었다.

교육 장면과 비의학적 장면에서 독서치료의 사용은 상대적으로 최근의 일이다. 행동과 태도 변화의 수단으로 그 가치에 관한 실험 연구 결과는 일관되지 못했지만(Lenkowsky, 1987: Riordan & Wilson, 1989), 점점 인기를 얻어서 전통적인 상담 형식의 보조로 사용되었다. 독서치료의 장점에는 다음과 같은 것이 있다.

- 독서치료는 적절하게 수정되면 모든 연령의 아동에게 사용할 수 있다. 읽기 수준의 차이는 주의 깊은 자료의 선택과 상담가나 교사의 구어적 읽기에 의해 극복될 수 있다. 시각장애아동들은 큰 인쇄 활자와 토킹 북(talking books)을 사용하여 이용할 수 있다.
- 독서치료는 개별적으로, 소집단으로, 또는 학급 장면에서 사용할 수 있다. 아동의 차별적인 욕구와 흥미가 동시에 충족될 수 있다. 그래서 상담가는 아동들이 그들의 장애와 관련된 공통적인 발달 문제에 대처하도록 도움을 줄 수 있고, 비장애아동들은 긍정적 태도를 개발하는 데 도움이 될 수 있다.
- 창의적이고 능숙한 독서치료사가 되는 데는 약간의 형식적인 훈련이나 경험이 필요하다. 상담가는 집단토의를 유도하고 읽기를 도와주는 교사나 학생을 훈련시킬 수 있다. 따라서 독서치료 과정은 많은 아동들에게 사용된다.
- 독서치료는 아동에게 예방적 또는 교정적 방법으로 사용될 수 있으며, 넓은 범위의 아동 문제에 효과적인 기법이 될 수 있다.

독서치료는 동일시(identification), 심리적 정화(catharsis), 통찰(insight)의 과정에 의해 독서자를 돕는다. 동일시는 독서자가 인간 경험의 보편성에 대한 이해를 가지도록 돕는 것이며, 장애아동의 관점에서 문학을 통한 이 우호관계는 그들이 비장애인들과 본질적으로 다르다는 지각을 줄이는 첫 단계일 수 있다. 심리적 정화는 문학작품 속의 주인공의 정서를 대리경험함으로써 발생하는 것이다. 학생들은 허구적인 영웅과 감정이입함으로써 그들 자신의 좌절감, 화, 분노, 다른 정서를 깨끗하게 할 수 있다. 심리적 정화의 효과가 일시적이기는 하지만, 심리적 긴장의 이완은 그 자체로서 치료가 된다. 통찰은 심리적 정화와 정서적 이완을 가장 효과적으로 얻을 수 있는 인지적 경험이다. 독서자가 동일시를 달성하고, 심리적 정화를 통해 정서적 이완을 경험했을 때, 이들은 보다 객관적인 눈으로 자신의 문제, 감정, 태도를 조사할 수 있고, 문제 해결이나 행동 변화 방법을 가능하게 한다.

모든 상담방법과 마찬가지로 독서치료의 성공도 그것이 수행되는 조심성의 정도에 달려 있다. 상담가가 아동에게 독서치료를 적용할 때 고려해야 하는 지침은 다음과 같다.

첫째, 읽기 자료를 주의 깊게 선택해야 한다. 상담가는 사용되는 책이나 이야기를 모두 읽어야 할 뿐만 아니라, 특정 아동의 특성과 문학적 질을 주의 깊게 평가해야 한다. 상담가는 내용의 정확성, 가능한 정서적 영향, 읽을 가능성, 길이, 일반적인 구상의 측면에서 자료를 조사해야 한다. 동시에 상담가는 연령, 성, 문제, 읽기 수준, 흥미와 같은 학생의 요인을 알고 있어야 한다. 상담가는 특별한 읽기 자료나 보조도구가 요구되는 아동의 신체적인 한계에도 친숙해야 한다.

둘째, 독서는 토의와 상담에 의해 보충되어야 한다. 독서치료는 심각한 문제를 가진 개개 아동에게 사용되든, 장애아동에 대한 긍정적인 태도를 개발하도록 집단 방법으로 사용되든, 아동들은 자료에 대한 자신들의 반응을 토의하는 것으로 그들의 독서를 추구한다. 상담가와 아동은 아동의 관점에 비추어 주인공의 행동과 경험의 토의에 초점을 두어야 한다. 창의적인 상담가는 같은 사건에 대한 다른 사람의 반응을 탐색하고 그들의 감정을 대면화하도록 아동을 돕는 다양한 활동을 사용할 수 있다. 아동이 계속 참여하고 흥미를 가질 수 있도록 하는 방법에는 역할놀이를 개발하고, 패널 토의를 진행하고, 다른 이야기 종결을 만들고, 무대 공연을 위한 인형을 만들고, 벽화를 제작하는 등이 포함된다.

셋째, 상담가는 독서치료의 한계를 인식해야 한다. 모든 상담 방법과 마찬가지로 독서치료도 모든 사람에게 적절한 것은 아니다. 어떤 아동들은 독서를 통해 통찰을 달성하지만, 다른 아동들은 그렇지 못하다.

2) 역할놀이

Moreno(1964)가 소개한 심리극 기법에서 유래한 역할놀이(role playing)는 문제와 상황을 개인이나 집단이 표출하는 방법이다. 역할놀이는 자기와 타인의 의식을 촉진하고, 태도와 행동을 수정하려는 병원과 임상실에서 집중적으로 사용되는 것이기 때문에 학교 상담 상황에서 사용하기에는 한계가 있다.

그럼에도 불구하고 역할놀이는 다음과 같은 장점이 있다.

- 아동에게 개인적 위협이 최소화되는 다른 형태의 행동과 태도를 나타낼 수 있는 기회를 준다.
- 아동들이 언어화할 수 없는 갈등, 감정, 공포, 원조를 나타내도록 돕는다.
- 아동이 다양한 관점을 이해하고 수용하는 데 도움이 될 수 있도록 자신과의 다른 역할을 취하

도록 한다.

- 역할놀이는 무엇을 할 것인지에 대한 단순한 토의보다는 실제로 행동할 수 있는 기회를 제공한다.
- 짧은 기간 동안 아동의 세계를 경험하고 다양한 역할을 도입하기 위한 기회를 제시한다.
- 집단 상황에서 청중들은 주어진 문제나 상황에 대한 많은 다른 반응을 관찰할 수 있는 기회를 가진다.
- 위협적인 상황은 상담가가 재창출하고 실연할 수 있고, 아동은 다른 유형의 반응을 실험할 수 있는 기회를 가진다.
- 역할놀이는 장애아동의 문제에 대처하는 특히 유용한 수단이 된다. 특정 관점에서 역할놀이는 다른 상담 방법과는 달리 언어적 상호작용에 의존하지 않는 기법이다. 언어적 경험과 사회적 경험에 한계가 있는 아동들은 새로운 사회적 기능을 학습하고, 개인적 문제를 표출하는 데 사용할 수 있다.

역할놀이의 장점 가운데 하나는 구조가 유연성이 있으며, 아주 다양한 장면에 대한 적용 가능성이 있다는 것이다. 이것은 불안 유발 상황에 내담자를 둔감하게 하는 행동 시연의 형태로서 개별 상담에 사용될 수 있다. 상담가는 아동이 다른 관점을 볼 수 있도록 돕는 대화에 참여한다. 이것은 집단에서 가장 자주 사용되는 것으로, 이때 역할놀이는 집단의 크기와 아동의 욕구에 따라 다르게 구조화할 수 있다. 집단 상황에서 중복집단 역할놀이(multiple group role playing)나 단일집단 역할놀이(single group role playing) 절차를 사용할 수 있다. 중복집단 역할놀이에서 전체 집단 참가자들은 하위집단 상황에서 자발적으로 행위한다. 이 절차는 집단의 모든 구성원들이 새로운 행동을 연습하기를 원할 때 가장 효과적이다. 각 집단마다 역할이 같을 때 반응의 차이를 비교할 때 유용한 방법이다. 또한, 이것은 청중들이 관찰하지 못하는 아동의 자의식과 소심함을 줄이는 데 효과적인 방법이다. 복합집단 역할놀이는 많은 아동들이 사회적 기능이나 고용 가능성 기능을 연습하거나, 부모-아동 갈등과 같은 집단의 공통적인 관심사에 대한 실험에 효과적인 기법이다.

일차적인 목적이 다른 사람의 감정에 대한 민감성을 개발하는 것이라면, 단일집단 역할놀이 방법이 가장 효과적이다. 이 방법에서 한 집단은 상황을 수행하고 다른 구성원들은 관찰자가 된다.

역할놀이의 과정에는 네 가지 단계가 포함된다. 첫 번째 단계는 발생된 구체적인 문제를 확인한다. 두 번째 단계는 다양한 역할을 서술한다. 세 번째 단계는 상황을 극화한다. 네 번째 단계는 추후 논의를 한다. 문제의 확인은 집단 토의의 논리적 결과 또는 개별 상담회기로서 비형식적으로 이루어진다. 많은 경우에 상담가는 장애아동의 태도에 관한 관심사와 같은 계획된 생활지도 전략의 일부로 주어진 상황을 알리도록 선택한다. 문제를 명료화하기 위해 상담가는 주제에 대한 간단한 토의를 원하고, 문제를 조명하는 개인적 경험을 공유하도록 집단 구성원을 격려하기를 원한다. 그래서 장애아동들은 그들이 공공장소에서 무시되고, 보호되고, 응시되었던 상황과 그러한 행동에 반응하도록 도움이 요구되었던 상황을 설명한다. 비장애아동들은 장애아동이 있을 때 그들의 불편함과 지원을 제공하든 아니든, 방법이 확실하든 아니든 불안감을 표현하도록 토의한다. 어떤 아동들은 다른 사람들의 비판을 수용하고, 사회적 상황에서의 불안정, 부모나 교사와의 갈등 해결 문제를 언급할 것이다.

분명해지면 상담가는 행동해야 하는 장면을 구성하고, 구체적인 역할을 배분해야 한다. 만약 역할놀이가 계획된 프로그램의 일부라면, 역할 수행자들을 위해 역할을 카드에 기록할 수 있다. 아동들은 특정 행동이나 상황을 수행할 수 있을 정도로 충분한 정보를 가져야 한다.

일반적으로 보다 자연적이고 자발적인 행위가 실제적인 행동과 태도를 보여준다. 몇몇 경우에 무대는 자연과 밀접하지 않을 수도 있는데, 상담가는 대화에 개입하고 종결할 필요가 있다. 한편, 장면을 수행하는 데 있어서 서로의 갈등 때문에 놀이를 머뭇거리기도 한다. 이때 관찰자는 상호작용에 대한 의견을 제공할 수 있으며, 역할 수행자가 보여준 불안정한 예를 지적하고, 어떤 단어나 행동이 청중에게 주는 영향을 지적한다.

3) 상담에서의 창의적 미술과 활동

장애아동에게 특히 유용한 것으로 밝혀진 다른 방법은 상담에서 창의적 미술, 게임, 활동을 사용하는 것이다. 독서치료와 역할놀이와 마찬가지로 활동 중심 방법은 아동을 참여시키는 수단으로 소품(props)의 사용에 의존한다. 주의 집중은 아동과 주어진 과제, 활동, 창의적인 과업의 상호작용에 초점을 두고 있다. 집단 장면에서 사용될 때 대인관계, 협력, 팀워크라는 부가적인 것이 포함된다.

(1) 상담에서의 미술과 음악

미술은 장애에 관계없이 거의 모든 아동에게 적합한 매체 가운데 하나이다. 미술은 아동의 정서적 욕구를 만족시킬 수 있고, 학습의 기본을 형성하는 개념을 가르칠 수 있다. 미술은 사회적 의사소통 가능성과 자아 개념을 촉진하는 데 도움이 된다. 미술은 아동의 상상과 의사결정 과정에 도전이 되고, 의사소통 기능, 자신감, 독립심 발달에 도움이 된다.(Eydenberg, 1986). 그림을 그리는 것은 장애아동이 자신의 세계를 설명할 수 있는 한 가지 방법이며, 생각과 아이디어를 공유하려는 욕구를 충족시키는 방법이다. 만약 학습 환경이 수용적이고 자유롭다면, 아동은 그들의 진전으로 자신의 창작을 설명할 것이다.

많은 상담가들의 두려움과는 반대로 예술적 재능은 상담 전략에 미술을 통합하는 데 꼭 필요한 것은 아니다. 상상력은 학교의 예술 지도자의 흥미와 협력에 유용한 특성이지만, 이러한 것이 부족한 상담가는 다양하고 유용한 도서의 도움을 받을 수 있다.

장애아동의 교육, 훈련, 치료의 통합된 일부로서 음악의 가치는 수년 동안 인정되었다. 음악을 적절하게 사용하면 아동의 말을 향상시킬 수 있다. 특히 춤은 운동 협응뿐만 아니라 자긍심과 관계를 형성하는 데 성공적이다. 이것은 운동장애 아동과 주의집중결함 아동의 처치를 위해 선택되었다(Lasseter, Privette, Brown, & Duer, 1989).

미술과 마찬가지로 상담 프로그램에 음악을 통합하는 데 음악적 재능이 꼭 필요한 것은 아니다. 레코드와 테이프로 된 다양한 음악을 이용하면 접근이 쉬워지고 장애아동과의 활동에 상담가가 참여할 수 있다. 음악치료의 기본 원리는 개인적 표현과 해석의 자유이다. 음악은 아동들이 실패나 비판에 대한 두려움이 없이 스스로를 표현하는 자유를 느끼도록 안락한 분위기를 만든다. 역사, 과학, 국어를 지도하는 것도 음악이 동반되면 촉진될 수 있다. 또한 음악은 과잉행동 또는 흥분된 청소년들의 심리적 평정을 찾기 위해 사용될 수 있으며, 적절한 사회적 행동의 보상으로도 사용될 수 있다.

(2) 상담에서 놀이와 활동

모든 아동들에게 놀이는 중요하다. 그러나 특히 언어, 시각과 청지각, 대근육운동과 소근육운동 기능, 짧은 주의집중 범위, 과잉행동, 주의산만이 포함된 문제를 가진 아동에게는 더욱 가치가 있다. 게다가 놀이는 아동의 자기표현의 자연적인 매체이다. 많은 장애아동들이 그들의 마음과 몸에 발생하는 것을 말로 하거나 개념화하는 데 어려움이 있다. 놀이는 아동이 경험을 발산하고 실험과 계획에 의해 현실을 습득하는 자유를 가지도록 한다. Azline(1976)은 놀이치료를 사용하는 상담가를 위한 지침을 다음과 같이 제시하였다.

- 따뜻하고 우호적인 관계를 개발한다.
- 한 개인으로 아동을 수용한다.
- 허용적인 감정을 형성한다.
- 감정을 인식하고 반영한다.
- 자신의 문제를 해결하는 아동의 능력을 존중한다.
- 아동의 행위나 대화를 지시하지 않는다.
- 놀이 과정을 서두르지 않는다.
- 필요한 행동 제한을 형성한다.

나이든 아동을 위한 놀이치료는 활동치료(activity therapy)라고 하는 것이 더 적절하며, 과정에는 집단 상호작용과 언어적 교환이 통합된다. 장애아동들은 종종 경험적인 활동의 책에서 제시된 것과 같은 구조화된 게임에 긍정적으로 반응한다. 그러나 매체로서 활동을 사용하는 상담은 구조화된 게임에 의존하지 않는다. 과제 지향 프로젝트는 기예 프로젝트(craft project), 창의적 글쓰기(reactive writing), 체육교육(physical education), 기타 교육과정 영역을 피해서 개발될 수 있다. 활동

상담의 초점은 전통적 상담과 같은 수용, 공유하기, 피드백을 포함하는 상담 과정이기는 하지만 행하면서 배우는(learning through doing) 것이다.

활동집단에 관심이 있는 상담가를 위한 지침은 다음과 같다.

- 집단의 분위기는 권위적이나 허용적이기보다 민주적이어야 한다.
- 집단 응집력은 집단의 강조나 상호 도움과 격려의 태도에 근거할 때 개발될 가능성이 많다.
- 약간의 훈련과 함께 집단은 부모, 교사, 준전문가, 학생 또래 촉진자에 의해 인도될 수 있다.
- 집단의 크기는 포함된 목표와 활동에 따라 변화할 수 있다.
- 성과 성격의 혼합은 생산적인 상호작용과 개인적인 성장을 자극한다.

창의적인 미술과 활동에 근거한 집단상담은 유형이 많다. 미디어와 기법의 차이에도 불구하고 여러 가지 방법은 몇 가지 특성을 공유하고 있다. 그것은 재미있고 비위협적이며, 자긍심과 사회적 기능을 형성하는 데 유용하며, 말보다는 행동을 강조하며, 인간 욕구를 인식한 것으로 놀이와 창의성의 개념을 형성하는 것이다.

1-3 장애아 상담의 이해

장애아가 발생하면 부모는 물론 장애아에게도 문제가 생긴다. 부모들은 그 장애에 대해 혼란스러워하며, 자녀의 현재와 미래의 삶을 걱정한다. 그들은 '내가 이런 상황을 초래한 것이 아닐까?' 하는 죄의식을 가지기도 하고 '왜 내게 이런 일이 생긴단 말인가?' 하는 자기연민에 빠지기도 하며 심지어는 자신을 증오하기도 한다. Hardman, Drew 그리고 Egan(2002)에 따르면 대부분의 부모들은 처음에 충격을 받게 되고 불안, 죄의식, 무감각, 무기력, 혼란, 분노, 불신, 거부 등이 수반될 수 있다고 한다. 그다음은 인식 단계로 자기연민, 자기 증오, 위축을 경험하며 혹은 현실에 직면하지 않으려고 방어적 후퇴 단계로 들어간다. 그 후 인정 및 수용 단계로 들어가면 치료 과정에 참여하게 되고 아동의 옹호자가 된다. 특수아를 양육할 때 의료 전문가, 진단검사, 특수치료를 위한 경제적 부담을 져야만 하고 심지어는 이로 인해 가족관계가 무너지기도 한다. 또한 그 아동들은 특별한 관심과 보호를 받아야만 하기 때문에 그에 따라 시간과 에너지가 요구되고 부부간, 다른 자녀들 혹은 친구들 간의 관계에서 오는 즐거움을 앗아갈 수도 있다.

장애아도 아주 어릴 때부터 자기가 여러 면에서 다르다는 것을 깨닫기 시작한다. 이를 종종 다른 아동들보다 '좋지 못한' 것으로 받아들이게 된다. 그들은 다른 아이처럼 자전거를 탈 수 없고 일반 아이들과 생김새가 다르고 농담이나 자기 주위에서 일어나는 일들을 이해하지 못하기 때문에 또래집단에 끼지 못하고 이상한 아이, 바보, 모자라는 아이 등으로 불린다. 이러한 언어적 및 비언어적 상호작용을 통해 이들은 자신이 열등하며 가치가 없다고 받아들이게 된다.

아동이 성장하고 성숙함에 따라 아동과 부모 모두에게 특별한 문제가 생기게 된다. 학교에 들어가면 몇몇 특수아동들은 학습 문제에 직면한다. 이런 아동은 학교에서 신체적으로나 정신적으로 위축되면서 자신의 문제를 보상하려고 하거나 행동 문제를 일으키기도 한다. 또한 또래와의 사회적 관계는 자칫 더 큰 문제가 될 수도 있다. 또래 아동들은 이들의 특수성을 이해하지 못하여 이들을 소외시키고 거부하고 놀리게 된다. 이들에게 학교는 아주 고통스러운 곳이 될 수도 있다.

가정에서도 문제가 발생한다. 특히 전화 혹은 가정통신문("영수는 학교에서 잘 지내지 못합니다. 더 열심히 공부해야 하겠습니다." "영수는 학급에서 품행이 좋지 못합니다.")이 오는 시기가 그러하다. 아무도 이러한 학습이나 행동 문제에 기저하고 있는 원인이 있다는 사실을 이해하지 못한다. 많은 부모들이 자녀의 학업성적에 몰두하여 아동에게 더 열심히 공부를 하도록 그리고 더 적절하게 행동할 것을 강요한다. 영수는 나름대로 열심히 공부하지만 학교나 부모의 기대를 충족시킬 수 없다. 따라서 누군가가 중재하지 않는다면 영수가 생산적인 시민 그리고 행복한 사람으로 성장하기 어렵다.

1-4 장애아 상담의 정의

상담(counseling)이란 치료적 관계, 문제 해결 과정, 재교육, 행동을 변화시키는 방법 등으로 정의한다. 또한 상담은 아동들이 발달상의 문제를 극복하도록 돕는 방법이요, 예방적 과정이라 할 수 있다(Thompson & Rudolph, 2000). 상담은 도움을 요청하는 내담자와 도움을 주는 상담자 그리고 내담자와 상담자 간의 대면관계로 이루어진다. 그중에서 특수아 상담은 일반인보다는 좀 더 특수한 문제를 지니고 있는 특수아가 상담의 대상이 된다. 따라서 장애아 상담이란 "신체, 인지, 정서, 사회, 행동상의 특수한 문제를 지닌 내담자와 전문적인 훈련을 받은 상담자 간의 관계에서 상담자가 내담자의 문제를 이해하고 2차적 문제 발생을 예방하기 위해 내담자와 함께, 교육, 적응, 진로 및 의사결정, 문제 해결, 치료교육, 자기 발전을 위한 노력을 기울이도록 전문적으로 도와주는 교육과정"이라고 정의할 수 있다(김여숙·윤여홍, 2003).

장애아 상담과 유사하게 사용되는 용어로 특수교육과 생활지도가 있다. 특수교육이란 "특수아가 최대한으로 개발할 수 있는 개인적인 자기충족감을 달성하고 현재와 미래 환경에서 성공할 수 있도록 도와주는 개별적으로 계획하고 체계적으로 실행하고 주의 깊게 평가하는 교수"라 정의할 수 있다. 즉, 특수아의 개별적인 필요를 충족시키기 위해 특별히 고안된 교수 방법을 가지고 특별히 고안된 교재와 도구나 시설을 이용하여 특수교사가 특별한 교육을 이행하는 것을 말한다. 반면에 생활지도란 부모나 교사가 모든 아동을 대상으로 아동과 그 주위 세계에 대한 이해 능력 향상, 현명한 선택과 가치 판단, 독립적이고 자율적이며 책임감 있는 결정력 개발, 여러 가지 문제해결 향상, 아동의 미래 준비와 자아 실현을 원조하기 위하여 학문적 이론과 실증적 연구를 토대로 한 일련의 지속적인 조력 과정이며, 계획된 경험의 프로그램이다(정용부·고영인·신경일, 2001).

따라서 특수아 상담은 좀 더 넓은 의미에서 교사가 동시에 상담자의 역할을 담당하기도 한다. 특수아가 다른 사람과의 관계를 개선시켜주고 이들의 말을 들어주고 현재와 미래의 목표를 세우도록 도와주며, 긍정적인 자아 개념과 신념을 갖도록 해주어야 한다. 특수아 상담이 신비한 공식을 요구하는 것은 아니지만 상담자는 모든 사람이 독특하고 자신의 잠재력을 개발할 수 있다는 철학을 지니고 있어야한다.

1-5 장애아 상담의 목적

상담의 궁극적 목적은 개인의 문제를 해결하는 과정에서 개인에게 잠재되어 있는 문제 해결 능력을 배양하는 데 있다. 이런 점에서 특수아 상담의 목표는 일반 상담의 목표와 크게 다르지 않다. 즉, 특수아가 지닌 문제를 해결하여 내담자의 사고방식이나 행동을 변화시키거나 증상을 완화시키며, 또한 앞으로 닥칠 여러 문제를 해결할 수 있는 능력을 기르는 데 있다고 볼 수 있다. 따라서 특수아 상담의 목적은 먼저 이들이 지닌 여러 영역의 문제를 다루어줌으로써 자신의 정당한 가치를 발견하고 문제 해결을 도와주는 것과, 또 현재 문제 해결뿐 아니라 상담 과정을 통해 장래에 일어날 수 있는 문제를 스스로 해결할 수 있는 능력을 최대한 발달시키는 것으로 구분할 수 있다.

한편 장애아 상담은 이들의 잠재능력과 가능성을 최대한 신장시켜 자신이 속한 환경에서 적응하는 능력을 배양함으로써 행복한 생활의 기초를 마련하는 것을 목적으로 하는 교정교육(remediation) 활동이라 할 수 있다. 따라서 이들의 상담 목적은 문제 해결 자체에만 그치는 것이 아니라 문제 해결을 통해 독립성(independence)과 고차적인 적응(adaptation) 능력을 배양하는 데 있다고 할 수 있다.

장애아 상담은 상담 대상이 신체, 인지, 정서, 사회 및 행동 등의 영역에서 특수 욕구를 지니고 있기 때문에 일반적인 대상이 상담을 필요로 하는 문제 이상으로 상담을 필요로 한다. 따라서 이들이 겪는 특정의 고통과 증상에서부터 특수한 상황에서의 적응 문제, 스트레스 및 당면한 생활 과제를 다루며, 나아가 새로운 기술을 습득하거나 진로 지도 등을 상담에서 다루게 된다. 또한 특수아가 지닌 여러 가지 어려움은 자신에게서만이 아니라 가족과 형제, 또래와의 관계 속에서 또한 학교생활 속에서 여러 가지 형태로 나타난다. 따라서 장애아 상담은 이들에게만 국한되는 것이 아니라 가족과 형제, 학교와 지역사회 생활과 관련하여 이루어져야 한다. 이들의 문제와 욕구에 따라 부모 상담과 교사의 협조, 사회복지기관이나 지역사회의 지원 등을 병행하여 상담이 이루어지는 것이 바람직하다.

1-6 장애아 상담의 방법

상담 문헌을 보면 아동들의 발달과 행동 문제를 상담하는 방법은 많이 나와 있지만 장애아의 특수한 문제를 상담하는 분야는 연구가 미흡한 설정이다. 최근에 장애아 상담을 주제로 한 문헌들이 나와 있지만 대부분은 방법론적인 문제를 지니고 있고 단지 상담의 방법이나 견해만을 제시하고 있다. 어떤 논문에서는 특수아의 가족 상담에 초점을 맞추고, 또 어떤 논문에서는 영재 아동, 학습장애나 행동장애들에 초점을 맞추고 있다. 대부분의 상담 방법과 마찬가지로 특수아 상담도 상담 전략들은 긍정적이고 수용적인 상담관계를 형성해야 한다(천성문 외, 2001).

장애아의 세계를 이해하기 위해서 상담자는 장애 상태에 관한 기본적인 지식을 지니고 있어야 한다. 즉, 이러한 특수성을 지닌 아동의 일반적인 특성이나 증상, 이들의 제한점 및 잠재 가능성, 장애에 따른 특수한 욕구 등을 알아야 한다. 상담자는 특수교육의 기법을 가르치는 전문가가 될 필요는 없지만 장애아의 특성과 욕구를 알고 있어야 효율적인 상담을 할 수 있다. 특히 상담자는 이들을 '개인'으로서 이해(understanding)하고 존중을 토대로 상담함으로써 이들이 다른 친구들과 좋은 관계를 발달시키고 이들 스스로 문제를 해결할 수 있도록 도와주고 이들이 더 나은 기분을 느낄 수 있도록 도와주며, 이들의 자존감 및 자기 만족감을 강화하는 상호작용 방법을 찾도록 도와주는 데 초점을 맞추어야 한다.

가장 기본적으로 상담자는 장애아의 자아 개념에 관심을 두어야 한다. 한 개인의 자아 개념은 이들의 세계에서 영향력 있는 사람과의 피드백을 토대로 어릴 때부터 형성되기 시작한다. 일상적인 상호작용에서 부모, 친구, 교사와 또래는 자신의 가치와 능력에 따라 이들에게 언어적 및 비언어적 메시지를 전달한다. 특수아는 종종 자신의 가치에 관한 부정적인 메시지를 받게 된다. 이들의 부모는 죄의식을 느끼거나 과잉보호를 할 수 있으며, 또한 반감을 가질 수도 있다. 이들은 많은 거부와 실패의 경험을 하기 때문에 부정적인 자아 개념을 형성하기가 쉽다.

우리는 특별한 문제를 지닌 장애아를 검사하고 진단하고 계획을 세우는 과정에서 그 아동이 한 인간이라는 사실을 망각하기가 쉽다. 검사하고 진단하고 계획을 세우는 일이 필요하지만 무엇보다도 좋은 관계를 형성하고 이들이 두려움, 공포, 의심과 불안을 자유롭게 표현하는 것이 우선되어야 한다. 자신의 이야기를 누군가가 들어준다는 것은 자신이 존중받고 있다는 것을 의미한다. 이것은 좀 더 긍정적인 자기 평가를 하고 발전시키는 계기가 될 수 있다. 좀더 나은 자아 개념을 형성하는 것은 장애아가 자기 자신의 목표를 수행하고 성취할 수 있는 사람으로 인식하도록 도와준다. 불행하게도 많은 사람들은 이들의 장점이나 이들의 잠재 가능성을 강조하는 것보다 또 이들이 자신의 삶에 대한 책임감을 갖도록 용기를 북돋워주고 생산적인 삶을 살 수 있는 방법을 찾도록 돕기보다는 이들의 제한점에 초점을 맞추려는 경향이 있다.

장애아를 상담할 때는 개인, 부모 및 교사를 함께 고려해야 한다. 이들의 자아 개념 형성과 유지 변화에 주변의 중요한 타인들의 영향이 일반아동보다 더 크다는 점을 생각하면 부모와 교사에게 아동의 문제나 의사소통양식, 상담 방법을 이해시키고 장애아와 건강한 관계를 맺고 적절한 개입을 할 수 있도록 조력하는 일은 특수아 상담의 필수적인 요소라 할 수 있다(김동일 외, 2002).

1-7 장애아 상담의 유형

장애아 상담의 유형은 상담의 목적, 구성원, 내용 등에 따라 여러 가지로 구분할 수 있으나, 서로 중복되는 부분이 많다. 첫째, 상담의 목적에 따라 크게 치료 상담과 발달 상담으로 구분할 수 있다. 치료 상담은 장애아가 직면한 문제 상황에 적극 개입해서 이들이 직면하는 여러 문제를 해결하도록 도와주는 상담을 의미한다. 그러나 발달 상담은 이들의 교육적 성장을 도와줄 수 있는 학교 환경을 형성하는 일로서 이들의 정서적, 인지적 욕구를 이해하고 부모와의 연계를 통해 이루어지는 활동이라 할 수 있다. 즉, 치료 상담이 발달 상담보다는 상담자의 시간과 에너지가 더 많이 들어가고 더 적극적이고 더 직접적으로 문제 상황에 개입하는 상담이라 할 수 있다. 또 치료 상담은 발달 상담보다 더 전문성이 요구되며, 이들의 문제 해결, 증상 해소, 고통 감소 및 현실에 적응하도록 도와주는 것을 주목적으로 하고 있다. 반면에 발달 상담은 기본적인 인간 성장 발달의 내면적 욕구를 채워주고 적응 능력을 향상시키며, 자신의 스트레스나 갈등에 직면해서 적절히 해결해나갈 수 있는 내적인 힘을 기르는 것을 주목적으로 하며, 여기에는 사회성 훈련, 도덕발달, 자아 개념 및 자존감 향상, 의사소통 및 자기주장 훈련, 리더십 향상, 학습 동기 및 진로 탐색 등이 포함된다.

둘째, 구성원에 따라 개인 상담과 집단 상담으로 구분할 수 있는데, 장애아에게는 대부분 개인 상담이 많이 이루어진다. 특수아는 개인의 성장 배경, 문제의 개인적 특성, 심리적 어려움, 실패자나 약자라는 의식, 정상이 아니라는 생각 등의 이유로 집단에서 자신의 의견과 느낌을 공개적으로 노출시키며 말하기를 주저하고 꺼릴 수 있다. 그러나 집단 상담이 도움이 되는 경우도 많다. 집단 상담에 참여하면서 자신만이 어려움을 겪는 것이 아님을 알고 오히려 친숙해지며 서로를 더 이해하고 위로할 수 있고, 지금까지 다른 사람의 도움을 받는 존재라는 생각을 갖고 있었지만 집단 속에서는 자신이 다른 사람에게 도움이 될 수 있다는 경험을 하게 된다. 이러한 경험을 통해 이들은 스스로 힘을 얻고 자신감을 갖게 될 수 있고 타인의 감정과 생각을 존중하게 되고 인간관계 및 사회적 활동에 더 깊은 관심을 갖게 될 수 있으며, 자신의 행동을 집단 구성원 속에서 현실적이고 객관적으로 점검한다.

개인 상담과 집단 상담을 선택할 때는 이들의 특성과 문제점, 연령, 지적 특성, 정서적 특성, 행동 향상, 치료의 동기, 의사전달의 가능성 등을 고려하여야 한다. 치료 상담의 경우는 문제의 심도에 따라 저항, 방어 등을 고려할 때 개인 상담이 더 효과적일 수 있지만 반대로 발달 상담의 경우에는 집단 상담이 더 효과적일 수 있다. 그러나 필요에 따라서는 개인 상담과 발달 상담을 병행하거나 순차적으로 보완하여 사용하는 것이 바람직한 방법이다(김영숙·윤여홍, 2003).

셋째, 상담 내용에 따라 교육 상담, 치료 상담, 지지 상담 및 문제 해결 상담으로 구분할 수 있다. 교육 상담은 문제 해결 능력을 향상시키기 위하여 특정한 기술, 자기표현 훈련, 역할 연습, 시범, 모델, 관찰 및 연습 등을 지도하고 가르치는 상담으로, 특히 학업에 문제가 있는 경우는 학업 기술훈련을 통해 학업 문제를 해결하도록 도와준다. 치료 상담은 특정한 증상을 앓거나 일정 기간 지속되어온 만성적인 문제가 반복적으로 발생할 경우에 해당 감정을 표현함으로써 정서적 지지와 격려, 수용 등을 통해 내담자가 자신의 감정을 정리하고 현실적으로 적응하도록 도와주는 것을 목적으로 한다. 문제 해결 상담은 적응 문제, 의사결정, 진로 선택, 생활 고충 등 이들이 학교, 가정 및 사회 환경에서 겪는 현실적인 문제를 해결하도록 도와주며, 여기에는 적절한 정보를 제공하는 것도 포함된다(윤여홍, 2000).

참고문헌

김동일 외(2002), 특수아동상담, 서울: 학지사

김영숙 · 윤여홍(2003), 특수아동 상담의 이해, 서울: 교육과학사

윤여홍(2000), 영재학생 및 학부모 상담, 한국과학기술원 과학영재교육센터

윤치연 · 이영순 · 천성문(2005), 특수아상담 및 치료교육 프로그램, 서울: 학지사

이형득(1998), 상담의 이론, 서울: 교육과학사

정용부 · 고영인 · 신경일(2001), 아동 생활지도와 상담, 서울: 학지사

조용태(1999), 특수아 상담, 대진대학교 전문상담교사양성과정 교재, 대진대학교 교육대학원

조용태(2006), 특수아 상담, 서울: 양서원

조정연 · 고영숙 · 박상희(2005), 특수아동상담, 서울: 박학사

천성문 외 역(2001), 아동상담의 이론과 실제, 서울: 시그마프레스

한양대학교 학생생활연구소(1996), 집단상담프로그램, 서울: 한국가이던스

제 2 장

주의력결핍 과잉행동장애 (Attention Deficit/ Hyperactivity Disorder)의 상담

2-1 사례 기사

2년 전 초등학교 1학년 영철이를 만났다. 엄마는 아이가 초등학교 입학 후 학용품을 자주 잃어버리고 숙제를 안 해도 학교에 적응하는 과정이니 차츰 나아지겠거니 생각했다. 부모가 병원 진료를 결심한 것은 여름방학 때 제주도 가족여행이 계기가 됐다. 도착한 첫날 널찍한 호텔 로비를 보고 흥분한 영철이는 신이 나서 이리저리 뛰어다니다 로비 한복판의 조형물에 정면으로 부딪쳐 이마가 찢어졌다. 가족 여행은 그렇게 하루 만에 끝이 났다. 방학숙제도 미루다 개학을 하루 앞두고 몰아서 시작했다. 처음 병원에 왔을 때 엄마는 영철이에 대해 "덤벙댄다. 뭐 하나 끝까지 하는 게 없다. 말이 많다"라고 말했다. 엄마는 거의 매일 영철이 담임선생님의 전화를 받았다. "영철이가 오늘 급식 줄 기다리다 끼어들어 친구와 다퉜어요." "수업시간에 지우개를 조각내 친구들에게 던져서 혼났어요."

영철이는 2~3차례의 면담과 심층 평가를 거친 후 주의력결핍 과잉행동장애(Attention Deficit Hyperactivity Disorder, ADHD) 진단을 받았다. ADHD는 일반인에게 유명한 병명이지만 제대로 알고 이해하는 사람은 많지 않다. 이 병은 만 6~12세 사이에 발생하는 대표적인 신경발달장애다. 1798년 스코틀랜드 의사 크라이튼 박사가 지금의 ADHD와 유사한 첫 사례를 보고했다. 이후 미국 의학 진단 체계에 공식적으로 도입된 것은 1968년이다. 역사가 오래된 병이다. ADHD의 대표 증상은 부주의와 과잉행동, 충동성이다. 초등학생 10명 중 1명 정도 나타나며 그중 70%는 청소년기까지 지속하고 50%는 성인기까지 이어질 수 있다.

영철이가 ADHD 진단을 받은 후 부모는 2주 간격으로 수개월간 부모교육을 받았다. 아이에게 '사후 잔소리보다 사전 알람하기'를 권고했고 가정 내에서 아이 문제행동 하나하나에 대응할 태도를 교육했다. 이른바 부모와 함께 하는 행동수정 요법이다. 아이가 잘한 행동에 대해서는 아낌없이 칭찬하되 남에게 피해를 주는 행동에 대해서는 미리 아이와 함께 정한 불이익 항목을 이행하게 하는 것이다. 부모의 태도와 원칙이 일관돼야 하고 반응은 즉각적이어야 함을 강조했다. 나는 동시에 영철이는 약물치료가 필요하다고 말했다. 약물치료라는 말에 부모의 표정이 심각해졌다. 아이가 약물에 중독되어 평생 약에 의존하게 될 것이라는 걱정이 컸다. "ADHD 증상이라고 말씀하신 것들이 대부분 남자아이가 어릴 때 보이는 모습 아닌가요? 저도 어릴 때 무척 부산했는데 지금은 멀쩡합니다. 왜 약물치료까지 받아야 하는지 솔직히 이해가 안 갑니다." 영철이 아빠는 다소 강한 어조로 약물치료에 대한 반감을 표현했다.

"네, 맞습니다. 보통 아이들도 가끔 보일 수 있는 행동들이죠. 하지만 일반적인 아이들은 집중해야 할 일이 생기면 비록 흥미가 없어도 40분 정도 집중할 수 있지만, ADHD 아이들은 사소한 자극에도 바로 흐트러집니다. 잠시는 집중할 수 있지만 수 분 내 다른 곳으로 초점이 벗어났다 돌아오기를 반복하는 것이죠. 그러다 보니 과제를 끝내는 시간이 일반 아이들보다 매우 더딥니다. 결국 마무리를 못 하기도 하고요. 수업 시간에 누군가 연필을 떨어뜨렸을 때 일반 아이들은 신경을 안 쓰지만, ADHD 아이는 '저 연필이 어디에 갔을까?'에 대해 좀 더 길게 생각합니다. 게다가 보통 아이들은 이런 일을 가끔 겪지만, ADHD 아이들은 거의 매일 이런 문제가 반복되어 학교생활이나 대인관계 능력이 손상됩니다."

나는 진료실 책상 위 뇌 모형의 가장 앞부분을 가리키며 설명을 이어갔다. "여기가 사람의 실행 기능을 담당하는 전전두엽입니다. ADHD 아이는 전전두엽 발달이 또래에 비해 느립니다." 부모는 고개를 끄덕이며 뇌 모형을 응시했다. 실행기능은 계획 세우기, 우선순위 정하기, 작업 기억력, 자기 객관화, 자기 조절 능력 등을 포함한다. 작업 기억력은 일상생활에서 필요한 단기 기억력 같은 것이다. 작업 기억력 저하로 인한 현상은 다음과 같다. '아이가 방에서 숙제하던 중 샤프심이 없다 → 샤프심 찾으러 동생 방에 간다 → 로봇 조립하는 동생을 본다 → 순간 그 방에 온 이유를 까맣게 잊는다 → 로봇 조립하는 동생을 참견한다 → 숙제를 제시간에 마치지 못한다.' ADHD의 증상은 도파민이나 노르에피네프린과 같은 신경전달물질이 수용체에 제대로 전달되지 않아 전전두엽이 원활하게 작동하지 못해 발현한다. 유전적 영향을 받는 신경발달장애이므로 초기 면담 시 가족력을 꼼꼼히 점검해야 한다.

"천재 화가 레오나르도 다빈치도 ADHD를 지녔다는 사실에 대해 혹시 들어보신 적이 있나요?" 나는 10여 년 전 학회 차 피렌체를 방문했을 때 관람했던 그의 대표적인 미완성 작품 '동방박사의 경배'를 떠올리며 다빈치 이야기를 시작했다. "이탈리아 피렌체 우피치 미술관에는 다빈치의 미완성 작품들이 전시된 방이 있습니다." 국내외 많은 ADHD 전문가들은 강의나 부모교육 시간에 다빈치에 대해 자주 언급하는 편이다. 부모는 흥미롭다는 표정으로 내 말에 귀를 기울였다

다빈치가 일생 완성한 작품은 20점을 넘기지 못한다. 왜 그렇게 미완성작들이 많은 걸까? 미국의 유명 전기 작가 월터 아이작슨은 최근 저서 『레오나르도 다빈치』에서 "레오나르도는 구상을 현실화하는 것보다 미래를 위한 구상 자체를 좋아해서 현재에 집중하지 못하고 쉽게 산만해졌다. 그는 인내심을 훈련받지 못한 천재였다"라고 말한다. 다빈치도 작품을 마무리하지 못하고 중도 포기가 많은 자신의 모습 때문에 상당히 괴로워했다고 한다. 새로운 펜촉을 테스트하거나 무료한 시간을 보낼 때 노트에 "무엇이라도 완성된 것이 있는지 말해봐… 말해봐…"라는 문장을 반복해 쓸 정도였다. 그에게 작품을 의뢰하려다가도 그가 작품을 완성하지 못할 것이라는 의구심에 후원과 의뢰를 망설인 사람이 많았다고 한다. 다빈치가 인류 역사상 다재다능한 천재임은 부인할 수 없지만, 집중력과 끈기 부족으로 주변 사람들과 동료들에게 신뢰감을 주지 못했음을 알 수 있다. 그 탓인지

경제적으로도 늘 돈이 부족했다고 전해진다.

영철이에 대한 이야기로 돌아갔다. "영철이도 많이 힘들 겁니다. 진료 첫날 아이에게 소원을 물었을 때 그 대답을 잊을 수가 없어요. '차분해지고 싶어요. 더는 혼나고 싶지 않아요. 칭찬받고 싶어요'라고 답했거든요. 아이가 일부러 그러는 것이 아닌데 부모나 선생님께 늘 혼나기만 하니 자꾸 위축되고 마음속 깊이 화도 쌓이게 되어 우울증과 같은 정서장애가 추가로 생길 수가 있습니다." 부모는 원인에 근거한 치료법의 취지를 잘 이해했고 영철이는 약물치료를 시작했다.

영철이의 문제행동들은 하나둘씩 개선되기 시작했다. 겨울 방학에는 그룹 사회성 치료와 놀이치료도 병행했다. 혼나는 빈도가 확연히 줄었고 자신감이 생겼다. 단짝도 생기고 반 친구들에게 인기도 많아졌다. 운동신경이 특히 뛰어나 축구나 농구를 잘했다. 부산스럽고 충동적인 행동들에 가려 보이지 않던 영철이의 강점들이 빛을 발하기 시작했다. 10개월 정도 지났을 무렵 부모는 영철이가 이제 학교생활도 잘하고 부모와 관계도 많이 좋아졌으니 병원에 그만 오고 싶다고 말했다. 치료가 효과가 없어서가 아니라 오히려 효과가 드라마틱하니 아이가 평생 병원에 의존할까 봐 겁이 난다고 했다. 영철이가 치료를 중단한 지 1년이 되어간다. 올해 3학년이 되었을 영철이가 코로나 상황에서 온라인 수업과 등교를 병행하는 이 시기를 잘 버티고 있기를 진심으로 바란다.

－출처 : "ADHD 아이, 끈기 없어 다빈치처럼 마무리 잘 못해", 『중앙선데이』(2020. 7. 4) －

사례 기사 Ⅱ

사례 1. 중학생 영훈이는 선생님들 사이에 유명한 문제아다. 사소한 일로 친구들과 주먹다짐을 하는가 하면, 화가 난다고 학교 유리창을 깬다거나 교실 문을 부수는 경우도 종종 있었다. 공부에는 통 흥미가 없다 보니 수업시간에 엎드려 있는 경우가 많고, 어떤 때는 수업이 듣기 싫다고 무단으로 조퇴해버리는 경우도 있었다. 교내에서 담배를 피다가 걸리는 일도 수차례였다. 반성하지 않고 말대꾸를 하거나 반항적인 태도를 보이기 때문에 더 큰 징계를 받게 되는 경우도 많았다. 지적받는 일이 많아지자 영훈이는 더더욱 학교를 다니기가 싫어졌고, 3학년이 되면서 등교를 거부하고 친구들과 어울려 다니면서 다른 학생들 돈을 빼앗거나 오토바이를 훔치는 등의 문제를 일으키게 되었다. 결국 출석일 수가 부족하여 유급을 하게 되었다.

사례 2. 성호는 평범한 학생이다. 수업 태도도 성실하고 학교 규칙도 잘 지키는 모범생이다. 성격도 원만하여 친구들과의 관계도 좋은 편이다. 초등학교 때까지는 성적이 평균 이상이었는데 중학교 올라오면서 성적이 잘 나오지 않는다. 수업시간에 열심히 듣고 방과 후에 책상에 앉아 있는 시간도 남들의 몇 배는 되는데 오히려 학년이 올라갈수록 조금씩 성적이 떨어졌다. 시험 볼 때 아는 문제도 실수로 틀리는 일도 많았고 열심히 과제를 해놓고도 제출하는 것을 잊어버려 수행점수를 놓치는 일도 종종 있었다. 노력하는 것에 비해 결과가 좋지 않다 보니 공부하는 것이 영 흥이 나질 않는다.

주의력결핍 과잉행동장애(Attention Deficit Hyperactivity Disorder, 이하 ADHD)에 대해 한번쯤은

들어봤을 것이다. 여러 방송매체에서 수차례 다루어진 질환이기도 하다. 흔히 알려진 ADHD의 대표적인 핵심 증상은 '과잉행동, 주의력결핍, 충동성'이다. 방송에서 보이는 ADHD 아이들 역시 대부분 매우 활동적이며 산만하고 공격적이다. 따라서 전문가가 아니면 과잉행동이 나타나지 않는 아이들을 ADHD가 아니라고 잘못 판단하는 경우가 허다하다. 특히 청소년의 경우에 더욱 심하다. '과잉행동'의 증상은 나이가 들수록 감소하므로 청소년에게서는 관찰이 되지 않는 경우가 많기 때문이다. 반면 충동성이나 부주의함의 문제는 나이가 들어도 없어지지 않고 계속 지속되므로 여러 가지 문제를 일으키게 된다. 그렇다면 청소년기에는 ADHD가 어떤 모습으로 나타날까?

영훈이와 같이 어른들에게 대들고, 화를 잘 내며, 가출·무단결석·무단조퇴 등 규칙을 어기는 행동을 하고, 도둑질·방화 등 다른 사람의 권리나 재산을 파괴하는 행동을 '반항장애' 또는 '품행장애'라고 한다. 반항장애나 품행장애의 원인은 여러 가지가 있을 수 있지만 특히 ADHD 아이들에서 이러한 품행장애 및 반항장애가 동반되는 비율은 15~56%로 알려져 있다. 다시 말하면 ADHD 아이들 중 많은 수가 청소년기에 비행 행동을 일으킬 가능성이 높다는 뜻이다. 성호는 겉으로 드러나는 문제행동은 없지만 주의집중을 못하는 소위 '조용한 ADHD'의 경우이다. 전문용어로는 주의력결핍장애(Attention Deficit Disorder, 이하 ADD)라고도 한다. 주의력 결핍이 있는 아이는 남에게 피해를 주는 일이 없기 때문에 방치되었다가 늦게 발견되는 경우가 많다. 성호 역시 산만하거나 겉으로 보이는 문제행동은 없어서 ADHD라고 생각되기 어려울 수 있다. 그렇지만 성호가 겪는 학습적인 어려움은 ADHD에 의한 것이다.

두 아이는 겉으로 보기에 같은 질환으로 생각하기 힘들다. 하지만 '실행기능'의 문제로 보면 조금 더 쉽게 이해할 수 있다. 실행기능이란 뇌의 다른 부분의 기능을 조율하며 계획을 세우고 자신을 조절하는 전반적인 기능을 말하는데, ADHD 아이들은 실행기능에 장애가 있는 것으로 알려져 있다. 실행기능에는 억제 능력, 예견 능력, 반추 능력, 자기 인식 능력, 조직화 능력 등이 포함된다. 자신의 행동으로 인해 앞으로 어떠한 상황이 벌어질 것인지 예견하지 못하고, 지금 당장 자신의 욕구를 억제하고 조절하기 힘들기 때문에 순간적인 충동대로 행동하게 된다(예: 수업을 빠지면 받게 될 처벌을 염두에 두지 않고 지금 당장 공부가 하고 싶지 않으니까 교실 밖으로 그냥 나가버리는 행동). 원인과 결과에 대해 생각하지 않고, 생각과 행동 그리고 결과를 연결시켜서 행동하지 않는다. 영훈이의 충동적인 행동 역시 그러한 능력의 결함에서 비롯된 것이다. 과거의 경험과 실수로부터 교훈을 얻어 같은 행동을 반복하지 않는 것(반추 능력) 또한 ADHD 아이들에게는 어려운 일이다. 문제가 생긴 후 '왜 그런 행동을 했냐'고 물었을 때 '몰라요' 혹은 '그냥요'라고 대답하는 것 역시 자기 인식 능력이 부족해서 비롯된 반응이다. 그래서 벌을 주는 것이 이들의 행동을 바꾸는 데 그다지 효과적이지 못한 것이다. 이런 경우에는 처벌이 아닌 치료가 필요하다. 성호의 경우 주의집중이 어려울 뿐만 아니라 고차원적인 학습을 위해 필요한 조직화 능력이 부족하기에 학업 생산성 및 학습 정확도가 감소하게 되고 결과적으로 학습에 어려움을 겪게 된다. 이 또한 치료가 필요한 부분이다.

ADD나 ADHD 청소년들에게 효과적인 치료는 약물치료이다. 치료약물은 청소년들의 주의집중과 참을성을 조절하고 ADHD로 인해 학교생활에서 다양한 형태로 어려움을 겪고 있는 아이들의 삶에 긍정적인 영향을 줄 수 있다.

그렇다면 약물치료 외에 학교에서는 ADHD 청소년들에게 어떤 도움을 줄 수 있을까?

제일 중요한 것은 선생님이 관찰한 '학생에 대한 정확한 정보'를 부모에게 알려주고 ADHD에 대해 확실하고 전문적인 평가를 받을 수 있도록 도움을 주는 것이다. 특히 영훈이 같은 학생의 경우에는 아이가 보이는 행동을 질병으로 이해하기보다는 '버릇없고 제멋대로인 아이'로 생각하기가 쉽고, '자신의 행동을 고칠 수 있는데 안 고치는 것'으로 여겨 계속 비난하거나 체벌을 하게 될 가능성이 높다. 아이 자체의 문제가 아니라 아이가 가지고 있는 '증상'이 문제라는 것을 기억하고, 이러한 문제행동들로 인해 가장 곤경을 당하고 있는 것은 사실은 아이 자신이라는 것을 이해한다면, 조금 더 너그럽게 아이를 대할 수 있을 것이다. 선생님은 아이의 문제행동을 자신에 대한 개인적인 모욕으로 받아들이지 말아야 한다. 선생님에게 화를 내고 대드는 것은 선생님을 인신공격한 것이 아니라 그때의 감정을 스스로 통제하고 조절할 수 없기 때문이다. 아이의 취약한 실행기능들을 도와야 한다. 왜 그렇게 행동을 하게 되는지를 돌아볼 수 있게 도와주고, 그로 인해 어떠한 결과들이 초래될 수 있는지 스스로 생각해볼 수 있는 기회를 줘야 한다. 감정적으로 반응하지 않고 차분하게 대응하고 이해하려는 태도로 접근한다면 아이가 다시 반항적으로 행동하는 악순환을 예방할 수 있을 것이다.

－출처 : "주의력결핍 및 과잉행동장애(ADHD) 아이들이 보내는 정시건강 적신호",

KDI 경제정보센터 홈페이지(2012. 3. 29)－

2-2 상담 사례

Q 질문

저희 아이가 이제 5살인데 ADHD 증상을 보이더라고요.
아이 관련 방송에서 ADHD 증상에 대해 많이들 나와서
유심히 봤었는데 저희 아이가 비슷한 증상을 보이더라고요.

ADHD 증상을 보인 지 한 일주일 정도 된 거 같습니다.
정확하게 진단을 받아봐야겠지만…
솔직히 저희 아이가 ADHD이라고 생각하니깐 마음이 무겁습니다.

곧 있으면 유치원 보낼려고 준비 다 해놨는데…
ADHD 치료를 받아도 안 고쳐지면 어떨지 걱정이 앞섭니다.

ADHD 증상을 정확히 파악하고 전문적으로 치료 가능한 곳 있을까요??
저희 아이를 위해 도와주세요.

A 답변

부모님께서 자녀 때문에 걱정이 많으시네요. ADHD 관련 검사는 만 4세부터 가능합니다. 그러나 ADHD 증상을 보인 기간이 일주일밖에 되지 않았다면 조금 더 기다려보는 게 좋겠습니다. 부모님께서 ADHD로 의심되는 증상이 최소한 6개월 이상 지속되면 다시 문의해주시기 바랍니다. 아직은 나이가 어리므로 점차 시간이 지나면서 증상이 없어질 수 있습니다.

2-3 정의

ADHD란 부주의와 과잉행동 및 충동성을 보이는 발달장애로, 12세 이전에 나타나서 성인까지 지속될 수 있으며, 주로 사회적 기술, 학업 및 직업기술에 영향을 미치고 다른 장애와 공존하여 나타날 수 있다.

2-4 진단 및 평가

1) DSM-5를 기준

ADHD 진단 기준은 DSM-5를 기준으로 따른다. DSM-5에서는 ADHD 진단 기준을 다음과 같이 제시하고 있다.

A. (1) 그리고/또는 (2)와 같은 특징을 가진 부주의 그리고/또는 과잉행동-충동성의 지속적인 패턴의 기능이나 발달을 저해한다.

(1) **부주의** : 다음 증상들 중 여섯 가지(또는 그 이상)가 발달 수준에 적합하지 않고, 사회적 활동과 학업적/작업적 활동에 직접적으로 부정적인 영향을 미칠 정도로 적어도 6개월 동안 지속된다. 주의 : 증상이 과제나 교수를 이해하는 데 있어 단지 적대적 행동, 반항, 적개심 또는 실패를 표현하는 것이 아니다. 청소년과 성인(17세 이상)에게는 적어도 다섯 가지 증상이 요구된다.

a. 흔히 세부적인 면에 대해 면밀한 주의를 기울이지 못하거나, 학업, 직업 또는 다른 활동에서 부주의한 실수를 저지른다.

(예 : 세부적인 것을 간과하거나 놓친다. 일을 정확하게 하지 못한다.)

b. 흔히 일 또는 놀이를 할 때 지속적인 주의 집중에 어려움이 있다.

(예 : 수업, 대화 또는 긴 문장을 읽을 때 지속적으로 집중하기 어렵다.)

c. 흔히 다른 사람이 직접적으로 말을 할 때 경청하지 않는 것처럼 보인다.

(예 : 분명한 주의 산만이 없음에도 생각이 다른 데 있는 것 같다.)

d. 흔히 지시를 따르지 못하고 학업, 잡일 또는 직장에서의 임무를 수행하지 못한다.

(예 : 과제를 시작하지만 빨리 집중력을 잃고, 쉽게 곁길로 빠진다.)

e. 흔히 과업과 활동 조직에 어려움이 있다.

(예 : 순차적 과제 수행의 어려움, 물건과 소유물 정돈의 어려움, 지저분하고 조직적이지 못한 직업, 시간 관리 미숙, 마감 시간을 맞추지 못함.)

f. 흔히 지속적인 정신적 노력을 요하는 과업에의 참여를 피하고, 싫어하고, 저항한다.

(예 : 학업 또는 숙제, 청소년과 성인들에게는 보고서 준비, 서식 완성, 긴 논문 검토)

g. 흔히 과제나 활동에 필요한 물건들을 분실한다.

(예 : 학교 준비물, 연필, 책, 도구, 지갑, 열쇠, 서류, 안경, 휴대폰)

h. 흔히 외부 자극에 의해 쉽게 산만해진다.

(청소년과 성인에게는 관련 없는 생각이 포함된다.)

I. 흔히 일상 활동에서 잘 잊어버린다.

(예 : 잡일하기, 심부름하기, 청소년과 성인에게는 전화 회답하기, 청구서 납부하기, 약속 지키기)

(2) **과잉행동 및 충동성** : 다음 증상들 중 여섯 가지(또는 그 이상)가 발달 수준에 적합하지 않고, 사회적 활동과 학업적/작업적 활동에 직접적으로 부정적인 영향을 미칠 정도로 적어도 6개월 동안 지속된다.

주의 : 증상이 과제나 교수를 이해하는 데 있어 단지 적대적 행동, 반항, 적개심 또는 실패를 표현하는 것이 아니다. 청소년과 성인(17세 이상)에게는 적어도 다섯 가지 증상이 요구된다.

a. 흔히 손발을 가만히 두지 못하거나 의자에 앉아서도 몸을 움직인다.

b. 흔히 앉아 있도록 기대되는 교실이나 기타 상황에서 자리를 뜬다.

(예: 교실, 사무실이나 작업장 또는 자리에 있어야 할 다른 상황에서 자리를 이탈한다.)

c. 흔히 부적절한 상황에서 지나치게 뛰어다니거나 기어오른다.(주의 : 청소년이나 성인에게는 주관적 안절부절못함으로 제한될 수 있다.)

d. 흔히 여가활동에 조용히 참여하거나 놀지 못한다.

e. 흔히 끊임없이 움직이거나 마치 자동차에 쫓기는 것처럼 행동한다.

　(예 : 식당, 회의장과 같은 곳에서 시간이 오래 지나면 편안하게 있지 못한다. 지루해서 가만히 있지 못하거나 지속하기 어렵다는 것을 다른 사람들이 경험한다.)

f. 흔히 지나치게 수다스럽게 말한다.

g. 흔히 질문이 채 끝나기 전에 성급하게 대답한다.

　(예 : 다른 사람의 말에 끼어들어 자기가 마무리한다. 대화에서 차례를 기다리지 못한다.)

h. 흔히 차례를 기다리지 못한다.

　(예 : 줄서서 기다리는 동안)

I. 흔히 다른 사람의 활동을 방해하고 간섭한다.

　(예: 대화, 게임 또는 활동에 참견함. 요청이나 허락 없이 다른 사람의 물건을 사용. 청소년이나 성인에게는 다른 사람이 하는 일에 간섭하거나 떠맡음.)

B. 몇몇 부주의 또는 과잉행동-충동 증상이 만 12세 이전에 나타난다.

C. 몇몇 부주의 또는 과잉행동-충동 증상이 두 가지 이상의 장면에서 나타난다.

(예 : 가정, 학교 또는 직장에서, 친구 또는 친척들과 함께 다른 활동에서)

D. 증상이 사회, 학업 또는 직업 기능에 방해를 받거나 질적으로 감소하는 명백한 증거가 있다.

E. 증상이 조현병 또는 기타 정신증 장애의 경과 중에만 발생하지 않으며, 다른 정신장애에 의해 더 잘 설명되지 않는다.

(예: 기분장애, 불안장애, 해리장애, 성격장애, 물질중독 또는 위축)

2) 평가

다음은 ADHD 아동을 진단할 때 사용하는 진단 검사로 한국 주의력결핍·과잉행동장애 진단검사(K-ADHDDS)와 FAIR 주의 집중력 검사가 있다.

▶ **한국 주의력결핍·과잉행동장애 진단검사**(K-ADHDDS)

목적 및 대상	- ADHD로 의심이 되는 아동 및 청소년 진단으로 만 3~23세
구성	- 세 개의 하위검사로 구성되면 총 36개의 문항 　→ 하위검사 : 과잉행동(13문항), 충동성(10문항), 부주의(13문항)
실시	- 피검자와 적어도 2주 이상 정규적으로 접촉해온 부모, 교사가 실시 - 검사지에 제시된 일정한 순서에 따라 문항 1에서 문항 36까지 빠짐없이 0(문제가 없음), 1(문제가 가벼움), 2(문제가 심각함)으로 평정

결과	– 하위검사별로 표준점수와 백분위점수를 그리고 하위검사의 표준점수들의 합에 의해 ADHD 지수와 백분위 점수 제공

▶ FAIR **주의 집중력 검사**

목적 및 대상	– 자기 통제력, 선택적 주의력, 지속적 주의력을 측정하며 만 8세 이상 실시
구성	– 검사 문항지의 검사 1, 검사 2로 구성되며 각 검사 문항지에는 구분 판단을 해야 하는 320개의 테스트아이템이 그려져 있음
실시	– 검사자는 초시계 준비, 피검사자는 잘 써지는 필기도구 준비 – 검사자는 검사 전에 피검자로 하여금 '검사에 관한 안내문'을 읽고 연습문제를 끝내도록 함 → 피검자의 동기나 독해력이 부족하다고 판단될 때 검사가 안내문을 읽어줄 수 있음 – 검사 1과 검사 2를 각 3분씩 연속해서 실시하되, 초시계를 이용하여 각 검사의 시작과 끝을 정확히 알림
결과	– 능력치수(P), 품질지수(Q), 지속성지수(C) 제공 → 능력치수(P) – 선택주의력의 측정치 → 품질치수(Q) – 자기통제력 측정치 → 지속성치수(C) – 지속성 주의력의 측정치 – P, Q, C는 모두 구분점수

2-5 원인

ADHD의 원인은 아직까지 정확하게 밝혀지지 않았다. 그러나 ADHD의 원인을 주로 생물학적 요인, 심리사회적 요인, 기타 요인 등으로 나누어 보고 있다. 생물학적 요인에는 유전, 뇌손상과 뇌기능 이상, 신경학적 접근에서의 신경전달물질의 장애로 보고 있다. 심리사회적 요인으로는 아동을 둘러싼 부정적인 가정환경과 양육 방식으로 보고 있다. 기타 요인으로는 식이요법과 환경 속의 납 등이 있다.

(1) 생물학적 요인

첫째, ADHD 아동들의 직계가족의 10~35%가 장애를 가지며 ADHD 아동들의 형제가 장애를 가질 확률은 거의 32%에 이른다. 또한 ADHD 아동들의 양부모보다 친부모들이 더 높은 수준의 과잉행동을 보인다고 보고되었다. 둘째, 뇌 손상과 뇌기능 이상으로는 전두엽 기능의 손상을 들고 있다. 또한 뇌의 각성 저하 가능성이 시사되고 신경전달물질의 장애로 도파민과 노르에피네프린이 결핍되면 ADHD를 유발한다고 보고 있다.

(2) 심리사회적 요인

첫째, 아동을 둘러싼 가정환경이다. 이 가정환경 속에는 부모의 낮은 사회적 지위, 한 부모 가정, 가족의 경제 곤란, 가족 간의 갈등, 정신건강과 적응 기술의 취약성 같은 가정 문제 등을 들 수 있다. 둘째, 부모의 부적절한 양육 방식이다. ADHD 아동의 부모는 대부분 통제적이고 간섭이 많은 양육 방식으로 아동의 ADHD를 유발할 수 있다고 보고 있다.

(3) 기타 요인

첫째, 식이요법이다. 식이요법은 인공 색소, 식품첨가물, 설탕 등 특정 음식에 대한 과잉행동적인 알레르기 반응이 ADHD를 유발한다고 보고 있다 둘째, 환경 속의 납에 지속적으로 노출될 경우 ADHD를 유발할 수 있다고 보고 있다.

2-6 중재 및 치료 방법

1) 지도방법

(1) 학교에서의 지도 방법

다음은 ADHD 학생을 위해 학교에서 해야 할 중재 방법이다. 첫째, 교사는 ADHD 학생에게 긍정적인 강화를 해주어야 한다. 이때 강화는 크고 자극적이어야 한다. 이는 ADHD 아동의 과제 수행을 향상시킨다. 둘째, 일상적 일과와 구조를 제시해야 한다. 예를 들어 과제 분석을 하거나, 분명하고 일관된 규칙을 정하거나, 조용한 학습공간을 제공하고, 짧은 학습 시간과 반복적인 언어 교수, 사전 조직도, 밑줄 치기 학습 전략을 사용하여야 한다. 셋째, ADHD 학생의 책상을 다른 아동의 책상으로부터 좀 떨어지도록 배치하여 교사 가까이에 앉히면 부적절한 행동에 대한 또래 아동의 강화가 줄어들고 교사의 모니터링과 피드백을 촉진할 수 있다. 넷째, 학급 규칙을 잘 보여주는 학급 규칙판을 설치한다. 다섯째, 알림장을 통해 아동에게 피드백을 제공하고, 부모에게 아동의 행동에 진전이 있을 때 보상을 해줄 수 있도록 관련 정보를 제공하고 교사와 부모 간의 의사소통을 돕는다. 다섯째, 과제 안에서의 자극을 증가시킨다. 예를 들어 색깔, 모양, 녹음 자료 등을 이용하여 과제 지속 시간이 아동의 주의 폭을 벗어나지 않도록 하고 학습 자료와 형식을 다양화한다. 또한 세분화된 과제, 명확한 규칙, 빠른 피드백이 포함된 컴퓨터 학습을 통해 주의력과 작업 생산성이 향상되도록 해야 한다. 여섯째, 응용행동분석 전략을 활용한다. 응용행동분석 전략으로 토큰 강화, 행동계약, 반응 대가, 타임아웃이 있다. 일곱째, 인지행동 중재를 활용한다. 인지행동 중재는 학생 스스로 자신의 인지적 충동성을 통제하고, 상황에 맞게 행동을 조절할 수 있도록 일반적인 인지 전략을 학습시키는 방법으로 자기점검, 자기강화, 자기교수가 있다. 이를 효과적으로 사용하기 위해서는 교사가 학생 개개인의 특성에 맞는 적절한 중재 방법을 모색하여야 한다. 여덟째, 중다양식 치료 모델을 활용한다. 중다양식 치료 모델은 수업조정, 심리적 지원, 의료적 관리, 행동 관리의 영역을 포괄하는 통합된 치료 계획으로 어느 한 분야에 국한된 치료법보다 더 효과적으로 ADHD를 치료할 수 있다.

각 특성별 중재 방법은 다음과 같다.

① 주의력결핍 : 효과적으로 지시 내리기, 주변 정리하기, 지금 여기서 반응하기, 자기조절 훈련, 자기교수와 자기점검 기술 지도

② 과잉행동 : 스티커 상 주기, 효과적인 벌 주기, 타임아웃, 공공장소에서 규칙 지키기, 적합한 사회적 기술 지도

③ 충동성 : 감정을 표현하고 해소하기, 의사소통 방법 향상시키기(반영적 경청과 나−전달법, 차례 기다리기와 자기조절 지도, 과제 지시는 적고 짧게 주기)

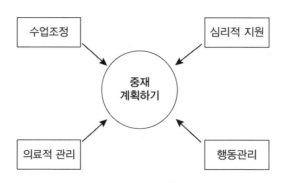

∎ 중다양식 치료 모델

(2) 가정에서의 지도 방법

가정에서의 중재는 학교와 지속적인 의사소통을 해야 원활히 이루어질 수 있다. 그렇기 때문에 교사와 보호자는 서로 의사소통을 할 수 있는 방안을 끊임없이 마련하여야 한다. 먼저 가정에서의 중재 방법으로 부모 훈련을 들 수 있다. 부모 훈련은 4~12세까지의 아동에게 효과적으로, 아동의 ADHD 증상이 가정의 핵심 문제일 경우 더 효과적이라고 한다. 부모는 자녀에게 많은 강화(칭찬)와 적은 지시의 양육 방법을 사용하여야 한다. 그리고 칭찬할 때 목록과 꾸중할 때 목록을 작성하

여 자녀에게 칭찬할 때 목록을 많이 개발하여 칭찬을 하도록 해야 한다. 그리고 꾸중할 때 목록은 최소화하여 꾸중은 적게 하도록 해야 한다.

다음은 부모가 자녀에게 칭찬할 때와 꾸중할 때 목록을 작성하는 틀을 예시로 나타낸 것이다.

자녀에게	
칭찬할 때	꾸중할 때
-	-
-	-
-	-

학교에서 숙제가 주어졌을 때 숙제를 많이 완수하기 위한 부모의 가정 중심 활동은 다음과 같다. 첫째, 숙제를 하기에 적당한 장소를 제공하여야 한다. 거실과 같은 산만한 장소는 아동의 주의 집중력을 방해할 수 있다. 둘째, 자녀가 숙제를 하는 데 필요한 종이, 연필, 사전 등을 사용할 수 있도록 준비하여야 한다. 셋째, 숙제를 하는 규칙적인 절차를 확립하여야 한다. 이는 숙제를 하는 시간을 정해 그 시간에 숙제를 하도록 하는 것이다. 넷째, 시간 관리를 하도록 도와야 한다. 다섯째, 자녀가 어떤 것이 어렵고 어떤 것이 쉬운 숙제인지를 이해하도록 도와야 한다. 어려운 숙제를 먼저 할 경우 그 숙제에 좀 더 집중할 수 있다고 한다. 여섯째, 자녀가 도움을 요청하면 필요한 만큼만 도와주어야 한다. 일곱째, 자녀가 보이는 실패와 좌절감의 표현을 주시하여야 한다. 자녀가 숙제를 하는 도중 실패하거나 좌절할 때 쉬는 시간을 가져 아동이 쉬도록 하여야 한다. 여덟째, 숙제에 진전이 있으면 보상하여야 한다. 이때 보상은 부모가 하고 있다는 것을 아동이 인지하도록 하여야 한다.

다음은 일일 보고 카드를 활용해야 한다. 일일 보고 카드는 처음에 교사가 학생이 학교생활을 하는 데 가장 중요한 한두 가지의 목표에 초점을 두고 매일 학생의 수행 결과에 대해 등급을 매기고, 일일 보고 카드를 부모에게 보낸다. 부모는 일일 보고 카드 결과에 따라 자녀와 함께 의논하고, 학생의 수행 수준에 따라 구체적인 보상을 한다. 일일 보고 카드의 원리는 다음과 같다.

① 개선이 필요한 영역을 정하라.
② 목표 행동을 정의하라. 목표 행동은 의미 있는 것이어야 하고 구체화되어야 하며, 관찰 가능하고 평가하기 쉬운 것이어야 한다.
③ 행동을 선택하고 목표 행동에 대한 준거를 설정하라.
④ 일일 보고 카드에 대해 학생에게 설명하라.
⑤ 가정 중심의 보상을 설정하라.
⑥ 행동 수행을 점검하고 필요하면 수정하라.
⑦ 문제점을 해결하라.

오전에 나는 얼마나 잘했나요?

	잘 못했어요	잘했어요	참 잘했어요
내 자리에 앉아 있기	☹	😐	☺
내 할 일 하기	☹	😐	☺

손과 발을 계속 제자리에 두었나요?

☆ ☆ ☆ ☆ ☆

보상을 받으려면 "잘했어요" 2개 이상이 필요하고, 보너스를 받으려면 "잘했어요" 한 개와 "참 잘했어요" 한 개가 있어야 하며, 별 하나에 컴퓨터 게임을 3분 할 수 있다.

▌그림 2-1   일일 보고 카드

2-7

ADHD의 오해와 진실

ADHD의 오해와 진실

　초등학교에 다니는 자녀를 둔 A(35·여)씨는 새 학기가 시작되는 3월만 되면 집안일도 손에 잘 안 잡히는 등 안절부절못한다. 아들 B(10)군에게 아침밥을 먹여 등교를 시킨 뒤에는 불안감이 더 심해진다. 텔레비전에 나오는 아침 프로그램을 봐도 내용을 잘 알 수가 없고, 혹시나 아들의 담임선생님이 전화를 할까 봐 벨소리에도 깜짝깜짝 놀라기 일쑤다. A씨가 이런 데에는 이유가 있다. 아들이 ADHD(주의력결핍·과잉행동장애)를 앓고 있기 때문이다. 오늘도 A씨는 툭하면 자리에서 일어나 교실을 휘젓고 다니고, 수업에 집중하지 못하는 자녀가 다른 친구들에게 피해는 주지 않을까 근심이다.

　ADHD는 신경발달 질환의 하나로 아이를 키우는 부모라면 '혹시 내 아이도?'라는 걱정에 관심을 갖기도 한다. 아동에게 흔하게 발견되는 ADHD는 크게 주의력결핍, 과잉행동, 충동성 등 3가지 핵심 증상을 보인다. 일반적으로 학교에 다니는 아동청소년의 3~8%가 ADHD를 겪는 것으로 추정된다. 여아보다는 남아에서 발병률이 3~4배 높게 나타난다.

　ADHD를 앓고 있는 아동청소년은 대개 학습에 집중할 수 없어 학업 능률이 떨어지거나 과잉행동 등으로 인해 또래와도 원만한 관계를 유지하지 못한다. 적절한 시기에 치료를 받지 못하면 학교생활은 물론 성인이 되어서도 일상생활에 어려움을 겪게 된다. ADHD 환자 본인뿐만 아니라 가족과 주위사람들의 삶의 질 또한 떨어질 수 있어 전문의와 상담해 알맞은 치료법을 찾는 것이 중요하다.

　하지만 ADHD가 불러오는 심각성에도 불구하고 ADHD에 대한 부정적인 사회적 인식으로 인해 정확한 정보를 바탕으로 한 올바른 치료를 받지 못하는 환자가 아직도 많다.

대한소아청소년정신의학회는 ADHD 치료를 위해 병원을 내원한 환자 700명의 진료 기록을 분석하고 일반인 1,230명 및 환자 부모 550명을 대상으로 한 설문조사 결과를 담은 '대한민국 ADHD 질환 인식 및 치료실태' 보고서를 발표했다고 27일 밝혔다.

학회에서는 현재 국내 만 6~18세 미만의 아동청소년 중 ADHD 환자의 비율을 6.5% 정도로 추정하고 있다. 그러나 2014년 건강보험심사평가원 자료에 따르면 이 가운데 5만 3,424명만이 치료를 받아 우리나라 소아청소년 잠정 환자 수 대비 10% 정도만 치료를 받고 있는 것으로 나타났다.

보고서에 따르면 최초로 ADHD 진단을 받은 나이는 평균 8.5세로, 이 중 82.6%는 약물 처방과 복용을 통해 치료를 받았으며 약물치료 유지 기간은 평균 12개월이었다. 또 약물 처방을 받은 환자 중 54%는 한 차례 이상 약물치료를 중단한 경험이 있었고, 이 가운데 절반가량이 다시 병원을 방문해 치료를 받은 것으로 드러났다. 치료 중단 후 병원을 재방문하는 데 소요되는 기간은 평균 7개월이었다. 또한 2차례 이상 치료를 관둔 뒤 재개한 환자의 비율도 전체 환자의 10% 이상인 것으로 나타났다.

환자들이 이처럼 자의적으로 치료를 중단하는 가장 큰 이유는 사회·심리적 장벽에 부딪히는 경우가 빈번하기 때문이다. 또 치료제 복용이 성장 등에 안 좋은 영향을 미치거나 질환이 나았다고 제멋대로 판단하는 경우도 많다.

ADHD 환자의 부모 550명을 대상으로 한 조사 결과 응답자의 34%는 부모 또는 혼자 스스로 증상이 나았다고 판단했다. 사회적인 시선으로 인한 거부와 환자의 통원 거부도 각각 18%, 14%를 차지했다. 최초 진단 시 10명 중 2명은 약물치료가 필요하다는 진단을 받았음에도 약물 부작용에 대한 우려(25%)와 약물치료의 필요성을 느끼지 못함(34%) 등의 이유로 치료를 받지 않은 것으로 조사됐다.

이들 중 대부분 1년 이내에 다시 약물 치료를 시작하게 되는데 절반 가까이인 43%가 증상 악화를 이유로 꼽았다. 이어 학교 선생님의 권유(24%)와 대체 치료의 효과 없음(21%)이 뒤를 이었다.

ADHD 치료제에 관한 오해도 이런 치료를 거부하게 하는 요소다.

흔히 ADHD 치료제가 소아청소년기 환자의 성장에 방해가 된다고 알려져 있다. 하지만 여러 연구 결과 치료제를 복용한 소아청소년과 그렇지 않은 소아청소년 사이에 차이가 없음이 밝혀졌다. 또 ADHD 치료제는 마약류로 분류돼 환자와 환자의 보호자가 중독을 염려하는 경우도 많다. ADHD 치료제는 약사법상 향정신성의약품이기 때문에 마약류로 분류돼 관리되는 것뿐 실제 마약과 같은 중독 위험은 없다.

대한소아청소년정신의학회 정○○ 이사장은 "ADHD의 근본적인 치료법인 약물치료는 이미 안전하고 효과적이라고 밝혀진 것에도 불구하고 약물을 중단, 재복용하는 악순환을 반복하면 질환 치료에 걸림돌이 되는 것은 물론 합병증을 유발할 수 있다"고 밝혔다.

— 출처 : "ADHD 오해와 진실", 『세계일보』(2016. 3. 29) —

참고문헌

김미경(2012). 특수아동부모교육 및 상담, 서울: 청목출판사

김미경 외(2013), 정서 및 행동장애아 교육, 학지사

김미경 외(2017), 정서 및 행동장애아 교육 3판, 서울: 학지사

이성봉 외(2014), 정서 및 행동장애, 학지사

이승희(2014), ADHD 학생의 이해와 지도, 학지사

http://kin.naver.com/qna/detail.nhn?d1id=7&dirId=70115&docId=273206617&qb=QURIRA==
    &enc=utf8&section=kin&rank=2&search_sort=0&spq=0

https://eiec.kdi.re.kr/material/clickView.do?click_yymm=201512&cidx=1716

https://news.joins.com/article/23817064

https://eiec.kdi.re.kr/material/clickView.do?click_yymm=201512&cidx=1716

http://naver.me/GJ3CQvj6

제 3 장

품행장애(Conduct Disorder)의 상담

3-1 사례 기사

청소년 폭행 사건이 잇달아 발생하고 있다. 최근 부산에서 여중생 무리가 또래 학생 한 명을 집단 폭행한 사실이 SNS(사회관계망서비스)를 통해 알려졌고, 그 전에 강릉·아산에서도 각각 10대 청소년이 집단 폭행을 저지르는 사건이 있었다. 방식이 잔인하고, 죄의식이 없어 보이는 가해자의 태도 탓에 단순한 폭행 사건이라고 여기기 어렵다는 의견이 많다. 날이 갈수록 심해지는 청소년들의 범법 행위, 대체 뭐가 문제인 걸까.

분당서울대병원 정신건강의학과 유○○ 교수는 "뉴스로 전해지는 가해자들의 행동을 분석했을 때, 품행장애를 겪고 있을 가능성이 크다"고 말했다. 품행장애란 방화·절도·폭행처럼 다른 사람의 권리를 심각하게 침해하는 범법 행위를 6개월 이상 지속적으로 반복할 때 진단하는 정신과적 질환이다. 사춘기를 겪으면서 일시적으로 일탈 행위를 하는 것과는 다른 개념으로, 품행장애가 있으면 자신이 저지른 행동에 죄책감을 느끼지 않는다. 그래서 같은 행동을 반복하기가 쉽다. 유 교수는 "품행장애가 있는 청소년의 20~30%가 성인이 돼서 반사회적 인격장애를 겪는 만큼, 의학적·사회적으로 오랫동안 철저히 관리해야 하는 질병"이라고 말했다.

품행장애는 유년기에 도덕적 관념을 제대로 교육받지 못했거나, 심한 ADHD를 방치했을 때 주로 생긴다. 충동을 조절하는 능력이 떨어지기 때문이다. 어린 자녀가 친구에게 맞았을 때 "다른 사람을 때리는 건 나쁜 일이니 똑같이 때리지 말라"라고 알려주는 대신 "네가 맞지 않으려면 더 세게 때려야 한다"고 교육하는 세태가 품행장애 청소년들을 양상하는 데 영향을 끼쳤을 것이라는 게 유 교수의 설명이다. 미디어의 영향도 크다. 폭력적이고 선정적인 장면에 여러 번 노출되면 그것에 익숙해져서 모방할 가능성이 크고 폭력을 휘둘러도 죄책감을 느끼지 않을 수 있다.

품행장애는 치료가 어려운 것이 문제다. 충동을 조절하는 약물치료, 잘못된 행동을 수정하는 인지행동치료, 심리적인 문제를 해결하는 심리치료 등을 복합적·장기적으로 받아야 하고 심하면 입원해야 하지만 치료 순응도가 낮다. 따라서 품행장애가 생기지 않게 미리 막는 게 중요하다. 유○○ 교수는 "어릴 때부터 도덕 관념을 올바르게 심어주고, ADHD가 있으면 적극적으로 치료해야 한다"고 말했다.

다른 사람과의 관계에서 손해보지 않는 방법 보다 타인의 권리를 침범하지 말고 배려하는 방법을 최우선으로 교육해야 한다. 또 청소년들은 주목받고 싶어 하는 심리가 있는데, 이게 충족이 안 되면 일탈 행위로 해소하려고 한다. 그 전에 사소한 일에도 관심을 갖고, 남들에게 인정받고 있다는 걸 느낄 수 있도록 해야 한다.

－출처 : "폭행 후 죄책감 없는 품행장애 청소년… 20~30%는 반사회적 인격장애 된다", 『헬스조선』(2017. 9. 13)－

사례 기사 Ⅱ

학교폭력이 날로 심화됨에 따라 청소년 문제가 사회문제로 부각되고 있다. 학교폭력을 비롯해 절도, 거짓말, 규율 위반, 가출 등 청소년 문제 중 가장 심각한 것은 남에게 피해를 끼치는 '품행장애'. "잘못된 일인 줄 알지만 만만한 아이를 친구들과 함께 때리고 나면 나 자신이 혼자가 아니라 어떤 집단의 일원이라는 느낌이 강하게 들었어요." 또래들과 같은 반 친구를 집단구타한 K 모(남, 중 2) 군의 말이다.

K군의 사례는 품행장애 중 가장 흔하고 치료도 잘되는 형태로 아동기에 아무런 문제점이 없던 아이가 청소년기에 들어서면서 돌연 품행장애를 일으키는 경우. 서울대의대 ○○과 홍○○교수는 "청소년기에 들어서면서 일시적으로 부모에 대한 반항, 자기 자신에 대한 실험의 표현으로 품행장애를 나타내는 경우가 있다"고 밝히며 "전문가 상담만으로도 치료가 잘된다"고 설명했다. 실제 발생하고 있는 학교폭력의 대부분이 이런 형태다.

방치 땐 인격장애자 될 소지, 전문가와 상담 필요

두 번째 형태는 불안, 우울 등 정서적 문제가 있던 아이가 이런 정서적 문제의 표현으로 품행장애를 나타내는 경우. 일례로 돈을 훔쳤을 때 이는 애정을 훔치고 싶은 자신의 마음이 상징적으로 품행장애로 나타난 형태다. 일단 문제 행동이 반복해 나타나면 2~3개월 입원해 행동치료를 받는 것이 좋다.

셋째 유형은 부모의 과잉보호를 받았던 아이들 중 자기 자신을 통제할 능력이 결핍돼 품행장애로 나타나는 경우. 즉, 자신이 최고인 줄 알고 친구, 이웃, 규칙 등에 대한 배려가 없는 버릇없던 아이가 청소년기에 걷잡을 수 없는 품행장애를 나타내는 것이다. 최소 1년 이상 장기간 짜여진 환경 속에서 치료와 교육이 필요하다. "어릴 때부터 거짓말.훔치기 등이 잦았고 다른 사람 생각은 전혀 없으며 잘못을 하고서도 후회나 반성은 커녕 재수없어 들켰다는 생각 뿐이에요." 빈번한 학교폭력과 무단결석으로 결국 퇴학 처분을 받았다는 L군(16세) 어머니의 하소연이다. L군은 유년기의 문제가 청소년기에 더욱 심화된 경우로 가장 심각한 형태의 품행장애다. 장기간 지속적인 치료와 상담이 필요하며 간과할 경우 성인기에 가정과 사회에 큰 물의를 일으키는 반사회적 인격장애자가 될 가능성이 높다.

따라서 품행장애는 어릴 때부터 뚜렷한 상벌 기준을 통한 예방과 조기 발견, 조기 치료만이 반사회적 인격장애인이 되는 것을 막을 수 있다.

－출처 : "청소년 '품행장애' 조기치료가 최선", 『중앙일보』(1996. 4. 3) －

3-2 상담 사례

사례 기사 Ⅰ

Q 질문

아침에 상담실에 고모부와 함께 온 학생의 모습은 큰 키에 굉장히 마르고 왜소하며 얼굴은 피곤한 기색과 깔끔하지 않은 용모였다.

상담실에 앉아 있는 내담자는 만사 귀찮고 무기력해 보였으며 말을 시켜도 '몰라요', '아니요'라고만 답을 할 뿐 침묵으로 일관했다.

학생의 고모부가 학생의 신상에 대해 말해준 내용을 보면 학생이 초등학교 들어가기 전에 부모가 이혼을 하고 아빠는 일 때문에 베트남으로 떠나고 학생은 할머니와 함께 살게 되었다고 한다. 중학교 1학년 들어오면서 할머니가 돌아가시고 학생을 돌봐줄 사람이 없어 작은 고모네 식구와 같이 살게 되었는데 학교에서 문제 학생들과 어울리면서 폭행, 도벽과 같은 문제를 많이 일으켜 다니던 학교를 못 다니게 되고 큰 고모네 식구와 잦은 마찰로 학생이 가출을 하게 되었다고 한다.

학생의 아버지는 직장이 베트남에 있어 1년에 2~3번 정도 오고 그곳에서 결혼을 하여 자식을 1명 낳아서 잘살고 있고 학생의 생활비를 보내주는 정도의 관심만 보이고 엄마는 전혀 연락이 되고 있지 않다고 한다. 학생의 문제행동이 남의 물건에 손을 대는 것과 말 없이 집을 나가서 며칠씩 있다가 들어오는 것이라고 하면서 상담을 의뢰하였다.

A 답변

첫 상담 시에는 침묵만 일관하던 학생이 상담 횟수가 늘어날수록 본인의 의사표현을 하기 시작하였고, 할머니와 같이 산 세월이 길어 할머니가 돌아가신 충격이 학생에게는 상당히 컸던 것 같다. 할머니와 같이 살 때는 모든 것이 본인 위주로 돌아갔고 자유분방한 생활을 했는데 할머니가 돌아가시고 나서 고모네 식구들과 같이 살면서 통제된 생활에 미처 적응을 하지 못하여 문제행동을 자주 일으켰고 고모네 식구들의 일관성 없는 양육 방식에 학생이 많은 혼란을 겪었다.

학생 본인이 한 행동에 대해 잘못함을 알고 있었고 식구들에 대한 반항을 비행 행동으로 나타내고 있는데 본인에게는 안 좋은 영향이 간다는 사실을 인식 못 하고 있는 것 같다.

사례 기사 Ⅱ

Q 질문

○○이는 아버지와 누나 2명과 함께 사는 한 부모 가정의 아이예요. 1학년 때부터 봐왔던 ○○이는 유난히 얼굴에 어둠이 많은 친구였지만 잔소리 한마디에도 눈물을 글썽거리는 순수한 아이로 보였어요. 그런데 1년 전, ○○이가 3학년이 되었을 때 제가 알고 있는 모습이 전부가 아니라는 것을 알게 되었어요. ○○이가 학급에서 친구들의 물건을 훔치거나, 화가 나면 교실 문을 발로 차고 학교를 뛰쳐나가는 행동을 하기 시작하는 거예요. 처음에는 ○○이를 타이르고, 반성문을 쓰게 하는 정도로 넘어갔어요. 하지만 점점 빈도가 잦아지더니 친구를 욕하고 때리는 등의 심한 행동들을 하더라구요. 또 ○○이가 밤늦게까지 귀가하지 않아 ○○이의 누나들에게서 전화가 오는 일도 빈번했어요. 그래서 아이의 상태를 의논하기 위해 ○○이의 아버지께 연락을 드렸는데 피하셔서 전년도에 학급 학생이었던 ○○이의 둘째 누나에게 연락을 하고 가정 방문을 했어요. 가정 방문과 ○○이와의 대화를 통해 아버지의 폭력 사실을 알게 되었어요. ○○이의 아버지는 매일 술을 마시고, 아이를 때렸으며, ○○이는 무엇을 잘못해서 맞는지도 모른 채 그저 아버지의 기분에 따라 맞고 있었다는 사실도 알게 되었어요. 그러한 가정환경이 ○○이의 학교생활에서 고스란히 드러난 것 같아요. 장애 유형을 보니까 품행장애에 가까운 아이인 것 같은데 맞나요? 이런 아이의 교육은 어떻게 해야 할까요?

A 답변

아이의 공격 행동과 절도, 늦은 귀가 등의 심각한 규칙 위반 행동을 볼 때 DSM-5 품행장애 진단 기준에 부합되는 것으로 보입니다. 하지만 ○○이의 정확한 장애 여부를 진단하기 위해서는 「장애인 등에 대한 특수교육법」에 명시되어 있는 일련의 절차를 거쳐 진단·평가를 받아야 합니다.

품행장애는 한 가지 잘 듣는 중재법이 있는 것이 아니라 가능한 모든 방법을 동원하는 복합적인 개입이 필요한데, ○○이가 품행장애로 진단될 경우 가장 큰 원인은 가정환경으로 보입니다. 그러므로 먼저 부모 교육 및 훈련을 통해 ○○이의 교육에 긍정적인 영향을 미칠 수 있도록 하고, 가정과 학교가 연계하여 ○○가 학습한 내용이 일반화될 수 있도록 합니다. 또 다른 방법으로는 가정이나 학교 등의 환경 속에서 스스로 일관성 있는 규칙을 만들어 지킴으로써 위와 같은 문제행동을 조정할 수 있도록 하거나 분노 조절 훈련 프로그램을 통해 긍정적 자아상 회복과 더불어 내적 억제력을 획득할 수 있도록 합니다. 필요한 경우 정기적인 상담치료도 도움이 될 것입니다.

정의

품행장애(Conduct Disorder)는 타인의 기본적 권리 또는 연령에 적절한 사회적 규준 및 규칙에 대한 반복적이고 지속적인 위반을 특징으로 하는 장애다. 세계보건기구에서는 청소년 비행을 행동장애의 하나로 간주하고 있다.

품행장애는 정서 및 행동장애 분야에서 비교적 오랫동안 관심을 받고 있는 장애다. DSM−5에 의하면 품행장애는 문제행동이나 적대적 행동 등의 다양한 양상을 보이며, 필수적 요인은 최소한 6개월 동안 사회적 규범이나 연령에 적합한 규준에 위배되는 활동 또는 타인의 권리를 침해하는 행동 패턴의 지속과 반복에 있다. 이러한 행동은 크게 두 가지 유형으로 구분된다. 첫 번째 유형은 비사회화된 공격성 또는 공격적 행동이라고 명명하고, 싸움, 불순종, 비협조성, 무분별함, 무례함, 파괴적 행동, 분노 폭발 등이 포함된다. 두 번째 유형은 사회화된 폭력 또는 비행이라고 명명하고, 나쁜 친구 사귀기, 비행을 일삼는 친구들에 대한 충동성, 무단결석, 도벽, 거짓말하기, 방화 등이 포함된다. 품행장애는 빈번하게 보고되는 아동기 행동장애로 전체 학령기 아동 중에서 약 5~10% 정도의 출현율을 보이고 있으며 그 가운데 6~16%는 소년, 2~9%는 소녀로 나타난다. 열악한 환경에서 양육된 아동의 경우에는 출현율이 더 높게 보고되고 있다. 그리고 아동의 품행장애는 법적, 심리적, 정신병적 관점에서 정의되기도 한다. 앞서 말한 세 관점에서 바라보는 품행장애의 정의는 다음과 같다.

1) 법적 관점

법적으로 품행 문제는 비행 또는 범죄 행동으로 정의된다. 비행의 법적 정의는 시간이 지나면서 변하거나 지역에 따라 혹은 국가에 따라 달라지는 법에 의존한다. 법적 정의는 체포와 법정 접촉을 가져오므로 매우 어린 아동의 반사회적 행동은 제외된다. 다 같은 반사회적 행동을 보이는 청소년일지라도 체포되는 청소년들과 지능이나 지략으로 체포되지 않는 청소년과는 차이가 있으므로 '공식적' 비행과 '자기 보고된' 비행을 구별하는 것은 매우 중요하다. 그들의 비행 행동에 대하여 아동이 책임을 질 수 있는 나이에 대한 논쟁이 계속되고 있다. 대부분의 국가나 지역에서 책임을 지우는 최소 나이는 12세이지만, 비행 행동의 법률적 정의에 따르면 반사회적 행동에 대한 사회적인 포용력과 관련하여 나이가 더 올라갈 수 있다.

2) 심리적 관점

심리적 관점은 행동의 외현화 양식으로 불리는, 통계적으로 획득된 차원에 따라 품행 문제를 판단한다. 외현화 차원에서 극단적인 점수를 나타낸 아동들, 즉 일반적으로 평균보다 1 표준편차 이상의 일탈은 품행문제를 가지고 있다고 간주된다.

외현화 차원에 관한 연구에서는 또한 '명백한-드러내지 않는(overt-covert)' 반사회적 행동과 '파괴적-비파괴적'이라 언급되는 반사회적 행동의 2개의 다른 독립적인 특질을 확인해냈다. 반사회적 행동의 명백한 형태는 대략 공격적인 차원에 상응하는 반면, 드러내지 않는 행동은 거짓말, 절도, 약의 오용과 같이 숨겨지거나 몰래 하는 행동들이며 이것은 대략 비행 차원과 일치한다. 반사회적 행동의 명백한 형태가 높은 아동들은 부정적이고, 성급하고, 적대적 상황에 대한 반발로서 분개하며 가족 갈등의 더 높은 수준을 경험하는 경향이 있다. 드러내지 않는 반사회적 행동이 높은 아동들은 덜 사회적이고, 더 불안해하며 타인에 대해서 더 많은 의심을 하고 가족의 지지가 적은 가정에서 나타난다. 그러나 이러한 두 가지 범주 사이에는 많은 중복 부분이 있고 대부분의 품행문제를 보이는 아동들은 명백한 반사회적 행동과 드러내지 않는 반사회적 행동 모두를 나타낸다. 이렇게 혼합되거나 별개의 아동 유형은 흔히 권위와 충돌하고 대부분 심각한 가족 역기능과 장기간의 불행한 결과를 보인다. 파괴적-비파괴적 행동의 연속은 동물을 학대하거나 재산의 파괴와 같은 행동에서부터 다른 사람과의 논쟁이나 과민한 반응과 같은 비파괴적 행동에 이르기까지 다양하다.

3) 정신의학적 관점

품행 문제는 정신의학적으로 DSM-5 증상 항목에 기초를 두고 분리된 정신장애로 정의된다. DSM-5에서, 반사회적 행동이 지속되는 형태들은 파괴적 행동 장애의 범주에 포함되는데, 여기에는 반항 행동 장애와 품행장애가 속한다. 또한 아동의 품행 문제와 그들의 성인기 결과를 이해하는 것과 관련된 것은 반사회적 성격장애의 성인 진단 범주이다. 다음 장에서 반사회적 성격장애를 더 자세히 알아보기로 하고, 일단 이 장에서는 품행장애의 정의만을 다루려 한다.

품행장애(CD)가 있는 아동들은 타인에게 고통을 가하거나 신체적, 언어적 공격으로 타인의 권리를 방해하거나, 도둑질을 하거나, 또는 비문화적인 야만 행위를 하는 것을 포함하여 더 심각한 공격성과 반사회적 행동을 나타낸다. 품행장애로 진단받은 많은 아동들에서는 비행 행동이 감지될 것이다. 그러나 비행 행동을 범하는 청소년의 아주 소수만이 품행장애 진단으로 간주되는 지속된 행동패턴을 나타낸다.

진단 및 평가

1) DSM-5의 품행장애 진단 기준

A. 연령에 적합한 주된 사회적 규범 및 규칙 또한 다른 사람의 권리를 위반하는 행동을 반복적이고 지속적으로 보이며, 아래의 항목 중에서 세 가지 이상을 12개월 동안 보이고 그중에서 적어도 한 항목을 6개월 동안 지속적으로 보인다.

사람과 동물에 대한 공격성

1. 다른 사람을 괴롭히거나 위협하거나 협박한다.
2. 신체적 싸움을 먼저 시도한다.
3. 다른 사람에게 심각한 신체적 손상을 입힐 수 있는 무기
   (예: 방망이, 벽돌, 깨진 병, 칼, 총 등)를 사용한다.
4. 사람에 대해 신체적으로 잔인한 행동을 한다.
5. 동물에 대해 신체적으로 잔인한 행동을 한다.
6. 강도, 약탈 등과 같이 피해자가 있는 상황에서 강탈한다.
7. 성적인 행동을 강요한다.

재산/기물 파괴

8. 심각한 손상을 입히고자 의도적으로 방화한다.
9. 다른 사람의 재산을 방화 이외의 방법으로 의도적으로 파괴한다.

사기 또는 절도

10. 다른 사람의 집, 건물, 차에 무단으로 침입한다.
11. 사물이나 호의를 얻기 위해 또는 의무를 회피하기 위해 자주 거짓말을 한다.
12. 피해자가 없는 상황에서 물건을 훔친다.

심각한 규칙 위반

13. 부모의 금지에도 불구하고 밤늦게까지 자주 집에 들어오지 않는다.

이러한 행동이 13세 이전부터 시작되었다.

14. 부모와 함께 사는 동안에 적어도 두 번 이상 밤늦게까지 들어오지 않고 가출한다.
    (또는 장기간 집에 돌아오지 않는 가출을 1회 이상 한다.)

15. 학교에 자주 무단결석을 하며 이러한 행동이 13세 이전부터 시작되었다.

B. 행동의 장애가 사회적·학업적·직업적 기능 수행에 임상적으로 심각한 장애를 초래한다.

C. 18세 이상의 경우, 반사회적 인격장애(antisocial personality disorder)의 준거에 부합하지 않아야 한다.

2) 품행장애 진단 및 평가를 위해 적용 가능한 도구

• K-CBCL

만 6~18세의 아동 및 청소년을 대상으로 하는 행동 평가 척도로 아동의 사회적 적응 및 문제행동을 설문 형식으로 평가하는 표준화된 도구이다. 이 검사는 부모나 교사를 비롯하여 아동 주위에서 이들을 관찰할 기회가 많은 성인의 보고를 활용하며 부모보고형, 교사보고형, 자기보고형이 있다.

• MMPI-A(청소년용)

미네소타 다면적 인성검사는 복잡한 청소년기의 심리적 문제를 다면적으로 측정하고 평가하는 도구로 만 13~18세의 청소년을 대상으로 한다. 기존의 MMPI는 청소년에게 부적절한 문항이 많이 포함되어 있을 뿐 아니라 이들에게 특징적으로 나타날 수 있는 문제를 다루는 문항이 전혀 포함되어 있지 않다. 이러한 문제점들을 고려하여 청소년에게 적용할 수 있는 문항 중심으로 새로운 척도를 개발하여 청소년 규준을 적용하도록 한 도구이다.

• 청소년비행행동측정도구(SMDB)

청소년 비행 행동을 조기에 평가하기 위해 개발한 도구로, 반사회적 행동, 공격적 비행 행동, 정신병질적 비행 행동의 3개 요인, 총 31개 문항으로 구성되어 있다.

• 주제통각검사(TAT)

투사검사의 한 종류로 그림을 보고 그림에 대해 이야기하여 대인관계 및 환경에 대한 개인의 통각(심리 상태)을 알아보는 것이다. 품행장애 학생의 경우 자신의 심리 상태를 처음부터 솔직하게 표현하지 않으므로 이러한 투사검사를 통해 학생 내면의 심리 상태를 파악하는 데 도움이 된다.

• 로샤 검사

투사검사의 한 종류로 추상적이고 비구성적인 잉크 반점을 무엇으로 지각하는가에 따라 개인의 심리적 기능의 기본 측면을 파악하고자 하는 것이다. 잉크 반점에 대한 반응이 개인의 경험, 성질, 문제 접근 방식 등을 반영한다고 본다. 로샤 검사는 비행 청소년의 행동 특성을 판별하는 데 도움이 될 뿐만 아니라 청소년의 비행 성향을 예측할 수 있어서 비행 성향이 있는 청소년의 조기 발견에 도움이 된다.

• 집-나무-사람 검사(HTP)

투사검사의 한 종류로 집－나무－사람을 그리는 과정에서 나타나는 개인의 정서 상태, 대인관계, 자아 개념, 환경과의 관련 경험 등을 파악하는 데 도움이 되는 검사이다. 투사검사는 품행장애 아동의 내면 도출에 적합하지만 다른 객관적인 도구와 함께 사용하여 검사자의 주관적 판단에 따른 오류를 방지하여야 한다.

3-5 원인

품행장애의 원인은 다른 정서·행동장애의 하위 유형과 마찬가지로 한 가지 요인만으로 설명할 수 없다. 공격 행동과 규칙 위반 행동을 보이는 품행장애의 원인은 매우 다양하며, 이를 설명하는 이론과 개념적 모델 또한 매우 많다. 이러한 많은 이론과 모델을 종합해보면 크게 생물학적 요인과 환경적 요인으로 나뉜다.

1) 환경적 요인

(1) 가정

아동의 공격 행동과 비행 행동에 영향을 미치는 사회환경 요인 중에서 가정 요인은 가장 중요한 영향을 미친다. 품행장애와 관련 있는 가족, 특히 부모 관련 요인으로는 다음을 들 수 있다.

• 부모-자녀의 비정상적인 상호작용

자녀를 다루는 기술이 부족한 부모는 자녀와의 상호작용에서 일관되지 못한 처벌 위주의 훈육과 같은 태도를 보인다. 또한 자녀 양육 및 행동 통제 기술이 미숙하여 자녀가 잘못된 행동을 했을 때 비록 부정적이지만 관심을 보이고 바람직한 행동을 했을 때는 무관심한 의도하지 않은 잘못된 강화 절차를 적용하여 아동의 품행장애를 유발할 수 있다.

• 부모의 관리 및 감독의 소홀

최근 들어 맞벌이 부부가 증가하면서 부모가 자녀의 일상을 점검하고 관여하는 데 소홀해지고 있기 때문에 자녀에게 미안한 마음으로 자녀의 행동을 통제하기보다는 무조건적으로 허용하는 경우가 많다. 이는 아동의 충동성을 유발할 수 있으며, 아동은 자신을 통제하는 행동 규칙을 지키지 않게 된다. 품행장애를 보이는 아동의 부모는 자녀에게 구체적인 행동 규칙을 제시하고 이를 관리 및 감독하는 것을 소홀히 하는 경향이 크다.

• 부모의 정신병리

부모가 정신병리를 가지고 있거나 과도한 음주를 하는 경우, 이 때문에 앞서 언급한 자녀와의 부정적 상호작용을 초래하거나 관리 및 관여의 부족으로 아동의 품행장애를 유발하기도 한다.

• 부부간의 불화 및 갈등

가정 내 적대적 분위기가 형성되고 가정이 제 기능을 하지 못함으로써 자녀의 비행 행동에 영향을 미치게 된다. 부부간의 불화는 언어 및 신체 폭력을 유발하며, 가정폭력의 경우 자녀가 직접적인 폭력의 피해자가 아니더라도 부부간의 폭력 행위를 목격하는 것만으로도 부정적 영향을 받게 된다. 부부간 불화가 심각한 폭력과 함께 나타날 때 아동의 품행장애 가능성은 더 높아진다.

이외에도 부모의 언어 및 신체적 폭력, 성적 또는 심리적 학대도 공격적인 품행 문제를 일으킬 수 있는 요인이다. 그러나 부모가 자녀에 대해 지속적인 관심과 지지를 제공하는 양육 행동에 따라 청소년기의 품행장애 가능성을 약화시킬 수도 있다.

(2) 학교

학교는 다양한 사람과의 상호작용을 통해 바람직하거나 바람직하지 않은 행동을 학습할 수 있는 환경이다.

• 교사의 영향

교사 및 학교와의 유대감이 약한 경우 학생의 공격 행동이 일어날 가능성이 크다. 이러한 유대감은 교사의 평가 방식, 학급 운영 기술, 수업 전략으로부터 영향을 받는다. 또한 학생에 대한 교사의 수용 정도가 낮거나, 차별대우, 폭력, 무관심, 몰이해 등의 표현을 통한 교사의 부정적 태도가 교사에 대한 학생의 적개심을 일으켜 비행 가능성을 증대시킨다.

• 또래의 영향

초기 아동기에는 놀이와 학습 활동에서 매우 공격적이고 방해를 하는 또래를 거부하는 경향이 있다. 이 시기에 또래로부터의 거부를 경험하면 이후에 품행장애를 보일 가능성이 높다. 공격성을 나타내는 또래로부터 거부를 경험한 학생 중 일부는 아동 후기 및 청소년기에 공격적인 반사회적 행동을 보이는 또래와 쉽게 관계를 형성하고 심지어는 반항 또래 집단의 일원이 되기도 한다. 이러한 일탈된 또래와의 지속적인 관계는 학생의 공격 및 반사회적 행동을 증가시키고 품행장애를 심화시킨다.

(3) 지역사회

학생의 가정과 학교가 속해 있는 지역사회의 빈곤, 높은 범죄 수준, 사회적 응집력의 부족, 비효과적인 건강 및 복지 서비스, 지역사회 지원 프로그램의 부족, 성공적인 교육 수행 및 취업 기회의 부족, 방과 후 활동 및 여가 활동 프로그램의 부족, 폭력·음주·약물 사용에 대한 지역사회의 허용적 분위기 등이 품행장애와 관련이 있으며, TV를 포함한 대중매체 또한 학생의 공격성에 영향을 미친다.

(4) 약물 관련 요인

아동 및 청소년이 장기적으로 점차 강도를 높여가며 약물을 복용하게 될 경우 지속적이고 심각한 문제행동을 유발한다.

3-6 중재 및 치료 방법

1) 지도 방법

(1) 학교에서의 지도 방법
• 아동을 효과적으로 중재하기 위해 가정에서도 개별화된 교수를 할 수 있도록 부모와 긴밀한 협력관계를 구축해야 한다.
• 수용 불가능한 행동에 대한 제한을 분명히 하지만 아동의 심리적 자극을 최소화하고 안정시키기 위해 전체적인 학교 분위기를 따뜻하고 긍정적으로 구성하도록 한다.
• 수용 불가능한 행동이 나타나면 즉시 제재한다. 다만 시행되는 제재는 적대적이지 않으며 어떤 신체적인 가해도 하지 않는다.
• 학교 내외에서 학생의 행동에 대한 지속적인 점검과 감독을 한다.

- 학교의 가치, 기대, 절차, 후속 결과를 분명히 하기 위해 괴롭힘의 피해 학생과 가해 학생, 학부모, 중립적인 학생이 함께 괴롭힘의 문제에 관해 토의하도록 한다.

(2) 가정에서의 지도 방법
- 아동에게 부정적인 자극과 혼란을 주지 않기 위해 일관성 있는 양육 태도를 보인다.
- 아동의 감정 표현을 적극적으로 격려한다.
- 아이의 모든 감정을 수용하며 경청한다.
- 공격성을 유발할 수 있는 상황을 미리 막는다.
- 신체적 체벌을 사용하지 않는다.
- 폭력물 시청 제한과 노출 시 폭력을 사용할 수 없다는 것을 아동에게 주의시킨다.
- 아동이 공격 행동을 하고 있거나 시도하려고 할 때 비폭력적 대안 행동을 제안한다.
- 바람직한 행동에 대한 칭찬과 보상을 준다.
- 훈육을 할 때는 가능한 식사 시간은 피하고 음식을 보상, 처벌, 뇌물 또는 위협으로 사용하지 않는다.

2) 중재 방법

① 부모 훈련

부모 훈련 프로그램은 부모가 중재의 직접적인 대상이 될 뿐 아니라 아동의 행동을 지도할 수 있는 기술을 획득하고 적용하는 것을 목표로 한다. 부모 훈련 프로그램에서는 부모가 아동과 자신의 문제를 판별하고, 아동의 행동과 환경을 관찰하여 자료를 수집하며, 적절한 행동의 증가와 부적절한 행동의 감소를 위한 전략을 사용할 수 있도록 지도한다.

이때 중재자와 부모는 정기적인 만남을 통해 피드백을 주고받는다.

② 기능적 가족 중재

기능적 가족 중재의 일차적 목적은 가족 내 구성원 간 의사소통을 향상시키고 최적화하는 것이다. 이러한 의사소통 기술 증진을 통해 가족 구성원 간의 인식, 기대, 태도, 정서적 반응을 수정하여 가족 기능의 향상을 도모한다. 가족 구성원들은 자신의 생각과 느낌을 정확하고 분명하게 전달하는 방법과 문제에 대한 해결책을 효과적으로 조정하는 방법, 일관된 가정환경을 제공하기 위해 행동 기법을 활용하는 방법을 배운다.

③ 다중체계중재

다중체계중재는 아동의 품행장애 행동을 유지시키는 가족, 학교, 또래, 지역사회와 같은 체계를 수정하는 것이다. 중재의 주된 목적은 아동이 보이는 문제에 중점을 두고 이를 다루는 데 필요한 기술과 자료를 아동과 가까운 사람들에게 제공하는 것이다.

④ 지역사회 기반 프로그램

비행 및 반사회적 행동을 보이는 학생을 별도의 수용시설이 아닌 가정과 유사한 상황에 배치하고 자연스러운 개입이 이루어질 수 있는 지역사회 기반 프로그램에 참여시킴으로써 수용시설에서의 또 다른 비행 행동의 학습을 예방하고 지역사회 내 적응을 높일 수 있도록 하는 것이다.

- 가족 교수 모델

가정과 유사한 거주 형태에서 훈련된 교사 역할의 부모가 비행청소년과 살면서 학생에게 적절한 행동을 중재한다. 교사 역할의 부모는 아동의 부모에게 자신의 수행하는 중재 절차를 훈련시켜 아동이 가정에 가서도 중재의 효과가 유지될 수 있도록 돕는다.

- 위탁부모

한두 명의 아동과 함께 가정 주거 형태에서 생활하면서 이들의 행동을 체계적인 행동 중재 프로그램에 따라 관리한다. 위탁부모는 전문가의 지원 및 감독을 받고, 전문가는 아동의 친부모와 정기적인 만남을 가지며 친부모와 아동의 만남을 준비시키거나 대안을 모색한다.

⑤ 인지행동중재

학생들에게 자신의 행동을 점검하고 평가하며 관리하는 것을 가르치거나 특정한 인지적 단계에 따라 자극에 반응하도록 교수하는 절차로, 교사는 강화 등과 같은 다양한 행동 원리를 사용하여 학생에게 인지적 전략을 지도한다.

- 분노 조절 훈련

아동에게 자기 교수를 통해 분노와 공격 행동을 자제하거나 조절하는 것을 지도하는 것으로 깊은 숨 쉬기, 기분 좋은 상상하기, 생각 멈추기 등의 이완 훈련을 함께 적용한다.

분노 조절 중재는 ① 인지 준비 단계, ② 기술 습득 단계, ③ 적용 훈련 단계로 구성된다.

인지 준비 단계에서 학생은 분노 각성과 분노 결정 요인, 분노를 유발하는 상황의 판별, 분노의 긍정 및 부정적 기능, 그리고 대처 전략으로 분노 조절 기법에 관해 학습한다.

기술 습득 단계에서 학생은 인지 및 행동 대처 기술을 학습한다. 학생은 분노를 인식하고 대안적인 대처 전략을 사용하는 방법을 배운다. 마지막 적용 훈련 단계에서 학생은 역할 놀이와 숙제를 통해 기술을 연습한다.

- 문제 해결 훈련

갈등, 선택, 문제 상황에 직면했을 때 효과적으로 대처하고 해결하는 능력을 지도하는 것이다. 학생들은 필요한 문제를 인식하고, 문제를 정의하며, 문제를 해결할 방안을 만들고, 우선적으로 적용할 방안을 선정하며, 실행 계획을 세우고, 해결 방안의 결과를 점검하는 문제 해결 절차를 학습한다.

- 자기관리 훈련

학생이 자신의 행동을 관리하도록 가르치는 것으로, 자주 사용되는 절차로는 자기점검, 자기평가, 자기강화가 있다. 자기점검은 학생이 자신의 특정한 행동의 빈도 등을 기록하는 것으로 자기점검을 통해 학생은 자신의 수행과 외적 준거 간의 차이를 알고 행동의 변화를 보인다. 자기평가는 학생이 자신의 수행을 특정 기준과 비교하여 이에 부합하는지를 결정하는 것이다. 자기강화는 학생이 강화물을 선정하고 자신의 적절한 행동에 대해 직접 강화를 제공하는 것이다.

- 대안 반응 훈련

바람직하지 않은 반응을 보일 수 있는 기회를 차단하는 대안적 반응을 지도하는 것이다. 대안 반응 훈련의 하나로서 활용되는 이완 훈련 절차는 갈등 및 스트레스 상황에서 자신의 근육을 점진적으로 이완시키는 것으로 이는 방해 및 공격 행동을 감소시키고 사회적 기술과 학업 수행을 향상시킨다. 이완 방법으로는 심호흡하기, 숫자 세기, 화난 상황 피해 있기, 기분 좋아지는 상상하기, 음악 듣기 등 개별 학생의 특성에 맞는 이완 방법을 교사가 함께 찾아 연습해보도록 한다.

⑥ 사회적 기술 훈련

품행장애 학생은 부정적인 사회적 기술을 보이고 심각한 사회적 능력의 결함을 보인다. 이들은 또래 및 성인과 긍정적인 상호 관계를 만들거나 유지하는 데 어려움이 있다. 이러한 사회 및 행동적 어려움은 교육, 심리사회, 직업 영역에서의 장단기 적응의 문제를 유발할 수 있다.

품행장애의 치료는 증상과 심각성의 정도에 따라 약물치료, 개인 또는 집단 치료, 행동치료, 인지치료, 부모교육치료 등의 다양한 치료 방법들을 사용하게 된다. 아동과 청소년의 학교 및 사회 적응능력의 향상을 도모하며 개인이 지닌 재능을 확인하고 이를 발휘할 수 있도록 도와주어야 한다. 인격의 성장을 통해 긍정적인 자아 개념을 갖도록 하며 자아 실현의 욕구를 긍정적이고 생산적인 영역에서 채워주어야 한다. 품행장애 아동이나 청소년에 대한 바람직한 지도를 위해 가정, 학교, 지역사회단체, 기관과의 긍정적인 유대관계를 통해 사회활동을 촉진해야 한다.

3) 치료 방법

① 행동치료

행동치료는 가장 효과적인 치료법으로 인정받고 있으며, 아동 및 청소년의 심리적 부적응에 대해 잘 연구되어온 치료적 접근 중 하나이다. 행동치료에서의 주요 가정은 모든 행동은 학습 과정을 통해 획득된다는 것이다. 가정이나 학교에서 문제 행동이 실제로 발생하는 상황을 설정하여 훈련을 하는 역할 연습과 같은 방법을 통해 새로운 행동 양식을 습득하게 하는 방법이다. 이 방법은 부모와 교사의 행동 지도, 가족, 학교, 치료자와의 긴밀한 편조 체계가 필요하다. 공격적 행동이 발생하게 되는 상황과 함께 동기나 결과를 사고하게 하는 인지적 방법이 충동성 및 행동장애 아동이나 비행청소년의 공격 행동을 조절하는 데 효과가 있다.

② 인지치료
인지행동치료는 인지, 행동, 감정의 변화를 위해 수행에 기초한 전략들과 인지적 개입을 조합한 것이다. 이 접근은 외적인 환경과 그것에 의한 개인의 내적 과정의 유형 모두에 관심을 둔다. 치료는 환경 또는 경험 그 자체보다는 어떻게 개인의 그것에 대한 인지적 해석을 하는가 그리고 이러한 사고들이 어떻게 행동과 관련되는가에 중점을 둔다. 행동치료와 자기 조절 및 문제 해결 능력에 대한 인지적 훈련을 동시에 시행하는 것이다. 인지행동치료는 분노 조절, 충동 조절, 의사소통 능력 증진에 효과적이며 어느 정도 이에 관해 들었고 지능이 높은 경우에 사용할 수 있다.

- 대화를 사용한 방법 : 공격성과 관련된 내용을 질문하고 유도하는 방식을 대화를 통해서 학습.
- 타인 조망 수용 훈련 : 타인의 시각에서 보는 훈련.
- 문제 해결 기술 훈련 : 역할 연습이나 소리 내어 말하기 등이 있다.
- 공격적 욕구를 억제하는 기술, 분노 조절 기술인 인지적 부분과 행동적 부분으로 이루어진다.

③ 개인 상담 및 집단 상담
- 상담자와의 새로운 대인관계를 경험하면서 자신의 행동에 대한 통찰을 제공하고 행동의 새로운 양식을 탐색함으로써 올바른 감정적 경험을 하게 된다.
- 아동이나 청소년들이 자신의 문제를 이해하고 적절하게 살아가는 방법을 깨닫게 도와준다.
- 개인 상담은 청소년의 정신건강에 대한 상담의 기초가 되어야 한다.
- 내담자의 자기의 이해, 타인의 이해, 인격적 성숙, 도덕 발달, 자기 통제 훈련 등에 초점을 둔다.
- 상담자는 내담자의 공격성의 원천을 찾아내야 한다.
- 상담자는 상담 내용을 가지고 내담자 또는 내담자와 관련된 사람을 처벌 근거로 삼아서는 안 된다.

(1) 가정에서의 치료 방법
① 부모 교육 및 상담
부모 교육을 통해 매우 대처하기 힘든 자녀의 까다로운 행동을 적절하게 다루고, 충동적 행동에 대한 효과적인 한계 설정을 할 수 있도록 부모의 의사 결정을 도와주고 조언을 해준다. 부모는 자녀가 따를 수 있는 규칙을 정하고, 적합한 행동에 대해서는 긍정적인 관계를 촉진시키고 명쾌한 의사소통을 확립하고, 가족들 사이에 서로 원하는 행동을 말로 표현하도록 돕고, 문제 발생 시에 서로 건설적으로 타협하도록 도움받게 된다. 부모 및 교사 훈련을 통해 아동의 공격성을 통제할 수 있다.

- 부모는 신체적 체벌 사용 제한
- 폭력물 시청 제한과 노출 시 폭력을 사용할 수 없다는 것을 아동에게 주지시킴
- 아동이 공격적 행동을 할 때 단호하게 금지
- 아동이 공격 행동을 하고 있거나 시도하려고 할 때 비폭력적 대안 행동 제안
- 부모는 행동 수정 방법으로 아동을 훈육
- 공격성을 유발하는 장난감 제공 금지

② 가족 치료
- 부정적 감정 표현의 제한
아동들은 개인적인 힘과 원인 문제에 대한 인식이 분명하지 못하다. "내 누이동생을 죽여버리고 싶어" 같은 말을 되풀이해서 할 수 있도록 허용되는 경우 아이들은 자기 감정의 위력에 겁을 먹게 된다. 부모가 자녀에게 적대감을 표현할 수 있도록 몇 번이고 계속해서 허용해주면 그 아이는 어떤 의미로는 제 자신의 언어 표현에 과잉 자극을 받지 못하게 되기 때문에 부정적 감정 표현의 제한을 위한 부모의 개입이 중요하다.

- 자신의 분노에 대한 자녀의 두려움을 다루기 위한 한계 설정
공격적 충동을 자극하는 상황이나 극심한 분노를 느끼면서 대응하는 도전에 노출되지 않도록 가족의 시간표를 잠정적으로 재구성한다. 또한 가족은 공격 충동을 제어할 수 있게 되도록 도와준다.

- 가족과 함께 시간 보내기
흔히 어떤 아동이 보이는 문제성 행동은 그 아이가 부모의 관심을 더 많이 받고 싶어 하는 무언의 그리고 무의식적인 욕구의 표현이라 이해할 수 있다. 예컨대 훔치기 행동을 하는 아이의 경우 부모가 아동과 더 많은 시간을 보낼 수 있도록 하는 데에 역점을 두어 자녀와 함께 시간 보내기 방법을 통해 치료적 개입을 한다.

- 가족 치료를 위한 활동
역할놀이 장면은 가정에서 몇몇 문제들을 구현하여 차후 가족 치료에서 이용할 수 있다.

부모가 일관성 있게 타임아웃을 사용하면 큰 효과를 얻을 수 있다. 타임아웃 후에 그 아이에게 들려줄 말, 그리고 바람직한 행동을 강화하기 위한 다른 행동 발달적 방법들과 관련하여 부모는 미리 준비하여 대처할 수 있어야 한다.

사교술 훈련은 아동의 대인관계 개성을 목표로 삼는 많은 방법들을 표현하는 포괄적인 용어로, 지나치게 공격적인 아동의 행동을 순화시키는 데에 이용할 수 있다. 대체로 부모의 긍정적 강화, 조언, 시범을 통해 사용된다.

③ 가족 상담

매우 대처하기 힘든 자녀의 까다로운 행동을 적절하게 다루고, 충동적 행동에 대한 효과적인 한계 설정을 할 수 있도록 부모의 의사 결정을 도와주고 조언을 해준다. 부모 자신이 겪는 정서적 어려움에 대해서도 상담을 시행한다. 기능이 떨어지는 가정의 경우 사회적 기관의 관심과 지지가 필요한 경우도 있다.

3-7

품행장애의 오해와 진실

품행장애의 오해와 진실(도벽)

누군가가 나보다 좋은 물건, 좋은 용품, 좋은 무언가를 가지고 있다면 나도 저것이 있었으면 좋겠다라는 갖고 싶은 생각이 들 수 있습니다. 그 생각을 통제하는 것이 이성적 판단이 기능을 하는 것이지요. 아동기에는 아직 이성이 발달하지 않고 성장 과정 중에 있기에 아이들이 한두 번 남의 물건에 손을 대는 행동이 나타나는 것은 내 것과 남의 것에 대한 구분이 아직 습득이 안 되었기에 흔히 볼 수 있는 행동들입니다. 오히려 자연스러운 성장 과정으로도 볼 수 있습니다. 하지만 문제점은 이러한 행동이 '습관화'되었을 때입니다.

습관적인 도벽 증상들은 의지와 감각적인 욕구 사이의 갈등에서 의지가 약해지며 만성화가 될 수 있습니다. 청소년들에게서 보이는 도벽 역시 갑자기 나타난 현상보다는 누적된 욕구불만의 표시로 나타나며 정서적인 불안정과 인격 발달의 미성숙에서 오는 심리적 원인이 행동으로 나타나고 왜곡된 자기 표현이라고 할 수 있습니다.

즉, 도벽은 환경적 요인으론 사회와 가정에서 얻고자 하는 안정감, 소속감 등과 같은 사회 환경 요건의 조정이 불가능한 상황에서 그에 대한 지식이 없거나 외부 요건의 불충족에서 발생되는 경우가 많으며 자신에게 어떤 이익이나 좋은 효과가 있다면 더 강화될 수 있다고 할 수 있습니다.

Q. 이러한 물건 훔치는 행동 등은 왜 나타날까요?

잘못된 가치관과 소유 개념

유아기에 이르면 자신의 물건과 타인의 물건을 구분하기 시작하면서 일반적인 행동 규정과 기본 행동들을 익힐 당시, 올바로 소유 개념을 배우지 못했거나 불충분하게 배웠을 때 도벽이 발생되는 경우도 있습니다.
또 부모나 주위 사람들의 거짓말과 부도덕한 행동을 모방하여 도벽이 생기기도 합니다.
즉, 성장 과정에서 올바른 소유 개념을 배우지 못함으로 해서 훔치는 행동에 대한 죄의식이 생기지 않고, 그로 인해 도벽은 지속됩니다.

공격적 욕구에 의한 행동

사춘기의 강한 반항심, 사회에 대한 불만, 가정에 대한 불만 등 욕구불만에 대한 표시로 도벽이 나타날 수 있습니다. 훔쳐 온 물건 자체에 관심이 있는 것이 아니라 그것을 빼앗으므로 상대방에게 가해를 했다라는 느낌을 갖는 것입니다. 이 마음 안에는 자신에게 많은 관심을 받고자 함과 관심과 애정을 보상받고 싶다는 생각이 지배적입니다.

또래집단에서 느끼고픈 소속감

성인으로의 성장 과정에 있는 청소년들은 가정에서 벗어나 특히 또래 관계에서 집단을 형성하는 특징을 가집니다. 집단 안에서 느끼는 안정감과 소속감, 인정받고자 하는 욕구가 깔려 있으며 집단 내의 나름대로의 규칙, 법칙이 있기에 친구들과의 압력, 원하지 않는 행동을 함으로써 도벽 행동을 나타냅니다. 집단 내에서는 구성원들을 위해 어떤 행동을 하는 것이 그다지 나쁘지 않다라는 생각을 가지고 있기에 심각한 현상이라는 생각을 안 하게 됩니다.

Q. 아이가 도벽 행동을 지속하고 있다면 어떻게 도와줄 수 있을까요?

규칙을 명확하게

평소에 물건을 빌리고 돌려주는 규칙을 명확하게 가르쳐주고 일상적인 활동이 어떻게 이루어지는지를 잘 아는 부모, 그리고 놀고 즐기는 활동에서도 규칙이 있는 활동을 하며 자녀와 신체적 활동들도 이끌어가주세요.

훔침으로 인한 결과를 설명

    만약 아이가 타인의 지갑에 손을 대거나 남의 물건에 손을 대는 것을 알았다면 상황의 심각성에 대해 말해야 하며 명확하게 말하고 내 물건이 소중한 만큼 자녀가 훔친 물건도 잃어버린 사람에게는 아주 소중하다는 것을 인식할 수 있게 도와주어야 합니다.

    — 출처 : "도벽, 청소년도벽, 사춘기, 욕구불만, 청소년심리, 청소년상담, 자기표현, 충동적, 사회성, 한국아동
청소년심리상담센터", 네이버 블로그(2019. 10. 31) —

참고문헌

김미경(2012), 특수아동부모 교육 및 상담, 서울: 청목출판사

김미경 외(2017), 정서 및 행동장애아 교육 3판, 서울: 학지사

이성봉 외(2014), 정서 및 행동장애 2판, 학지사

장애인특별법시행령 국가법령정보센터

   http://www.law.go.kr/lsInfoP.do?lsiSeq=190541&efYd=20170101#0000

http://m.blog.naver.com/kne6712/220598488497

http://blog.daum.net/nanumfare/1948

http://www.educonsulting.pe.kr/bbs/board.php?bo_table=study3&wr_id=684&page

http://m.blog.naver.com/kne6712/220598488497

http://blog.naver.com/rlgns34/220882432012

https://news.joins.com/article/324758

https://m.health.chosun.com/svc/news_view.html?contid=2017091300192

https://blog.naver.com/PostView.nhn?blogId=lhs651104&logNo=221694077594&parentCategoryN

   o=&categoryNo=8&viewDate=&isShowPopularPosts=true&from=search

https://news.naver.com/main/read.nhn?oid=003&aid=0010282252

제 4 장

적대적 반항장애(Oppositional Defiant Disorders)의 상담

사례 기사

　서울대병원 4대 권역 소아청소년 정신질환 유병률, 위험 요인 발표에서 우리나라 초·중·고교생에게 가장 많이 나타나는 정신질환은 장기간 공격성과 반항적인 태도를 보이는 '적대적 반항장애'인 것으로 나타났다. 소아청소년 10명 중 2명은 극단적인 선택을 생각할 정도로 정신건강이 악화한 경우가 많았지만 정작 전문가 도움을 요청한 경우는 17%에 불과했다.

　서울대병원 김○○ 교수와 일산백병원 박○○ 교수, 대구카톨릭대병원 최○○·김○○ 교수, 제주대병원 곽○○·강○○ 교수 등 4개 권역(서울·고양·대구·제주) 정신건강의학과 교수 공동 연구 팀은 국내에서 처음으로 4개 권역 소아청소년 정신질환 실태를 조사해 그 결과를 공개했다.

　연구 팀은 2016년 9월부터 2017년 12월까지 4개 권역 초·중·고등학생 4,057명을 대상으로 소아청소년 정신질환 유병률과 관련 위험 요인을 분석했다.

　그 결과, 진단된 유병률은 적대적 반항장애(5.7%)가 가장 많았고 특정 공포증(5.3%), 주의력결핍 과잉행동장애(ADHD·3.1%), 틱장애(2.6%), 분리불안장애(2.3%)가 뒤를 이었다. 고위험군의 유병률은 주의력결핍 과잉행동장애(11%)에 이어 적대적 반항장애(10%), 분리불안장애(5%), 사회공포증(5%), 틱장애(5%)순이었다.

　적대적 반항장애는 가족이나 선생님, 친구들에게 적대적인 행동이나 반항적인 태도를 6개월 이상 지속해서 보이는 경우 진단한다. 주의력결핍 과잉행동장애(ADHD)는 주의력과 집중력이 매우 약해 가만히 있지 못하고 충동적인 행동을 일삼는 질환이다. 틱장애는 의지와 상관없이 불규칙하게 몸을 떨거나 소리를 낸다. 분리불안장애는 이름처럼 좋아하고 따르는 대상과 떨어지는 것에 과도한 공포를 느끼는 정신질환이다.

　소아청소년 정신질환 유병률은 성별로 차이를 보였다. 남성은 적대적 반항장애, 주의력결핍 과잉행동장애, 틱장애가 많았고 여성에서는 불안장애, 우울장애, 섭식장애의 비율이 높았다. 어린 나이에 정신적인 외상(트라우마)을 겪거나 어머니가 임신 중 스트레스를 겪었을 때는 이런 정신적인 문제가 나타날 위험이 약 2배 이상 높았다.

　연구 팀은 중·고등학생을 대상으로 자살 관련 설문도 진행했다. 이에 따르면 대상자의 17.6%가

극단적인 선택을 생각한 적이 있다고 답했다. 자살과 자해에 대한 위험은 우울과 불안이 심할수록 높았다. 이런 아이들은 반항적이고 공격적인 행동도 더 많이 하는 경향을 보였다.

문제는 저조한 치료 참여율이다. 여러 정신질환 문제를 겪고 있는데도 대상자의 17%만이 전문가에 도움을 요청했다. 약물치료 경험은 6%에 불과했다.

전문가들은 소아청소년기 정신건강 문제는 성인기까지 이어질 수 있는 만큼, 초기 대응과 적절한 치료가 중요하다고 입을 모은다. 하지만 우리나라는 아직 관련된 통계조차 제대로 갖춰지지 않은 실정이다.

김○○ 교수는 "소아청소년 정신건강은 우리 사회의 미래를 결정하는 만큼 이에 대한 대응책과 보건의료, 교육복지 서비스 투입에 나서야 할 것"이라며 "최소 3년에 한 번씩은 체계적이고 전국적인 역학조사가 이뤄질 필요가 있다"고 말했다.

― 출처 : "소아청소년 가장 흔한 정신질환은 '적대적 반항장애'", 『중앙일보』(2018. 8. 20) ―

사례 기사 II

"만 4세 남자아이가 선생님과의 대화 중에 '짜증 나'라는 표현을 자주 사용했고, 친구들과 놀이를 하다가도 '너 때문에 이렇게 된거야!'라고 소리를 지르며, 잘못을 친구의 탓으로 돌리는 것을 관찰할 수 있었습니다. 또 친구와 잘 놀다가도 '네가 저번에 나한테 이렇게 했지!'라고 윽박지르면서 화를 내고 앙심을 품는 행동을 보였습니다."

"만 3세 남자아이였습니다. 또래와 함께 놀이를 하다가 자기 뜻대로 되지 않으면 친구를 때리고 밀치며 욕설을 했습니다. 교사에게도 폭력적인 행동을 보였습니다."

"만 4세 남아가 교구를 던지거나, 친구들을 꼬집거나 때리고, 교사가 타이르면 교사를 비웃거나 놀렸습니다. 친구들이 널 싫어할 수도 있다고 하면 '싫어하게 놔두세요. 친구 필요 없어요'라고 했습니다."

"초등학교 2학년 남아입니다. 반항적이고 어른에게 대들며, 친구나 동생을 때리는 행동을 했습니다. 자주 화를 내고 다른 사람 탓을 많이 했습니다. 상담 중에는 '몰라요', '엄마가 내 말을 안 들으니까요', '맨날 자기 마음대로만 해요' 등 엄마에 대한 서운함을 표현하기도 했습니다."

위 사례 중 경우에 따라서는 적대적 반항장애에 해당될 수도 있다. 적대적 반항장애란, 상대에게 거부, 도전 등 적대적 행동을 나타내는 경우로 화를 잘 내고 앙심을 품는 행위로 규정한다. 특히 어른에게 이런 행동을 보이는 경우가 많다.

장애 진단 기준이 되는 DSM-5에서 적대적 반항장애 진단 기준은 분노, 과민한 기분, 논쟁적·반항적 행동 또는 보복적인 양상이 적어도 6개월 이상 지속되고, 다음 중 적어도 네 가지 이상의 증상이 존재할 경우이다.

이러한 증상은 형제나 자매가 아닌 적어도 한 명 이상의 다른 사람과의 상호작용에서 나타나야 한다.

1. 분노·과민한 기분

1) 자주 욱하고 화를 낸다.

2) 자주 과민하며 쉽게 짜증을 낸다.

3) 자주 화를 내고 크게 분개한다.

2. 논쟁적·반항적 행동

4) 권위자와의 잦은 논쟁, 아동·청소년의 경우는 성인과 논쟁한다.

5) 자주 적극적으로 권위자의 요구나 규칙을 무시하거나 거절한다.

6) 자주 고의적으로 타인을 귀찮게 한다.

7) 자신의 실수나 잘못된 행동을 남의 탓으로 돌린다.

3. 보복적 특성

8) 지난 6개월 동안 적어도 두 차례 이상 악의에 차 있거나 앙심을 품는다.

왜 아이들은 공격적, 적대적 행동을 하는 것일까? 요인은 뇌기능 장애나 우울증 등의 생물학적인 요인, 부모의 권위적인 양육 태도나 가정 불화 등 심리적인 요인이 있다. 내가 부모 교육이나 상담현장에서 만난 아이 중, 공격적 행동을 보인 아이들은 대부분 가정환경의 영향이 컸다.

적대적 반항장애 치료 방법으로는 놀이치료, 미술치료, 사회적 기술 훈련, 인지행동치료, 가족치료 등이 있다. 이 방법 중 마지막 사례에 아이들의 마음이 잘 나타나고 있으며, 어떻게 지원해야 할지의 해결책도 알려주고 있다.

아이들은 엄마, 부모의 사랑을 받고 싶은데 그렇지 않을 때 불안하다. 그 불안이 공격적 행동, 경우에 따라서는 적대적 반항장애까지 나타나는 것이다. 물론 예외의 경우도 있겠지만, 많은 경우는 이에 해당된다. 그러므로 부모가 아이 입장에서 사랑을 받고 있다는 믿음과 확신을 갖게 하는 것이 무엇보다 중요하다.

― 출처 : "아동의 적대적 반항장애 사례와 지원 방안", 에이블뉴스(2020. 11. 26) ―

상담 사례

Q 질문

초등학교 4학년 남자아이입니다. 제가 결혼 초반부터 심한 스트레스를 겪던 중 임신하였고 임신 5~6개월경에는 유산될 가능성이 있다는 이야기를 2차례 정도 들었습니다. 아이는 건강하게 출산하였으나 잘 자지 않고 보채는 편이었고 동생이 태어난 후 저는 양육 스트레스가 너무 심해져 감정 폭발로 야단을 치거나 때리는 일이 잦아졌습니다. 그리고 아들을 혼자 방에 가두는 경우도 있었습니다. 아들이 5세경 유치원에 입학하였는데, 선생님께서는 공부도 잘하고 또래 관계도 좋으며 리더십도 있는 편이라고 칭찬했지만 제가 봤을 땐 4~5세경부터 또래 친구를 때리거나 싸우는 일이 많아진 것 같습니다. 현재 저희 아들은 학업 성취 기준이 우수한 편으로 경제상식 관련 서적을 스스로 찾아 읽는 등 지적 호기심도 높은 편이고 숙제도 반드시 해 간다고 하나 성적이 낮은 또래를 무시하는 경향이 있고 지나치게 경쟁적이라 남에게 지거나 당하는 느낌을 참지 못합니다. 가정 내에서는 동생을 말로 괴롭히는 일이 잦고 특히 저에게 너무 반항적인 편으로 지시에 따르지 않고 과격하게 말하거나 행동하는 경우가 너무 많습니다. 심리 상태가 많이 불안한 걸까요? 어느 정도 상태인지 걱정이 많이 되네요.

A 답변

아동은 우수 수준에 해당하는 지적 능력을 보이고 있지만 불안정한 양육 환경 등으로 인해 애정 욕구가 충족되지 않고 어머님과의 초기 애착도 적절히 형성되지 못한 것으로 보입니다. 이로 인한 만성적인 스트레스와 불안감을 경험하고 있는 것 같네요. 아동이 좌절에 대한 인내력이 부족하여 쉽게 화를 내고 충동적으로 행동하는 경향이 있어 보이며, 이러한 정서적 어려움 및 자신의 반항 행동에 대해서는 자신의 잘못을 인정하지 않아 보입니다. 어머님과의 불안정 애착을 바로잡기 위한 부모 교육과 분노 조절 훈련 등의 인지-행동적 기법이 요망됩니다.

정의

경도의 품행장애라고도 볼 수 있는 적대적 반항장애는 성인과 논쟁하는 것, 울화를 터뜨리는 것, 성인의 요청을 거절하는 것, 자신의 실수에 대해 다른 사람을 비난하는 것, 의도적으로 다른 사람을 괴롭히는 것 등을 포함한다.

진단 및 평가

DSM-5의 적대적 반항장애 진단 기준

A. 화난 민감한 기분, 시비를 걸거나 반항하는 행동, 보복적인 행동이 최소 6개월간 지속되고, 형제가 아닌 다른 사람 1인 이상과의 상호작용에서 다음 항목 중 적어도 네 가지 증후를 보인다.

화난 민감한 기분

1. 자주 화를 낸다.
2. 자주 다른 사람에 의해 쉽게 기분이 상하거나 신경질을 부린다.(짜증을 낸다.)
3. 자주 화를 내고 쉽게 화를 낸다.

시비를 걸거나 반항하는 행동

4. 권위적인 사람 또는 성인과 자주 말싸움(논쟁)을 한다.
5. 권위적인 사람의 요구에 응하거나 규칙 따르기를 거절 또는 무시하는 행동을 자주 보인다.
6. 의도적으로 다른 사람을 자주 괴롭힌다.
7. 자신의 실수나 비행을 다른 사람 탓으로 자주 돌린다.

보복적인 행동

8. 지난 6개월간 두 차례 이상 다른 사람에게 악의에 차 있거나 보복적인 행동을 한 적이 있다.

비고 : 행동의 지속성과 빈도에 따라 장애의 증후적인 행동과 정상적인 제한 내에서의 행동을 구별해야 한다. 5세 이하의 아동을 대상으로 적용할 때에는 최소한 6개월 동안 일상생활의 대부분 시간에 행동이 나타나지 않을 경우 진단을 내리지 않는다. 5세 이상의 경우 최소한 6개월 동안 일주일에 적어도 한 차례 나타나야 준거에 부합하는 것이다. 이러한 빈도 준거는 증후를 판별하는 데 적용할 수 있는 최소한의 빈도 수준으로, 행동의 빈도와 강도는 개인의 발달 수준, 성별, 문화별로 수용될 수 있는 기준이 다름을 감안해야 한다.

(1) 행동의 장애가 개인의 사회적 맥락(예 : 가정, 또래 집단, 직장 동료)에서 개인 또는 다른 사람에게 고통을 주는 것과 관련이 있거나, 사회적ㆍ학업적ㆍ직업적 또는 다른 중요한 기능 수행 영역에 부정적인 영향을 미친다.
(2) 행동이 정신병적 장애, 물질 사용 장애, 우울장애, 양극성장애에 의해 주로 나타나는 것이

아니다. 또한 준거는 파괴적 기분조절장애에 부합하지 않는다.

원인

- 아이의 성격과 그 기질에 대한 부모의 반응
- 유전적 기질
- 부모의 불화 또는 폭력
- 잦은 이사
- 두뇌 손상
- 신경전달물질의 이상

중재 및 치료 방법

1) 지도 방법

(1) 학교에서의 지도 방법
- 안전한 교실 환경을 조성하고, 안정적 체계 안에서 아이가 지낼 수 있도록 외부 환경을 만드는 것이 필요하다. 충동적이고 자기 조절 능력이 떨어지기 때문에 강력하고 안정적이며 단단한 지지 구조를 외부에서 만들어 제공하는 것이 문제 행동을 통제하는 데 효과적이다.
- 교사는 지지적이고 공감하는 태도로 부모의 어려움을 들어주면서, 학생이 현재 처한 상황과 자라온 성장 과정, 가족 구성원 간의 관계, 그리고 평상시 부모의 양육 태도나 대화 방법 등을 통해 아동을 지도한다.
- 반항장애나 품행장애 아동의 경우 가정이 혼란스럽고 안정되어 있지 않은 경우가 많다. 교사가 지역사회 내 여러 기관에서 운영하는 교육 프로그램을 소개하고 연계해줄 수 있고, 만일 가족이 아이에게 해가 된다고 판단될 수준으로 혼란스럽고 문제가 있다면 경우에 따라서는 아이를 안정적인 쉼터나 다른 주거 시설로 옮기는 것도 문제 행동의 악순환에서 벗어나게 하는 데 도움이 된다.

(2) 가정에서의 지도 방법

• 적대적 반항장애가 어떤 장애인지, 특성과 원인을 이해하도록 노력하고 있는 그대로 수용한다.

• 아동과 좋은 치료적 관계를 형성하고 아동의 욕구불만과 분노감을 잘 수용해준다.

• 감정을 통제하지 못하고 화를 내거나 체벌을 하지 않는다.

• 아동 앞에서 배우자를 비난하는 말을 하거나, 부부싸움을 하는 것을 피한다.

• 아동이 거짓말이나 문제 행동을 했을 경우 거짓말이 나쁘다는 것을 반복해서 설명해준다.

• 부모는 일관된 양육 태도로 양육한다.

2) 중재 방법

• 부모 훈련

부모가 중재 대상이 되며 아동에게는 직접적인 중재가 시도되지 않는다. 부모는 아동의 행동을 지도할 수 있는 기술을 획득하고 적용하는 것을 목표로 한다.

• 기능적 가족 중재

중재의 목적은 가족 내 구성원 간 의사소통을 향상시키고 최적화하는 것이다. 가족 구성원들이 매일 매일의 상호작용의 역동성을 이해하고 보다 바람직한 방법으로 서로 의사소통하도록 변화시키는 것이다.

• 다중체계 중재

아동의 품행장애 행동을 유지시키는 가족, 학교, 또래, 지역사회와 같은 체계를 수정하는 것에 주안점을 둔다.

• 지역사회 기반 프로그램

학생을 별도의 수용시설이 아닌 학생의 지역사회 기반 프로그램에 참여시킨다. 대표적인 프로그램으로 가족 교수 모델과 치료적 위탁 보호가 있다.

• 분노조절 훈련

학생에게 자기 교수를 통해 분노와 공격 행동을 자제하거나 조절하는 것을 지도한다. ① 인지 준비 단계, ② 기술 습득 단계, ③ 적응 훈련 단계로 구성된다. 분노조절 훈련에는 이완 훈련을 함께 적용한다. 깊은 숨 쉬기, 기분 좋은 상상하기, 거꾸로 숫자 세기, 생각 멈추기 등과 같은 이완 방법을 습득할 수 있도록 지도한다.

정의		학생에게 자기 교수를 통해 분노와 공격 행동을 자제하거나 조절하는 것을 지도하는 것이다.
구성	인지 준비 단계	학생은 분노 각성과 분노 결정 요인 분노를 유발하는 상황의 판별, 분노의 긍정과 부정 기능, 대처 전략으로 분노 조절 기법에 관해 학습한다.
	기술 습득의 단계	학생은 인지 및 행동 대처 기술을 학습한다. 학생은 분노를 인식하고 대안적인 대처 전략을 배운다.
	적용 훈련의 단계	학생은 역할 놀이와 숙제를 통해 기술을 연습한다.

▶ 분노조절 훈련 프로그램 지도의 예

분노 및 분노 상황에 대한 지각	- 감정 이해하기: 감정의 의미와 중요성 이야기 나누기, 다양한 감정 표현하기, 감정 곡선 그리기 - 나의 감정 이해하기: 나의 감정 그래프 그리기, 나의 분노 감정 확인하기, 나의 분노 유발 유형 찾고 이야기 나누기 - 타인의 감정 이해하기: 타인의 감정 인식하기, 친구와의 대화 역할극 하기, 친구의 마음이 해하기 - 분노 상황 이해하기: 분노 상황의 원인 및 신체 변화 이야기 나누기, 나의 분노 상황 찾기, 분노 상황 토의하기 - 분노조절의 필요성 알기: 분노 및 분노 표현의 긍정적 또는 부정적 예시 확인하기, 분노 조절의 필요성 토의하기, 경험 이야기 나누기
분노 감정 대처 기술	- 감정 이완 훈련하기: 심호흡하기, 숫자 세기, 화난 상황 피해 있기, 기분이 좋아지는 상상하기, 분노 상황에서 모델링하기 - 자기 교수, 분노 통제하기, 혼잣말하기, 분노 일지 쓰기, 마음속으로 생각하기, 분노 상황에서 모델링하기
분노 관련 사고 변화	- 합리적 사고하기 1: 분노의 A-B-C 찾기(분노의 원인과 결과 찾기), 비합리적 생각 찾기, 나의 A-B-C 찾기 - 합리적 사고하기 2: 또래 가족 관련 분노 유발 상황 브레인스토밍하기, 분노 유발 상황에서 문제 해결 방법 찾기
분노 유발 상황 해결을 위한 훈련	- 자기 주장: 자기 주장의 필요성 알기, 주장적 대사와 행동 찾기, 분노 유발 상황에서 역할극 하기 - 나-전달법 연습하기: 나-전달법의 장점 알기, 나-전달법 대화를 찾고 나-전달법으로 바꾸기, 분노 유발 상황에서 역할극하기 - 적극적인 청자 되기: 듣기 검목표 확인하기, 경청 및 공감 기술 찾기, 친구와의 대화 상황에서 경청 및 공감 기술 모델링하기 - 문제 해결하기: 문제 확인하기, 대안 적어보기, 결과 확인하기, 적절한 대안 선택하기, 솔루션 위원회 열기 - 분노 조절 전략 정리 및 평가하기: 분노 조절 전략 토의하기, 나의 분노 조절 실천 전략 목록 만들기, 적절한 분노 조절 전략 사용 다짐하기

● 대안 반응 훈련

바람직하지 않는 반응을 보일 수 있는 기회를 차단하는 대안적 반응을 지도하는 것으로 훈련의 하나로 사용되는 이완 방법으로는 심호흡하기, 숫자 세기, 화난 상황 피해 있기, 기분 좋아지는 상상하기, 음악 듣기 등이 있다.

● 사회적 기술 훈련

사회적 기술 훈련은 학생의 사회적 발달을 향상시키고, 문제 행동을 감소시킬 수 있는 구체적인 사회적 기술의 획득을 증진시키고 기술 수행을 향상시키며, 문제 행동을 감소 또는 제거하고 사회적 기술의 일반화 및 유지를 이루는 것을 목적으로 한다.

4-7 적대적 반항장애의 오해와 진실

적대적 반항장애의 오해와 진실

-적대적 반항장애 테스트 체크리스트(사례)-

1. 자주 욱하고 화를 낸다. 우선 저희 아이는 이 항목에 잘 해당되었어요. 밥 먹으라는 말에도 화를 내고 게임을 하고 있다가 하지 말라고 10번을 넘게 말해도 하지 말라고 해도 하고 그래서 뭐라고 하면 저한테 말대꾸를 쉽게 하고 학원 선생님들과 트러블도 너무 많아서 주변 학원에 다 소문이 날 정도였어요. 그래서 과외를 시켰더니 문제가 다 틀려서 선생님께서 잔소릴 하니까 선생님께 대들고 화를 내더라고요. 이때부터 잘못된 것을 깨달아야 했는데 저는 사춘기여서 그런가 보다 하고 혼내기만 하고 아이에게 제대로 된 화를 다스리는 방법을 알려주지 못한 것이 잘못된 것 같다는 생각이 들었어요.

2. 자주 과민하고 쉽게 짜증을 낸다. 저희 아이는 진짜 너무 짜증 대마왕이에요. 쉽게 풀어갈 수 있는 이야기도 화를 내기도 하고 엄마가 뭘 알아 이런 식으로 짜증을 내요. 옷 뭐 입어라 하는 것도 짜증을 내다 보니 가족들 사이에선 짜증 대마왕이라는 얘기가 나올 정도예요.

3. 자주 화를 내고 크게 분개한다. 정말 이게 작은 일에도 아이가 화를 내고 소리를 지르고 자기 마음에 들지 않으면 주먹으로 막 치더라고요. 이러면 안 된다. 화를 다스려야 한다 해도 막 침대를 때리고 벽을 때리고 하는 행동을 보였답니다.

4. 성인. 권위자와 잦은 논쟁 이건 말도 할 것 없었어요. 그냥 때리기만 하고 아이를 다루는 방법

을 제가 모르는 것인지 정말 어떻게 해야 할지 모르는 상황들이 너무 많았어요. 그래서 학원, 과외, 학교 선생님들과 싸움도 잦게 일어나기도 했고요.

5. 적극적으로 권위자의 요구나 규칙을 무시하거나 거절한다. 이것도 몇 개 해당이 되는 상황이 있었어요. 저와 약속한 규칙을 무시하는 경우도 많고 했지만 이건 큰 문제가 되지 않는다고 생각을 했어요.

6. 자주 고의적으로 타인을 귀찮게 한다. 저희 아이는 이 부분은 해당되지 않는 것 같아요. 타인에게 칭얼거림은 있어도 심하지는 않는 정도였어요.

7. 자주 자신의 실수나 잘못된 행동을 남의 탓을 돌린다. 저희 아이는 외동인데 이 잘못을 가끔 놀러 오는 친구들이나 사촌들에게 탓을 돌리고 있어요. 이러다 보니 제가 부끄러운 적도 많았고요.

8. 지난 6개월 안에 적어도 두 차례 이상 악의에 차 있거나 양심을 품었다 이건 몇 가지 해당되는 상황이 있었는데 이게 맞나 의심이 되더라고요. 그래서 프롬 맘 선생님께 말씀을 드렸더니, 이런 행동이 또래 아이들에게서 평균적으로 나타나는 행동들은 아니라고 말씀을 해주셨어요.

여기에 있는 8가지 상황 중 4가지 이상이 최소 6개월 이상 지속될 때 적대적 반항장애를 의심할 수 있다고 하셨어요. 만약 증상이 한 가지 상황에서만 나타나면 경도 2가지 상황에서 나타나면 중등도 3가지 이상의 상황에서 나타나면 고도로 심각도를 판단한답니다.

－출처 : "적대적 반항장애가 온 우리 아이", 네이버 블로그(2021. 1. 10)－

참고문헌

강한나(2009), 특수교육학, 고시마당

김미경(2009), 행동수정, 형지사

김미경 외(2017), 정서 및 행동장애아 교육 3판, 서울: 학지사

윤점룡 외(2007), 정서 및 행동장애아 교육, 학지사

이성봉 외(2014), 정서 및 행동장애, 학지사

이효신·방명애(2013), 정서행동장애 이론과 실제, 시그마프레스

http://blog.naver.com/helpchild/150107109675

http://blog.naver.com/PostView.nhn?blogId=rlgns34&logNo=220882432012

https://ko.wikipedia.org/wiki/%EB%B0%98%ED%95%AD_%EC%9E%A5%EC%95%A0

http://seonjija.net/seon.ori/files/siteagent/100.daum.net/encyclopedia/view/118XX39000148

https://post−phinf.pstatic.net/MjAxOTA0MTlfMjk2/MDAxNTU1Njg1MzI0MDkz.EUKBHnWAoZ0−z
tS−9JaZPtXxRwtnfBa−eTWEUy0yMSEg.1iYf80oOOPAyurdzIfvspxBb9d_Lni_sSOkVIrRujzMg.PN
G/%ED%8F%AC%EC%8A%A4%ED%8A%B8_%EB%8C%80%ED%91%9C.png?type=w1200

https://jhealthmedia.joins.com/_inc/pop_print.asp?pno=19439

http://www.pharmstoday.com/news/articleView.html?idxno=160199

http://www.ablenews.co.kr/News/NewsContent.aspx?CategoryCode=0006&NewsCode=00062020
1123001634369944

https://blog.naver.com/joocha0758/222202604726

https://blog.naver.com/hye451/220678670430

제 5 장

자폐성 장애(Autism Spectrum Disorder)의 상담

5-1 사례 기사

사례 기사 I

"아이가 자폐라는 사실을 알고 나서 제가 자폐가 됐어요. 제가 발달장애인이 됐어요. 발달장애가 있는 아들과 똑같은 삶을 살고 있고요, 미래에도 똑같은 삶을 살아야 합니다. 여기 나오기 전에 아이에게 묻고 싶었어요. 네 생각을 이야기하고 싶은데 내가 무엇을 이야기하면 좋을까. 그런데 아시잖아요. 자기 고통을 표현 못 하잖아요."(임○○, 자폐성장애 1급인 16세 최○○의 어머니)

발달장애 자녀를 키우는 부모는 그 스스로 내가 "발달장애아이와 똑같은 삶을 살고 있다"라고 '증언'했다.

부모의 삶은 아이의 삶을 따라갔다. 자신의 이름을 버리고 ○○의 엄마, ○○의 아빠로 살아야만 했다. 문제는 그 삶이 끝나지 않는다는 것. 아이가 성인이 되었을 때 그 종속의 강도는 더욱 거세졌다. 고등학교를 졸업한 아이는 갈 곳이 없었다. 집에 있는 아이를 돌보는 건 오로지 부모의 몫이었다.

함께가는 서울장애인부모회, 서울특수학교 학부모협의회는 9일 서울시민청 시민발언대에서 발달장애인 가족이 겪는 고통에 관해 이야기했다. 이른바 '고통 증언 대회'다. 삶을 모조리 꺼내 보임으로써 어떠한 일이 벌어지고 있는지 알렸다. 환부를 드러냈다. "내 아이는 다른 아이들과 똑같지 않다"라는 말을 할 때면 목이 멨다. 떨렸다. 그 말을 내뱉고 나면, 그 사실을 인정하는 데 지난한 시간이 걸렸듯 그와 비슷한 무게의 침묵의 시간이 필요했다. 오래 곪은 상처에선 깊은 울음이 흘렀다.

자폐성장애 2급인 박○○의 어머니 이○○ 씨 "아이가 작년 2월에 학교를 졸업했어요. 화가 나면 사람을 만지는 습성이 있는데 사람들이 성적으로 문제가 있다고 해서, 병원에서 약을 지어 먹였어요. 그 약을 먹였더니 도벽이 생겼어요. 빵, 음료수에서 돈으로. 만 원 집어가도 피해자들이 10만 원 달라 하고, 15만 원 가져갔는데 40만 원 달라 해도 다 줬어요. (…) 지난 1월엔 버스 정류장에서 어떤 할머니와 부딪히면서 그분 이가 부러졌어요. 병원비 650만 원에 합의금 500만 원. 아이를 충북에 있는 정신병원에 집어넣지 않으면 사건 해결이 안 돼서 입원시켰어요. 아이는 매일 집에 오고 싶다고 병원에서 전화하고, 아이 아빠는 거기에 집어넣어야지 집안 망하게 둘 거냐, 하고."(이○○, 자폐성장애 2급인 22세 박○○의 어머니)

"지적장애 2급의 29세 딸을 키우고 있는 부모입니다. 아이가 6개월이 되었을 때 장애를 알았어요. 눈물로 고등학교까지 보냈습니다. 일반학교 특수학급에 있었는데요, 거의 패면서 구구단을 가르쳤어요. 지금 그거 아무짝에도 필요가 없는데 내가 그때 왜 그랬을까. 지금 생각하면 가슴이 찢어집니다. (…) 아이가 서른이 될 거라고 생각 못 했어요. 내일이면 서른인데, 어느새 이 아이가 서른 살이 되어가지고."(최○○, 지적장애 2급인 29세 이○○의 어머니)

어린아이였던 자녀는 청소년기를 지나 어느덧 어른이 됐다. 사람이 나이가 들고 성인이 되는 것은 당연한데 생각지 못했다. 내 아이도 '성인'이 된다는 것. 어른이지만 자신의 의사를 표현하는 게 어렵고, 의지대로 결정하고 행동하는 게 힘들다. 평생을 가르쳤는데 잘되지가 않는다. 몸은 컸지만 인지 능력은 여전히 아이의 시간에 머물러있다. 24시간 돌봄이 필요한 성인. 아이인가, 어른인가. 자녀가 아이와 어른의 경계에 서 있을 때, 아이의 삶이 온전히 부모의 몫일 때, 부모는 삶과 죽음의 경계에 섰다.

그리하여 어떤 부모는 아이보다 단 하루만이라도 더 살고 싶다 했고 또 다른 부모는 같은 시각에 세상을 뜨고 싶다 했으며, 누구는 더는 대책이 없을 때 연탄불로 아이와 함께 죽을 마음을 이미 품고 있노라, 하였다. 나만의 고통이라고 생각했는데 광장에 서서 이야기하니 비슷한 고통을 겪는 이들이 많았다. 모두의 고통이었다. 비슷한 고통을 겪는 이 다수가 모일 때, 사람들은 이것이 나만의 문제가 아님을 깨닫는다. 그리고 사회에 묻는다. 문제는 무엇인가. 왜 성인이 된 발달장애인은 갈 곳이 없는가. 비장애인을 위한 공간은 저토록 많은데. "스무 살 이후, 우리 아이들은 어떻게 살아야 할까. 앞길이 참 막막합니다. 사회에서 오라는 데도 없고, 주간보호센터도 중증이라는 이유로 막혀 있구요."(이○○, 뇌병변 · 발달장애 중복장애 1급인 20세 윤○○의 어머니)

"복지관 이용 나이는 39세로 정해져 있습니다. 39세 이후엔 어디로 가라는 건가요. 구석에 찌그러져 있으면, 엄마는요? 엄마의 삶은요. 엄마의 삶은 없잖아요."(최○○, 지적장애 2급인 29세 이○○의 어머니)

"사회를 한번 보세요. 각 동마다, 백화점마다 문화센터라는 이름으로 얼마나 많은 국가 예산이 소요되고 있습니까. 거기선 4, 5명을 놓고도 수업 진행해요. 우리 아이들도 그러한 서비스가 필요합니다. (…) 우리 아이들도 균등하게 여가를 즐기고 건강하게 살아갈 기회를 제공받길 간절하게 바랍니다. 평생교육시설을 설치해 주십시오."(박○○, 자폐성장애 2급인 15세 김○○의 어머니)

요구 사항은 명쾌했다. "제가 낳았지만 제가 다 책임질 수가 없습니다." 고로 이 사회에서 이 고통을 분담해달라. 성인이 된 발달장애인이 갈 곳을 마련해달라. 사회 구성원이기에 이 사회에도 그 책임의 몫이 있다는 거다. 그래서 고통을 꺼냈다. 이날 많은 부모들이 아이의 손을 잡고 나왔다. 말을 하기보다 아이와 함께 나서 사람들에게 알리기 위함이었다. 이는 수치에서도 명확히 드러난다.

2013년 복지부 조사에 따르면 서울 시내 학령기가 지난 발달장애인은 5만 21명이다. 그러나 주간보호시설 등 발달장애인이 이용할 수 있는 기관 수용인은 5,000여 명 수준밖에 되지 않는다. 90%에 이르는 발달장애 성인은 집에만 있거나 시설로 보내지고 있다. 갈 곳이 없다. 지난해 발달장애인법이 통과되고 올해 시행을 앞두고 있다. 이들은 이 법에 근거하여 요구하고 있다. 서울시 권역별로 발달장애 성인을 위한 평생교육센터와 장애인가족지원센터를 설치해 운영 예산을 확보할 것, 발달장애인지원센터를 설치하고 운영에 필요한 예산을 확보할 것. 이날 '고통 증언 대회'를 마친 200여 명의 사람은 서울시청 로비를 점거했다. 성인이 된 발달장애인에 대한 대책이 마련되지 않는다면 내일의 삶도 어차피 오늘과 같기에. 그들에겐 여기가 벼랑이다. 그렇게 오늘 밤 50여 명의 발달장애인과 그 부모들이 서울시청 바닥에서 잠을 잔다. 첫날밤, 서울시청은 아직 답이 없다.

-출처 : "발달장애자녀를 둔 부모, 고통에 입 열다", 비마이너(2015. 4. 9)-

사례 기사 Ⅱ

IQ 134의 영준(가명·11)이는 유치원 때부터 특별했다. 세계 각국의 국기를 다 외우고 한글과 한자도 또래보다 빨리 익혔다. 영재교육원에서 영재 테스트도 받았다. 그런데 부모는 초등학교 입학을 앞두고 아들이 또래 친구들과 다른 점이 많다는 사실 때문에 걱정이 생기기 시작했다. 다른 아이들이 '유희왕 카드'에 빠져 있을 때 영준이는 모형 경주자동차에만 관심을 보였다. 친구도 없었다.

담임선생님은 영준이가 친구나 선생님의 유머를 잘 이해하지 못한다고 했다. 부모는 요즘 아이들에서 흔한 주의력결핍 과잉행동장애(ADHD)가 아닐까 걱정했다.

진료받으러 온 영준이는 질문에 너무 큰 소리로 답했고, 억양도 영화에 나오는 로봇처럼 단조로웠다.

고교 1년 규성(가명·16) 군은 어린 시절 말이 늦고 또래들과 잘 어울리지 못했다. 집 근처 대학병원에서 언어장애 진단을 받고 1년간 언어-놀이치료를 받았다. 초등학교 때까지 성적은 반에서 중간 정도였는데 중학교 들어간 뒤 성적은 하위권으로 곤두박질쳤다. 지문이 긴 문제나 서술형은 거의 풀지 못했고 시나 소설의 은유적 표현을 이해하지 못했다. 차만 타면 내비게이션 안내 멘트를 따라 했다. 규성이의 IQ는 90 정도로 정상 범위에 있었으나 문제 해결 능력이 많이 떨어져 있었다. 규성이는 진료 중에도 영어로 된 지도책만 들여다보았다.

'자폐증'은 영화나 TV 드라마 등에서도 종종 다뤄지는 질환이라 꽤 많이 알려진 편이다. 그런 탓인지 자폐증이라는 용어는 많은 사람들에게 제법 익숙하다.

과거에는 자폐증이란 진단명도 있었다. 자폐증과 아스퍼거증후군, 레트증후군 등을 묶어 '전반적 발달장애'라 부르기도 했다.

그런데 2000년대 들어 '자폐스펙트럼장애(Autism Spectrum Disorder, ASD)'라는 새로운 개념이 대두됐다.

미국정신과학회는 지난 2013년 펴낸 '정신질환 진단 및 통계 편람(DSM-5)'에서 자폐증, 아스퍼거증후군, 달리 분류되지 않는 전반적 발달장애 등을 포괄해 '자폐스펙트럼장애'라고 정의했다. DSM-4의 전반적 발달장애 안에 포함됐던 '레트증후군'은 DSM-5에서는 제외됐다.

자폐스펙트럼장애는 ▲ 사회적 의사소통의 결함, ▲ 제한되고 반복된 행동이란 두 가지의 핵심 증상을 가지고 있다.

　가벼운 증상부터 무거운 증상까지 다양한 형태로 나타날 수 있기에 무지개의 빨간색에서 보라색까지 이어지는 무지개처럼 증상이 나타난다는 의미로 스펙트럼이라는 용어로 표현했다.

　자폐증은 현재의 진단 기준으로 보면 '자폐스펙트럼장애 레벨(Level)-3'으로 볼 수 있다. 레벨-1이 가장 경증이고, 레벨-3은 가장 중증이다. 영준이와 규성이는 둘 다 '자폐스펙트럼장애 레벨-1'인데, 과거 진단 기준으로 보면 아스퍼거증후군에 가깝다.

　지능과 언어 능력이 우수한 영준이는 최근 집중적인 '집단 사회기술 훈련 치료'를 받으면서 또래 관계가 꽤 호전되고 있다. 하지만 규성군은 ASD 외에 우울증과 불안장애 등도 가지고 있어 치료가 쉽지 않을 것으로 보인다.

　미국 질병통제예방센터(CDC)에 따르면 ASD의 유병률은 2000년 166명당 1명(0.67%)에서 2010년에는 68명당 1명(1.46%)으로 높아졌다.

　세브란스병원과 미국 예일대 의대 등 국제 공동 연구 팀이 지난 2011년 미국정신과학회지에 발표한 논문에 따르면 우리나라 고양시의 7~12세 학생 5만 5,266명을 대상으로 조사한 결과 ASD 유병률은 1.89%였다.

　'자폐증'에서 '자폐스펙트럼장애'로 확대된 진단 기준을 적용하면서 다소 과잉 진단이 이루어지는 것 아니냐는 일각의 비판적 시각도 있다.

　하지만 자폐스펙트럼장애의 유병률이 이처럼 높게 나온 것에 대해 과거의 자폐증 진단 기준에만 익숙했던 의료진이 이제는 경미한 자폐 증상이나 아스퍼거증후군 등 광범위한 자폐 증상까지 정교하게 찾아낼 수 있는 전문적 진단 능력을 갖추게 됐기 때문이란 의견이 우세하다. 부모들의 인식도가 높아져 일찍 소아정신과를 찾는 사례가 증가한 것도 자폐스펙트럼장애 유병률을 높인 원인으로 풀이된다.

　과거 좁은 의미의 자폐증 진단 기준으로는 누락됐거나 다른 유사 장애(예: 언어장애나 지적장애)로 오진됐던 ASD 아이들이 조기에 정확한 진단을 받고 치료도 시작할 수 있다는 점에서 바람직하다는 평가를 받고 있다.

　자녀가 자폐스펙트럼장애 진단을 받으면, 자신의 책임이 아닐까 하는 죄책감에 시달리는 부모들을 종종 볼 수 있다. 자폐스펙트럼장애의 원인은 아직 다 밝혀지지 않았다. 다만 뇌 발달 이상을 가져온 가장 주된 사유를 '유전적 원인'으로 본다. 자폐증은 특정 유전자(FMR1, Neurexin, SHANK3 등) 변이와 연관된 것으로 밝혀져 있다. 하지만 유전자 변이가 ASD를 다 설명해주지는 못한다.

　유전적 원인에서 꼭 염두에 두어야 할 점이 자폐스펙트럼장애가 부모가 자녀에게 유전자를 물려주었기 때문에 나타나는 유전성 질환이 아니라는 점이다.

　아직 기전은 다 밝혀지지 않았으나, 아이의 사회성을 관장하는 뇌 발달에 연관된 유전자가 정상 작동하지 못하기 때문에 ASD가 발생한다는 것이 정설이다. 최근에는 부모에게 없는 신생 출현 유전적 변이와 연관돼 있다는 사실도 밝혀지고 있다. 아이의 ASD에 대하여 부모가 죄책감을 가질 필요가 없다.

그 밖의 위험 요인은 성별(남아가 여아보다 4배 많음), ASD 가족력, 출생 시 부모 나이(어머니 35세, 아버지 40세 이상) 등이다.

스웨덴, 영국, 미국 등 공동 연구 팀의 논문(분자정신의학 2016년)에 따르면 20~29세 어머니의 ASD 위험도를 1로 할 때 20세 이하는 1.18배, 40세 이상은 1.15배 높았다. 20~29세 아버지를 1로 할 때 40~49세는 1.28배, 50세 이상은 1.66배 높았다.

자폐스펙트럼장애는 치료할 수 있을까?

아직 의학에서 자폐스펙트럼장애의 근본적인 치료법은 없다. 정확한 진단도 쉽지 않다. ASD만 단독으로 있는 경우는 그래도 쉬운 편이지만 다른 질환과 함께 있을 때는 진단이 무척 까다롭다.

이스라엘 텔아비브대 연구 팀의 메타 연구(2014년)에 따르면 ASD로 진료받는 어린이의 37~85%가 주의력결핍 과잉행동장애(ADHD)를 가진 것으로 나타났다. 또 ASD 인구의 39%가 뇌전증을 동반하거나, 10~15%는 '취약X증후군', '엥겔만증후군', '결절성 경화증', '15번 염색체 중복증후군' 등을 함께 가지고 있다. 주의해야 할 경우가 ASD와 ADHD가 동반되었을 때다.

ADHD의 증상은 워낙 눈에 잘 띄고 흔하다. 그러다보니 공존해 있는 더 심각한 발달장애인 ASD 진단을 놓치는 사례도 종종 있다.

ASD가 동반됐는데도 이를 모르고 ADHD 치료약물을 복용하면 ADHD만 단독으로 있는 아이들에 비해 약물의 효능이 절반 정도밖에 나타나지 않는다. 뿐만 아니라, 이 경우 ASD가 있는 아이들에게 흔히 관찰되는 자극 과규성이나 상동적 행동(특이한 행동에 집착하고 반복하는 것) 등이 악화될 수도 있다. 따라서 ASD가 의심되면 반드시 소아정신과 전문의의 진료를 받아야 한다.

ASD의 연령별, 발달단계별 징후들은 조금씩 다르다. 생후 24개월 전후 아이들은 '호명(이름 부르기) 반응'이나 눈 맞춤이 없는 것이 매우 중요한 신호다.

36개월 전후에는 말문은 트였다고 해도 억양이 매우 단조롭거나 특정 어구나 단어를 반복하는 행태를 보일 수 있다. 상대방 질문에 대답을 하는 대신 상대의 말을 그대로 따라 하는 '반향어'를 보이는 경우, 미니카와 같은 물건을 한 줄로 세우는 데 집착하는 경우, 특정한 소리나 시각적 자극을 과도하게 추구하거나 회피하는 경우 등이 함께 나타나면 ASD를 의심해볼 수 있다.

진료를 하다 보면 많은 부모들이 자녀가 다른 아이들과 구별되는 특이한 행동을 보이는데도 정신과 진료 기록이 남을까 봐 걱정하거나, 자폐 진단에 대한 두려움 때문에 뒤늦게 병원을 찾았다는 사례를 흔히 볼 수 있다.

　부모의 심정을 모르는 바는 아니다. 하지만 하루라도 빨리 정확한 진단을 받고, 아이에게 맞는 적절한 치료를 시작하는 것이 합병증을 예방하고 아이의 예후를 더 좋게 할 수 있다는 것을 잊어서는 안 된다.

　지난해 2월 동현(가명·6)이는 초등학교 입학을 앞두고 병원을 찾았다. 또래 아이들과 어울리지 못하고 말도 늦었다고 한다. 사설 언어치료실에서 언어치료를 받고 난 뒤 문장으로 말을 할 수 있었다. 이름을 불러도 쳐다보지 않고 이야기할 때도 상대방의 얼굴과 눈을 바로 보지 못했다. 긴 줄을 좋아해 전화선에 집착하고 외출할 때는 긴 끈을 항상 가지고 다녔다. 줄을 뺏으려 하면 스트레스를 받으며 큰 괴성을 지르며 뺏기지 않으려고 저항했다. 광고에 나오는 특정 멘트를 반복적으로 따라 하기 증상도 보였다. 동현이는 자폐스펙트럼장애 레벨−2다.

　동현이는 일찍 진단을 받았고 언어치료 등의 특수교육적 접근을 통해 문장 구사 정도의 언어능력이 향상돼 행동 문제나 정서적 합병증 발생을 막을 수 있어 증상이 좋아질 것으로 기대하고 있다.

　유치원생 또는 초등학교 입학 전후의 아이가 또래 친구들에게 관심이 없고 어울리지 못하며, 자신만의 독특한 관심사와 행동이 관찰되면 첨부한 ASD 선별측정 설문지를 집에서 작성해보자. 단, 섣불리 ASD라고 지레 짐작하고 당황하거나 인터넷을 통해 검증되지 않은 치료법을 찾아 나서는 것은 절대 금물이다.

　　　　　−출처 : "영재인줄 알았던 우리 아이가 자폐증일 수도 있을까?", 『헬스조선』(2018. 2. 22) −

5-2　상담 사례

Q 질문

　제 아이는 엘리베이터만 지나치게 좋아하는 아이입니다. 아이에게 "엘리베이터가 좋아? 장난감이 좋아?", "엄마가 좋아 아니면 엘리베이터가 좋아?" 이런 질문들을 했을 때 보통 아이들은 장난감이 더 좋다고 말하고 엄마가 더 좋다고 말했을 텐데 우리 아이는 무조건 엘리베이터가 세상에서 제일 좋다고 말합니다. 또 어느 곳에 가든지 엘리베이터에만 있으려고 하고 엘리베이터에서 장난치고 놀 때에만 적극적인 아이로 변합니다. 제 아이에게는 엘리베이터가 세상에서 제일 재미있는 놀이터고 가장 좋은 친구인 것 같습니다. 아이가 쓰는 일기

장이나 그림노트 등에도 엘리베이터에 관한 것밖에 없습니다. 아무리 엘리베이터에서 못 놀게 하고 다른 것들에 관심을 가지도록 하려고 해도 어렵습니다. 엘리베이터에서 장난을 치다가 아이나 다른 사람들이 다칠까 봐 걱정이 되기도 합니다.

또 또래 친구들과의 관계를 맺는 것도 함께 노는 것도 좋아하지 않습니다. 평소 유치원에서도 선생님의 지시를 거의 따르지 않고 친구들과 전혀 어울리지 않으며 혼자 있는 시간이 많다고 합니다. 집에서도 어떤 질문을 하면 전혀 상관없는 대답을 하기도 합니다.

엘리베이터만 지나치게 좋아하고 또래들과도 전혀 어울리지 못하는 우리 아이 어떻게 해야 할까요? 왜 그런 걸까요?

A 답변

어머님. 걱정이 많으시겠어요. 우리 아이는 자폐스펙트럼장애를 가진 것으로 보입니다. 자폐 스펙트럼 장애란 사회적 의사소통의 결함과 제한적이고 반복적인 행동, 흥미, 활동을 보이는 장애를 말합니다. 우리 아이가 또래와 전혀 상호작용을 하지 않고 질문에 대해 전혀 다른 답변을 하는 등의 모습을 통해 사회적 의사소통의 결함을 보이고 엘리베이터에만 지나치게 관심을 보이는 모습을 통해 제한적이고 반복적인 흥미, 활동을 가지고 있음을 알 수 있습니다. 더 정확한 진단을 위해서는 특수교육지원센터를 찾아가시길 바랍니다.

일단 어머님께 우리 아이의 문제점을 개선시킬 수 있는 훈육 방법들을 몇 가지 알려드리겠습니다.

우리 아이 같은 경우는 대부분 시각적인 정보를 훨씬 더 잘 받아들입니다. 아이가 문제 행동을 보일 때 말로만 "○○아, 그렇게 하면 안 돼!" 하는 것이 아니라 'x' 표시가 담긴 그림카드를 함께 보여주거나 손으로 크게 'x' 표시를 하는 등 시각적으로 'x' 표시를 보여주면 더 효과가 있습니다.

두 번째로 생활계획표를 만드시는 것이 좋습니다. 생활계획표를 통해 하루 계획을 세움으로써 아이가 규칙을 배우고 자기 조절 능력을 키울 수 있습니다.

세 번째로 우리 아이에게 가장 중요한 것은 사회성을 기르는 것입니다. 어머님께서 감정 표현이 부족한 우리 아이를 위해 어머님도 말투부터 표정까지 더 다양하게 교정하는 것이 필요합니다. 그리고 시각적인 자료를 통해 친구와 만나서 인사할 때나 친구가 놀자고 하는 상황 등 여러 상황 속에서 어떻게 행동해야 하는지 알려주어야 합니다. 또 꼭 전문가를 통해 사회성 훈련이나 사회성 프로그램 등을 받을 수 있도록 해야 합니다.

마지막으로 엘리베이터에만 관심을 보이는 문제를 해결하기 위해서는 아이가 엘리베이터에서 노는 것을 무조건 못 하게 막는 것이 아니라 횟수나 시간을 정해서 그 정해진 양만큼만 하도록 해야 합니다. 이때 아이에게 정해진 시간이나 횟수만큼 한다는 것을 충분히 설명하고 시간이나 횟수를 함께 세면서 하면 점점 엘리베이터에서 노는 시간을 줄여나갈 수 있을 것입니다. 또 어머님께서 아이의 사고와 생각이 확장될 수 있도록 다양한 자극을 제공해주셔야 합니다.

어머님, 전문가와 함께 노력하면 우리 아이의 문제점들이 충분히 개선될 수 있습니다. 어머님 혼자 힘들어하지 마시고 전문가와 상담 바랍니다.

정의

1) 법적 정의

• 「장애인 등에 대한 특수교육법」에 따르면, 자폐성장애(이와 관련된 장애를 포함한다)는 사회적 상호작용과 의사소통에 결함이 있고, 제한적이고 반복적인 관심과 활동을 보임으로써 교육적 성취 및 일상생활 적응에 도움이 필요한 사람을 말한다.

• 「우리나라 장애인 복지법」(2016년 일부 개정 시행규칙 별표 1호)에 따르면 자폐성 장애는 3등급으로 나눌 수 있으나 2019년부터 장애등급제가 폐지되어 기존의 분류를 사용하지 않고 있다. 하지만 장애 정도를 고려하기 위하여 아래의 내용을 참고하기 바란다.

제1급

ICD-10(International Classification of Diseases, 10th Version)의 진단 기준에 따른 전반성 발달장애(자폐증)로 정상 발달의 단계가 나타나지 아니하고, 지능지수가 70 이하이며, 기능 및 능력 장애로 인하여 주위의 전적인 도움이 없이는 일상생활을 해나가는 것이 거의 불가능한 사람

제2급

ICD-10의 진단 기준에 따른 전반성 발달장애(자폐증)로 정상 발달의 단계가 나타나지 아니하고, 지능지수가 70 이하이며, 기능 및 능력 장애로 인하여 주위의 많은 도움이 없으면 일상생활을 해나가기 어려운 사람

제3급

제2급과 같은 특징을 가지고 있으나 지능지수가 71 이상이며, 기능 및 능력 장애로 인하여 일상생활 혹은 사회생활을 해나가기 위하여 간헐적으로 도움이 필요한 사람

2) DSM-5의 정의

미국정신의학회(American Psychiatric Association)의 정신질환 진단 및 통계 편람(Diagnostic and Statistical Manual of Mental Disorders)에서는 이전 DSM-Ⅳ에서 전반적 발달장애의 범주 내에 ASD의 하위 유형으로 자폐성 장애, 아스퍼거장애, 레트장애, 아동기 붕괴성 장애, 비전형 전반적 발달장애로 분류하였던 것을, 2013년 발표된 다섯 번째 개정판(DSM-5)에서 하위 유형을 없애고 '자폐 스펙트럼장애'를 공식적인 명칭으로 사용하고 있다. 단일 유전자 결함 관련 유전 장애로 판별된 레트장애가 ASD에서 분리되었다.

ASD는 사회적 의사소통의 결함과 제한적이고 반복적인 행동, 흥미, 활동을 보인다. ASD는 발달 초기(생후 3세 이전)에 나타나서 평생 지속되지만, 발달 과정을 통해서 어떤 증후는 계속 유지되기도 하고 어떤 증후는 없어지거나 더 심해지기도 하는 발달장애다. ASD의 특성을 기술할 때 사용되는 대표적인 용어는 독특성과 이질성을 들 수 있다. ASD는 다른 장애 및 비장애와 비교할 때 매우 독특하며, 같은 진단명을 가진 사람들 내에서도 그 특성이 서로 일치하지 않는 매우 이질적인 집단이다. ASD로 진단된 아동들이 진단 기준에 포함된 모든 특성을 보이는 것은 아니다. 어떤 특성은 나타날 수도 있고 나타나지 않을 수도 있다.

DSM-Ⅳ에서 전형적인 자폐성 장애, 아스퍼거장애 또는 비전형 전반적 발달장애의 기준에 부합하여 진단을 받은 경우에는 DSM-5의 자폐스펙트럼장애로 진단이 된다. 그러한 사회적 의사소통에서 현저한 결함을 가지고 있다 하더라도 자폐스펙트럼장애의 진단 기준에 부합하지 않는다면, 사회적(화용) 의사소통 장애로 평가되어야 한다. DSM-5의 자폐스펙트럼장애의 진단 기준은 이전 DSM-Ⅳ에서의 범주적 접근에서 차원적 틀로 변화되었다. 이는 하위 유형의 명칭을 사용하기보다는 사회적 의사소통의 결함과 제한적이고 반복적인 행동에 대한 지속적 측정을 통해 개인의 결함 및 능력 수준을 기술하고자 하는 것이다. 이를 위해 두 가지 핵심 준거의 수행 결함 정도에 따라 장애 수준의 지원을 요구하는 수준(1 수준), 실질적인 지원을 요구하는 수준(2 수준), 매우 실질적인 지원을 요구하는 수준(3수준)으로 구분하여 제시하고 있다.

5-4 진단 및 평가

▶ 자폐 범주성 장애 진단·판별 도구

검사 도구명	대상 및 연령	목적	절차 및 구성	결과
심리교육 프로파일 (PEP-R)	자폐장애아동 및 유사 발달장애아동	발달 수준과 특이한 학습 및 행동 패턴 평가	- 발달척도(합격, 싹트기 반응, 실패) - 행동 척도(정상, 경증, 중증)	- 전체발달연령 - 하위발달연령 - 사분원에 칠하여 행동척도 결과표 작성
이화-자폐아동 발달평가도구 (E-CLAC)	자폐아동 및 자폐 의심 아동 (만 1~6세)	행동 발달 및 병리성 수준 평가	- 척도 문항(발달 문항, 병리 문항) - 비척도 문항	- 원형 사이코그램으로 표시
아동기 자폐증	만 2세 이상	자폐장애와 기타 발달	관찰, 사례력 검토, 부	- 자폐증 아님

평정척도 (CARS)		장애를 구별/자폐 장애정도를 구별	모와의 면담 실시	- 자폐증(경증, 중간 정 도 자폐/중증 자폐)
한국자폐증진단검사 (K-ADS)	자폐로 의심되는 만 3~21세	자폐증 진단	부모가 검사지에 제시 된 일정한 순서에 따라 실시	표준점수(평균=10/ 표준편차=3/자폐지 수/백분위지수)

1) 심리교육 프로파일(Psychoeducational Profile-Revised, PEP-R)

(1) 목적 및 대상

자폐장애아동과 유사 발달장애아동의 발달 수준과 특이한 학습 및 행동 패턴을 평가하여 개별 치료 프로그램에 활용하기 위해 제작된 검사

(2) 구성

발달척도와 행동척도로 나뉘어 있는데 발달척도는 7개 영역(모방, 지각, 소근육운동, 대근육운동, 눈-손협응, 동작성 인지, 언어성 인지)의 131개 문항으로 구성되어 있다. 행동척도는 4개 영역(대인관계 및 감정, 놀이 및 검사 재료에 대한 흥미, 감각반응, 언어)의 43개 문항으로 구성되어 있어 총 174개 문항으로 이루어져 있다.

(3) 실시

아동의 반응을 정확히 파악할 수 있는 검사자가 실시해야 하며, 아동이 불안해하거나 흥분하여 검사의 진행이 어려운 경우에는 부모를 검사회기의 초기 또는 검사회기 내내 검사실에 입실시켜 도움을 받을 수 있다.

(4) 결과

발달척도와 행동척도별로 제시된다. 발달척도에서는 7개 하위 영역의 총 합격점을 근거로 하위 영역별 발달 연령과 전체 발달 연령을 산출하고 발달척도 결과표를 작성한다. 행동척도에서는 4개의 하위 영역이 표시되어 있는 사분원의 중심에서 바깥쪽으로 중증에 해당하는 문항 수만큼 까맣게 그리고 경증에 해당하는 문항 수만큼 회색으로 칠하여 행동척도 결과표를 작성한다.

2) 이화-자폐아동행동발달평가도구(Ewha-Check List for Autisitc Children, E-CLAC)

(1) 목적 및 대상
- 만 1세부터 만 6세까지의 아동을 대상으로 행동발달 및 병리성 수준을 평가하기 위한 검사다.
- 검사 대상은 자폐아동이 중심이 되지만 자폐장애로 의심되는 장애를 가진 아동도 대상이 될 수 있으며 정신지체 또는 기타 장애를 가진 아동들의 경우에도 발달과정을 파악하는 데 활용된다.

(2) 구성
- 총 56개 문항으로 구성
- 단계별로 체크하도록 되어 있는 척도 문항(43개 문항)과 해당되는 모든 항목에 표시하도록 되어 있는 비척도 문항(13개 문항)으로 나뉘어 있다.
- 척도문항은 다시 발달문항과 병리문항으로 나뉘어 있다.

(3) 실시
아동의 전반적인 일상생활을 잘 알고 부모(시설 아동의 경우에는 보모)와의 면담을 통해 실시된다. 학교나 기타 장면에서 관찰할 수 있는 부분에서는 교사나 치료사가 평정할 수 있다.

(4) 결과
발달문항과 병리문항별로 원형 사이코프로그램을 통하여 제시된다.

3) 아동기 자폐증 평정척도(Childhood Autism Rating Scale, CARS)

(1) 목적 및 대상
만 2세 이상의 아동을 대상으로 자폐장애와 기타 발달장애를 구별하고 자폐장애의 정도를 판별하기 위한 검사

(2) 구성
15개 문항(사람과의 관계, 모방, 정서반응, 신체사용, 물체사용, 변화에 대한 적응, 시각반응, 청각반응, 미각·청각·후각·촉각 반응 및 사용, 두려움 또는 신경과민, 언어적 의사소통, 비언어적 의사소통, 활동수준, 지적반응의 수준과 항상성, 일반적 인상)으로 구성되어 있으며 각 문항은 1점에서 4점까지 평정한다.

(3) 실시

관찰, 사례력 검토, 부모와의 면담 등을 통하여 실시되며 각 문항은 1점(해당 연령에서 정상 범위 내), 1.5점(해당 연령에서 매우 경미한 정도로 비정상), 2점(해당 연령에서 경증 비정상), 2.5점(경증 – 중간 비정상), 3점(중간 비정상), 3.5점(중등 – 중간 비정상 또는 중증 비정상)

(4) 결과

▶ **15개 문항의 전체 점수(15~60점)을 근거로 한 진단적 범주를 제공한다.**

전체 점수	진단적 분류	기술적 수준
15~29.5	자폐증 아님	(자폐증 아님)
30~36.5	자폐증	경증, 중간 정도 자폐증
37~60	자폐증	중증 자폐증

4) 한국 자폐증 진단검사(Korean Autism Diagnostic Scale, K-ADS)

(1) 목적 및 대상

자폐증으로 의심되는 만 3세부터 만 21세까지의 아동 및 청소년을 대상으로 자폐증을 진단하기 위한 검사

(2) 구성

세 개의 하위 검사(상동행동, 의사소통 그리고 사회적 상호작용)로 구성되어 있는데 각 하위 검사마다 14개의 문항이 포함되어 있어 총 42개 문항으로 이루어져 있다.

(3) 실시

피검자와 적어도 2주 이상 정규적으로 접촉해온 부모, 교사 또는 치료사가 실시할 수 있는데, 검사지에 제시된 일정한 순서에 따라 문항 1에서 문항 42까지 빠짐없이 0(전혀 발견하지 못함), 1(드물게 발견함), 2(때때로 발견함) 또는 3점(자주 발견함)을 준다.

1) 심리사회적 요인

이 관점에 의하면 자폐장애는 부모의 부적절한 양육 방식, 즉 '냉장고'처럼 차가운 양육 방식에서 비롯된다. 또 부모의 거부나 병리적 요소 때문에 아동이 스스로를 자폐적인 '빈 요새'에 가두는 것이라고 보는 학자도 있었다. 그러나 이러한 주장은 실험적 증거에 기반을 두고 있지 않았으며 따라서 경험적 연구인 실험연구들이 발표되기 시작하면서 그 영향력이 약화되었다.

2) 생물학적 요인

(1) 유전적 요인

유전적 요인에 관해서 먼저, 가족 연구를 살펴보면 자폐성장애아동의 형제나 자매 중에 자폐성장애가 있는 비율은 2~7%에 이르며 친척 가운데에서는 8% 정도로 나타나고 있다. 다음으로 쌍생아 연구에서는 자폐장애가 이란성 쌍둥이보다 일란성 쌍생아의 경우 출현 일치율이 훨씬 높게 나타나고 있다.

(2) 출산 전후 요인

유전적인 요인이 아닌 환경적인 요인으로 출산 전, 출산 시, 그리고 출산 후 요인(즉, 임신 및 출산 합병증 등)이 자폐성장애의 원인이 될 수 있다.

(3) 특정 의학적 요인

간질, 뇌성마비, 수막염, 청각장애 그리고 일부 유전적 장애와 같은 다양한 의학적 상태가 자폐성장애와 관련이 있다. 예를 들어 자폐성장애 사례의 약 25%에서 발작장애가 나타난다. 그러나 이러한 의학적 상태가 자폐장애의 원인으로 작용하는지 아니면 함께 나타나는지에 대해서는 아직 알려진 바가 없다.

3) 인지적 요인

(1) 마음 이론

마음 이론에서는 자폐아동이 보이는 사회성 결핍이 타인의 생각을 지각하고 이해하지 못하는 인지 결핍에서 비롯한 것으로 본다.

*마음 이론의 특징
 - 타인의 감정에 대해 무감각하다.
 - 타인이 무엇을 아는지 고려할 수 없다.
 - 타인의 의도를 알아내고 이에 반응함으로써 친구와 협상하지 못한다.
 - 자신의 이야기를 듣고 있는 사람이 자신의 이야기에 얼마나 관심이 있는지 판단하지 못한다.
 - 화자가 의도한 의미를 알지 못한다.
 - 모를 수 있다는 사실을 이해하지 못한다.
 - 남을 속이지 못하며 속임수를 이해하지 못한다.
 - 사람이 행동을 하는 이면의 이유를 이해하지 못한다.
 - 명시되지 않은 규칙 또는 관습을 이해하지 못한다.

(2) 실행기능 결함 이론

계획을 짜고, 충동을 조절하며, 생각이나 행동에 융통성을 주는 것, 그리고 체계적으로 환경을 탐색하는 것은 뇌의 전두엽 기능의 하나인 실행 기능이다. 자폐장애 아동들에게 융통성이 없는 모습, 사소한 변화에도 민감한 모습 등이 실행 기능의 결함과 관련되어 있다고 본다.
 - 계획하기
 - 충동 억제
 - 하고 싶은 것을 억제하지 못하고, 부적절한 반응
 - 조직적 탐색 문제
 - 사고와 행동의 유연성 문제

(3) 부분집중(중앙응집) 이론

이 이론에서는 자폐장애를 인지 양식에 의한 것으로 본다. 부분집중이란 환경에 의미를 부여하고 의미 있는 환경을 받아들이는 데 있어 방대하고 복잡한 정보를 처리하는 데 어려움을 가지고 전체를 보기보다는 부분에 집착하는 것을 말한다. 즉, 나무를 보고 숲을 보지 못하는 것을 말한다.

중재 및 치료 방법

1) 지도 방법

(1) 학교에서의 지도 방법

(1) 환경적 구조화

① 물리적 배치의 구조화

- <u>가구의 배치</u> : 가구는 활동에 대한 기대가 분명해지도록 배치되어야 한다. 과제 영역을 구분하고 가구를 배치할 때 자폐스펙트럼장애 아동들이 일반적으로 시각적 처리에 강점을 보이는 경향에 맞추어 시각적 단서를 제공하는 것이 좋다. 예를 들면 유색 테이프를 이용하여 시각적 경계를 만들어주거나 문자, 사진, 그림 등을 이용한다면 각 영역의 기능을 이해할 수 있도록 하는 데 도움이 된다.
- <u>물건의 배치</u> : 교재, 교구, 자료 등 교실에서 사용되는 물건들을 조직적으로 배치해야 한다.
- <u>혼자만의 공간 설정</u> : 자폐스펙트럼장애아동들이 필요한 경우 안정을 되찾거나 유지할 수 있는 혼자만의 공간을 마련해주어야 한다. 진정영역, 이완영역, 안전영역, 쉼터 등으로 다양하게 불리는 이 공간은 자극 수준을 낮게 유지하는 장소가 될 수 있다.

② 시간의 구조화

- <u>일일 일정표</u> : 하루의 활동 순서를 알려주는 표를 말한다. 이것은 아동으로 하여금 다음 활동을 예측하고 전환하는 것을 촉진시키는 역할을 한다. 일일 일정표에는 일정의 시간적 순서에 따라 시간, 활동(또는 과목), 장소에 대한 정보가 제시되는데 아동이 글을 읽을 수 있는 경우에는 단어나 문장을 사용하고 글을 읽을 수 없는 경우에는 그림을 사용한다.
- <u>작업 일정표</u> : 각 수업시간 중에 수행해야 할 작업의 진행을 나타내는 또 다른 일정표인 개별화된 일정표를 말한다.

③ 학업적 지원

- <u>학습 양식 평가</u> : 학생의 학습 양식을 평가하여 어떤 유형의 학습자인지 살펴보아야 한다. 학습자의 유형은 ① 시각적 학습자, ② 청각적 학습자, ③ 운동감각적 학습자로 나눌 수 있다.
- <u>학습 평가</u> : 공식적인 평가와 비공식적인 평가
- <u>교과 내용 지도</u>
  - 미리 보여주기 : 수업 전에 수업 내용에 대한 정보를 아동에게 제공하는 것을 말한다.

- 도해조직자 활용하기 : 도해조직자란 개념이나 주제의 주요 측면들을 특정 양식으로 배열함으로써 정보를 구조화하여 나타내는 시각적 표현이다.

• 과제 제시
- 과제에 대한 지시는 명확하고 구체적이어야 한다.
- 과제에 대한 지시는 구두로 할 수 있으나 문장이나 그림 또는 사진을 이용한 시각적 지시를 병행하는 것이 바람직하다.
- 학생의 학습 능력을 고려하여 과제를 완성할 수 있는 충분한 시간을 제공하는 것이 좋다.

• 숙제
- 학교 일정이 끝난 후 집에서 오후나 저녁시간에는 편안히 쉴 수 있도록 숙제는 내주지 않는 편이 좋다.

• 시험
- 조용한 장소에서 시험을 보게 한다.
- 시간 제한을 두지 않는다.
- 시험시간을 짧게 몇 회로 나눈다.
- "모르는 단어가 있으면 질문하세요" 그리고/또는 "마음을 편하게 가지세요"라고 적힌 카드를 아동 가까이 둔다.

(2) 가정에서의 지도 방법
• 예측하기 쉬운 환경을 조성해야 한다.(생활계획표 작성, 가구나 물건의 배치 등): 자폐스펙트럼장애 학생들은 예측하기 어려운 일이나 변화에 대해 무척 고통스러워하기 때문에 어디서 무엇이 예정되어 있는지 아동이 미리 알도록 하고 예정 외의 사건이나 일정의 변화도 가능하면 미리 알려주어야 한다.
• 정보를 시각적으로 제시해야 한다.
• 규칙이나 지시를 명확하게 해야 한다.
  자폐스펙트럼장애 아이들에게 있어서 '암묵의 규칙'의 이해는 어렵다. 즉, 명확하지 않은 지시나 비난, 에둘러 말하는 지시는 이해할 수 없다.
• 칭찬을 많이 해주어야 한다.
  자폐스펙트럼장애 아이들은 부정적인 언동에 대해서 민감하다. 기억력이 매우 좋은 아이들도 많아서 한 번 들은 이야기를 좀처럼 잊지 않는 경우가 많다. 그리고 자폐스펙트럼장애 학생의 행동 특징들로 인해 교사나 어른들에게 질책받는 경우가 많고 점점 자신감을 잃게 되는 경우가 많다. 때문에 가능하면 장점을 찾아주어 칭찬해주도록 해야 한다.
• 아동이 할 수 없는 것보다 할 수 있는 것에 초점을 맞추어야 한다.
• 제한된 관심 영역을 확장시켜주도록 해야 한다.

자폐스펙트럼장애 아이들은 제한된 관심 영역을 가지고 있는데 부모는 그 관심 영역이 다른 영역으로도 넓어질 수 있도록 다양한 자극을 제공하여야 한다. 아이가 관심을 보이는 영역과 연관시켜 제시하는 것이 효과적이다.

• 목소리와 표정을 풍부하게 해야 한다.

자폐스펙트럼장애 아이들은 감정 표현이 부족하고 음의 높낮이가 단조로운 경우가 많기 때문에 부모는 더욱 다양한 목소리와 표정을 제공해 주어야 한다.

• 여러 사회적 활동에 참여할 수 있게 해야 한다.

자폐스펙트럼장애 아이들은 사회적 의사소통의 결함이 있다. 이 결함을 개선시켜나갈 수 있도록 다양한 상호작용 환경에 아이를 노출시켜야 한다.

2) 중재 방법

(1) 행동 수정의 주요 기법
 - 바람직한 행동 증가시키기 : 정적강화, 부적강화, 토큰경제
 - 바람직하지 않은 행동 감소시키기 : 차별강화(상반행동/대체행동/타행동/저비율행동) 소거, 벌
 - 바람직한 행동 유지시키기 : 간헐강화(고정간격계획, 변동간격계획, 고정비율계획, 변동비율계획)

(2) 불연속 시행 훈련(Discrete Trial Training, DTT)
응용행동분석에 근거하여 1960년대에 자폐장애 아동들을 위하여 집중적인 중재 프로그램을 개발한 Ivar Lovass의 연구와 관련된 용어. 시행(trial)이란 '단일 교수단위'를 의미하며 불연속(discrete)이란 시행 간에 짧은 기간이 있다는 것을 의미하는데 이를 시간 간격이라고 한다. 이와 같은 시행 간 간격을 두고 아동이 반응을 정확하고 능숙하게 할 때까지 시행을 반복한다. 만약 아동이 식별 자극에 정확한 반응을 하면 강화물을 주고 짧은 간격(즉, 시행 간 간격)을 둔 다음 다시 식별 자극을 제시하고, 아동이 정확한 반응을 하지 않으면 무시하고 짧은 간격을 둔 다음 다시 식별 자극을 제시하는데 이때는 촉구를 제공한다.

```
* 불연속 시행 훈련의 시행(trial)의 구성 요소
  시행 : 식별자 극(S)    →    아동의 반응(R)    →    후속 결과(C)
  예 : "이게 뭐지?"      →    "과자"           →    "우와! 맞았어. 이건 과자야"
```

(3) 중심축 반응 훈련(Pivotal Response Training, PRT)
응용행동분석을 기초로 개발된 행동적 중재 전략이다. 중심축 반응이란 훈련으로 향상될 경우

훈련받지 않은 다른 행동에도 변화를 가져올 수 있는 행동으로서 동기 유발, 다양한 단서에 대한 반응, 자기 조절, 자기 주도 등이 이에 포함된다.

중심축반응	중재	예
1. 동기	아동에게 선택권을 제공한다.	- 아동이 과제의 순서를 선택한다. - 아동이 쓰기 도구를 선택한다. - 아동이 학급에서 읽을 책을 선택한다.
	과제를 다양하게 하고, 유지 과제를 같이 제시한다.	- 미술 시간에 짧은 기간 동안 짧은 읽기 시간을 자주 가져 과제를 다양하게 한다. - 쉬는 시간을 자주 가져 과제의 양을 다양하게 한다. - 학생의 반응과 다음 지시까지의 시간을 주어 과제의 속도를 수정한다. - 화폐 학습과 같은 새로운 과제와 돈 세기와 같은 이미 학습한 과제를 같이 제시한다.
	시도에 대해 강화한다.	- 질문에 대한 모든 응답을 말로 칭찬한다. - 숙제와 다른 과제에 대한 칭찬의 글을 써준다.
	자연스러운 강화를 사용한다.	- 시간 말하기를 배울 때, 아동이 좋아하는 활동의 시간을 배우게 한다. - 화폐를 가르칠 때, 아동이 좋아하는 작은 물건을 사게 한다.
2. 복합단서	복합단서 학습과 반응을 격려한다.	- 미술 시간에 종이, 크레용, 연필 등을 다양하게 준비하고, 아동이 좋아하는 것을 요구한다. - 이야기 시간에 아동이 복합단서를 사용해서 답할 수 있는 질문을 한다. - 수학 과제나 한글 쓰기 연습을 위해 다양한 쓰기 도구들(예: 파랑 연필, 검정 연필, 노란 연필 등)을 준비한다. 그리고 아동이 좋아하는 도구를 요구하게 한다.
3. 자기주도반응	질문하는 것을 가르친다.	- 시간과 물건의 위치와 관련된 질문하기와 같은 정보-탐색 시도를 가르친다. - 도움을 요청하는 정보-탐색 시도를 가르친다.
4. 자기관리	자신의 행동을 식별하고, 행동이 발생하는 것과 발생하지 않는 것을 기록하는 방법을 아동에게 가르친다.	- 아동이 이야기 시간에 조용히 앉아서 책상이 넘어갈 때, 종이에 표시하도록 시킨다. 교실에서 수학이나 다른 과제를 하는 동안에 과제 행동을 자기 평가할 수 있도록 알람시계를 사용하게 한다.

(4) 우발교수

미리 계획된 학습 목표와 아동의 선호도를 중심으로 학습 환경을 구성한 뒤, 아동이 특정 사물이나 활동에 관심을 보이기 시작하면 아동에게 질문하거나 촉구함으로써 그 관심을 격려하고 이때 아동이 적절한 반응을 보이면 선호하는 물건을 준다.

(5) 공동행동일과

중도장애 학생들의 언어 발달을 지원하기 위해 개발된 전략으로 자연적 언어 패러다임의 원리를 기초로 하는데, 자연적 언어 패러다임(Natural Language Paradigm, NLP)이란 아동이 언어를 사용할 수 있는 기회를 증가시킬 수 있도록 아동의 환경을 구성하는 것이다. 즉, 공동행동일과란 친숙하거나 반복되는 일과를 통해 의사소통 기회를 많이 제공하는 것이다.

---

*공동행동일과의 종류

① 간식, 미술, 물건 조립 등과 같은 특정 결과물의 준비 또는 제조

② 가상놀이와 지역사회 생활기술을 포함하는 이야기 또는 중심적인 줄거리

③ 오전 이야기 나누기, 집단음악치료, 레크리에이션 치료 등의 활동에 사용될 수 있는 협동적인 차례 지키기 게임

---

(6) 그림교환의사소통 체계(PECS: picture exchange communication system)

표현 언어가 부족한 전반적 발달장애나 기타 장애를 가진 아동들을 위하여 언어적 촉진을 사용하지 않고 그림과 같은 보조도구를 이용해서 의사소통 기술을 교수하는 방법이다.

---

*그림교환의사소통 체계의 단계

1단계 : 교환개념 지도하기(다양한 그림으로 기본적인 교환을 수행한다.)

2단계 : 자발적으로 교환하기(성인이나 또래의 관심을 얻고 거리를 조절하기 위하여 연습을 지속한다.)

3단계 : 변별력 기르기(다양한 그림을 식별한다.)

4단계 : 문장으로 표현하기(그림을 이용하여 문장을 만든다)

5단계 : 질문에 대답하기(그림을 이용하여 문장을 만든다.)

6단계 : 의견 말하기(이전에 숙달한 상호작용을 확장한다.)

---

(7) 사회적 상황 이야기 지도

학생의 행동을 변화시킬 목적으로 쓰이는 것이 아니라 사회적 상황과 상대방의 입장을 좀 더 쉽게 이해할 수 있도록 하기 위한 것으로 지도하고자 하는 사회성 기술이나 상황을 이야기나 문장으로 만들어 아동에게 읽어주거나 읽게 하고 질문하고 답해주는 활동 등으로 지도하는 방법이다.

(8) 사회적 도해

아동들의 행동 중에 보인 사회적 실수에 대한 이해를 돕기 위해 시도하는 성인 주도의 중재 전략 중 하나이다. 아동이 사회적 실수를 저지른 다음에 시행하며, 회상적인 형태를 취하고 있다.

(9) 파워카드

자폐아동의 사회적 의사소통을 촉진하기 위한 시각적 접근으로 아동의 특별한 관심 영역을 활용하여 사회적 상황에 적합한 스크립트를 지도하는 것이다.

5-7 자폐성장애의 오해와 진실

자폐성장애의 오해와 진실

-부모가 알고 싶어 하는 궁금한 질문들-

자폐성장애는 전 세계 7,000만 명이 가진 발달장애이다.

국내에서는 아동 50명 중 1명이 겪고 있지만, 자폐증에 대한 사회적 편견과 오해가 넘쳐나고 적절한 관심도 부족한 상황이다. 다음은 부모가 자폐성장애에 대하여 알고 싶어 하는 궁금한 질문들의 인터뷰 질문의 일부이다.

1. 가장 먼저 '자폐증'이란 무엇이고 자폐증을 가진 아동들에게서는 어떤 증상이 나타나게 되나요?
2. 앞서 국내 아동 50명 중 1명이 자폐증을 겪고 있다고 소개했는데요.
   자폐 아동 현황은 어떤지 궁금합니다.
3. 자폐증을 앓는 아동의 수는 매년 증가하고 있지만 이들에 대한 편견은 여전한데요.
   가장 대표적인 것이 '자폐아동들이 머리가 좋다'는 편견이 아닐까 싶습니다.
   실제로 어떻습니까?
4. 자폐아동들은 쉽게 흥분하고 폭력적일 것이라는 편견은 자폐아동의 부모들에게 큰 상처가 된다고요?
5. 자폐가 부모의 잘못된 교육방식 때문이라는 인식도 있는데요.
6. 자폐 아동들은 자신만의 세계에 갇혀 산다는 인식도 많습니다.
   이것 역시 대표적인 오해 중 하나죠?
7. 이렇듯 사회적 편견과도 맞서야 하지만 자폐아동은 복지의 사각지대에 놓여 있는 상황이기도

합니다.

자폐아동을 비롯한 발달장애 아동을 수용할 특수학교도 많이 부족하다고요?

8. 이런 모습은 국내 자폐아동을 비롯한 발달장애 아동의 현주소를 그대로 보여주고 있는 듯합니다.

해외에서는 자폐아동과 관련해서 어떤 교육정책이 이뤄지고 있습니까?

9. 영국에서는 자폐아동, 그리고 그의 부모와 학교가 합심해 졸업시험을 통과한 사례도 있다고요?

10. 자폐증을 비롯한 발달장애인들은 오랜 기간 특별한 보호를 받아야 하기 때문에 가족들의 부담이 더 클 수밖에 없을 것 같은데요.

자폐아동 보호로 인한 가정의 부담은 어느 정도일까요?

11. 자폐아동 가정의 부담을 덜어줄 수 있는 정부의 실질적인 지원책 마련이 필요할 것 같습니다

어떤 지원 대책이 있을까요?

12. 자폐아동의 복지와 관련해서 지방자치단체 차원에서는 어떤 대책이 필요하다고 보십니까?

－출처 : "자폐에 대한 오해와 진실… 국내 자폐아동 현주소는?", KTV국민방송(2017. 11. 9) －

참고문헌

김미경(2012), 특수아동부모 교육 및 상담, 서울: 청목출판사

김미경 외(2017), 정서 및 행동장애아 교육 3판, 서울: 학지사

다나카 야스오(2005), 교사를 당황하게 하는 아이를 만났을 때, 한울림스페셜

서진(2013), 특수교육학 상, 지북스

설지민(2016), 특수교육학, 북이그잼

이승희(2009), 자폐스펙트럼장애의 이해, 학지사

http://aspergers.tistory.com/1

http://www.sangdam.kr/encyclopedia/cp/as/as10.html

http://www.sangdam.kr/encyclopedia/cp/as/as9.html

https://namu.wiki/w/%EC%9E%90%ED%8F%90%EC%84%B1%20%EC%9E%A5%EC%95%A0

http://www.beminor.com/news/articleView.html?idxno=8192

https://m.health.chosun.com/svc/news_view.html?contid=2018022201185

http://naver.me/FmTJ6TrK

https://blog.naver.com/kead1/220318341528

제 6 장

반응성 애착장애(Reactive Attachment Disorder)의 상담

6-1 사례 기사

사례 기사 I

반응성 애착장애는 생후 8개월~5세 전까지 두드러지게 나타나는 증상이며, 주 양육자인 부모와의 기본적인 정서적 욕구(적절한 자극, 사랑, 돌봄)가 채워지지 않았거나, 계속적인 양육자의 바뀜으로 인해 생겨나는 장애로, 낯선 사람을 선별하지 못해서 아무에게나 집착하는 모습이 나타나기도 하고, 반대로 타인의 접촉을 지속적으로 거부하는 증상으로 나타난다.

정서적인 애착관계의 실패가 사회적인 관계 형성에 어려움을 주는 장애라고 하여, 자폐스펙트럼 범주에 들어가기도 하지만, 자폐증처럼 심각한 의사소통의 단절, 상동행동을 보이는 것이 아닌 정서적 환경의 불안정으로 오는 경우가 더 많기에, 일시적으로 후퇴하듯 보이는 사회성 발달은 양육의 환경이 안정되고 정서적인 욕구가 채워지면 그동안 반응성 애착장애로 보인 증상들은 정상 발달의 궤도로 진입할 수 있다. 또한 유사자폐증으로 진단을 받는 아이들이 있는데 언어적인 발달과 함께 사회적인 어려움을 동시에 갖고 있지만 자폐증 치고는 정도가 덜 심각한 편에 속하는 경우이다. 유사자폐증 아이들 중 문제 행동이 심각한 경우가 아니면서 언어나 인지의 발달이 저하되어 있고, 자기가 좋아하는 활동에 과도하게 집착하면서 타인과의 소통에 어려움을 보이는 경우는 반응성 애착장애로 진단을 받기도 한다.

유사자폐증의 치료에 있어서도 최우선순위는 상호 소통 능력의 향상이다. 이후 언어와 인지 그리고 운동협응력의 발달이며, 이것들과 함께 감각적인 과민·과소를 치료해주어야 한다. 대부분의 질환들이 그렇듯 반응성 애착장애와 유사자폐증의 경우에도 어릴수록 치료 경과나 예후가 좋은 편이다.

또한 증상이 심하지 않은 경우는 가족의 정서적 지지만으로도 호전되는 경우도 있다. 그러나 경과가 좋지 못하다고 하여 부모의 정서적 지지가 부족했다고 오해할 필요는 없다.

유사자폐증의 경우 문제의 원인은 뇌에 있으며 뇌의 특정 기능이 제 역할을 하지 못하여 생긴 문제이기 때문이다. 따라서 뇌의 기능이 과도한 부분은 안정을 시켜주고 과소한 부분은 활성화시켜주어야 차츰 소통이 원만해져서 상호작용이 좋아질 수 있다. 뉴로피드백 훈련은 유사자폐증 아동들의 낮은 두뇌 활성도를 높이는 데 도움이 되며, 한약 치료는 흥분, 감각과민, 그리고 불안을 낮추고 마음을 안정시켜준다. 유사자폐증과 반응성 애착장애 모두 치료적 접근법은 각각의 뇌의 영역은 다르겠지만 사회성 발달 능력을 키워주기 위한 정서적 환경을 통한 건강하게 소통하는 힘을 만들어

쥐야 한다는 것이다. 아이들이 태어나고 자라는 성장 과정에서 성장 지연, 발육의 지체 현상, 원만한 사회적 관계를 위한 기술 습득의 어려움 등으로 소용돌이와 같은 시간을 만나기도 하겠지만, 결국 본질적인 부모와의 관계가 형성되고, 아이의 심리적, 생리적인 욕구들이 해소되어 정서적 지지를 기반으로 성장해가는 것이 중요하다.

-출처 : "반응성 애착장애, 유사자폐증의 치료적 접근", 브레인리더 홈페이지(2019. 5. 10) -

사례 기사 II

"아이가 물건에 욕심이 많아요. 집에서 가지고 놀던 인형이나 자기 담요를 가지고 어린이집에 가요."

몇 년 전 K시 어린이집 부모 교육을 하러 갔을 때 아이의 할머니가 하신 말씀이다. 직장에 다니는 딸 대신 손녀를 돌보고 있는 할머니가 교육에 참석했었다. 아이가 보이는 행동은 물건에 욕심이 많아서가 아니라 마음이 불안해서 보이는 '불안정 애착 행동'이다.

불안하기 때문에 집에서 자신이 가지고 놀던 인형이나 담요와 떨어지지 않으려는 것이다. 그 물건을 통해 마음의 안정을 하고자 하고 있다. 아이는 엄마, 아빠나 사람과의 관계를 통해 심리적 안정을 해야 하는데, 그게 안 되어 자신의 물건을 통해서나마 안정을 하고자 보이는 행동이다.

영유아기에 가장 중요한 발달은 애착 형성이다. 애착은 양육자와의 정서적 유대관계로, 그 사람을 만나면 마음이 평안하고, 사랑받는다는 믿음과 확신이 드는 것이다. 애착 형성이 안 될 경우 아이들은 심리적으로 불안감을 느낀다. 그로 인해 위의 사례와 같은 행동을 보인다. 교육봉사를 다녀온 학생들이 전해준 불안전 애착 행동을 살펴보자.

"만 3세 여아였습니다. 친구들과 놀이할 때 말을 하지 않고, 주로 혼자 놀이를 했습니다. 다른 아이들과 전혀 어울리지 않았고, 다가가서 말을 건네도 피하고 경계하였습니다. 공원으로 현장학습 갔을 때 계속 울면서 교사에게 안기려고 했습니다. 하원 때는 할머니나 할아버지가 데리러 왔습니다."

"만 7세 남아로 또래보다 마른 편이었습니다. 또래나 교사와 상호작용이 거의 없었고, 경직되어 있었습니다. 집에서는 떼를 쓴다고 합니다. 높은 곳에 올라가서 뛰어내리거나 장난치는 것을 좋아한답니다. 엄마에게 매달리고 안아달라고 하지만 갑자기 손을 뿌리치고 때리는 등의 행동도 보인다고 합니다. 엄마는 동생의 병간호와 직장 일로 아이를 제대로 돌보지 못했습니다. 아빠와 엄마는 이혼 상태로 아빠가 종종 오시지만, 무서운 편이었습니다."

"만 2세 아이가 또래와 상호작용이 전혀 없었습니다. 매일 자신의 담요를 입에 물고 있는 모습을 보였습니다. 항상 교사 옆에 붙어 있었으며, 교사가 잠시 자리를 비우면 소리를 지르면서 우는 행동을 보였습니다."

"만 5세 유아가 다른 친구와 어울리려고 하지 않고, 혼자 있으려고 하였습니다. 부모님이 맞벌이로 할머니가 종종 데리러 오셨는데, 엄마에 대한 이야기를 물으면 시선을 피하는 모습을 보였습니다."

"17개월 된 아이는 맞벌이로 인해서 할머니께서 돌보다가 할머니의 건강 악화로 17개월 이후에는 가사도우미가 돌보게 되었습니다. 가사도우미는 아이를 돌보지 않고, 집 안 청소나 TV를 보면서 지내다 보니 17개월까지는 정상적인 발달이 이루어지는 듯했습니다. 이후에는 다른 사람에 대한 반응이 줄어들고, 부모가 안아주어도 멍하니 있거나, 이유 없이 떼를 쓰는 일이 많아졌다고 합니다."

교육봉사 중 학생들이 만난 사례는 내가 직접 본 상황이 아니지만, 경우에 따라서는 반응성 애착장애아도 있을 수 있다. 반응성 애착장애는 영유아가 부모와 건강한 유대감을 형성하지 못하는 정신장애이다. 이는 애착을 형성하지 못하는 자폐증의 경우와 달리 후천적으로 양육의 영향으로 애착형성에 문제가 발생한 사회적 기능장애이다. DSM−5에서도 별도 기준을 제시하고 대체로 보이는 행동 특징은 다음과 같다.

양육자에게서 위안·지지·애정, 보호를 얻으려고 시도를 하지 않음, 달래주어도 최소한으로 반응, 대인관계에서 안정된 관계를 맺지 못하며 전반적인 무관심과 사회적인 반응성 부족 등 사회적 상호작용에 있어 현저한 부족함, 냉담하고 위축되어 있음, 적대적 또는 공격적인 성향, 심각한 언어 지연과 운동 발달의 지체, 호명에 반응이 없음, 또래의 자극에 반응이 없음, 특정한 사물·놀이·상황에 대해 집착, 옆에 누군가 있어도 관심을 보이지 않고 혼자서 고립된 놀이를 즐김, 반향어나 고음의 발성을 하는 등 비정상적인 언어 양상

위 행동이 9개월 이상으로 5세 이전 최소 9개월 이상 지속해서 보였다면, 반응성 애착장애일 수 있음으로 전문가 의뢰와 진단이 필요하다고 볼 수 있다. 반응성 애착장애의 치료는 놀이치료나 부모 상담 등이 있다.

위 사례에서 보여주고 있듯이, 아이가 제대로 사랑을 받을 수 없는 경우가 많으므로 무엇보다 양육자의 양육 태도 변화가 중요하다. 아이와 자주 눈을 맞추고 표정을 보면서 대화하기, 신체적 접촉 행동 늘리기, 아이가 장난감을 가지고 놀 때 양육자가 적극적으로 개입하여 같이 놀아주기, 아이가 잠들 때까지 양육자가 꼭 붙어서 신체적 접촉을 해주기 등이다.

무엇보다 사랑은 아이가 느껴야 한다. 그러므로 양육자는 마음의 여유를 갖고 진심으로 아이를 대해야 한다.

−출처 : "불안정 애착과 반응성 애착장애 사례와 지원 방안", 에이블뉴스(2020. 11. 30)−

상담 사례

Q 질문

안녕하세요.

16개월 남아를 둔 초보 맘입니다.

맞벌이를 하고 있고 아기는 시어머니께서 봐주십니다. 아기 때문에 집도 합쳐서 지금은 같이 살고 있습니다. 아기랑 있는 시간이 상대적으로 적기 때문에 퇴근 후 집중해서 놀이하는 시간을 갖으려고 하고 있는데 길지는 않네요. 평균 15~20분 정도, 못 할 때도 있고, 문제는 평소에는 저를 잘 따르고 없으면 찾기도 하고 하는데 자고 싶거나 심기가 매우 불편할 때는 할머니와 아빠를 찾습니다. 저한테는 오고 싶어 하지 않고 잘 달래지지도 않네요. 불편한 듯싶습니다. 할머니와는 많은 시간을 보내니 당연히 애착 형성이 잘되었을 테니 이해가 갑니다만 아빠랑은 제가 보기에 놀이도 많이 하지 않는데도 졸리면 아빠한테 가고 싶어 하지 저는 별로네요. 제가 놀이를 제대로 못해주고 있는 건지 걱정도 되고 저랑은 애착 형성이 안 되어 있는 것인지 불안하기도 하고 섭섭하기도 합니다. 제일 필요한 순간 기대고 싶은 사람이 엄마가 아니라는 것이겠죠? 앞으로 처신을 어떻게 해야 할지 고민됩니다. 도움 부탁드려요.

A 답변

평소에는 아이와의 관계가 괜찮은데 자고 싶거나 심기가 불편할 때는 엄마보다는 할머니와 아빠를 더 찾아서 서운하시기도 하고 아이와의 애착 형성에 대해 고민이 많이 되시겠네요.

생후 3년까지는 엄마와 아이 사이의 애착 형성에 매우 중요한 시기인데, 아이가 엄마와 안정적인 애착을 형성하기 위해 엄마의 즉각적이고 민감한 반응을 필요로 합니다. 어머니의 기분, 희망, 의도에 따라 유아에게 강요하기보다는 유아의 반응에 따라 일관성 있게 애정을 표현해야 합니다. 직장생활을 하시느라 힘드시겠지만 어머님께서 퇴근 후 아이와 놀이 활동을 할 때에나 함께 있을 때 충분한 애착과 더불어 따뜻한 시간을 보내주세요. 아이와 눈 맞춤을 자주 하고 적은 시간이라 하더라도 스킨십을 하면서 서로 상호작용할 기회를 만들어주시는 것이 중요합니다. 그러한 기회들을 만드는 방법으로 놀이를 통해 가능합니다. 예를 들어 아이의 손에 로션 발라주기, 서로 과자 먹여주기, 눈 가리고 만져보기, 아이와 손잡고 장애물 뛰어넘기 등 신체적 자극을 주는 놀이가 아이와의 애착 형성에 많은 도움이 됩니다. 주의할 점은 출근시간에 몰래 나가거나 갑자기 없어지는 상황을 만들면 안 되며, 시간이 일러도 아이를 깨워서 헤어지는 과정을 거쳐야 한다는 것입니다.

노력을 해보시고도 아이와의 애착 관계 형성이 어려우시다면 가까운 아동청소년심리 상담센터에 방문하셔서 전문가의 도움을 받는 것이 좋을 것 같습니다.

정의

애착 형성의 실패로 인해 사회적 관계 형성에 있어서 심각한 문제를 일으키는 장애이다.

애착은 주 양육자와 갖는 정서적 유대감으로 아동 발달에 큰 영향을 미친다. 반응성 애착장애아동은 신체적·지적·정서적인 발달이 지체될 수 있다. 생후 약 8개월이 되면 대부분의 유아들은 낯선 사람을 비선별적으로 받아들이나, 반응성 애착장애아동은 아무에게나 강한 애착을 보이거나 반대로 지속적으로 접촉을 거부할 수도 있다. 반응성 애착장애아동은 눈 맞춤이 어렵고, 혼자서만 놀려고 하고, 이름을 불러도 반응이 없는 등 자폐 범주성 장애와 유사한 행동 특성을 보인다. 그러나 자폐 범주성 장애와는 달리 심각한 의사소통 장애와 상동 행동은 보이지 않는 경우가 많다. 또한 사회성 발달 능력이 있기 때문에 바람직한 환경이 주어지면 정상 발달의 가능성도 높다.

1) 증상

자폐와 유사하게 눈 맞춤이나 호명반응이 부족하고 혼자서만 놀이하려 하며 사람에 대한 관심이 없으나 자폐와는 달리 특이 행동이 빈약하거나 없으며, 다양하고 적극적인 자극 제공 시 아이의 발달 및 정서 변화가 눈에 띄게 달라지게 된다. 다른 장애와는 달리 엄마의 놀이 태도가 매우 부적절하다는 것이 특징적이다.

① **일상생활에 현저한 장애가 있고 부적절한 사회적 관계가 5세 이전에 시작되어 다음의 증상을 보인다.**
- 다른 사람을 대할 때 적절한 방법으로 관계를 시도하거나 반응을 하지 못하며, 때로는 지나치게 무관심, 냉담, 과도한 경계 또는 상반된 반응으로 나타난다.
- 아무에게나 친밀한 행동을 무분별하게 보인다.(예: 처음 본 사람인데도 아무런 거리낌 없이 안기거나 따라가는 행동 등)

② **1의 항목은 발달지연 또는 전반적 발달장애로 인한 것이 아니어야 한다.**

③ **부적절한 양육 패턴의 유형(다음 중 최소 1개에 해당됨)**
- 편안함, 자극 및 사랑에 대한 아이의 기본적 정서 욕구를 지속적으로 무시한다.
- 아이의 기본적인 신체적 욕구를 지속적으로 무시한다.
- 돌봐주는 사람을 반복적으로 바꾸어서 안정된 애착이 형성되지 못한다.

2) 특징

대부분의 경우 아이들은 또래와의 상호 교류에 흥미를 보이나 사회적 놀이는 부정적인 정서반응 때문에 저해된다.

이 장애의 특징은 정상 아동에서는 일상적으로 발견할 수 없는 현저히 모순된 사회적 반응이 보여주는 비정상적인 유형의 대인 관계상의 불안정성이다.

이와 같은 비정상적인 반응은 서로 다른 사회적 상황에 걸쳐 두루 확대되어 특정한 양육자와 양자(兩者) 관계에만 한정되지 않는다. 또 달래는 것에 반응이 없다. 그리고 정서적 장해가 무감정증, 정신적 고통, 또는 공포심의 형태로 수반된다.

반응성 애착장애는 보통 생의 초기 몇 년 사이에 발병하고, 정의에 의하면 5세 이전에 시작된다. 소아와 돌보는 사람의 개인적 요소, 심리사회적 박탈의 정도와 기간, 개입의 특성에 따라 경과는 다양하다. 적절한 지지적 환경이 주어지면, 상당한 호전과 관해가 있을 수 있다. 그렇지 않으면 이 장애는 지속적인 경과를 취한다.

3) 반응성 애착장애와 자폐증과의 비교

두 장애 간에 감별 진단을 정확히 내리지 못하거나 보호자가 진단을 받기 전에 자의로 자폐아를 위한 특수조기 교육기관에 의뢰해버리는 경우가 있는데 이런 경우에는 자폐아가 아니면서도 자폐아와 함께 생활함으로써 자폐아로 굳어버리는 경우가 발생하기도 한다.
  - 자폐아동에 비해 반응성 애착장애아는 사회적 반응의 능력이 정상이며, 적절한 환경이 주어지면 상당한 정도로 호전될 수 있다.
  - 반응성 애착장애아는 비정상적인 언어의 유형이 나타나더라도 의사소통의 장애가 뚜렷하지 않다.
  - 반응성 애착장애는 지속적이고 심한 인지기능의 결함이 없다.
  - 반응성 애착장애는 지속적이고, 제한된, 반복적, 상동증적인 행동 패턴이 없다.

4) 유형

① 안정애착(secure attachment : type B)

안정애착 유형의 유아는 혼자 있게 되거나 낯선 장소에서 낯선 이와 남아 있게 되면 때때로 불안해할 수도 있고 그렇지 않을 수도 있지만, 만약 불안해한다면 이는 분명히 어머니가 없기 때문이고 단지 혼자 있기 때문은 아니다. 따라서 친숙하지 않은 성인과 놀지 않으면서 놀이와 탐색을 하지 않거나, 낯선 이에 의해 다소 진정되거나 친숙하게 대할 수도 있지만 유아는 분명 낯선 이보다 어머니와의 상호작용이나 접촉에 더 관심이 있다. 즉, 어머니가 곧 돌아오면 유아는 어머니를 반갑게 맞으며(웃거나 때론 울면서 다가가기도 함) 어머니와 신체적인 접촉을 하고자 한다. 재결합 장면에서 어머니를 회피하거나 저항하는 경향은 거의 없다. 또한 어머니와의 접촉을 통해 이내 안도감을 느끼며 편안히 놀이와 탐색을 한다.

관찰 결과 이러한 안정애착 유형 유아의 부모들은 유아의 정서적 신호에 대해 민감하게 반응해주며, 아기 스스로 노는 것을 충분히 허용해준다. 또한 이러한 부모들은 자신의 아동기 시기 애착 관계에 대해 긍정적이고 자율적인 내적 표상을 나타내었다.

② 불안정-회피 애착(anxious-avoidant attachment : type A)

'회피적' 행동을 보이는 유아는 낯선 상황에서 어머니가 떠나 가는 것에 대해 별 반응을 보이지 않는다. 분리 전 장면 동안에도 거의 어머니와 접촉하지 않으며, 만약 유아가 어머니에게 접근한다면 대개 도구적인 목적으로 접근한다. 첫 번째 분리 동안 어머니를 찾는 행동을 거의 보이지 않으며, 불안해하더라도 어머니가 없어서라기보다 혼자 남겨져 있어서 불안해하는 것으로 보인다. 대부분은 낯선 이가 있을 때 불안을 보이지 않고, 혼자 있을 때의 불안은 낯선 이가 등장했을 때 경감된다. 이러한 유아는 어머니가 방에 다시 들어와도 무시하고 다가가려 하지도 않으며 인사를 하더라고 어쩌다가 슬쩍 한다. 만일 어머니가 방으로 다시 들어와 유아에게 접근하려 하면 유아는 다른 방향으로 몸을 돌린다. 또한 안기는 것을 좋아하지 않기 때문에 안아 올렸을 때 내려가려고 버둥거리며, 내려놓아도 별 저항하지 않는다. 회피적인 유아의 행동은 스트레스가 없어서라기보다는 어머니와의 분리에서 받는 스트레스에 대한 전략을 회피반응으로 나타내기 때문이다. 그래서 겉으로는 표현되지 않아 진정된 것처럼 보일 수도 있으나, 모와 재결합한 이후에 빨리 진정되지 않으며 이는 질적으로 좋은 놀이로 빨리 돌아가지 않는 것으로 알 수 있다. 그리고 회피적인 유아는 낯선 이를 어머니와 마찬가지로 대하는 경향이 있는데 때론 어머니에 비해 낯선 이를 덜 회피하고 만약 화가 났다면 어머니보다 낯선 이에 의해 보다 잘 진정된다.

③ 불안정-저항 애착(anxious-resistant attachment : type C)

이 유형의 유아는 최소한의 불안 상황에서도 과잉 경계한다. 일반적으로 낯선 상황에서 '부적응적인' 행동을 보인다. 다른 유형의 유아들보다 더 화를 내는 경향이 있거나 눈에 띄게 수동적이다. 어머니와의 분리 전 장면 동안 낯선 이에 대해 접촉하거나 상호작용을 시도하지 않으며 심지어 분리 동안에도 낯선 이와의 상호작용을 거의 받아들이지 않는다. 어머니의 부재에 대한 심한 불안으로 분리 동안 격렬한 행동(화내기, 울기, 발 차기, 분노로 바닥에 엎드리기 등)을 나타낸다. 어머니가 돌아오면 강한 정도의 접근과 접촉을 추구하지만 그와 함께 분노와 저항적인 행동을 나타내면서 편안해하지도 않고 놀이도 하지 않는다. 즉, 어머니에게 양가적인 행동을 심하게 나타내는데, 이런 고양된 분노 행동은 반응을 잘 보이지 않는 양육자로부터 반응을 이끌어내기 위한 과장된 애착 행동의 전략으로서 해석된다.

④ **불안정-혼란 애착**(disorganized/ disoriented attachment : type D)

애착 형성이 불안정하면서도 회피와 저항의 어느 한쪽에도 포함시키기 어려운 유아를 말한다. 이런 유아들은 어머니와 다시 만났을 때 상반된 행동 패턴을 잇달아 또는 동시에 나타낸다. 즉, 매우 강한 애착 행동이나 분노 행동을 표현한 후 갑자기 회피하거나 얼어붙거나 멍한 행동을 보인다. 또한 목표가 불분명하거나 그릇된 방향인, 불완전한, 그리고 중단된 움직임과 표현을 하거나, 불균형적인 움직임, 시기가 맞지 않는 움직임, 상동증, 이례적인 자세, 얼어붙음(freezing), 가만히 있음(stilling), 그리고 느린 움직임과 표정을 보이기도 한다. 그리고 어머니가 부르거나 접근했을 때 바로 강한 두려움이나 불안을 표현하기도 하는데 두려운 표정으로 뒤로 홱 돌아가거나 머리와 어깨를 움추리며 멀리 도망가거나 손을 입에 넣기도 한다.

5) 유병률

유병률은 잘 알려지지 않고 있으며, 임상 장면에서도 비교적 드물다. 이 장애는 시설이나 양육 기관에서 양육되기 전에 심한 학대를 받은 어린 아동에게서 주로 발견된다.

1990년대 초만 하더라도 찾아보기 힘들었으나 지금은 소아정신과 환자의 30~40%에 이를 정도로 급격하게 증가하고 있다.

한 신경정신과에서 조사한 결과 애착장애는 할머니나 보모 손에 자란 어린이의 25%에서 발견되며, 나머지 75%는 엄마가 키우는 경우에 발견된다.

6-4 진단 및 평가

DSM-5 진단 기준

A. 양육자에게 억제되고 정서적으로 위축된 행동이 지속되는데, 다음과 같이 두 가지로 나타난다.
1. 아이는 고통받을 때 거의 위로를 받으려고 하지 않는다.
2. 아이는 고통받을 때 위로해주어도 거의 반응하지 않는다.

B. 지속적인 사회적 및 정서적 문제가 다음과 같은 것 중에서 적어도 2개가 나타난다.

1. 타인에 대한 미미한 사회적 및 정서적 반응

2. 긍정적 애정의 제한

3. 양육자와의 비위협적인 상황에서도 설명할 수 없는 과민성, 슬픔 혹은 두려움

C. 아동은 극도의 불충분한 양육을 경험하였고 적어도 다음 중 한 가지의 증거가 있다.

1. 양육자로부터 위로, 자극 및 애정 등 기본 정서적 욕구가 충족되지 못하는 사회적 학대나 박탈

2. 일차 양육자가 자주 바뀌어 안정 애착을 형성할 기회가 제한됨(예: 양육에서의 잦은 변화)

3. 비정상적인 장면에서 양육되어 선택적 애착을 형성할 기회가 심하게 제한됨(예: 양육자의 아동 양육 비율이 높은 시설)

D. 기준 C가 기준 A 문제 행동의 원인이 된 것으로 예상된다(예: 기준 A의 문제 행동은 기준 C의 적절한 양육의 결여 후 시작됨)

E. 이 기준은 자폐스펙트럼장애를 충족시키지 않아야 한다.

F. 이 문제 행동은 5세 이전에 두드러진다.

G. 아동은 적어도 발달연령이 적어도 9개월이 되어야 한다.

[세부 유형]

* 지속형: 이 장애가 12개월 이상 지속될 경우

6-5   원인

무관심, 학대, 일차적 양육자와 떨어져 있었던 경험, 양육자가 자주 바뀌었을 때, 자주 이사를 했거나 충격적인 경험이 있었을 때, 산모의 우울증, 임신 중 약물이나 알코올 섭취, 고통스러운 질병을 겪었을 때, 엄마와 아이 간의 조화의 부족, 부적절한 양육 기술을 가진 어리거나 미숙한 엄마 등이 애착장애를 일으키는 잠재적인 원인이라고 할 수 있다. 그러나 애착장애를 일으키는 확실한 원인 요소는 없다. 학자들마다 원인에 대한 견해가 다르기 때문에 논란이 계속되고 있다.

(1) 병리적 양육

출생 후 몇 년 동안 학대와 무관심을 경험한 아이들은 애착장애 행동을 보일 수 있다. 신체적

접촉, 생리적 욕구 등 유아의 기본적인 신체적·정서적 욕구를 지속적으로 무시하거나 방치하는 것이다.(예를 들면, 지나치게 가혹한 벌을 주거나 무시하는 권위적·적대적인 태도를 보이거나 무관심하고 방임하는 것이다.) 또한 양육자가 자주 바뀌는 것이다.(예를 들면 어머니의 취업, 영유아 보육시설의 입소 등으로 여러 양육자가 아이를 교대로 돌보거나 자주 바뀔 때 안정적인 애착 형성에 실패하게 된다.)

그러나 병리적 양육을 경험하지 않은 입양아 중에서도 애착장애 행동이 보인다고 보고되었다. 병리적 양육을 받은 모든 아동이 RAD가 되는 것은 아니나 병리적 양육은 RAD의 몇몇 증후군을 야기시킨다고 본다.

(2) 부모의 위험 요소
부모의 폭력, 약물남용, 미성숙한 부모들은 비정상적 애착의 위험 요소이다. 국내 연구에 따르면, RAD 부모들은 정상 아동 어머니에 비해 우울증, 반사회성, 편집증, 강박증, 내향성 척도에서 더 높은 점수를 받았다고 한다(이경숙, 권유리, 신의진, 김태련, 1996).

(3) 생물학적 요소
구체적인 생물학적, 신경학적 연구 결과는 보고된 바 없으나 외상과 학대를 받은 아동들의 결과를 보면서 잠정적인 손상을 추론할 수 있다. 애착파괴와 외상적 반응은 특별한 신경학적 경로를 손상시키는데 특히 정서와 감정 조절 영역에 영향을 미친다고 한다.

■주요 원인

양육자 문제
- 안락감, 자극, 애정 등 아이의 기본적인 정서 욕구를 계속해서 무시
- 기본적인 신체적 욕구에 대해서도 무시하거나 소홀
- 양육자에 의한 병적인 보살핌

아이 자신의 문제
- 미숙아, 저체중아, 발달장애 또는 시청각장애
- 타고난 기질, 유대 관계 형성의 결함
- 양육자와 아이 사이에 특별한 정도로 궁합이 맞지 않는 경우

양육 환경의 문제
- 양육자의 잦은 교체
- 반복적인 장기 입원

중재 및 치료 방법

1) 지도 방법

(1) 학교에서의 지도 방법
- 편안한 교실 환경과 분위기의 제공
  교사가 지시적이고 강압적이기보다는 충분히 아이가 행동하는 것을 지켜보고 관찰하며, 안정감을 가질 수 있는 편안한 분위기를 만든다.
- 풍부한 신체적 접촉 활동
  교사와 신뢰감이 형성될 수 있도록 신체적 접촉 활동을 많이 한다.
- 다양한 그룹 활동의 경험 기회의 제공
  긍정적인 자아상을 갖고 자신과 타인의 감정을 이해하게 되어, 대인관계의 즐거움을 알도록 한다.

(2) 가정에서의 지도 방법
- 아이가 애착 신호를 보낼 때, 즉각적으로 신속하고 적절하게 반응하는 '민감한 태도'를 갖는다.
- 아이와 정기적인 놀이 시간을 갖고, 맞벌이를 하는 경우에 집에 돌아와서는 길지 않더라도 아이와 시간을 같이한다.
- 아이에게 기대되는 행동을 요구할 경우에는 놀이 시간을 이용하여 권유한다.
- 가정이 항상 따뜻하고 즐거운 곳이 되도록 가족 전체가 노력한다.

2) 중재 방법

• 양육자의 민감성 증진 프로그램

양육자가 아동의 애착 신호에 즉각적으로 적절하게 반응하는 '민감한 태도'를 증진시키는 것이 민감성 증진 프로그램의 목적이다. 민감성은 영아가 울거나 보채는 애착 신호를 보낼 때, 양육자가 신속하고 적절하게 반응하는 것이다. 최근 애착이 세대 간에 전이된다는 가설이 소개되었다.

부모의 민감성과 아동의 애착은 모두 보모의 애착에 대한 정신 표상과 연결되어 있다고 본다. 모의 불안정 애착 표상은 유아의 애착 표상에 덜 민감하게 반응하게 되고, 유-부모 관계를 불안정하게 만든다고 한다.

• 놀이치료

정서, 행동, 발달상의 문제를 보이는 아이들을 위한 심리치료로 아이들은 언어가 충분히 발달되지 않았을 뿐만 아니라 언어보다는 비언어적인 의사소통 방법을 많이 사용하기 때문에 놀이나 행동 표현을 통한 접근이 효과적으로 음악치료, 미술치료(그림치료)도 놀이치료에 포함된다. 놀이를 통해 아이들은 자신의 감정을 표현하고 자신의 문제를 치료자와 함께 풀어나가게 된다.

방석 징검다리 건너기 : 방석을 아이의 보폭 정도의 간격으로 놓고 방석 위를 걷게 하는 놀이로 예민하거나 불안감이 많은 아이에게 신호를 주면서 건너뛰면 안정감을 향상시킨다.

독장수놀이 : 독을 짊어지듯 아이를 앞이나 뒤로 안고 있다가 다른 사람이 아이를 받아서 안아주는 놀이로 아동의 정서 발달에 도움을 준다.

• 대인관계 증진 프로그램

놀이치료에서 정서적인 부분이 많이 해결된 아이들 중에서도 유치원이나 학교에서 교우관계의 문제로 인해 적응하는 데 어려움이 있는 경우－아이들의 특성과 문제, 연령을 신중히 고려하여 그룹을 구성하여 사회성 증진 프로그램을 진행한다.

아이들은 또래들과의 다양한 그룹 활동의 경험을 통해 긍정적인 자아상을 갖게 되며 자신과 타인의 감정을 이해하게 됨으로써 대인관계에서의 즐거움을 알게 된다.

• 정신치료

놀이보다는 언어를 주된 매체로 사용하는 청소년의 경우에는 놀이치료보다는 정신치료를 하게 되는데, 이 두 치료는 별개의 치료 방법이 아니라 치료자와 내담자를 이어주는 방법이 언어인가, 놀이인가의 차이만 있을 뿐, 동일하게 인간 내면의 문제를 다룬다.

• 장애아와 양육자를 동시에 치료

반응성 애착장애 아동과 엄마를 함께 치료하는 특수한 놀이치료로 부모의 관찰이 필수적이다.

반응성 애착장애가 부모와의 관계에서 기인되었으므로 부모가 놀이 상황을 직접 관찰함으로써, 아이와 정서적 교류를 하는 방법과 놀이 기법 등을 익히게 하며 아이들에 대한 이해를 증진시켜 올바른 양육 방법을 터득시킨다.

• 사회복지 차원의 중재

정신사회적지지 서비스	- 양육이나 가사 보조자 고용, 가정의 물리적 환경 개선 - 경제적 상태의 호전을 위한 노력, 가족의 고립을 줄이기
정신치료적 중재	- 개인 정신치료, 약물치료, 부모치료, 가족치료, 부부치료

교육 상담 서비스	- 집단 교육, 부모 교육, 양육 기술 교육 - 아이의 정서적, 신체적 안녕의 개선에 대한 집중적인 관찰
부모로부터의 격리	- 입원, 다른 친지에 의한 양육, 위탁 가정, 입양, 수용 기관 등 어떤 곳에서 아이를 성장하게 할 것인가에 대한 결정

• 예후

반응성 애착장애로 진단받고 단계적인 치료 과정에 들어와 있는 아동의 치료 진행 속도는 저마다 다른데 부모는 결과 면담 때부터 예후에 관한 질문을 하는 예가 많이 있다. 이런 경우에 도움이 되고자 그동안의 치료 경험을 통해 반응성 애착장애의 치료 시 예후를 살펴보면 다음과 같다.

아동의 나이가 어릴 때 조기 발견하여 치료하면 예후가 좋은 것이 일반적이다. 최근에는 반응성 애착장애에 대한 일반인들의 이해도가 높아져서 만 2세 미만에 병원에 데리고 오는 경우도 늘어나고 있는데 이 경우 치료 효과는 더 높은 편이다. 그러나 이때 병원을 찾아오는 경우에는 선천적으로 낮은 지능을 가지고 태어나 신체 발육을 비롯한 모든 초기 발달이 늦었던 경우도 있으므로 정신지체와의 명확한 감별 진단이 반드시 필요하다 하겠다.

엄마의 정신적 문제가 없거나 적을 경우에 예후가 더 좋은 편이다. 환경적 요인이 있어 아동이 안정적 애착을 이루지 못하여 반응성 애착장애가 되긴 하였지만 이런 환경 요인을 치료 팀과 가족들이 함께 의논하여 해결하고 나면 엄마는 곧 치료사의 역할까지 가정 내에서 수행할 수 있게 되고 아동의 증상들은 빨리 소거된다. 그러나 엄마가 우울장애나 성격장애가 있거나, 장애 범주에 들지는 않으나 자신의 신경증적, 성격적 문제들을 가족 내에서는 모두 드러내는 경우 아동은 더디게 좋아지게 된다.

아동의 목 가누기나 걷기 등의 시기가 빨랐거나 정상 수준이었던 경우, 타고난 지능 저하가 없을 가능성이 높으며 평가 당시에는 반응성 애착장애로 인해 2차적인 발달 지연이 심한 상태라 해도 초기 발달력에 이상이 없으므로 예후가 좋을 것을 예상할 수 있다. 또한 초기 평가 시에 어떤 특정 영역에라도 다른 또래들보다 유독 빠른 발달을 보이는 경우가 있는데 예를 들어 만 4세 아이가 공룡에만 관심이 쏠려 있으면서 수많은 공룡의 이름을 알고 공룡에 관한 책은 읽기도 가능한 경우이다. 이런 아동의 경우에는 관심 있는 영역, 즉 공룡으로부터 시작하여 서서히 놀이를 확장시켜주면 차츰 다양한 영역에서의 발달이 이루어지게 되고 매우 좋은 예후를 보이게 된다. 물론 선호하는 영역에 집착하는 경향 때문에 사람에 대한 관심도가 매우 낮지만 그 집착하는 부분을 강제로 소거하려 하지 말고 치료자가 아동에게 접근할 수 있는 접촉점으로 활용하면 예상 외로 빠른 진전을 보이게 된다.

아빠의 이해와 참여도가 높아 가족 내의 여러 어려움들을 잘 해결해줄 경우 치료의 예후는 좀 더 좋다 하겠다. 장기간의 다양한 치료를 받으려면 경제적인 지지가 상당히 필요한데 아빠가 이 부분에 대한 책임을 도맡아줄 경우 좀 더 편안한 상태에서 엄마가 치료를 받게 되므로 아동의 예후도 좋게 된다. 핵가족 내에서도 아빠가 장애아동이나 다른 형제를 위해 함께 놀이도 해주고 주말이면 바깥 구경도 자주 시켜주어 엄마의 역할을 기꺼이 분담해줄 때 치료에 크게 도움이 되며, 친가나 외가 등 확대가족과의 원만한 관계를 아빠가 도모해줌으로써 엄마가 갈등 관계에 처하지 않으면 좀 더 편안한 상태에서 아동과 시간을 보낼 수 있으므로 좋은 예후를 예상케 한다.

가끔 조기 특수교육기관에서 자폐아동들과 함께 매일 일정 시간씩 교육을 받고 있는 아동을 평가하게 되는데 반응성 애착장애의 가능성이 있는 경우 받던 특수교육을 계속 하든가 반응성 애착장애의 치료를 받든가 양자 간에 택일을 하도록 부모에게 권유한다. 그렇지 않은 경우 반응성 애착장애 아동이 호전되어가면서 자폐아동의 행동 양식을 모방하기 때문에 치료의 효과를 가늠하기 어렵게 된다. 저자의 경험으로는 정상 아동들은 자폐아동과 함께 있어도 자폐적 행동을 모방하는 경우는 거의 없으나 반응성 애착장애 아동들은 타고난 어떤 성향 때문인지 쉽게 이를 모방하게 되는 것 같다. 따라서 반응성 애착장애 아동이 자폐아동과 접촉할 기회를 주지 않을수록 치료의 진행은 빨라진다.

• 지도 방법

반응성 애착장애는 즉각적이고 전문적인 도움이 필요하다. 적절한 영양 공급, 신체적 후유증에 대한 치료, 적절한 자극과 상호작용을 제공하는 것이 치료의 주된 목적이다. 시기적절하고 효과적인 치료를 통해, 아이가 정상적인 발달 과정을 밟게 되고, 나중에 청소년이나 성인이 된 후에 만족스러운 사회적 관계를 맺을 수 있게 된다.

대부분의 환경이 개선되면 증상이 개선되므로, 환경의 개선이 치료의 핵심이다.

3) 치료 방법

통상적으로 정상적인 소아에게는 발견되지 않은 이와 같은 적응부전 양상은 대개 지속적이지만, 양육 방식의 충분하고도 현저한 변화, 지속적인 치료를 통해 반응이 있는 경우도 있다.

부모와 자녀가 함께하는 애착 증진 프로그램, 놀이치료가 권장되며, 전반적인 언어와 인지 능력 발달에도 문제를 보이는 경우가 대부분이기 때문에 발달장애에 준한 다양한 치료적 접근들이 권장된다.

사례 연구(놀이치료)
※ 반응성 애착장애(Reactive Attachment Disorder)

▶ 아동 정보

성별/연령		남 만 3세 2개월
주된 호소 문제 (어머니 보고)		- 상호작용이 안 된다. - 의사소통이 안 된다. - 어머니와 분리가 안 된다. - 하고 싶은 대로 못 하면 바닥에 뒹굴고 어머니를 때리며 소리 지르고 자해 행동을 한다. - 밤에 자다가 한두 번을 깨서 울거나 왔다 갔다 한다.
가족 관계		아동 동생(연년생) - 아버지는 회사 과장(대졸, 35)이며, 일 욕심이 많아 가정을 돌보지 않음. 아동의 문제에 대해서도 어머니에게 일임하며, 오히려 지방 근무를 자청해 떨어져 지냄. 어린 시절 아버지를 여의고 홀어머니 밑에서 성장 - 어머니(대졸, 32)는 전업주부로 남편의 무관심을 원망. 아동에게 잘해주려고 하다가도 갑자기 통제를 가하는 등 감정 기복 심함
발달력	출생 전	- 계획된 임신, 늦은 결혼(30)에 첫 아이라 부모 모두 좋아함 - 어머니가 직장을 다니고 있었고, 4개월 입덧으로 무척 힘들었음
	출생 시	- 예정일 4일 전 난산, 3.5kg - 신생아 황달로 2박 3일 치료
	건강 상태	- 18, 24개월에 경기 2회(저혈당 원인, 3일 입원 정밀검사 후 이상 없음) - 특별한 질환 없고, 감기 자주 걸림
	신체 발달 및 신변 처리	- 전반적 신체 발달 정상 - 수유 및 식사 : 우유 수유, 현재도 잠자기 전 젖병 물음. 편식 심함 - 대소변 훈련 22개월 시작 26개월 가림 - 수면 : 8~9개월까지 잠들기 전 심하게 보챔(1시간 30분 정도) 돌아다니며 자고, 24개월까지 새벽에 1~2회 우유
	언어 인지 발달	- 옹알이 3개월, 첫 말 단어 13개월(아빠) - 현재 단어 몇 마디만 나열, 의사소통 안 됨
	사회 정서 발달	- 눈 맞춤 가능 - 낯선 곳은 매우 겁냄 - 어머니 없이는 놀지 않음 - 또래와 어울리지 못하고 동생과도 놀지 않음
주 양육자		어머니(직장 그만둠)
양육에 영향을 미친		- 수면 습관을 제외하고는 easy child - 본 아동 돌 무렵 연년생 동생을 임신하게 되었고, 입덧이 심해 아이를 돌볼 겨를이 없었고,

것으로 예견되는 요소들	남편은 지지자가 되어주지 못함 - 동생이 태어난 이후에 어머니는 매우 우울했던 것으로 기억하며, 아동도 순하여 어머니를 찾 지 않고 혼자 잘 놀았다고 함 - 돌이켜보니, 연년생 동생 가지면서부터 방치된 상태로 있었다고 생각됨(18, 24개월 때 저혈 당으로 인한 경기)
어머니- 아동 관계	- 심각한 분리불안 관계에 있음

▶ **놀이치료 과정**

단계	특징	주된 놀이	어머니 상담 및 치료 원리	일상생활에서의 변화
초기	어머니와 의 분리 치료자와 의 관계 형성 (1-4)	- 어머니와의 분리불안으로 3회 기까지 어머니와 같이 들어옴 - 어머니가 앉아 있는 걸 확인하 면서 옆으로 눕거나 앉아서 자동차를 굴리는 놀이 반복 - 4회기 때부터 어머니와 분리 시작됨 - 무표정하게 엎드려 자동차 굴림	- 아동의 문제에 대한 객관적 설명 - 전반적인 부모, 가족의 참여 방법 에 대한 부모 교육과 상담 구조, 개입	-
	상호 작용의 시작 (5-7)	- 치료자에게 '안녕', '바이바이' 라고 인사함. - 자동차 굴리는 놀이 - 모래놀이를 새로이 시작함. - 아동과 치료자가 서로의 손에 모래를 흘려주는 식으로 상호 작용이 시작됨	- 일방경 뒤에서 아동의 놀이 관찰, 기록지 작성 - 아동의 변화 지각 - 가정 내 부모 접근방법 교육 구조, 개입, 양육	- 의사소통 시도
중기	공격성 표출기 (8-12)	- 자동차 굴리는 놀이는 감소 - 볼 풀에서 뒹구는 놀이 시작 - 볼링 핀 쓰러뜨리기	- 일방경 뒤에서 아동의 놀이 관찰, 기록지 작성 - 아동변화 지각 - 가정에서의 적용방법 교육 - 아동의 변화로 인해 어머니 태도 긍정적 변화 - 지지자가 되지 못하는 남편에 대 한 불만 표출 구조, 도전, 개입, 양육	- 의사소통 시도 - 놀이의 변화 - 공격성 표출 - 상호작용 시도 - 특정 사물에 대 한 집착 변화

	공격과 긍정적 정서 반복기 (13-21)	- 장난감 떨어뜨리기, 볼링 핀 쓰러뜨리기, 놀이 감소 - 놀이 도중 긍정적 감정 표현 증가 - 가상놀이 시작 - 장난감의 탐색 증가 - 장난감 피아노, 실로폰을 치면서 치료자가 박수쳐주고 안아주는 놀이를 즐김 - 가끔 장난감 떨어뜨리기, 물 뿌리기와 같은 공격성 보이나, 곧 악기놀이 시도하여 치료자에게 긍정적 반응 받으려고 함	- 일방경을 통한 관찰을 통한 아동 변화 지각, 가정에서 아동의 상호작용을 촉진시키기 위한 적용 방법 교육. - 어머니 자신의 문제에 대한 노출 - 남편에 대한 이해 - 어머니로서의 역할에 자신감 갖기 시작	- 의사소통 시도 - 놀이의 변화 - 수면 문제 변화 - 배변 습관 변화 - 긍정적 감정 및 애착행동 증가 - 모방의 증가 - 공격성 감소
			도전, 양육, 구조, 개입	
종결기	긍정적 정서 표현 및 적응기 (22-28)	- 공격성을 표출하는 놀이 사라짐 - 치료자와 신체적 접촉을 즐길 수 있는 놀이 증가 - 가상놀이 증가 - 단순 기능 놀이 감소	- 그동안 습득한 방법들을 가정 내에서 일반화시킬 수 있도록 과제 제시 - 어머니로서의 역할에 자신감 갖게 됨	- 의사소통 변화 - 관심 폭 확장 - 상호작용 및 긍정적 감정 증가
			구조, 도전, 양육, 개입	

▶ 어머니-자녀의 관계의 변화

	치료 과정 초기	치료 과정 종결기
어머니 자신의 변화	- 내담 초기에 매우 지치고 힘든 모습이었으며, 남편에 대한 불만과 만족스럽지 못한 결혼 생활에 대해 힘들어했다. - 스스로가 무기력하고 우울하다고 말하면서 가정에 대한 짐을 벗어버리고 싶다고 했다. BDI(21점)	- 남편의 성장 배경에 대한 이해를 바탕으로 남편의 성격을 이해하면서, 주말 부부로 사는 것에 적응하게 되었다고 했다. 또한 남편도 아이들이 보고 싶다는 말을 하는 등 가정에 대한 태도가 변화하고 있어 기쁘다고 하였다. BDI(8점)
아동에 대한 인식	- 자폐증이 확실하다면서 시댁 쪽에 이런 사람이 있었는지 알아봐야겠다고 했다. - 어렸을 때는 순해서 효자 노릇 하더니, 이제는 그때 못했던 것까지 합쳐서 힘들게 한다며 아동을 원망하였다. - 자신은 어렸을 때 형제가 많아서 사랑이 뭔지도 모르고 혼자서 잘 컸으며, 지금도 힘들지만 친정에는 내색하지 않는다고 하는 등 어머니 자신에게도 애착 문제가 있음이 엿보였다.	- 아동의 문제에 대해 객관적으로 지각을 하게 되었다. - 어머니 자신의 심리적 문제를 수용하면서, 아동의 문제를 해결하기 위해 바람직한 양육 태도를 가지려고 노력하는 모습을 보이는 등 부모의 역할에 대해서 어느 정도 자신감을 갖게 되었다.

	아동에 대한 어머니의 거부적인 태도를 이런 점으로 합리화하는 모습이었다.	
어머니 -자녀 관계의 변화	- 어머니와 떨어지지 않으려고 하며, 욕구가 좌절되었을 때 떼를 쓰고, 어머니를 때리고, 자신의 머리를 찧는 등 힘들었다. - 아동이 말을 못해 의사소통이 안 되고, 그러다 보니 아이에게 화를 내거나 때리는 일이 많았다.	- 어머니와의 분리가 잘 이루어지고, 성질 부리는 문제, 자해 행동이 사라졌다. - 미약하지만 의사소통이 가능해져서 기쁘고, 되도록 칭찬하고 안아주려고 노력한다고 했다.

6-7 반응성 애착장애의 오해와 진실

반응성 애착장애의 오해와 진실

-반응성 애착장애 대처 방법-

5세의 한 소아 환자는 병원에서 저를 처음 보는 날부터 저에게 달려와 안기려고 하는 모습을 보였습니다.

부모님은 당황한 표정을 감추지 못하고, "아이가 정이 너무 많아서…"라며 말끝을 흐렸습니다.

이렇게 애착 대상을 선택하는 능력이 결여되는 아동은 그 장애가 성장기에서 끝나지 않고 성장 후에도 확산적인 애착이 무분별한 사교성으로 이어져 사회생활에 있어 큰 장애가 될 수 있습니다.

이것은 반응성 애착장애의 탈억제형의 모습(Reactive Attachment Disorder, Disinhibited Type)으로써 막연한 애착을 보이며 애착 대상의 선택에 있어서 선택 능력의 결여를 보이는 형입니다. 이것과 반대로 억제형은 항상 경계하고 냉정한 모습을 보이며, 접근과 회피의 두 가지 태도가 동시에 보이기도 합니다.

반응성 애착장애는 드물지만 심각한 장애로 유아나 소아기의 아이가 부모와 정서적 친밀함을 건강한 수준으로 확립시키지 못하는 모습으로 보이기 시작합니다. 반응성 애착장애를 가진 아이는 주로 아동 학대나 방치, 또는 잦은 환경의 변화 등을 경험한 것으로 관찰되며 기본적인 안전함이나 가족으로부터의 사랑 등이 결핍된 경우가 많다고 알려져 있습니다.

반응성 애착장애의 진단 기준은 5세 이전부터 사회적 관계 형성에 문제가 보이기 시작하고 지나치게 억제적이고, 경계적이며, 심하게 상반된 반응 등의 발달적으로 적절하지 못한 모습이 보이기 시작합니다.

예를 들어 문제의 아이는 양육자에 대해 지나치게 안기거나 회피하는 등의 혼합된 태도로 반응하고, 안락감과 안전함에 저항하는 등 냉정하게 경계하는 모습을 보여 가족을 혼란스럽게 하기도 합니다.

애착장애는 발달장애가 아니며, 아동 학대나 병적 보살핌 등의 후천적인 원인으로 발병한다고 알려져 있습니다. 반응성 애착장애는 발달 지연, 섭식장애, 이식증이나 배설장애와 연관되기도 하며, 5세 이전에 시작되어 가족 내의 심리적인 요소, 학대나 방치의 정도와 기간, 그리고 다른 개인적인 요소에 따라 다양한 경과를 보입니다.

전반적으로 이 증상은 적절하고 안정적인 환경이 주어졌을 때 상당한 호전과 치료가 있을 수 있지만, 때로는 지속적인 경과를 보일 수도 있으며, 교육적인 지체, 성장의 지체, 자신감의 결여, 폭력적인 행동, 대인관계 장애, 섭식 장애와 영양실조, 우울증, 불안증, 학업 문제, 술이나 마약 등의 심각한 문제로 이어질 수 있습니다. 자녀가 걱정되어 의사나 전문인에게 검사를 받을 때는 몇 가지 준비해야 할 것이 있습니다.

첫 번째, 행동상의 문제나 감정상의 어려움을 관찰하고 그때그때 모두 적어서 준비를 합니다.

두 번째, 자녀의 성장상의 문제와 어려움 등을 필기, 준비해둡니다.

세 번째, 복용하고 있는 약에 대한 리스트를 준비합니다.

네 번째, 급한 점을 모두 적어 준비하도록 합니다.

예를 들어 "우리 아이가 어떤 원인으로 행동상의 문제가 있습니까? 어떤 검사가 필요합니까? 어떻게 하는 것이 부모로서 최선의 길입니까? 전문인을 찾아야 합니까, 그렇다면 치료비는 얼마며, 보험이 됩니까? 이 장애에 대한 정보가 있는 서적이나 웹사이트가 있습니까?" 등이 좋은 질문이 되겠습니다.

반응성 애착장애가 있는 가정은 힘들고 많은 스트레스에 시달리는 것을 자주 보게 됩니다. 따라서 이것에 대한 대처 방법을 알아보거나 도움을 받는 것이 좋습니다.

여러 방법 중 첫 번째는 지역 내에 있는 반응성 애착장애 부모의 모임에 참여하는 것입니다. 같은 어려움을 겪고 있는 분들이 있는 모임에 참여하면 위안을 받을 수 있고, 방법을 찾을 수 있는 등 많은 도움이 됩니다.

두 번째는, 미국의 경우는 지역 내의 사회보장국(Social Services Agency)에 도움을 요청할 수 있습니다. 직접적인 도움, 또는 지역 내의 자원에 대한 정보를 받을 수 있습니다.

세 번째, 휴식할 수 있는 방법을 찾아야 합니다. 부모가 지쳐버리면 자녀에게도 아무런 도움이 되지 않습니다.

네 번째, 자녀가 만일 폭력적이 된다면 공권력을 이용하더라도 자녀와 가족을 보호해야 합니다.

다섯 번째, 스트레스 해소와 관리하는 방법을 배우고 익혀야 합니다. 예를 들어 운동, 요가나 심호흡법 등을 통해 몸과 마음에 휴식과 여유를 주어야 합니다.

여섯 번째, 취미생활을 권합니다. 자기 자신의 시간을 가지고 즐거움을 찾는 것이 생활화되어야 어려움을 견딜 수 있습니다.

마지막으로, 내가 처해 있는 상황으로 인해 화가 나고 고통스러울 수 있다는 것을 인정하고 받아들임으로써 감정적인 스트레스를 감소시켜야 합니다.

반응성 애착장애를 예방할 수 있는가는 알려져 있지 않지만 예방 차원의 방법 여러 가지가 애착장애의 위험을 줄일 수 있는 것으로 알려져 있습니다. 그중에 가장 중요한 것은 일단 부모가 애착장애에 관한 이해도를 높이는 것입니다.

자녀와 좋은 관계를 이루고 건강한 애착관계를 성립하려면 자녀와 함께 있을 때는 가만히 있는 것이 아니라 놀아주고, 대화를 하고, 미소를 짓거나 함께 웃는 등 관계 형성의 활동을 통해 가까워지도록 노력해야 합니다.

―출처 : "반응성 애착장애 대처 방법", 네이버 카페 마더테라피(2018. 10. 4)―

참고문헌

권석만(2003), 현대 이상심리학, 서울: 학지사

김미경(2012), 특수아동부모 교육 및 상담, 서울: 청목출판사

김미경 외(2017), 정서 및 행동장애아 교육 3판, 서울: 학지사

어윈 사라손, 김은정·김향구·황순택 역(2001), 이상심리학, 서울: 학지사

이춘재 외(1998), 발달정신병리학, 서울: 중앙적성출판사

이혜련(2004), 반응성 애착 장애의 치료, 소아·청소년의학 제15권 2호

전숙영(2004), 반응성 애착장애 아동의 치료놀이 적용 사례 연구, 한국영유아보육학 제39호

한영숙(2005), 반응성애착장애 아동의 부모-아 상호작용 증진 프로그램 효과 연구, 한국아동심리재
  활학회, 놀이치료연구 9권 1호(2005)

R. Wicks-Nelson, 정명숙 외 공역(2001), 아동기행동장애, 서울: 시그마프레스

http://m.blog.naver.com/marry1219

http://tip.daum.net/openknow/

한국아동청소년심리상담센터 자료실, http://www.kccp.kr

EBS육아학교, 반응성애착장애의 아이를 위한 놀이 3가지

EBS육아학교, 반응성애착장애

금곡언어심리치료센터 자료실, http://www.mindtree.kr

경운대학교 간호보건대학 상담복지학과 자료실, http://welfare.ikw.ac.kr

[네이버 지식백과] 반응성 애착장애(反應性 愛着障碍, reactive attachment disorder)(특수교육학 용
  어사전, 2009., 국립특수교육원)

https://img1.daumcdn.net/thumb/R720x0.q80/?scode=mtistory2&fname=http%3A%2F%2Fcfile27.
  uf.tistory.com%2Fimage%2F246D3236552DECEC1D90A8http://brainleader.co.kr/bbs/board.php?
  bo_table=0604&wr_id=75&page=3

http://m.ablenews.co.kr/news/newscontent.aspx?categorycode=0006&newscode=0006202011271
  51704541496

https://cafe.daum.net/momnmother/ryvx/565?q=%EB%B0%98%EC%9D%91%EC%84%B1%EC%95
  %A0%EC%B0%A9%EC%9E%A5%EC%95%A0%EC%97%90%20%EB%8C%80%ED%95%9C%20%EC%
  98%A4%ED%95%B4%EC%99%80%20%EC%A7%84%EC%8B%A4

제 7 장

선택적 합구증(Selective Mutism)의 상담

사례 기사 I

 5세의 딸 '나조용' 양의 유치원 선생님을 찾은 부모님은 새로운 사실을 알게 되었습니다. 집에서는 귀여운 수다쟁이인 딸이 4개월간 한 번도 말을 하지 않다가 최근에 처음 말을 하기 시작했다는 것입니다. 조용 양은 교실에 들어오면 쭈뼛거리고 선생님이나 아이들과 눈 맞춤을 하지 않고 혼자서 놀이나 과제만을 한다는 것이었습니다. 다른 친구가 말을 걸어도 가만히 있거나 슬그머니 자리를 피한다는 사실도 알았습니다. 이 시점에서 조용 양의 부모님은 자신들이 그동안 너무 무신경했었다는 생각이 조금씩 들기 시작했습니다. 사실 조용 양은 그전에도 먼 친척들을 만나면 전혀 말을 하지 않으려 했는데, 집에서는 재잘재잘 이야기를 잘하는 터라 단지 수줍음이 많다고만 생각했던 것입니다.

 '조용' 양의 경우, 선택적 함구증의 진단이 내려질 수 있겠는데요, 선택적 함구증이란 신경학적 원인으로 인한 언어장애가 없고, 따라서 다른 상황에서는 말을 할 수 있음에도 불구하고 특정한 사회적 상황에서는 지속적으로 말을 하지 못하는 상태입니다. 이로 인해 학업이나 직업적인 영역에서 제대로 능력을 발휘할 수 없으며 대인관계도 저해시키게 됩니다. 단, 학령기 아동의 경우 입학 후, 처음 1개월을 제외하고 1개월 이상 장해가 지속되어야 된다는 조건이 있습니다.

 대략 3세에서 6세 사이에 발병하는 것으로 알려져 있으며 학교 입학 이후, 진단을 받게 되는 경우가 많습니다. 드문 경우이긴 하나 청소년이나 성인에서도 심리적인 충격이나 심한 스트레스 이후 일시적으로 함구증이 나타날 수 있습니다. 드라마에서 등장인물이 심리적으로 충격적인 경험을 한 이후 실어증에 걸린다는 설정을 종종 볼 수 있는데요, 정확히 말하자면 함구증입니다. 뇌의 분명한 손상에 따라 언어장애가 나타나는 것이 실어증입니다.

 함구증의 원인에 대해서는 아직 분명하게 밝혀지진 않았으나 다양한 추정 원인들이 있긴 한데요, 이미 말한 심리적인 충격이나 스트레스가 원인이 될 수 있겠으며 아동의 함구증의 원인으로는 그 외 사회적 불안, 기질적인 특성, 부모님의 양육 방식 등을 비롯한 다양한 원인들이 영향을 미칠 수 있다고 알려져 있습니다. 성장하면서 함구증의 문제가 저절로 좋아지기도 하나 함구증으로 인해 학업 수행이나 또래 관계를 맺는 데 큰 지장을 초래하며 또래로부터 놀림의 대상이 되는 경우도 많습니다. 또한 경우에 따라서는 발음 문제나 지적 능력의 결함, 의사소통 장애와 같은 다른 일차적인 원인들이 있는 경우도 있으므로 함구증이 있을 경우 전문가의 도움이 반드시 필요하겠습니다.

치료는 증상의 원인을 정확히 평가하여 이에 맞게 약물치료, 행동치료, 가족치료, 심리치료 등을 하게 됩니다.

－출처 : ""학교에서는 말을 하지 않는대요": 선택적 함구증", 서울아산병원 홈페이지－

사례 기사 Ⅱ

아이는 엄마 손을 꼭 쥔 채 잔뜩 긴장한 표정으로 들어왔다.

"네가 영호구나. 안녕?" "…."

"영호야 선생님께 '안녕하세요' 해야지."

엄마는 대답 없는 아이를 독촉했다. 영호는 진료실 바닥만 내려다보며 서 있었다.

"앉으세요, 어머님. 여기가 영호 자리예요." 나는 최대한 부드러운 톤으로 영호와 엄마에게 자리를 권했다.

"영호야 대기실에서 기다리느라 아주 힘들었지?" 겨우 의자에 앉은 영호에게 가볍게 물었다.

"…." 영호는 책상만 뚫어지게 쳐다보았다.

"아녜요, 선생님. 영호가 좋아하는 동영상 보느라 시간 가는 줄 몰랐을 걸요. 그렇지 영호야?" 엄마가 대신 대답했다.

"아, 네, 그랬군요. 영호야, 정말 괜찮았어?" 영호는 고개 숙인 채 침묵했다. 엄마가 다시 불안해하며 뭔가 입을 떼려고 했다.

나는 엄마에게 기다리라는 손짓과 함께 "어머님, 우리 영호가 대답할 때까지 조금만 기다려볼까요?"라고 권했다. 7~8초가량 정적이 흐르는 동안 엄마가 어쩔 줄 몰라 했다.

"미리 작성한 기초설문지를 보니 영호가 가족 이외의 사람들과는 아예 말을 안 한다고요? 언제부터 그랬나요?"

엄마에게 진료 시작을 알리는 본격적인 첫 질문을 던졌다.

"원래도 낯가림이 심한 아이였는데 유치원을 옮기면서 아무하고도 말을 안 하기 시작했어요. 친구들은 영호가 말을 전혀 못 하는 아이인 줄 알아요."

엄마의 목소리가 다소 떨렸다. 엄마는 내원하기 전부터 맘카페에 아이 문제를 올리고 조언을 구하기도 했고 아동발달센터를 찾아 상담도 받았다고 했다. 학교에 입학하면 나아질 것이라고 내심 기대했으나 상태는 더 심각해졌다고 했다.

"친정 엄마는 저 어릴 때 영호랑 똑같았다고 하시며 너도 아무 문제 없이 잘 컸는데 영호도 그렇게 될 것이니 걱정하지 말라고 하세요. 소아정신과 간다고 하니 펄쩍 뛰시며 멀쩡한 아이 환자 만든다고 난리셨어요. 가족들과는 말을 잘 하고 공부도 잘하니 집에서는 영호의 심각성을 이해 못 해요. 학교에서 언어장애가 있느냐는 말을 들을 때마다 제 속이 얼마나 타들어가는 줄도 모르고."

엄마는 울먹이기 시작했다. 영호가 울먹이는 엄마를 힐끗 쳐다보더니 얼굴이 빨개지며 당황했다.

"영호야, 우리 나무 한번 그려볼까?" 엄마가 손수건으로 눈물을 수습하는 사이 나는 영호에게 살며시 종이와 연필을 내밀며 제안했다. 영호는 조심스럽게 연필을 집어 들더니 거침없이 나무줄기를 그리기 시작했고 나뭇가지에 사과까지 주렁

선택적 함구의 부정적 강화 회로

1. 아이에게 질문에 대답하거나 말을 해야만 하는 상황이 발생한다
2. 아이가 매우 불안해지며 대답을 회피한다.(침묵하기)
3. 부모나 어른, 그리고 친구들은 아이의 침묵에 불안해하여 아이를 구제하려 한다.(즉, 아이 대신 말해주거나 굳이 말을 안 해도 된다고 양해해준다.)
4. 아이와 주변인들의 불안이 순식간에 줄어든다.
5. 아이의 '침묵'과 '아이 대신 말해주기'가 매칭되어 침묵이 강화된다.(부정적 강화)
6. 아이는 불안한 상황에 처할 때마다 침묵 전략을 통해 말하기 압박을 지속해서 회피하게 된다.

주렁 달았다. "우와! 영호 그림 엄청 잘 그리는구나. 집에 영호 그림들 많을 것 같은데 나중에 선생님 보여주면 좋겠네. 그럴 수 있어?" 영호가 고개를 끄덕였다. 진료 시작 20분 만에 처음 나온 반응이었다. 엄마의 얼굴이 밝아졌다.

영호처럼 가족들과는 말을 유창하게 잘하나 낯선 사람 앞이나 학교와 같은 사회적 상황에서는 선택적으로 말을 하지 못하는 증상을 보이는 경우를 '선택적 함구증'이라고 한다. 대체로 1만 명당 3명에서 1,000명당 5명 정도 생긴다. 1877년 독일 의사 아돌프 쿠스멀은 의도적으로 말을 하지 않는 사례를 보고하며 이를 '자발적 실어증(aphasia voluntaria)'이라고 명명했다.

그로부터 약 60년 후 '선택적 무언증'으로 바뀌고 1994년에는 소아정신장애 중 하나로 '선택적 함구증'이란 용어가 채택되어 현재까지 사용된다. 처음 이 병에 대한 인식은 아이가 상대방을 조종하기 위해 또는 반항하기 위해 의도적으로 침묵한다는 뜻이 포함되어 있었다. 20세기 말이 되어서야 이 병명에서 스스로 말을 하지 않는다는 '의도성'이 배제되고, 침묵이 '선택적' 상황에서 나타남에 초점을 맞춘 것이다. 최근 개정된 정신질환 진단 및 통계 편람(DSM-5)은 '선택적 함구증'을 불안장애의 하나로 분류했다. 의도적으로 침묵하는 것이 아니라 말을 하고 싶어도 극도의 불안으로 인해 말을 할 수가 없는 상태라는 견해가 반영된 것이었다.

영호 엄마는 가방에서 휴대폰을 꺼내더니 영호가 여동생과 재잘거리며 노는 동영상을 재생해주었다. 동생과 활발하게 말하고 있는 아이가 진료실 안에서 침묵으로 일관하는 아이라고 여겨지지 않았다. 영호는 선천적으로 수줍음이 많은 기질을 지니고 태어났다고 한다. 엄마도 비슷한 기질을 보였으며 어린 시절 남들 앞에서 말할 때 손이 떨리고 가슴이 두근거렸다고 회상했다. 나는 영호의 발병에 가족·유전 요인이 있을 것으로 판단했다. 그럼에도 영호에게 증상이 본격적으로 시작된 계기가 궁금해서 물었다. 엄마는 이사하면서 옮긴 유치원에서 작은 사건이 있었다고 말했다. 선생님

의 피아노에 맞춰 아이들이 순서대로 대답하는 활동에서 영호가 타이밍을 놓치며 다음 친구의 대답과 엉키게 되자 친구들 모두가 깔깔거리고 웃었던 일이었다. 그날 이후 영호는 유치원만 가면 아예 함구했고 선생님의 질문에는 몸짓으로만 대답했다고 한다.

두려움을 담당하는 인간의 뇌 회로는 측두엽 깊숙한 곳에 있는 아몬드 모양의 편도체 중심으로 이루어져 있다. 인간은 위협에 처할 때 본능적으로 편도체가 활성화하고 '맞서 싸우기 또는 도망가기' 전략으로 대처하는데, 불안장애를 지닌 사람들은 그리 위협적이지 않은 자극에도 편도체가 과활성화하면서 자율신경계가 반응한다. 인간이 극도로 불안해지면 심장이 빨리 뛰거나 식은땀이 나는 등의 신체적 증상을 보이는 이유다. 불안감이 큰 사람은 대체로 싸우기보다 '도망가기' 전략을 통해 안전지대로 회피하려는 성향을 자주 보인다. 영호 역시 유아기부터 대답이 요구되는 상황에서 '침묵'이라는 회피행동을 통해 불안을 제거하는 전략을 반복해왔다.

인지행동 · 부모훈련 · 항불안제 병행 치료
선택적 함구의 부정적 강화 회로
영호가 질문에 대해 침묵할 때마다 주변 어른이나 친구는 함께 불안해진다. 그들은 영호를 구제해주려는 시도를 하게 된다. 이때 영호는 침묵의 결과로 불안이 제거되는 이득을 얻으므로 그 이후에도 대답해야 하는 불안 상황에 부닥칠 때마다 침묵이라는 회피 행동을 반복적으로 한다. 이것을 인지행동학적 관점에서 '선택적 침묵 강화 회로'라고 한다.

진료실 첫 20분 동안 침묵하는 영호와 대신 대답해주려는 엄마의 소통 방식이 여기에 해당한다. 18세기 프랑스 사제이자 문필가였던 조제프 앙투안 투생 디누아르 신부는 그의 저서 『침묵의 기술』에서 침묵의 14가지 원칙 중 하나로 '말을 하는 것보다 입을 닫는 것이 덜 위험하다'라고 묘사했다. 영호와 같이 선택적 함구증을 지닌 아이들은 함구하는 것이 가장 덜 위험하고 안전하기에 생존하기 위해서라도 침묵할 수밖에 없다.

영호에게 1년 6개월여 동안 인지행동치료와 부모 훈련, 그리고 항불안제를 병행해 치료했다. 아이가 침묵할 경우 부모가 성급하게 '불안을 제거해주기(대신 말해주거나 침묵을 양해해주기)'를 하지 않고 아이의 침묵에 인내심을 갖고 기다리다가 조금이라도 '대답을 시도할 경우 적극 보상해주기'를 하는 행동 수정 방식이었다.

아이는 치료를 시작한 지 6개월이 될 무렵부터 짝꿍과 말하기 시작했고 점차 담임 선생님과도 대화하게 되었다. 가족과 대화할 때만큼 유창하지는 않아도 필요한 말은 주고받을 수 있는 정도까지 호전됐다. 만약 영호가 어린 시절 치료받지 않고 지속해서 침묵을 무기 삼아 두려움을 회피했다면 어떻게 되었을까. 선택적 함구증은 대부분 사회공포증을 수반하고 우울증으로 이행될 수 있어 방치될 경우 향후 대인관계 능력을 포함한 여러 기능이 손상될 수 있다.

올해로 영호를 만난 지 8년째다. 지금은 한 학기에 한 번 정도 만나며 아이의 성장 과정을 점검하고 관리하는 중이다. 평소 좋아하던 그림을 전공으로 살려 특성화고에 진학해 디자인을 공부하고 싶다는 여중생 영호에게 '낯선 이와 말하기'는 더는 침묵이라는 무기를 사용해 회피해야 할 만큼 위협의 대상이 아니다. 매번 올 때마다 그림 선물을 주고 가는 영호가 이번에는 나를 그려서 가져왔다.

- 출처 : "가족 외 딴사람과 말 안 하는 아이, 침묵을 무기로 삼다", 『중앙일보』(2020. 5. 2) -

7-2 상담 사례

상담 사례 1

Q 질문

정신 없이 직장생활할 때는 몰랐는데 올 3월부터 어린이집을 보내면서 제가 늦게 알게 된 사실이 있네요. 아이가 집안 식구들을 제외하곤 말을 한 적이 없는거에요.

어린이집에 갈 때 한 달 정도는 아침마다 떨어질 때 울었지만 그 후론 울진 않았고, 다녀오면 기분도 괜찮은 것 같았고 노래도 곧잘 하고 거기서 있었던 일도 제겐 말하곤 했지만, 정작 거기선 아무 말도 하지 않고 그저 몸으로 하는 간단한 의사표현만을 하곤 계속 선생님 손만 잡고 선생님이 없으면 울고 맙니다. 그러곤 집에 와선, "내가 부끄러워서 그랬지… 내일부턴 조금만 부끄러워 할 꺼야!" 하곤 합니다.

학습지 선생님(다른 사람과 접하게 하려고 시킨)과도 한 달 정도 만에 눈만 겨우 맞춥니다.

동생과는 잘 놉니다. 잘 싸우기도 하고. 잠도 잘 자고 밥도 잘 먹습니다. 허나 낯선 곳에선 쉬이 피로해합니다. 인지능력은 제가 보기엔 정상입니다. 또래 아이들처럼 글자도 잘 배우며 재밌어하고 그림도 재밌어하고 호기심도 있지만, 낯선 이들과 말을 안 합니다. 생각해보니 수십 번을 만난 이모와도 대화는 직접적으로 한 번도 한 적이 없습니다. 고개를 흔들거나 제 뒤에 숨어 수줍어할 뿐. 물론 엘리베이터에서 만나는 수많은 사람들의 "몇 살이냐?"에도 침묵으로 일관합니다.

놀이치료실을 바로 갈까 하다가 아니 병원의 소아정신과를 먼저 갈까… 고민 중입니다.

A 답변

반갑습니다. 정신 없이 살다가 정신을 차려 보니 걱정거리가 생기신 거네요. 저도 계속 일을 했기 때문에 그 마음 이해가 갑니다. 너무 바쁘고 사는 게 힘들다 보니 아이들은 그냥 잘 자라주겠지, 조금 신경 안 쓴다고 무슨 일이 생기지는 않겠지 하고 하루하루를 보내게 되지요. 다행히 잘 자라면 그냥 넘어가지만 조금이라도 문제다 싶으면 덜컹하게 되는 것 같습니다.

어머니 말씀대로 보면 선택적 함구증이 맞는 것 같습니다. 언어나 다른 부분에서 별 문제 없이 성장하고 있다면 함구증의 전형적인 행동을 보이는것 같습니다. 선택적 함구증은 분류로 치면 불안장애의 일종으로 봅니다. 특히 사회불안이 관련성이 높다고 보는데 그 이유는 함구증은 아이들이 커서 대인불안이 높은 경우가 많기 때문입니다. 이유는 여러 가지로 설명하지만 이유를 아는 게 중요할 것 같지는 않고, 어머니 나름대로 가정 분위기가 아이에게 바람직하지 않다고 생각되는 부분이 있으면 신경 쓰실 필요가 있는 것 같습니다.

아이에게 도움을 주시려면 가급적 빨리 시작하는 게 좋을 것 같습니다. 나이가 들어갈수록 인성이 고정되어 변화가 쉽지 않기 때문입니다. 치료 방법은 놀이치료를 비롯한 심리치료를 들고 있으나 요즘은 약물치료로도 꽤 호전을 보인다고 합니다. 교과서적으로 말씀드린다면 약물치료와 심리치료를 병행하는 게 가장 좋다고 할 수 있지요. 그렇지만 어떤 치료를 선택할지는 어머니가 얼마나 시간적, 심리적 여유가 되시는지 등을 고려해서 선택하셔야 할 것 같습니다.

일단 소아정신과를 방문해보시는 건 어떨까요? 꼭 약물치료를 하기 위해서나 문제가 심각해서라기보다 이 기회에 아이가 다른 부분에서는 정상적인 발달을 하고 있는지, 어머니가 모르는 다른 중요한 부분이 있는지, 가족들이 아이에게 어떻게 하는 게 좋은지 등을 통합적으로 이해하시는 게 도움이 될 것 같아서입니다.

당분간은 말을 안 하는 것에 너무 관심을 두거나 재촉하지 말고, 밖에서도 스트레스를 받지 않도록 보살펴 주시는 것이 좋을 것 같습니다.

상담 사례 2

'우리 아이가 달라졌어요' 시청 후기 417회. 선택적 함구증 11살 동○

Q 질문 〈동○네 상황〉

11살 여자아이 동○는 밖에서 말을 하지 않습니다. 태권도장에서 하는 줄넘기는 매우 잘 하지만, 말은 하지 않습니다. 학교에서도 동○가 말하는 것을 들어본 아이들이 없고, 이는 담임 선생님도 마찬가지입니다. 모둠원 (팀원)끼리 모인 토론 시간에서도 동아는 한 마디도 하지 않습니다. 토론의 분위기는 점점 심각해지고, 결국 담임 선생님이 중재로 노트에 각자의 의견을 쓰는 것으로 마무리합니다. 하지만 집에 돌아온 동○의 모습은 밖에서의 모습과는 딴판입니다. 두 동생들과 함께 조잘거리면서 가장 수다스런 모습입니다. 부모는 동○가 7살 때부터 밖에서 이야기를 하지 않았고, 상황이 심각한 것을 3년 전에 알았다고 합니다.

A 답변 〈전문가의 의견〉

말을 하라고 억지로 강요하는 것은 바람직하지 않습니다. 다양한 방법으로 자신의 생각을 적절히 표현하도록 하는 것이 필요하다고 합니다.

1) 친구들과 소통하기

전문가는 동○가 다니는 학교에 가서 친구들의 도움을 구하기로 합니다. 그리고 말을 하지 않는 동○에 대한 친구들의 의견을 들어봅니다. 친구들은 동○에 대해서 '답답하다, 무시당하는것 같다'라는 의견도 있었지만, 동○가 '불편했을 것이다. 초조했을 것이다'라며 이해하는 의견도 있습니다. 전문가는 친구들에게 동○의 대답을 강요하지 말고, 친구로서 하고 싶은 말은 하되, 꼭 대답이 필요하면 노트에 쓰도록 대안을 제시합니다. 동○에게 급격한 변화를 주지않고 자연스럽게 적응하게 하려는 배려입니다.

2) 단계적인 말하기 연습

친구들을 집으로 초대해 자연스럽게 떠들고 이야기를 나눌 수 있는 환경을 조성하는 행동치료를 함께 진행합니다. 친구들이 기존에도 동○의 집에 놀러 온 적이 있었지만, 바로 옆에 있으면서도 컴퓨터로 채팅하는 방식으로 소통을 했다고 합니다. 이번에는 주어진 단어를 몸짓으로 설명하는 게임, 각 사람이 한 글자씩 말해서 상대방이 맞추는 이구동성 게임 등을 통해서 친구들과 서로 부대끼면서 이야기를 나눌 수 있는 환경을 만들어 봅니다.

3) 눈 맞춤을 통한 마음 나누기

말을 하지 않고 엄마와 동○가 서로의 눈을 지긋이 쳐다보면서 감정을 나눕니다. 엄마는 공부만 하라고 강요한 자신의 행동에 대하여 미안하다고 하며, 엄마도 그리고 동○도 눈물을 흘립니다.

4) 친구들의 교환편지에 보이스레코더로 답하기

동○는 '교환편지'를 마련했고, 친구들이 동○에게 답변을 듣고 싶으면 이곳에 글을 남깁니다. 동○는 '교환편지'를 보고, 자신이 편한 시간에 보이스레코더에 답변을 녹음합니다. 드디어 보이스레코더를 통해서 동○의 목소리가 친구들에게 들려지자, 친구들은 신기해하고 동○도 자신감을 갖게 됩니다. 그리고 동○는 보이스레코더를 통해서 지금 바로 말문이 터지지는 않지만, 친구들의 도움에 고마움을 전하고 자신도 노력하고 있음을 알립니다.

상담 사례 3

아버지로서의 의견

가장 힘들고 답답한 사람은 바로 '동○'라는 생각이 듭니다. 본인도 말을 하고 싶지만, 불안과 긴장 등 여러 이유로 말하지 못하는 것이 힘들었을 것입니다. 일반적으로는 쉽지 않은 방법이지만 방송에서는 학교에 이러한 동○의 문제점을 알리고 선생님 그리고 급우들의 도움을 얻은 것이 주요했다고 생각합니다. 문제의 개선을 위해 도움을 요청하고, 동○의 개선되는 모습을 함께 지켜보고 도울 수 있었던 것은 동○뿐 아니라 급우들에게도 좋은 교육이 되었으리라는 생각이 듭니다. 이 방송에서는 아버지에 대한 부분이 많이 나오지는 않았지만, 아버지로서 자녀가 다양한 환경과 경험을 접할 수 있도록 하고 그런 가운데 사람들을 만나고 감정과 생각을 나누면서 자연스럽게 사회성을 키우는 연습을 할 수 있도록 도와주는 것이 아버지로서의 역할이 아닐까 생각해봅니다. 또한 평상시에도 자녀와 많이 놀고 이야기 나누면서 자녀가 자연스럽게 인생의 희로애락을 이해하고 표현할 수 있도록 지원하는 것이 아버지로서의 역할이라고 생각해봅니다.

-출처: "'우리 아이가 달라졌어요' 시청후기", 네이버 블로그-

상담 사례 4

> **2014. 10. 29.** 기사 강성진 "아들 선택적 함구증, 송종국 딸 덕에 치료"

강성진은 10월 28일 방송된 SBS '매직아이-취향의 발견'에서 "아들이 2년 전 선택적 함구증이라는 진단을 받았지만 지금은 괜찮다. 아주 뜻하지 않은 상황에서 고쳐졌다"고 밝혔다.

그는 "민우가 초등학교에 입학했는데 송종국 딸 지아와 같은 반이 돼 친해졌다. 하지만 입학 후 6개월 동안 학교에서 한 마디도 안 했다"고 말했다. "어느 날 아들이 어린이날 선물로 휴대폰을 사주면 안 되냐고 하더라. 기본 기능만 있는 초등학생용 휴대전화를 선물했다. 전화를 걸면 말을 해야 하니깐 지아한테 처음으로 전화를 걸어 말을 했다. 민우의 목소리를 처음 들은 지아가 학교에 '강민우가 말을 했다'고 소문을 냈다. 아이들 사이에서 '강민우 목소리 들으려면 전화를 하면 된다'는 얘기가 퍼졌다. 그렇게 터진 말이 지금은 전교에서 제일 떠든다"고 설명했다.

그리고 그는 "요즘 우리 아들은 마술에 꽂혀 있다. 마술도 선택적 함구증을 치료하는 데 큰 도움이 된다"고 밝혔다. 이어 꼬마 마술사 복장으로 등장한 강성진 아들은 김수현을 닮은 훈남 외모를 자랑했다. 그리고 고난도 동전 마술을 선보였다. 강성진은 "아들 민우가 여기서 마술하는 것 자체가 감동이다"고 덧붙였다.

상담 사례 5

> **2017. 1. 19.** 기사 "자다 깨서 울고 대화 거부… 영어 유치원 싫어요"

경기 화성시에 사는 일곱 살 김 모 양은 유아 영어학원(영어 유치원)을 다닌 지 6개월여 만에 '선택적 함구증' 진단을 받았다. 집에서는 부모와는 곧잘 대화하면서도 유치원이나 낯선 곳에만 가면 입을 닫고 대화를 일체 거부하는 것이다. 놀란 김 양의 부모가 일반 유치원으로 다시 옮겼지만 함구증은 계속 이어져 정신과 치료를 받고 있다.

경기 용인의 유 모(6) 군은 1년 전부터 오전엔 일반 어린이집, 오후에는 영어 유치원을 다닌다. 이른바 '두 탕 수업'이다. 일반 어린이집만 다닐 때는 별 문제가 없던 유군은 영어 유치원이 추가되면서부터는 극심한 스트레스에 시달린다. 밤에 자다 깨서 "영어를 배우기 싫다"며 울부짖는 등 반항 증상까지 보여 결국 소아정신과를 찾아야 했다.

19일 '교육시민단체 사교육 걱정 없는 세상'에 따르면 우리나라 영어 유치원은 2015년 말 현재 전국 339개로, 영어 유치원에서 하루 4시간 이상 수업을 듣는 어린이는 2만 209명에 달한다. 하루 평균 교습 시간은 4시간 57분. 정규 수업과 별도로 2, 3시간짜리 '방과 후 특별활동'을 진행하는 영어 유치원도 적지 않다. 하루 8시간가량 수업을 하는 학원도 적지 않다는 얘기다.

교과 수준도 경쟁적으로 높아진다. 서울에 여러 곳 직영 학원을 운영하고 있는 영어 유치원 P어학원의 경우 1년치 수업 교재 분량이 영어 동화 읽기, 영문법, 단어, 실전 회화 등 모두 37권에 달한다. 이 책들의 페이지 수는 무려 4,257쪽이다. 취학 아동들도 감당하기 버거운 분량이다. 일부 교재는 특히 미국 노동절, 추수감사절, 멕시코 전통 놀이 등 어린이들에게 지나치게 생소한 내용들을 다수 포함하고 있다. 교과목에 다양한 전문 과정을 넣는 영어 유치원도 늘고 있다.

전문가들은 영어 유치원의 경우 학업 스트레스가 일반 유치원보다 훨씬 클 수 있어 오히려 역효과를 낼 수 있다고 경고한다. 우리말조차 익숙하지 않은 상황에서 영어를 주입식으로 교육할 경우 정서 발달에 부정적일 수밖에 없다는 것이다. 이연정 순천향대 소아정신과 교수는 "평균 만 6세가 돼야 학습 인지기능이 형성되는데 그 전에 너무 무리한 학습을 강요할 경우 학습 호기심 발달이 저해될 수 있다"면서 "유아기에는 신체, 정서, 사회성 등 기본 생활 습관과 바른 인성을 기르는 데 초점을 맞춰야 한다"라고 조언했다.

상담 사례 6

2009. 12. 28. 기사 "논산 ○○초 이○○ 선생님과 함구증 이겨낸 정○○ 양"

정○○는 선택적 함구증이다. 엄마나 친한 친구와 단 둘이 있을 때는 조리 있게 얘기도 잘하고 미소도 짓는다. 하지만 모르는 사람이나 여러 사람 앞에서는 절대 입을 열지 않는다. 대화할 수 있는 사람과 그렇지 않은 사람들이 나뉘는 것이다.

정○○는 전교 1등을 놓치지 않는 언니와 개구쟁이 남동생이 있는 삼 남매 중 둘째다. 박○○(33) 전문상담 인턴교사는 "뛰어난 형제자매를 둔 아이들에게 종종 선택적 함구증이 나타난다. 정○○가 그런 경우다. 정○○ 역시 우등생이지만 늘 전교 1등을 놓치지 않는 언니와의 차이가 큰 벽으로 느껴졌을 수 있다"고 말했다.

정○○는 학력장을 받을 정도로 성적도 우수하다. 하지만 어린 마음에 동생도 챙기면서 언니만큼 잘해야 한다는 생각이 병이 된 것이다. 1학년 때는 반 친구들도 '말하지 않는 아이 정○○'를 이상하게만 봤다. 그러다 2학년이 되면서 전학한 학교에서 이○○ 교사를 만난 것이다.

"올해 3월 2일에 정○○가 전학을 왔어요. 자기 소개를 시켰더니 울더라고요. 그래서 안아주고 괜찮다고 했죠."

정○○가 잠시 자리를 비웠을 때 이 교사는 아이들을 모아 정○○가 말을 안 해도 놀리거나 괴롭히지 말라고 주의를 줬다. 발표 시간에도 지목해서 시키지 않고 정○○를 배려해서 첫 줄부터 마지막 줄까지 반 아이 모두를 순서대로 시켰다. 이 교사는 "물론 처음에는 일어서지도 못하고 눈물만 뚝뚝 흘렸다. 크게 소리 내서 울지도 못한다. 그래서 그때부터는 앞자리 아이와 함께 일어나게 배려했다. 그랬더니 어느 날부터 울지 않고 일어나더라"고 했다.

이후 아이를 위해 백방으로 방법을 알아봤고 교육복지투자 우선지역 지원사업 중의 하나인 상담 프로그램에 정○○를 참여시켰다. 전문상담가와 미술치료, 음악치료를 통해 닫힌 마음을 풀어주는 역할을 하고 교실에서는 선생님과 반 친구들이 정○○를 따뜻하게 감싸줬다.

이 교사는 정○○가 처음 발표한 날이 지금도 잊혀지지 않는다고 했다. 그날 이 교사는 정○○를 복도로 살짝 불러서 '오늘 선생님이 이런이런 것을 질문할 거야. 정○○가 대답해볼래?'라고 물었다고 한다. "'네' 그러더라고요. 얼마나 기특하든지. 이렇게 마음이 여리고 소극적인 아이들은 누가 갑자기 발표를 시키거나 말을 걸거나 화를 내고 윽박지르면 더 위축되고 더 두려워하죠. 반드시 아이 입장에서 생각해주고 더 친절하게 더 따뜻하게 포용하려는 노력이 필요해요."

교단에 선 지 32년, 정○○와 같은 함구증 아이를 만난 적은 없지만 그간 마음이 닫힌 아이들을 종종 만날 수 있었다. 그때마다 이 교사는 한 번 더 안아주고 부모와 함께 협심해서 아이를 도왔다.

정○○ 엄마 임○○씨의 말이다.

"전학 시키고 일주일도 안 됐는데 전화가 왔어요. '정○○가 말이 없던데 얼마나 고생이 많았냐. 내가 도울 테니 함께 힘내보자' 그러시는데 설움에 눈물이 나더라고요. 아무도 모르던 제 마음을 선생님만 알아주신것 같고….″ 임씨는 끝내 말을 잇지 못하고 눈시울을 붉혔다. 이런 고마운 마음을 전달하고 싶어서 학부모 커뮤니티인 삼천지교에 선생님 칭찬 수기를 올리기도 했다. 임씨는 "수기를 아이에게 보여주며 '정○○가 노력해줘서 우리 모두 행복해졌다. 정○○가 아주 용기 있게 잘하고 있다'고 말해줬다. 그랬더니 이해하더라. 오늘 인터뷰도 정○○가 해도 좋다고 해서 응하게 됐다"며 다시금 미소를 지었다.

이 교사의 말이다.

"정○○처럼 공부를 잘하면서 소극적인 아이는 문제가 있다고 생각하지 않아요. 그렇기 때문에 아이를 더 주의 깊게 봐야 하죠. 이런 아이들이라고 관심받고 싶은 열망이 없겠어요? 만약 자녀가 함구증이나 또 다른 마음의 아픔을 겪고 있다면 지켜봐주시고 의도적으로라도 친구들과 놀 기회를 많이 만들어주세요. 발표 때도 틀려도 좋으니까 자신감을 갖도록 격려해주시고요. 답이 틀리면 어떻습니까? 일어난 용기만으로도 기특한 일이죠."

> **2017. 3. 2.** 기사 "학교서 말을 안 하는 선택적 함구증"

부모들은 '말을 못하는 언어장애는 아니니 언젠가는 말을 하겠지'라거나 '성격이 수줍어서 그런 거니 기다리면 언젠가는 하겠지'라며 기다려보지만 대개는 시간이 지날수록 증상이 심해진다. 이는 내성적 성격의 문제가 아닌 치료를 받아야 할 '선택적 함구증'이라는 질병이기 때문이다.

이런 증상이 나타나는 아동들은 대개 성격에 유연함이 부족하고 다소 강박적인 특징을 지니고 있다. 그렇기 때문에 상황에 대처하는 능력이 부족하고 문제 해결 방식이 경직되어 있다. 게다가 말조차 하지 않으니 사회성 발달이 제대로 이루어지지 못한다. 어려서는 말을 하지 않고 몸으로 놀아도 되니 그런대로 친구를 사귀고 어울리는 듯이 보이지만 나이가 들수록 언어를 통한 의사소통이 안 되면 친구들과 상호작용하기가 쉽지 않아진다. 그러다 보니 친구들을 차츰 회피하게 되고 사회성 발달도 멈추어버리는 것이다. 발표를 하거나 그룹 토론으로 수업이 진행될 경우 참여하기 어려워져 학업이나 인지 발달도 차츰 지연된다. 위축과 자존감 저하는 기본으로 따라가게 된다. 결국 '선택적 함구증'이라는 질병뿐 아니라 그 밖에 다른 병명이 나이가 들게 되면서 하나둘씩 늘어나게 된다. 다른 증상까지 늘어나면 치료는 점점 복잡해진다.

모든 병이 그렇지만 '선택적 함구증'은 더더욱 조기 발견이 중요한 질병이다. 초등학교 입학 전이라면 아무 문제 없이 쉽게 치료될 가능성이 높다. 초등학교 입학 이후에 문제가 보여도 빨리 치료에 돌입한다면 다른 증상이 함께 나타나는 공존 질환이 없을 경우 대개 해결이 쉽다(간혹 언어 지체나 지능 문제가 동반되어 있는 경우도 있다).

이런 아동들에 대한 치료는 가장 심하게 문제가 나타나는 준거 집단, 즉 학교나 어린이집에서 차근차근 이뤄진다. 조금씩 노출을 늘려가며 단계적으로 말하기를 시도하는 행동치료를 할 수도 있고, 놀이치료 등을 할 수도 있다. 하지만 입학을 한 이후에도 증상이 심하거나 아이의 기질적인 요인이 클 경우에는 약물치료도 적극적으로 시도하게 된다. 빠른 증상 해결이 예후에 중요하기 때문이다. 효과는 매우 드라마틱하다. 물론 습관성이나 의존성이 없는 약물이다. 약물로 증상 조절을 단기간에 한 후 가족에 대한 교육과 심리 놀이치료, 사회 기술훈련 등을 하면서 부진해진 정서나 사회성을 보완해준다. 두려워하지 말고 적극적인 치료에 도전해보자.

정의

선택적 함구증이란 다른 상황에서는 말을 할 수 있음에도 불구하고 특정 사회적 상황(예: 학교)에서 일관성 있게 말하지 않음으로써 교육적·직업적 성취나 사회적 의사소통을 저해하는 장애다.

선택적 함구증은 1877년 독일 내과의사 Adolf Kussmaul의 『자발적 실어증(aphasia voluntaria)』이라는 저술에서 최초로 사용되었으며, 1934년 Tramer에 의해 최초로 사용된 함묵증이라는 용어는 일반적으로 선택적 함묵증 또는 선택적 함구증(DSM-Ⅳ)이라고 말하며 영문 표기는 Selective Mutism(fomerly elective mutism)이다.

선택적 함구증 아동은 말을 할 것인지, 안 할 것인지를 선택할 수 있는 상황에서 언제 말할 것인지, 누구에게 말할 것인지, 어디에서 말할 것인지, 무엇을 말할 것인지를 선택하게 된다. 이렇게 아동의 선택하는 행동 때문에 '선택적(selective)'이라는 수식어가 붙는다.

대개 집이나 다른 가정환경에서는 편안하게 일반적인 목소리로 이야기하지만 그 외에는 이야기하지 않는다. 또한 말하기를 요구받으면 종종 아래를 내려다보거나 부끄러워하거나 불안한 모습을 보이기도 한다. 언어 대신에 몸짓, 끄덕임, 잡아 끌기 등으로 의사소통하거나 짧막한 발화, 단조로운 발화 또는 음성을 바꾸어서 사용하기도 한다. 국내 연구에 따르면, 선택적 함구증 아동들은 무관심하고 수줍음이 강한 것으로 나타났다.

진단 및 평가

1) DSM-5

A. 다른 상황에서는 말을 할 수 있음에도 불구하고 말하기가 예상되는 특정 사회상황(예, 학교)에서 시종일관 말하지 않는다.

B. 이런 문제가 학업, 직업 성취나 사회적 의사소통을 저해한다.

C. 이런 문제는 적어도 1개월은 지속되어야 한다.(입학 후 처음 1개월은 포함하지 않음)

D. 말하지 못하는 이유가 사회생활에서 요구되는 언어에 대한 지식이 없거나 불편한 관계에 기인하지 않는다.

E. 이런 문제가 의사소통장애(예: 말더듬)로 잘 설명되지 않아야 하고, 자폐스펙트럼장애, 조현병, 다른 정신장애의 경과 중에 발생하지 않아야 한다.

2) 진단 도구

▷ Christiansen의 교사 관찰 목록표
- 전체 12항목으로 구성되어 있으며, 선택적 함구증 경향성의 문제를 나타내는 특성을 지닌 것이다.
  1. 전혀 말을 하지 않거나 특정한 사람에게만 말을 하는 아동
  2. 질문을 하는 일이 없는 아동
  3. 사회생활로부터 위축되어 친구들과 잘 어울리지 못하는 아동
  4. 심한 고독감이나 소외감을 느끼는 아동
  5. 매사에 흥미가 없고 무관심한 아동
  6. 즐거워할 줄 모르는 아동
  7. 너무 소극적이고 내성적인 성격을 지녀서 자기의 의견이나 감정을 결코 표현하지 않는 아동
  8. 자기가 품고 있는 감정을 밖으로 드러내지 않는 아동
  9. 지나치게 수줍음을 타고 소심한 성격을 가진 아동
  10. 백일몽에 사로잡히는 아동
  11. 비정서적이며 거의 감정을 나타내지 않는 아동
  12. 자주 멍청하게 멀리 쳐다보는 아동
※ 둘 이상의 항목에 해당하는 아동은 선택적 함구증의 경향성을 가지고 있는 것으로 판단한다.

▷ DSM-5

▷ 지능검사: K-WISC-Ⅳ
- 6세 0개월부터 16세 11개월까지 아동을 대상으로 한다.
- 전체 지능지수는 인지능력을 전반적으로 평가하는 것으로서, 전반적인 발달 장애나 언어발달 지체로 인해 말을 하지 못하는지의 여부를 진단함으로써 선택적 함구 아동을 판별하는 기준으로 활용된다.
- 선택적 함구증 아동의 특징 중의 하나는 동작 지능지수가 언어 지능지수보다 높게 나타나는 것이다. 따라서 지능검사를 실시하여 언어 지능지수와 동작 지능지수 간에 통계적으로 유의미한 차이가 있는지를 검토하여 선택적 함구증 아동을 판별하는 자료로 활용한다.

▷ 그림검사: HTP, KFD, KSD

① HTP(집-나무-사람)

- 성격의 특징과 대인관계에 대한 정보를 제공해준다.
- 집-나무-사람(동성과 이성)을 순서대로 한 가지씩 그리도록 지시한다.

② KFD(동적 가족화):

- 불안 정도, 가족 내 자기 인식, 가족의 상호작용, 역동성에 대한 정보를 제공해준다.
- 가족원들이 '무엇인가를 하고 있는' 그림을 자신을 포함하여 그리도록 한 뒤 그림에 대해 자유롭게 설명해보도록 한다.

③ KSD(학교 생활화):

- 자아상과 또래 관계, 학교 적응에 대한 잠재적 능력 측정하는 것이다.

※ 해석은 피검자의 면접 외에 행동 관찰, 검사 시 태도 등 임상 소견을 고려해야 한다. 그림만 가지고 추론하는 맹분석에 의한 해석을 해서는 안 된다.

▷ K-CBCL

- 부모가 100여 개의 문항에 대해 그 정도에 따라 점수를 부여하는 평정척도 형식으로 구성되어 있다. 규준참조검사다.
- CBCL 1.5-5(유아 행동평가척도 부모용): 증후군 척도, DSM 진단척도, 언어발달검사
- 내면화 문제: 정서적 반응성, 우울/불안, 신체적 불편, 위축
- 외현화 문제: 주의 집중 문제, 공격성
- 기타 문제: 수면 문제, 기타
- CBCL 1.5-5(아동청소년 행동평가척도 부모용): 적응척도, 증후군 척도, DSM 진단척도, 문제 행동 특수척도

▷ 가족체계진단

- 가족미술치료 상황에서 내담자 가족을 위한 필수적인 탐색 도구로 사용하며, 일차적으로는 과정을 통해서 이차적으로는 내용을 통해서 고찰된다.

▷ 모-아 상호작용평가

- MIM를 송영혜(2002)가 우리나라 문화와 양육 태도에 맞게 수정, 보완하였다.
- 자유놀이와 구조화된 놀이 상황을 사전-사후로 실시하여 평가한다. 자유놀이 평가에서는 일정 시간 동안 어머니와 아동이 자유롭게 노는 상황에서의 상호작용을 살펴보고, 구조화된 놀이 평가에서는 10개의 주어진 과제를 수행하는 동안 나타나는 상호작용을 살펴본다.

▷ K-MBRS(어머니 행동 평정 척도)

- 일상에서 아동과 상호작용하는 어머니의 행동 유형을 간략한 형태로 측정할 수 있는 평정척도이다. 국내에서는 '반응성 행동' 6개, '효율적 행동' 4개, '지시적 행동' 2개 총 12개 항목이 적합한 것으로 나타났다.

▷ RAQ-K(한국판 상호애착 척도)

- Weiss의 성인애착 개념과 Aisworth 등의 애착 유형에 근거를 두고 있고, 성인애착 정도와 애착 유형을 동시에 평가하도록 되어 있다. 처음으로 성인애착의 주요한 개념을 특정하게 다루었다.

▷ TAS-20K(한국판 토론토 감정표현 불능증 척도)

- Taylor 등이 개발한 자기 보고형 척도로, 개인이 경험한 감정이나 느낌을 적절하게 표현하지 못하는 정도를 평가한다. 이양현 등에 의해 우리나라에서 표준화되어 있다.

▷ 자기 보고형 애착관계 유형 척도

- Bowlby의 이론에 근거해 개발된 척도로 자기상을 긍정적 또는 부정적인 관점으로 타인상을 긍정적 또는 부정적인 관점으로 분류하여 성인애착을 안정형, 몰두형, 무시-회피형, 두려움-회피형의 4가지 유형으로 개념화하였다.

- 혹시 우리 아이도 선택적 함구증일까요?(셀프 테스트)
  - 집 밖에서는 말을 하지 않는다.
  - 교육기관에서 교사와 이야기를 나누지 않는다.
  - 교육기관에서 친구들과 이야기를 나누지 않는다.
  - 엄마와 이야기를 잘 나누다가도 다른 사람이 곁에 오면 갑자기 말하기를 멈춘다.
  - 내일부터 집 밖에서 말을 하겠다고 하지만 번번이 실패한다.
  - 이제까지 말을 하지 않았기 때문에 갑자기 말을 하면 이상할 것이라고 주장한다.
  - 자신에게 불이익이 생기는 상황에서도 말을 하지 않는다.
  - 다른 사람이 말하는 것에 대한 즉각적인 보상을 제안해도 응하지 않는다.
  - 주변 사람들이 '아이가 말을 하지 않는다'라고 인식한다.
  - 친숙한 사람과도 자신의 집이 아닌 장소에서는 말을 나누지 않는다.
  * 위의 10가지 항목 중 4개 이상에 해당하면 선택적 함구증을 의심해봐야 한다.

7-5 원인

1) 내적 요인

① 불안증

진단을 받은 30명의 아동 중에서 97%가 사회공포증 또는 회피장애로 진단되었고 현재 선택적 함구증이거나 과거에 선택적 함구증이었던 대상자들은 사회적 불안과 공포와 관련이 있었다.

② 청각손상

청각적 처리 과정의 손상으로 인해 일부 아동들이 자신의 발성에 익숙하지 못하고 따라서 자신의 소리에 과잉 자극되어 말하는 것을 혐오스럽게 생각한다.

③ 정신역동적 요인

중요한 발달 시기의 심리적 충격이나 심리적 고착현상 혹은 과보호적인 어머니나 엄격하고 정서적으로 거리가 먼 아버지에 대해 해결되지 않는 정신역동적 갈등을 지적했다.

④ 지능 요인

선택적 함구증과 지능 수준을 관련지어 설명한 연구들은 통제집단에 비해 낮은 동작성 지능, 동작성-언어성 간의 차이로 자기상 확립의 어려움을 제기했고, 신체장애에서 오는 열등감과 관련되어 나타난 사례도 보고되었다.

2) 환경 요인

① 이민

어렸을 때 선택적 함구증을 겪었던 성인들의 설명에 의하면 외상이 질병을 야기했으며 말을 하지 않는 것이 자기보호적인 반응이었고, 이민 아동들의 적응 과정에서 선택적 함구증 발병률 증가가 보고되었다.

② 가족 관련 요인

출현하기 쉬운 가족 역동이 있고 방임이나 과잉 보호와 같은 부모 양육의 부적절함, 장기간의 입원이나 심한 외상의 경험, 유전 요인, 사회적 접촉 경험의 부족에서 오는 환경 요인에 비중을 두기도 하며, 애착에서의 일탈과 학대받은 아동들의 특이한 사회적 상호작용에서 나타나는 잘못된 양육을 지적했다.

부모의 관계를 강조한 연구들을 살펴보면, 부모의 미숙한 양육과 정서적 불안정함이 자녀의 선택적 함구증을 유발시키고, 부모가 자녀에게 분노하거나 적대적, 거부적일 때 자녀가 공포를 경험하면서 함구 증상을 보였다. 선택적 함구증 아동의 부모들은 수동적이고 사회적 상황에서 비활동적이고 고립적인 경향으로 보이는 것으로 조사되었으며 이는 자녀가 가족 외의 환경을 위험한 것으로 받아들이는 데 영향을 준다. 아버지보다는 특히 어머니와 관계가 깊고 공생적이었다.

7-6 중재 및 치료 방법

1) 지도 방법

(1) 학교에서의 지도 방법

• 교사와 아동 간에 좋은 관계가 성립되면 조심스럽게 아동이 사적으로 말하도록 격려할 수 있다. (처음에는 한 단어의 답으로 충분하며 교사가 말하도록 재촉하지 않아야 한다. 아동이 불안해하면 비언어적 활동을 계속하면서, 이후 아동이 흥미를 느끼고 안전감을 느끼도록 녹음기나 카드, 책 등을 활용할 수 있다. 사적인 관계에서 언어가 늘어나면 이 과정을 교실로 옮기거나 교실의 소집단 활동을 상담치료 장면에서 시도할 수 있다. 가장 중요한 것은 지지해주고 압력을 주지 않으면서 언어적 참여를 격려하는 것이다.)
• 아동을 규칙적인 집단 활동에 참여시킨다.
• 친구들과 의사소통이 시도될 때는 압박감을 주지 말고 점차적으로 할 수 있도록 격려되어야 한다.

(2) 가정에서의 지도 방법

• 말할 기회가 주어져야 하나 강요해서는 안 된다.
  말하도록 압력을 주는 것은 공포를 유발하고 함구를 강화하기 때문에 말을 강요하는 것은 실패를 초래하므로 주의하여야 한다.(침묵은 말하는 것과 관련된 불안을 줄여주기 때문에 학습된 것이다. 이런 긴장의 이완은 보상작용을 함으로써 침묵하게 되고 변화하지 않게 된다.)
  단, 성인은 아동에게 정상적으로 대화 방식을 유지한다.
• 부모는 집에 아는 사람을 많이 데려오도록 하며, 아동이 위협적이라고 느끼지 않는 상황에서 타인과 대화하는 것을 돕는다.
• 아동이 편하게 느끼는 상황에서 독서, 이야기 꾸미기 등 놀이 같은 자연스러운 말하기 활동을 장려한다.

2) 중재 방법

(1) 용암법

아동이 쉽게 언어적으로 반응하는 장소나 상황에서 시작된다. 좀 더 위협적인 상황을 서서히 나타나게 하면서 안전한 환경은 서서히 사라진다. 만일 아동이 집에서는 말할 수 있는데 학교에서 말하기를 거부한다면 가정의 자극을 점차적으로 제거하는 것이다. 치료실에서는 처음에는 부모와 함께하여 쉽게 언어 표현이 이루어지게 되며 그 후 교사와 동급생에게 소개된다.

(2) 미술치료

미술활동을 통해서 의식을 하든지 못 하든지 우리 자신의 현재 상태나 내면의 무의식의 현황을 표현한다. 때문에 자신을 정확하게 표현할 수 있는 언어능력이나 사고체계가 정립되지 않은 아동의 정서적 상태를 알아보는 데는 아주 유용한 활동 중 하나가 될 수 있다. 실제로 미술활동과 상담을 병행했을 때 아동 스스로 작품을 해석하고 관찰하면서 불안이 감소되고 자기 표현력이 증진되어 대인관계가 향상된 결과를 보였다. 그러나 미술 매체에 따라 아동의 선호도가 다르고 구조화되기 어려운 미술의 특성상 전문가의 역량이 높이 요구되며, 특히 함구증 아동의 특성상 부모의 도움 없이는 치료 효과를 유지하기 어렵다는 제한점이 있다.

▶ 가족미술치료: 가족 구성원 한 개인의 문제이기보다는 가족 전체의 문제라는 전제하에 실시하는 것이다. 그림투사기법을 활용하여 가족의 문제를 진단하며, 미술활동을 통해 가족간의 비언어적인 의사소통은 물론 억압되고 왜곡되어 있는 개인 내면의 모습을 이미지를 통해 명확하게 표출할 수 있다. 선택적 함구증이 가족력과 가족의 기능, 가족 스트레스, 기질 등 많은 영향이 미치는 것으로 볼 때 가족미술치료를 통한 접근은 매우 효과적이라고 볼 수 있다. 실제로 아동의 자기 표현 향상과 문제 행동의 감소, 가족간의 의사소통 개선에 효과가 있었다.

(3) 약물치료

몇몇 의사들은 약물치료가 효과적인 방법이라고 부모에게 제안한다. 사회공포증이나 다른 불안 양상 치료에 사용되는 '세로토닌 재흡수 억제' 등의 특정한 약물 종류가 유용하다고 알려져 있다. 하지만 어린 유아나 아동에 대한 유용함이나 위험이 아직 충분하게 검토되지 않았다.

(4) 자기 모델링 기법

아동에게 기대되는 목표 행동을 보여주는 비디오테이프를 스스로 반복적으로 관찰하게 함으로써 행동 변화를 일으키는 것이다. 선택적 함구증 아동이 초기에 엄마의 질문에 대해 언어적으로 반응하는 것을 녹화한다. 다음에는 한 테이프에 교사가 같은 질문을 한 것을 편집한다. 따라서 선택적 함구증 아동이 초기에 자기 엄마의 질문에 반응하지만 그것은 마치 교사에게 반응하는 것같이 나타난다.

(5) 놀이치료(예: 모래놀이, 게임)

놀이치료를 통해 다양한 간접적 대화 패턴을 활용하여 점점 규칙적이고 반복적인 노력을 할 수 있도록 유도하는 것이 도움이 된다. 말을 하라는 압력이나 기대가 없어 선택적 함구증 아동이 놀이치료에 대해 편안해한다. 이런 측면에서 놀이치료가 유용하다는 보고가 많기는 하나 치료 기간이 너무 길다는 단점이 있다.

놀이치료는 놀이에 표현된 의미에 주목한다. 놀이를 통해 수용될 수 없다고 느낀 자신에 대한 느낌을 안전하게 표현하며 이런 느낌을 치료자가 수용함으로써 아동은 자신을 좀 더 긍정적으로 경험한다. 자신을 수용할 수 있게 되면서 자신의 감정을 방어했던 침묵을 스스로 포기한다. 말하기 놀이를 통해 자연스럽게 말할 수 있도록 하거나 점차 말하기 대상을 확대할 수 있다. 가족 간의 감정적 갈등, 아동의 정신적 스트레스를 놀이 주제로 활용하는 것이 좋다. 정기적이고 규칙적인 집단 활동에 참여시키는 것도 도움이 된다.

(6) 인지행동치료

아동이 자신의 행동을 변화시키고 치료에서 적극적인 참여자가 되는 것을 배우는 데 효과적이다. 단기간의 제한된 시간 안에 이루어지는 구조화되고 직접적인 문제 중심 치료다.

① 모델링

모델링은 적응적인 대처 방법을 제시하는 데 사용된다. 특히 언어적인 치료를 이해하지 못하는 아주 어린 아동에게 결정적이다. 그 모델은 특정한 행동에 문제 해결 기술을 언어화할 수도 있다. 큰소리로 말하는 것은 아동에게 구체적인 예뿐만 아니라 많은 단서(청각적, 시각적)를 제공한다. 배워야 할 행동을 어떤 인물이나 사물을 통해 아동에게 제시한다. 아동이 그 제시되는 모델과 긍정적인 관계를 가질 때 특히 효과적이다. 그 외에도 영화, 책, 인형과 같은 다른 다양한 매체를 모델링에 이용할 수 있다.

② 역할 연기

아동은 보는 것을 통해 배운다. 예를 들면 수줍음 아동은 다른 인형과 상호작용하기를 꺼리는 손인형을 관찰할 수 있다. 아동은 손인형을 통해 보고 들을 뿐 아니라 손인형이 치료자에게 받는 피드백도 경험한다.

(7) 부모 교육/가족치료

부모의 답답함 때문에 함구증이 있는 자녀에게 일방적으로 강요하거나 심한 체벌을 가하는 경우가 있는데, 이것은 올바른 성격 형성을 파괴하고 정신적인 스트레스를 가중함으로써 더욱 심한 정신질환을 유발할 수 있다. 선택적 함구증 아동은 낯선 치료 과정을 처음에는 싫어하거나 거부하므로 치료 기간이 오래 걸릴 수 있다. 하지만 인내심을 가지고 꾸준하게 치료에 임하는 것이 좋은 예후를 결정 짓는다는 것을 기억하고 성급하게 중단하지 않는 것이 좋다.

가족 상담치료와 행동치료의 병행적 접근에 대한 효과가 보고되고 있으나 최대 변인은 아동과 지능 수준과 치료 기간이다. 호전을 보인 아동은 대개 10세 이전에 좋아지므로 조기 치료가 중요하다.

3) 치료 방법

▶ **가족미술치료**(손수정 2016)

대 상	가족 구성원 특성
아버지	보수적이고 자기 중심적인 성격이 강하고, 가정보다는 자신의 취미활동에 빠져서 지내는 시간이 과도함. 자신이 하고 싶은 것, 갖고 싶은 것은 모두 충족할 수 있는 환경에서 자랐으며, 할머니의 사랑을 특히 독차지하며 자랐음. 집안일은 전혀 협조적이지 못하고, 친구나 취미 모임을 통해 즐거움을 충족함
어머니	우울과 불안을 함께 가지고 있음. 자신의 감정을 타인에게 표현하지 못하고 억압하는 성격으로, 가정에서도 결정하거나 의견을 주장하지 못함. 자녀들에게 그 내면의 정서를 투사하는 경우가 많음. 남편과 시댁의 간섭과 통제로 인하여 우울과 절망감을 많이 느끼고 있음
언니	가정에서 많은 통제와 억압을 경험하였고, 엄마보다 친가 고모를 더 신뢰하며 따르고, 엄마와 고모를 비교하기도 함
대상 유아	엄마에게 많은 의존성을 가지고 있지만, 반복되는 엄마의 거절로 인하여 언니에게 의존하게 되는 성장과정을 겪었음. 어릴 때부터 언니와 시간을 보내야 하는 날들이 많았고 엄마와의 불안정한 애착 경험을 가지고 있음. 대화를 잘 하지 않고, 표현을 하지 않으며 무언가를 하는 경우에도 회피적임

프로그램 내용			
1. 이름 꾸미기	2. 만다라 도안 채색	3. 석고 가루 액자	4. 부부 미술치료 (평면도, 부부 자화상)
5. 콜라주 (과거, 현재, 미래)	6. 내면의 아이 만나기 (양말 인형)	7. 내가 바라보는 나	8. 껍질 속의 나

9. 지점토 작업	10. 다리 위의 사람	11. 밀가루 풀 그림	12. 신체 본뜨기
13. 두려움의 흔적	14. 가족 집단화	15. 자연물 만다라 작업	16. 가족 체계 진단 (중간 점검)
17. 점토 작업	18. 밀가루 풀 그림	19. 데칼코마니	20. 모래상자 놀이
21. 쿠키 만들기	22. 안녕! 못난이 인형	23. 자연물 만다라	24. 여러분 안녕!
25. 나는 할 수 있어 (신체 본 뜨기)	26. 별들이 보여요 (스크래치 작업)	27. 케이크 만들기 (종결)	

- 음악치료(김은지 2013)

▷ 대상 아동

어린 시절부터 선택적 함구증을 앓아왔으나 치료의 조기 개입이 이루어지지 않아 만 14세가 된 현재까지 증상이 지속되고 있는데, 모든 상황에 대한 정서적 불안감이 커 자발적인 행동의 빈도가 매우 낮고 호흡의 세기와 그에 따른 몸의 움직임도 매우 작은 양상을 나타낸다. 선천적으로 가지고 있는 터너증후군과 시각장애는 불안감을 강화하는 것으로 보이고 이에 따라 자신감도 매우 낮으며 또래들에 비해 활동하는 데 많은 제한이 있다.

▷ 기대 효과

언어 대신 음악이라는 도구를 통해 자신의 감정을 경험하고 표현함으로써 내적인 불안이 감소되고 정서적으로 안정되는 것을 경험하며 이에 따라 발화할 수 있는 기회를 제공받아 언어적 의사소통의 가능성이 열릴 것으로 보인다.

▷ 중재 방법

1차적으로는 정서적 안정, 2차적으로는 이에 따른 발화를 위한 목적으로 악기 연주, 노래 부르기, 음악 감상의 3영역으로 나누어 활동곡을 제시하고, 각각의 음악적 근거, 방법 및 응용, 활동시의 팁에 대해 제시하였다.

■ 악기 연주 중1

다양한 악기를 제공하여 선택하도록 한다. 연주 부분에 구음을 함께 하여 발화를 유도한다. 대상 아동의 악기 연주 세기에 따라 반주의 세기를 조절하여 아동이 연주하면서 지지받고 있다는 느낌을 받을수 있도록 하는 동시에 자신의 소리에 귀기울일 수 있도록 한다. 치료놀이를 결합하여 솜 공 불기를 함으로써 호흡 조절을 통한 발화를 유도하고 정서적 안정을 꾀할 수 있다.

■ 노래 부르기 중 1

'오늘만 옆에 있어줘 아무 말 없이 그대로'란 가사처럼 아동에게 옆에서 지지해주는 느낌을 제공하도록 한다. '내가 꼭 듣고/하고 싶은 이야기'가 무엇인지 종이(점자종이)에 적은 후 아동, 치료사만의 비밀로 간직하기로 약속하여 정서적 유대를 형성한다.

■ 음악 감상 중 1

'kind, good, smart, special, 예쁜 아이, 소중한 사람' 등의 가사는 아동을 강화하여 자존감과 안정적인 정서를 제공해주고, 'we are friend' 부분의 가사는 아동과 치료사 간의 유대를 확인시켜준다. 아동이 자신 존재의 소중함을 느낄 수 있도록 따뜻한 표정과 음색에 유의해야 한다.

• 선택적 함구증 환아 어머니 특성(성인애착 유형)

경북대 정신과를 내원한 환아 30명의 어머니들을 조사한 결과, 중간이 93%로 가장 많았고, 그 다음으로 첫째가 6,7%였으며 막내는 없었다(1998~2005). 중간에 태어난 사람들은 일반적으로 사교적이지만 대인관계에 있어서 긴장과 감수성이 예민하여 난관이 많다고 알려져 있다. 자기 보고형 성인애착 유형 척도 결과, 무시－회피형이 선택적 함구증 환아 어머니군(40%)에서 대조군(16.7%)에 비해 상대적으로 높은 빈도를 보였다. 무시－회피형은 자기에 대한 긍정적 상을 가지면서 타인에 대해서는 부정적 상을 가지고, 자신은 사랑받을 가치가 있다는 관점과 다른 사람에 대한 부정적 관점이 결합되어 다른 사람과 가까운 관계를 맺지 않으려 하고 애착 관계에 관심이 없고 독립심을 강조한다.

어머니와 유아의 애착 유형은 유의하게 일치하며 애착이 세대 간에 걸쳐 전달된다고 알려져 있다. Bowlby는 아동기에 경험한 부모의 애정 및 수용의 정도가 성인이 되어 부모로서 자녀를 돌볼 때 감정이입과 인내심의 정도에 영향을 주어 이러한 질적 특성이 전달된다고 주장하였으며 이러한 주장은 최근 여러 연구들에서 실험적으로 입증되어오고 있다.

• 모-아 상호작용 놀이(박자영 2013)

어머니가 아동에게 부정적 상호작용을 제공하게 되면 거울 뉴런이 타인의 행동과 의도를 잘못 이해하는 방향으로 이루어질 수 있고, 건강한 애착 형성에 어려움이 생길 수 있다. 부적절한 애착 상호작용으로 인해 선택적 함구증을 보이는 아동의 심리치료에서는 아동에게 결여된 양육자와의 긍정적인 상호작용 경험을 제공하고, 치료자가 제공하는 안전한 환경에서의 새로운 기술 학습과 연습이 필요하다.

모－아 상호작용 증진 놀이의 목적은 모－아 상호작용 패턴을 변화시키고 함구 증상을 개선하는 데 있으며 신체 접촉 놀이 위주의 시작 활동, 구조화된 활동, 마무리 활동으로 이뤄진다. 선택적 함구증 아동의 경우, 치료자와 라포를 형성하기 어려운 동시에 모에게 의지하는 경향이 있으므로 모의 참여가 필수적이다. 실제로 그 효과는 입증되었다.

1. 거울 통해 얼굴 보기	2. 풍선 날리기	3. 눈 스프레이 뿌리기	4. 로션 바르기
5. 낙하산 놀이	6. 비행기 타기	7. 비누방울 만들어 부채로 올리기	8. 거미가 줄을 타고 올라갑니다
9. 눈 가리고 잡기	10. 이불 썰매	11. 김밥 말기	12. 휴지 미라
13. 밀가루 반죽하기	14. 쉐이빙 폼	15. 쎄쎄쎄 하기	16. 머리어깨무릎발
17. 매니큐어 바르기	18. 손 잡고 트램펄린 뛰기	19. 종이 떨어뜨리기	20. 기차 안마하기
21. 과자 먹여주기	22. 과자 숨겨놓고 찾기		

7-7 선택적 함구증의 오해와 진실

선택적 함구증의 오해와 진실

평소에는 말을 잘하다가도 학교 등 특정 공간에서는 말을 하지 않는 아이들이 있다. 초등학교 2학년 진○(9, 여)이는 가족들 앞에서는 유창하게 말을 하고 자기 주장도 강하다. 하지만 유독 학교에만 가면 '꿀 먹은 벙어리'가 된다. 1학년 때는 환경 변화에 따른 일시적 적응장애로 여겨졌지만 상태는 호전되지 않았다. 진○이가 앓고 있는 질환은 바로 '선택적 함구증'이다.

선택적 함구증은 보통 3~5세에 발병한다. 김○○ 강남세브란스병원 정신건강의학과 교수는 "선택적 함구증에 걸린 아이들은 대개 낯가림이 심하고 소심해 새롭고 낯선 환경에 적응하지 못하는 기질적 특징이 있다"며 "하지만 초등학교 입학 후 선택적 함구증으로 인한 문제가 발생해 발병 후 3~5년이 경과한 후 치료를 받는 경우가 많다"고 말했다. 정○○ 삼성서울병원 정신건강의학과 교수는 "가정에서는 말을 잘하기 때문에 언어장애가 동반되지 않는 한 발견하기 힘든 질환"이라고 말했다.

흔히 선택적 함구증은 초등학교 입학할 때 발생할 수 있는 일시적 적응장애와 혼돈하는 경우가 있다. 평소 수줍음이 많은 아이의 경우 낯선 사람이나 익숙하지 않은 상황에 처하면 일시적으로 말을 하지 않을 수 있는데 이는 선택적 함구증이 아니다. 선택적 함구증 진단 기준에도 '초등학교 입학 후 1개월은 포함되지 않는다'고 명시돼 있다. 일시적인 적응장애는 환경에 적응하게 되면 자연스럽게 해소되지만 선택적 함구증은 그렇지 못하다.

선택적 함구증도 다른 질환과 마찬가지로 초기에 치료해야 치료 효과를 기대할 수 있다. 김 교수는 "10세 이하 때 발견해 치료하면 예후가 좋지만 12세 이상 질환이 지속되면 예후가 좋지 않다"며 "치료를 하지 않고 방치하면 자존감 저하, 우울증, 학업 성취 저하 등 심각한 후유증에 시달리게 된다"고 말했다. 그는 "선택적 함구증을 치료하지 못하고 성인이 되면 독립성, 성취감, 사회적 의사소통능력이 떨어져 사회불안장애(사회공포증)로 이어질 수 있다"고 덧붙였다. 사회불안장애에 노출되면 대중 앞에서 이야기할 때, 대중 화장실에서 소변을 볼 때, 이성에게 만남을 신청할 때 심한 불안감을 갖는다. 다양한 사회적 상황을 회피, 사회적 기능이 저하된다.

선택적 함구증은 불안장애 일종으로 부모가 사회불안장애가 있거나, 지나치게 부끄러움을 탄 적이 있다면 유전·생리학적으로 자녀가 이 병에 걸릴 수 있다. 김 교수는 "선택적 함구증을 앓고 있는 아동의 부모나 친척 중 사회불안장애 등 불안장애에 노출된 이들이 많다"며 "특히 부모가 사회불안장애가 있다면 자녀의 사회적 상호작용 기회가 감소돼 사회적 기술을 습득하기 어려워 사회성이 떨어지는 악순환이 생긴다"고 말했다.

선택적 함구증 증세를 호전하려면 부모의 역할이 중요하다. 정 교수는 "선택적 함구증으로 병원에서 치료를 받을 때 부모가 아이에게 말하라고 강요하면 안 된다"며 "아이가 가정 등 편안한 환경에서 친구들과 어울리게 한 다음 교실에서 친구들과 지내도록 유도하는 것이 좋다"고 말했다. 김 교수는 "긍정적인 보상을 통해 아이의 말하는 횟수를 늘리고, 대화 상대를 가족 등 친숙한 사람에서 점차 친숙하지 않은 사람으로 늘리는 게 효과적"이라고 말했다.

선택적 함구증은 단기간 내 치료 효과를 기대하기 힘들어 부모의 격려와 인내가 필요하다. 김 교수는 "선택적 함구증은 흔한 질환은 아니지만 아이가 치료를 받기 위해 병원을 방문하는 것을 꺼리고, 막상 치료를 시작해도 드라마틱하게 치료 효과가 나타나지 않아 치료를 조기에 중단하는 사례가 많다"며 "적어도 20회 이상 꾸준히 치료해야 효과를 거둘 수 있다"고 말했다. 정 교수는 "말하지 않는다고 야단치거나 압박하면 아이 상태만 악화된다"며 "극도의 불안감으로 아이가 말을 못한다면 약물치료 등에 나서야 한다"고 말했다.

　　　　－출처 : "집에선 수다 학교선 침묵… '선택적 함구증' 의심해봐야", 『한국일보』(2017. 9. 18) －

참고문헌

권요한 외(2015), 특수교육학개론, 서울: 학지사

김동일 외(2016), 특수아상담, 서울: 학지사

김미경(2012), 특수아동부모 교육 및 상담, 서울: 청목출판사

김미경 외(2017), 정서 및 행동장애아 교육 3판, 서울: 학지사

김용욱 외(2016), 특수교육학개론, 서울: 학지사

김은지(2013), 선택적 함구증 청소년을 위한 음악활동 과제집, 숙명여자대학교 석사학위과제

박자영(2013), 선택적 함묵증 아동의 모－아 상호작용 놀이를 통한 모－아 상호작용 변화와 함묵 증
   상 감소 효과, 대구대학교 석사학위논문

손수정(2016), 선택 함묵증 경향을 보이는 유아를 위한 가족미술치료 단일사례연구, 경기대학교 석사
   학위논문

이효정 외(2012), 특수아상담－장애학생을 위한 학교상담, 서울: 학지사

정용선(2013), 선택함구 증상 아동의 자기표현력 향상을 위한 놀이치료 사례연구, 국제신학대학교 석
   사학위논문

차상훈(2005), 선택 함구증 환아 어머니의 성인애착 유형과 감정표현불능증, 경북대학교 석사학위논문

http://cafe.daum.net/echild

http://news.kmib.co.kr/article/view.asp?arcid=0011301383

http://psy.amc.seoul.kr/asan/depts/psy/K/bbsDetail.do?menuId=862&contentId=250604

https://m.hankookilbo.com/News/Read/201709182090989602

https://m.hankookilbo.com/News/Read/201709182090989602

https://news.joins.com/article/23767582

https://www.chosun.com/site/data/html_dir/2009/12/27/2009122700379.html

https://www.hankookilbo.com/News/Read/201701192017226611

https://www.newsen.com/news_view.php?uid=201410290022370510

제 8 장

틱장애(Tic disorders)의
상담

사례 기사

사례 기사 I

초등학교 입학 때 틱증상이 있다가 잠잠해졌던 김 모(10) 군은 아빠의 직장 문제로 김해에서 부산으로 이사를 가면서, 새로운 학교에 적응하는 과정에 잠잠해졌던 틱이 심해졌다. 틱장애는 자신의 의지와 상관없이 반복적으로 신체 일부를 움직이거나 소리를 내는 증상으로 신체적인 요인뿐만 아니라 정서적인 요인까지 영향을 미치는 소아정신과 질환이다.

문제는 스트레스 상황에 지속적으로 노출되면 틱증상은 더욱 심해질 수 있다는 것이며, 틱장애 증상을 넘어서 ADHD나 우울증, 강박증세, 불안장애, 학습장애 등이 동반될 수도 있다. 건강보험심사평가원의 통계자료에 따르면 2015년 틱장애로 진료를 받은 환자는 1만 6,353명이었는데 이 중 10대가 42.5%로 가장 많았으며 10세 미만이 37.9%로 뒤를 이었다.

또한 ADHD(주의력결핍 과잉행동장애) 통계자료에는, 2012년 ADHD 전체 진료인원 6만 3,661명 중 96.4%인 6만 1,371명이 유아 및 청소년층으로 나타났다. 특히 ADHD는 이르게는 유아기 때부터 증세를 보이지만 이를 제대로 알아차리지 못해 치료의 적정한 시기를 놓치는 경우가 많은 것으로 알려졌다.

○○○한의원 이○○ 원장은 "틱장애 원인은 중추신경계 발달 과정 중 유전적인 요소와 환경적인 요소가 상호 작용해 뇌 피질의 신경 회로에 변화를 일으켜 뇌기능상의 불균형이 발생하는 것으로 알려져 있다"며 "하지만 이외에도 유전적인 요인과 심한 스트레스 등 심리적·환경적 요인도 틱의 원인으로 작용하고 있다"고 설명한다.

틱장애를 앓는 이들 상당수가 ADHD, 강박증, 불안장애, 대인기피증 등을 동반하는 만큼 틱장애 치료 방법과 함께 병행해 병원이나 한의원의 치료를 할 필요가 있다. 아동 틱장애 치료를 하지 않을 경우 자칫 성장 후에도 성인틱장애, 만성틱장애, 투렛증후군을 앓을 수 있기 때문이다.

ADHD는 주의력결핍, 과잉행동, 충동성을 특징으로 하는 소아행동증상이다. 특히 초등 시절 수업시간에 산만하거나, 자제를 하지 못하고 교실을 돌아다니거나, 감정이 폭발적으로 나타나는 행동이 대중에게 많이 알려진 아동 ADHD 증상이다. 성인 ADHD는 스트레스 내성이 떨어지고, 충동적인 행동이 지속되기도 하며, 감정 조절의 어려움으로 원만한 대인관계 형성이 어렵고 자존감이 낮은 경향을 보인다.

○○○한의원 이○○ 원장은 "특히 사회적, 환경적 요인에 가장 예민한 나이인만큼 틱장애를 가진 아이들에게 야단을 치면 칠수록, 심리적으로 위축은 물론 불안과 스트레스를 유발하여 틱증상이 더 악화될 수 있다"고 강조했다.

이러한 틱장애와 ADHD에서 벗어나기 위해서는 치료와 더불어 아이의 마음을 이해하고, 공감하는 든든한 사회적 지지 세력 형성이 필요하다. 우선, 틱장애는 자신의 의도와는 다르게 나타난다는 것을 명심하여야 한다. 참으라고 참아지는 증상이 아니고 운동장애임을 명확하게 이해하고 나서 틱장애를 가진 자녀와 아동에게 올바른 생활 지도법을 지도해주는 것이 좋겠다.

그렇다면 구체적으로 어떻게 아이에게 다가가는 것이 좋을까. 방법은 다음과 같다.

틱장애 아이를 둔 부모의 행동 지침

1. 아이의 틱장애증상에 민감하게 반응하지 않는다.

2. 컴퓨터나 TV 등 시청각매체에 대한 노출을 줄인다.

3. 학업 스트레스가 있으면 아이와 협의해 학업량을 조절한다.

4. 적절한 운동과 취미활동을 유도한다.

▲어떤 점을 힘들어하는지 항상 대화하자

아이가 스트레스를 받지 않을 거라는 생각을 했다면 정말 큰 오산이다. 아이들이 오히려 어른들부터 더 심하게 스트레스를 받는 경우도 많다. 항상 대화로 아이의 심리 상태를 파악하고 사소한 일도 들어주는 자세가 필요하다.

▲야외에서 놀이를 자주 하자

연구 결과에 의하면 자연광을 충분히 쬐어준 후에 틱장애 증상과 ADHD 증상이 많이 줄어들었다는 보고가 있다. 그만큼 적당한 야외활동은 틱장애 자체에 대한 생각을 멀리 할 수 있을 뿐만 아니라, 심리적인 긴장을 풀어주고 아이가 숙면을 편히 취할 수 있게 도움을 주는 행동인 만큼 아이들과 함께 자주 놀아주는 것이 좋다.

▲틱증상이 심하게 나타나더라도, 불안한 모습을 보이지 말자

이런 경우엔 아이들이 더 불안해한다. 어른들도 불안하겠지만 아이 앞에서는 직접 표현하지 않아야 하겠다. 아이들은 본능적으로 부모님의 불안을 알아차리고 눈치를 보게 된다. 틱이 더 심해지거나 마음의 상처를 받기에 아무렇지 않게 행동하여야 한다.

무엇보다 아이와 마음을 열고 대화를 자주 하는 것이 좋다. 아이의 생각을 이해하려고 노력하고 늘 긴장에 사로잡혀 있는 몸을 풀어주는 다양한 상황과 환경이 요구된다.

또한 TV나 컴퓨터, 스마트폰 등 과도한 시각적 자극은 뇌신경을 쉽게 흥분시켜 틱장애 증상을 악화시킬 수 있기 때문에 절제가 필요하다. 아이들의 성장 과정은 이러한 환경적 요인에 의한 영향이 상당하기 때문에 신체적 건강뿐만 아니라, 인지적, 정서적, 사회적 요인도 함께 고려해줘야 한다.

○○○한의원 이○○ 원장은 "틱장애를 비롯한 ADHD 아동의 치료는 부모의 역할이 매우 중요하다"며 "ADHD 증상은 단순한 습관이 아니라 고쳐야 할 질환이며, 틱증상은 그만할 수 있는데 안 하는 것이 아니라, 멈출 수 없는 강렬한 충동에 이끌려 본인 의지와 무관하게 하는 상황임을 부모가 이해해야 한다"고 강조했다.

이어 이 원장은 "치료에 앞서 아이를 격려하고 이해하고 공감하는 등, 든든한 사회적 지지 세력이 되어주는 것이 가장 중요한 치료의 출발점이라는 사실을 잊지 말아야 한다"고 당부했다.

－출처 : "어린이 틱장애, ADHD 증상 치료는 부모의 지지에서 출발", 베이비뉴스(2020. 12. 7)－

사례 기사 Ⅱ

"저희 아이에게서 틱증상이 나타나기 시작한 것은 8살에서 9살을 넘어갈 무렵이었어요. 코와 입 쪽의 근육이 움찔거리는 틱과, 켁켁 하며 자꾸만 헛기침소리를 내는 틱증상을 동반하고 있었는데 시간이 가면 갈수록 증상의 발생 빈도수가 점점 증가하자 바로 틱 전문병원에 내원하여 양약을 처방받고 꾸준히 복용하게 되었죠. 하지만 약을 복용하는 그 순간에만 증상이 소강하는 듯 보였고 시간이 경과될수록 아이도 스스로 통제할 수 없는 증상으로 인해 짜증이 많아지게 되어 폭력적인 행동을 보이더라고요.

다른 방법은 없을까 하여 인터넷을 통해 여러 군데 알아보다 뇌움 원장님에 대한 매스컴의 소개와 기사를 우연히 접하게 되었고 이렇게 내원하게 되었습니다. 아이의 틱장애증상과 이따금씩 느껴지는 불안장애, 분노조절장애, 모두 치료로 개선할 수 있을까요?"

자신의 의지와는 상관없이 반복적으로 이상 행동을 하거나 소리를 내는 증상으로 나타나는 질환, 바로 유병률이 높으며 7세를 전후한 학령기의 아이들에게서 빈번하게 발생하는 대표적인 소아정신과질환인 틱장애(Tic disorder) 입니다. 앞서 박 양(9세)의 틱장애 사례에서 살펴보실 수 있듯 틱장애는 무조건 틱장애 전문병원에 내원하여 양약을 처방받는다고 해서 바로 개선이 되는 것도, 시간이 흘러 아이가 성장함에 따라 자연스럽게 개선이 되는 것도 아닙니다.

하지만 박 양의 경우 약 1년 7개월 정도 저희 뇌움에서 치료한 결과 증상이 복합적으로 나타나는 심화 단계였음에도 치료를 시작한 지 3개월 만에 매사 화를 내고 짜증을 냈던 것도 눈에 띄게 줄어들게 되었고, 틱증상 역시 본인 스스로 많이 줄어들게 되었다고 표현까지 하게 되었습니다. 틱증상으로 인해 또래 대비 행동이 어리고 신체의 틀어졌던 좌우 균형도 회복하게 되었죠. 즉, 아이에게 맞는 틱치료법을 통해 증상을 발견하는 그 즉시 빠르게 치료를 진행한다면 충분히 증상 개선 및 완치가 가능하다는 것입니다.

우선 틱장애는 어떠한 증상으로 나타나는지부터 알아보도록 하겠습니다. 틱장애는 크게 나타나는 증상의 형태에 따라서 근육이 관여하여 어떤 특정한 행동을 하는 운동 틱(근육 틱)과, 소리에 관련되어 음성을 내는 음성 틱으로 나누어 볼 수 있으며, 운동 틱으로는 대표적인 틱장애 증상으로 언급되는 눈 깜빡임, 얼굴 찡그림, 고개 흔들기 증상을 비롯하여 목 꺾기, 어깨 들썩임, 팔 흔들기, 배 꿀럭임, 보행 문제, 몸 떨기 등의 증상들이 있고, 음성 틱으로는 역시 대표적인 틱증상으로 언급되는 기침 소리 내기, 음음 소리 내기 증상을 비롯하여, 소리 지르기, 같은 말 반복하기, 욕설하기, 선정적 표현하기 등의 증상들이 있습니다. 이렇듯 틱장애증상은 머리부터 발끝까지 신체 전반에 걸쳐 나타나고 틱장애 대표 증상으로 언급하였던 증상들은 비교적 초기 단계의 틱증상에 해당하는 만큼 빠르게 발견하여 바로 치료를 진행한다면 충분히 증상 개선 및 완치가 가능하나 증상의 특성상 감기나 비염, 알러지 등 안과나 이비인후과와 같은 여타 기관에 관련된 질환으로 오인되기 쉽다 보니 해당 치료를 받게 되면서 틱 치료 시기를 놓치거나 치료 없이 그냥 방치되는 경우가 많습니다.

하지만 전체 틱장애아동 중 80%가 눈 깜빡임, 코 찡긋거림, 입 씰룩임과 같이 얼굴 쪽에서 나타나는 단순한 운동 틱 증상으로, 나머지 20%는 기침 소리 내기와 같은 단순한 음성 틱 증상으로 처음 틱을 시작하는 것으로 나타난 만큼 아이가 어느 순간 이러한 증상을 보였다면 틱장애일 확률이 높은 것이니 그 즉시 틱장애전문 병원에 내원하여 정확하게 진단을 받아본 뒤 틱장애로 확진 시 바로 틱장애 치료로 이어질 수 있게 대처하는 초기 대응이 중요합니다. 틱장애는 치료가 빠르면 빠를수록 높은 치료율로 증상 개선 및 완치가 가능하여 아이가 틱장애로 인해 받게 될 피해를 최소화할 수 있기 때문이죠. 그럼에도 불구하고 이러한 틱장애를 치료 없이 그냥 방치해두거나, 아이에게 맞지 않는 치료법을 진행함에 따라 틱 치료 시기를 놓치게 된다면 어떤 결과를 초래하게 될까요? 틱장애는 진단에 따라서 그 심화 정도에 따라 크게 일과성 틱, 잠재기, 만성틱, 투렛증후군으로 나누어볼 수 있는데, 틱증상이 잠시 보였다가 사라지는 일과성 틱이나 틱증상이 보였다 안 보였다를 반복하는 잠재기 단계의 경우 비교적 초기 단계의 틱증상에 해당하는 만큼 빠르게 치료를 진행한다면 증상 개선 및 완치가 가능하지만 이 단계에서 틱증상이 악화되어 틱증상이 지속적이고 복합적으로 나타나는 만성틱 혹은 1년 이상 틱증상이 지속적이고 복합적으로 나타나는 투렛증후군으로 발전하게 되면 오랜 시간 틱증상이 지속된 만큼 치료율이 현저히 떨어져 치료가 쉽지 않은 것은 물론 성인이 되어서도 증상이 남아 있을 수 있고, 앞서 박 양의 틱장애 사례에서도 살펴보셨듯 분노조절장애, 불안장애, 소아우울증, 강박증, ADHD와 같은 신경불균형 질환들이 함께 동반될 수 있습니다. 그리고 이러한 동반 질환들은 한창 두뇌를 비롯하여 신체, 정서, 학습, 사회성 등 전반적인 성장과 발달이 이루어지는 시기의 아이에게 여러 치명적인 영향을 미칠 수 있죠. 때문에 틱장애는 조기 치료가 무엇보다 중요하다고 할 수 있는데요,

그렇다면 아이의 틱장애증상, 빠르게 발견할 수 있는 방법은 없을까요? 대부분의 틱장애아동들이 틱장애증상을 보이기 전 터질 것 같은 느낌, 하지 않으면 안 될 것 같은 느낌, 가슴의 압박감,

답답함 등의 전조 증상을 호소하는 것으로 나타났으며, 틱장애 증상이 악화될수록 얼굴 쪽에서 나타나던 증상이 다리 쪽으로 점점 내려가거나, 운동 틱 증상이 음성틱 증상으로 변화한다거나, 단순 틱이 복합 틱으로 발전하는 등의 증상의 변화가 보이는 것으로 나타났습니다. 때문에 평소 아이의 행동을 유심히 관찰해보고 틱장애로 의심되는 어떠한 이상 증상을 보이기 전 이러한 전조 증상을 호소한 적이 있거나 증상의 변화가 보인다면 더이상 틱치료를 지체하지 말고 곧바로 틱장애 전문 병원에 내원하여 정확하게 진단을 받아보아야 합니다. 그렇다면 이러한 틱장애, 왜 발생하는 것일까요?

틱장애 원인으로 가장 많이 언급되었던 것은 바로 유전적인 요인과 학업에 대한 스트레스, 부모님의 교육이나 양육 방식으로 인한 스트레스, 시험에 대한 압박감, 동생이 생기면서 오는 불안감, 새 학년 새 학기에 들어서면서 오는 긴장감 등 여러 환경적인 요인들로 인한 자극들이었습니다.

하지만 틱장애에 대한 연구가 활발히 진행됨에 따라 현재 가장 설득력을 얻고 있는 틱장애의 가장 근본적인 원인은 바로 뇌신경계의 불균형이라는 신경학적 문제에 기인한다는 것입니다. 우리의 몸에는 좌우로 무수히 많은 신경들이 퍼져 있고 이 신경들은 몸의 내부나 외부에서 오는 여러 자극이나 변화들을 감지하여 그 정보를 두뇌에 전달해주고 전달받은 내용을 토대로 두뇌에서 내리는 명령들을 다시 몸의 내부나 외부에 전달하여 그에 맞게 신체활동을 할 수 있도록 조절해주는 역할을 하고 있습니다.

그런데 어떠한 요인으로 인해 두뇌와 신경계 사이의 균형이 무너지게 되면서 운동 및 감각 조절 능력이 저하되고 정보가 왜곡되어 두뇌에 전달되거나 두뇌에서 내리는 명령들이 제대로 신경계에 전달이 안 되는 등 상호 정보 전달이 원활하게 이루어지지 않게 되면 자신의 의지와는 관계 없이 반복적으로 이상 행동을 하거나 소리를 내는 등의 반복적인 신경 반응이 나타나는 틱증상으로 발현한다는 것이죠. 물론 앞서 언급하였던 여러 환경적인 요인들도 틱증상을 발현시키는 어떠한 요소가 되는 것은 분명하지만 대부분 뇌신경계의 불균형으로 인해 신경계들이 약화됨에 따라 정상적인 신경계였다면 충분히 수용할 수 있는 범위 내의 환경적인 요인들로 인한 자극들도 더 예민하게 반응하게 되고, 큰 자극으로 다가오게 되면서 증상을 악화시켜 틱증상으로 발현되는 것이라고 할 수 있습니다. 다시 말해 틱증상을 개선하기 위해선 근본적인 원인은 물론 환경적인 요소도 파악하여 해결하는 치료를 진행해야 하죠.

앞서 틱장애는 조기에 발견하여 빠르게 치료를 진행하지 않게 되면 틱증상만이 악화되는 것이 아니라, 여러 신경 불균형 질환들을 함께 동반하게 된다고 말씀드렸습니다. 이 역시 뇌신경계의 불균형 때문이라고 할 수 있습니다. 뇌신경계의 균형이 깨지게 되면서 그 영향이 신체의 변연계, 자율신경계, 전정신경계, 운동-감각 신경계에도 미치게 되면서 약화되어 약화된 신경계에 따라 비염, 알러지, 수면장애, 어지럼증, 소화장애, 천식, 강박증, 우울증, 불안장애, 분노조절장애, ADHD와 같은 신경 불균형 질환들이 동반하게 되는 것이라고 할 수 있죠.

앞서 박 양의 사례를 살펴보면, 박 양 역시 틱장애증상과 함께 분노조절장애 증상과, 신체가 불균형적으로 발달하여 더디는 등의 증상도 보이고 있었습니다. 이 역시 뇌신경계의 불균형으로 인해 정상적인 상태라면 충분히 수용할 수 있는 범위 내의 자극들도 더 에민하게 반응하게 되어 쉽게 화를 내고 매사에 짜증을 내게 되면서 분노조절장애 증상으로 나타나는 것이며 빛과 소리 등에도 민감하게 반응하게 되어 잠을 제대로 이루지 못하게 되면서 한창 신체가 발달하다 수면장애로 인한 영향을 겪게 되면서 신체 발달 역시 더디게 되는 것이라고 할 수 있죠.

-출처 : "틱장애 사례, 불안과 분노조절장애에 따른 증상 치료", 네이버 블로그(뇌움한의원)(2019. 5. 27) -

8-2 상담 사례

Q 질문

(상담 글 : 틱장애가 나타났어요 어떻게 하죠?)

아이가 갑자기 안 하던 음성 틱을 보이는 겁니다.
어깨도 으쓱하고 몸도 비틀구요. 너무 놀라서 병원에 갔더니
틱증상이라고 하더라구요. 그러면서 틱 치료약을 먹여보라고 합니다.
하지만 약물을 먹이는 것이 너무 무서워요.
일시적으로 나타난 틱장애 치료 방법은 약물 빼고는 정말 없나요??
바로 몇 달 뒤 3월에 초등학교 가야 하는데
너무 걱정이 됩니다. 괜히 산만하다고 약 먹였다가
안 해도 될 고통을 겪고 있는 것 같아 너무 속상해요.

A 답변

놀이치료로 쉽게 치료가 됩니다.

주의가 산만한 것이나 틱의 경우 놀이치료나 행동 수정 요법을 이용하면 정상적으로 돌아옵니다. 심리적 문제의 치료에는 약물이 우선적이 아니라 문제의 배경을 조사하여 그 원인을 제거해주는 행동치료나 놀이를 통한 치료적 프로그램을 적용하면 문제들이 쉽게 해결이 될 수가 있습니다. 아동이 병원 상황에 대하여 겁이 많이 나고, 불안 수준이 높아져서 생기는 현상입니다.

저희 센터 같은 기관은 겉에서 보거나 치료실 안에서 보면 유치원과 유사하여 아동이나 부모님들이 방문하셔도 별로 부담이 안 됩니다. 아동에게는 유아교육과 특수교육을 전공하신 여자 선생님께서 잘 짜인 치료 프로그램을 적용하면 아동도 재미있고, 관심이 높아져서 기관을 방문하면 집에 돌아가기를 싫어할 정도로 행동의

변화가 옵니다. 너무 걱정하시지 말고 아동의 문제는 전문가에게 맡기시고 약 2달 정도 시간을 기다리시면 틱의 문제는 없어집니다.

－출처: 순천향 아동임상센터(http://www.helpchild.net/) －

정의

틱은 갑작스럽고 빠르며 반복적이고 비율동적인 동작이나 음성 증상을 말한다. 틱증상은 크게 운동 틱과 음성 틱으로 구분하고 있다.

1) 운동 틱

운동 틱이란 근육운동을 포함하는 틱을 말하는 것으로, 대개 아동기에 시작된다. 운동 틱은 단순운동 틱과 복합운동 틱으로 구분된다.
 - **단순운동 틱**: '눈 깜박거림', '눈동자 움직이기', '머리 흔들기' 등 대개 갑작스럽게 짧은 시간 동안 의미 없는 동작으로 하는 것으로, 틱 장애의 초기 증상으로 가장 흔하게 나타나는 증상들이다.
 - **복합운동 틱**: '자신을 치는 행동', '물건을 만지는 행동', '반향행동' '외설행동' 등 마치 의도했던 행동이나 의미 있는 행동처럼 나타나는 틱이다. 때문에 다른 사람들에게 오해를 불러일으키기도 한다. 또한 이러한 틱들은 한꺼번에 여러 가지 틱이 동시에 나오거나 연결된 동작으로 나타난다. 이러한 운동 틱은 언제든지 나타날 수 있고, 피곤하거나 스트레스를 받는 상황에서 악화되기도 한다.

2) 음성 틱

음성 틱은 소리나 말을 포함하는 틱증상으로, 대개 아동기에 시작되고, 근육 틱이 이미 생긴 후에 시작되는 경우가 많지만 음성 틱이 첫 증상으로 나타나기도 한다. 대개의 음성 틱은 '가래 뱉는 소리', '쿵쿵거리는 소리', '기침 소리' 등의 단순음성 틱이 나타난다. 하지만 가끔 '갑작스럽게 단어나 구 말하기', '동어 반복증', '반향언어증', '외설증' 등의 복합음성 틱이 나타나기도 한다.

진단 및 평가

DSM-5의 틱장애 진단 기준

투렛장애
- 여러 가지 운동성 틱과 한 가지 또는 그 이상의 음성 틱이 질병 경과 중 일부 기간 동안 나타난다. 2가지 틱이 반드시 동시에 나타날 필요는 없다.
- 틱증상은 자주 악화와 완화를 반복하지만 처음 틱이 나타난 시점으로부터 1년 이상 지속된다.
- 18세 이전에 발병한다.
- 장애는 물질(예: 코카인)의 생리적 효과나 다른 의학적 상태(예: 헌팅턴병, 바이러스성뇌염)로 인한 것이 아니다.

지속성(만성) 운동 또는 음성 틱장애
- 한 가지 또는 여러 가지의 운동 틱 또는 음성 틱이 장애의 경과 중 일부 기간 동안 존재하지만, 운동 틱과 음성 틱이 모두 나타나지는 않는다.
- 틱증상은 자주 악화와 완화를 반복하지만 처음 틱이 나타난 시점으로부터 1년 이상 지속된다.
- 18세 이전에 발병한다.
- 장애는 물질(예: 코카인)의 생리적 효과나 다른 의학적 상태(예: 헌팅턴병, 바이러스성뇌염)로 인한 것이 아니다.
- 투렛장애의 진단 기준에 맞지 않아야 한다.

다음의 경우 명시할 것
- 운동 틱만 있는 경우
- 음성 틱만 있는 경우

잠정적 틱장애
- 한 가지 또는 다수의 운동 틱 또는 음성 틱이 존재한다.
- 틱은 처음 틱이 나타난 시점으로부터 1년 미만으로 나타난다.
- 18세 이전에 발병한다.
- 장애는 물질(예: 코카인)의 생리적 효과나 다른 의학적 상태(예: 헌팅턴병, 바이러스성뇌염)로 인한 것이 아니다.

– 투렛장애나 지속성(만성) 운동 또는 음성 틱 장애의 진단 기준에 맞지 않아야 한다.

8-5 원인

현재까지 틱장애의 원인은 단일한 원인 인자로 밝혀진 것은 없으며 여러 요인들이 상호작용하여 생기는 질환으로 보고 있다.

1) 유전적인 원인

가족 중에 틱장애나 강박장애를 나타내는 경우가 많다. 일란성 쌍둥이 50%, 이란성 쌍둥이 10%는 동시에 발병한다. 이러한 점으로 보아 환자의 일부에서는 유전적인 성향이 있다고 생각된다.

2) 뇌의 구조적/가능적 이상

중추신경계 중 전두엽(앞뇌: 전체적인 뇌 기능의 조율을 담당)과 기저핵(운동기능을 조절하는 중추이고 감각과 운동의 조화를 담당)에 병변이 있다고 보고되고 있다.

3) 뇌의 생화학적 이상

뇌의 중요한 신경전달물질인 도파민계의 이상 항진이 원인이라는 가설이 유력하다. 이는 흔히 틱장애의 치료에서 효과적으로 사용되는 할로페리돌이나 피모자이드 같은 약물들이 도파민이라는 중추신경계의 뇌신경 전달물질을 차단하는 효과를 갖는다는 사실로부터 유추할 수 있다.

4) 호르몬

남자아이에게서 많다는 점에서 남성호르몬과 틱이 연관되었을 것이라고 생각되기도 한다.

5) 출산 과정에서의 뇌손상, 뇌의 염증, 산모의 스트레스

출생 후 아이가 박테리아 감염 후 일종의 면역반응의 이상이 발생해서 틱장애와 강박장애가 발생한다.

6) 학습 요인

아주 경한 정도의 일시적인 틱은 주위의 관심이나 환경적 요인에 의해 강화되어 나타나거나, 특정한 사회적 상황과 연관되어 나타날 수 있다.

7) 심리적 요인

틱장애가 가장 많이 시작되는 연령이 7~10세 사이, 즉 초등학교 1~3학년이며 시험을 전후하여 증상이 악화되는 것으로 보아 입학이나 공부와 관련된 스트레스가 원인 내지는 증상 악화 요소로서 작용한다고 볼 수 있다. 특히 일관성 틱은 긴장과 스트레스의 증상으로 보아도 좋다. 또한 틱장애 아동의 부모 중에는 매우 통제적이고 간섭이 심한 경우가 많아서, 부모가 아동의 긴장과 스트레스의 주요 원인이 된다. 또한 만성 틱을 가진 아동은 항상 긴장되어 있고 표현력과 자기주장 능력이 모자라는 경향이 있어서, 불만을 표현하거나 스트레스를 이겨내지 못하고 틱으로 나타난다고 볼 수 있다.

8-6 중재 및 치료 방법

1) 지도 방법

(1) 학교에서의 지도 방법
- 장애아동의 지도 방법은 부모와 협력하여 가정과 학교의 지도를 일관성 있게 통일하여 지도하는 것이 가장 좋다.
- 장애아동이 수업 중에 틱증상이 나타날 때는 수업을 지나치게 방해하지 않는 이상 아동을 제지하거나 지적해서는 안 된다.
- 장애아동이 약물을 복용하고 있는 경우에 교사는 아동이 제때 약물을 복용하는지를 확인해

야 한다.

– 학교에서는 장애아동과 함께 지내는 또래 아동에게 또래 교육 프로그램을 실시하여 틱장애아동이 틱증상을 보일 때 장애아동에게 상처가 되는 말이나 행동을 하지 않도록 하여야 한다.

(2) 가정에서의 지도 방법

1) 틱은 부모가 신경 쓰면 더 오래 간다.

대부분의 틱은 일시적이다. 1~2주 정도 지나면 저절로 없어지는 경우가 많고, 1년 이상 지속되는 경우 또한 거의 없다. 하지만 틱증상이 오래 가서 1년 이상 지속되는 경우 만성이 되기도 한다. 그래서 틱 치료에서 가장 중요한 것은 엄마가 아이의 틱증상에 민감하게 반응하지 않는 것이다. 만일 엄마가 아이의 증상에 관심을 가지면 그것이 곧 아이에게 스트레스가 되고, 이 스트레스는 다시 틱을 유발할 수 있다.

2) 아이를 야단치거나 혼내서는 안 된다.

아이에게 틱증상이 나타낼 때 중요한 것은 혼내거나 야단쳐서는 안 된다는 것이다. 야단을 칠수록 아이의 긴장감이 더해져서 틱증상이 심해질 수 있다. 그러므로 일상생활이나 학교생활에 별다른 지장이 없으면 그냥 두는 것이 좋다.

3) 아이가 스트레스 받는 원인을 해결해주어라.

틱은 주변 여건으로 인한 스트레스가 원인이 되는 경우가 많으므로, 그 원인을 해결해주면 쉽게 치료된다. 그러므로 아이가 긴장을 풀 수 있도록 충분한 휴식 시간을 갖게 하는 것도 중요하며, 아이가 잘한 행동에 대해서는 칭찬을 해서 용기를 북돋아주는 것도 도움이 된다. 또 소극적이고 부끄러움을 잘 타는 아이일수록 틱이 잘 생기므로, 이런 아이는 평소에 친구와 어울려 놀 수 있는 분위기를 만드는 데 신경을 써야 한다.

2) 중재 및 치료 방법

틱을 치료할 때 틱을 소멸하는 것보다 학교에 적응하거나 강박 증상을 없애는 것을 우선하는 경우가 많다. 또 진단 기준에 적합하지 않는 사소한 틱이나 경미한 형태의 일시적인 틱장애는 즉각적인 치료가 필요하진 않다. 하지만 증상이 심해 치료가 필요하다면 전반적인 기능과 정신병리, 발달 과제, 가족과 사회의 적응 등을 기준으로 장기간 치료해야 한다. 그리고 투렛장애의 경우에는 청소년기로 갈수록 증상이 악화되는 경우가 많고 적응에 심한 어려움이 초래되므로 반드시 치료가 필요하다.

(1) 아동과 가족을 위한 교육

우선 아동과 가족에게 질병을 이해하도록 교육하는 것이 필요하다. 틱증상이 특별한 이유 없이 또는 치료에도 불구하고 악화되기도 하고 완화되기도 한다는 것을 이해하게 되면 틱이 어느 정도 심해지더라도 불안해하거나 좌절하지 않을 수 있기 때문이다. 또한 아동의 틱증상이 나타났을 때 아동을 나무라거나 지적하면 증상이 더 심해질 수 있다는 것을 알고 가장 효과적인 대책인 무시하고 관심을 주지 않도록 할 수 있다.

(2) 약물치료

틱 자체는 약물치료로도 상당 부분 호전된다. 중증도 이상의 증세를 보이는 경우에는 정신치료나 행동치료만으로 증상을 개선하기는 어렵고 약물치료를 함께하는 것이 가장 효과적이다. 때문에 만성 틱장애, 투렛장애의 경우에는 약물치료가 많이 시행된다. 가장 많이 사용되는 약물로는 할로페리돌, 파이모자이드, 클로니다인, 리스페리돈 등이 있다.

(3) 행동치료

이완훈련: 운동의 긴장과 이완법, 심호흡, 시각상 등의 방법들이 적용되는데, 운동의 긴장과 이완법이 가장 효과가 크다고 한다.

자기평가: 대상 아동이 스스로 자신의 틱증상에 대하여 일기 형식으로 쓰면서 평가하도록 하는 방법이다. 이러한 과정을 통해 아동은 자신의 틱증상에 대한 통제 능력을 기를 수 있다.

(4) 심리치료

투렛장애가 있는 아동은 학습 및 주의력의 곤란, 불안, 충동성, 감정적 과민성 등이 취약하므로 이러한 아동은 낮은 자존감, 장애를 야기하는 불안 또는 우울, 가족, 교사, 또래 관계 부족 등에 관한 정식 심리치료를 해야 한다. 또한 역동적 심리치료 및 대인관계적 심리치료의 목표는 특정 증상을 제거하는 것을 넘어서 가정의 지지를 유지하고, 성취감을 획득하고, 일관되고 긍정적인 정체성을 발전시키기 등 중요한 적응 과제의 진전을 촉진하는 것이다. 이러한 심리치료는 틱 또는 강박행동을 직접적으로 감소시키는 것은 아니지만, 스트레스와 관련된 증상 악화를 낮추고, 약물을 줄일 수 있다.

틱장애의 오해와 진실

틱장애의 오해와 진실

건강보험심사평가원 자료에 따르면 틱장애 환자는 매년 1.9%씩 증가하고 있다.

하지만 틱장애는 다른 질환에 비해 관련 정보가 부족할뿐더러 초기에 알아채기 어려운 증상을 보이므로 제대로 된 치료를 못 하는 경우가 많다.

20년간 한방정신과 진료를 해온 ○○○한의원 안○○ 원장의 도움말을 통해 틱장애 환자들이 가장 궁금해하는 몇 가지를 알아보고 올바른 치료법을 선택해본다.

▶틱증상은 저절로 나오는 것인가요?

틱장애 자녀를 둔 부모들이 가장 궁금해하는 질문 중 하나가 틱증상은 본인도 모르게 저절로 나오는 것인지에 대한 것이다. 안 원장은 "틱증상은 자기도 모르게 저절로 나오는 것이 아니다"라고 명확하게 말한다. 틱은 눈 떨림이나 딸꾹질처럼 저절로 일어나는 근육의 경련 같은 것이 아니라 본인이 스스로 하는 것인데, 그 이유는 신체에 발생하는 찜찜한 느낌이나 틱을 하고 싶은 충동(전조 감각 충동)을 해소하기 위해 본인이 스스로 그 동작을 반복한다는 것이다.

▶틱장애는 후천적으로 발생하나요?

흔히 틱을 스트레스와 같은 외부 환경의 영향으로 발생하는 심리적인 문제로 알고 있지만, 기본적으로 불안정한 두뇌 시스템과 같은 신경학적 요인이 있는 사람이 외부적으로 안 좋은 환경을 만났을 때 발생하는 것이 틱장애다. 따라서 치료를 할 때에 환경만 개선해서 해결하는 것이 아니라 내부적인 원인을 치료하는 것이 중요하다.

▶어른도 틱장애가 발생하나요?

성인 틱은 크게 3가지 유형으로 나눌 수 있다. 어릴 때부터 틱이 발생하여 성인까지 지속되는 경우로서 이런 경우에는 투렛증후군의 가능성이 높고 치료 기간이 길다. 또한 어려서 틱증상이 있다가 성장 과정에서 사라졌지만 성인이 되어 재발하는 경우도 있다. 마지막으로는 틱증상이 전혀 없다가 성인이 되면서 처음으로 발병하는 경우이다.

▶스트레스와 틱장애가 연관이 있나요?

스트레스가 틱장애에 영향을 미치는 것은 분명하지만, 스트레스로 인해 틱장애가 생긴다기보다는 원래 불안을 잘 느끼고 스트레스에 취약한 상태에서 환경의 변화나 스트레스가 가해지면서 일종의 방아쇠 역할을 하는 것이다. 그렇기 때문에 단순히 스트레스 요인을 없애거나 심리치료만 받는 것은 주된 치료가 되지 못하며 예민한 기질 등의 근본적인 원인을 치료해야 한다.

▶틱장애는 불치병인가요?

틱장애는 난치일 뿐이다. 심한 틱장애는 오랜 기간에 걸쳐서 호전과 악화를 반복하며 지속되므로 고칠 수 없는 질환으로 여겨지기도 한다. 틱장애는 만 12~15세 사이에 증상이 심할수록 성인까지 이어질 가능성이 높아지고 틱증상의 시작 시기가 만 6~8세로 일찍 시작되었고 동반 질환 문제가 적을수록 완치될 확률이 높아진다. 그러므로 초기에 정확하게 치료하고 재발을 예방한다면 완치될 가능성이 높아진다.

한의학에서는 뇌의 정신적인 기능을 오장육부로 설명하는데, 심장과 쓸개가 허약하거나 간 기운의 막힘 등의 문제로 보고 이 장부들의 기능을 조절하는 개인별 맞춤 한약과 침 치료를 통해 틱장애를 치료한다.

또한 뇌파를 개선시켜주는 '뉴로피드백', 호흡을 통해 자율신경계를 안정시키는 '바이오피드백', 두뇌가 안정될 수 있도록 도와주는 '감각통합훈련' 등의 신경학적 훈련을 병행하면 불안감이나 스트레스를 스스로 조절할 수 있게 하여 틱장애 치료 및 재발 방지에 도움을 준다.

뉴로피드백이나 바이오피드백은 서울대병원, 삼성서울병원, 세브란스병원 등의 대형병원에서 오래전부터 시행하고 있는 신경학적 훈련 방법으로, 주 1~2회 적어도 20회 이상 훈련을 하면 학습된 두뇌의 상태가 계속 유지되므로 치료 작용을 오랜 기간 유지할 수 있다는 특징이 있다.

마지막으로 안○○ 원장은 "틱장애 치료는 질환에 대한 정확한 이해로부터 시작한다"라며 "올바른 치료를 선택하여 틱장애 재발률이 낮아졌으면 좋겠다"고 조언했다.

-출처 : "틱장애에 관한 오해와 진실 5가지", 『스포츠서울』(2017. 11. 15)-

참고문헌

강종구 외(2010), 특수교육학개론, 서울: 학지사

김미경 외(2007), 정서 및 행동장애아 교육, 서울: 학지사

김미경(2008), 자폐장애 및 정서행동장애의 이해, 서울: 청목출판사

김미경(2012), 특수아동 부모 교육 및 상담, 청목출판사

김미경·최기창(2009), 행동수정, 서울: 형지사

위영만(2009), 만성 틱장애와 일관성 틱장애의 비교 연구: 유병률, 공존장애, 정서/행동문제, 기질 및 성격특성, 서울대학교대학원 석사학위논문

조수철(2009), 틱장애, 서울대학교 출판문화원

순천향 아동 임상 센터(http://www.helpchild.net/), 선별상담사례 33

http://psy.amc.seoul.kr/asan/depts/psy/K/bbsDetail.do?menuId=862&contentId=250604

https://news.joins.com/article/23767582

http://naver.me/xdnUymYI

https://m.blog.naver.com/healim0130/221547849881

http://m.sportsseoul.com/news/read/570475

https://m.post.naver.com/viewer/postView.nhn?volumeNo=27889526&memberNo=1179304&vType=VERTICAL

제 9 장

외상후스트레스장애
(Post Traumatic Stress Disorder)의 상담

사례 기사

생명을 위협할 정도의 사건, 심각한 부상, 자연재해 등 외상성 사건들을 경험했거나 목격했다고 해서 꼭 외상후스트레스장애(Posttraumatic Stress Disorder, 이하 PTSD)가 생기는 것은 아니다. 그러나 현대인들에게 정신과적 질환은 증가하고 있는 추세다.

조○○ 정신과 전문의는 "우울증, 피해망상증, PTSD, 공황장애, 주의산만증 등이 현대인들에게 부쩍 증가하고 있는 정신과적 문제들이다. 이 중에서 PTSD는 심각한 정신과적 문제이지만 잘 모르고 일반화하는 경향이 있다"고 지적했다. 조○○ 정신과 전문의와의 인터뷰를 통해 PTSD에 대해 알아보았다.

\# PTSD라는 것이 뭔가?

"PTSD는 진짜 죽을 것 같은 전쟁이나 자연재해, 사고, 테러, 성폭력 노출 등 심각한 사건을 겪고 나서 그에 대한 불안과 공포감을 느끼고 나중에도 다시 겪게 될 것 같은 정신적 고통을 느끼며 사회생활에도 영향을 끼치는 문제다.

이전에는 불안장애의 한 유형에 속했지만 미국정신의학회(APA)가 2013년 다섯 번째 개정한 '정신질환 진단 및 통계 편람(DSM−5)'에서는 트라우마 또는 스트레스 관련 장애(stress related disorder)에 따로 구분됐다. 이전에는 사고를 당했을 때 극심한 공포심을 느껴야 한다는 것이 진단에 들어 있었지만, DSM−5에서는 빠졌다. 전쟁을 경험한 군인 또는 성폭행을 당한 피해자가 당시 상황에서는 극도의 공포심을 보이지 않는 경우도 많이 있었기 때문이다. 또한 경찰이나 그 가족이 끔찍한 장면을 본 후 PTSD가 생길 수도 있다.

PTSD 이전에는 '셸쇼크(Shell Shock)'란 말이 있었다. 전쟁이 났을 때 폭탄이 터지면 똑같은 곳에 떨어지지 않는다. 참호 속에 들어가면 폭탄이 언제 어디서 날아올지 모르기 때문에 심한 불안에 빠지고 신체적으로도 마비가 되는 부분들이 생긴다. '셸쇼크'는 1차 대전 후 군인들의 PTSD 유형을 기술하는 말로 나왔다가 베트남전 이후로 PTSD가 뚜렷하게 환자도 많아졌고, 재향군인의 중요한 이슈가 되면서 현재는 광범위하게 쓰이고 있다."

#진단이 쉽지 않은 것 같은데?

"꼭 재향군인뿐 아니라 교통사고, 비행기 사고, 자동차 사고, 강도, 강간, 산업재해 등을 당했다거나 위험한 직장에 있는 경우 PTSD 진단이 나오는 사례들도 있다. 진단을 내릴 때는 의사가 임의로 혹은 환자의 말만으로 진단이 되는 것이 아니다. 먼저 상담을 통해 환자가 얼마나 심한 공포증이 있는지, 잠을 못 자는지, 악몽을 꾸는지 등 해당되는 일종의 심리 검사를 통해 DSM-5의 진단 기준에 부합되는지도 살피게 된다. DSM-5 진단 기준도 A부터 H까지 세분화돼 있다. 한편 엑스레이 또는 호르몬이나 뇌 신경전달물질을 측정한다거나 등의 신체적 검사로 PTSD 진단이 나오는 것이 아니다. 상담과 심리검사를 통해 진단을 내린다.

또한 PTSD와 유사한 경험을 하고 있는데 진단 내리기에는 좀 약한 경우도 있다. 좀 더 정확히 이야기하자면 스트레스 신드롬이라고 해야 더 맞는 경우다. 적응장애(Adjustment Disorders)라고 해서 PTSD 관련 장애 하위 범주로 심리사회적 스트레스 때문에 사회적 관계나 직업 수행 등에 문제가 생기는 상태도 있다. PTSD가 사회적으로 많이 쓰이고 있지만 법정 소송까지 갔을 때 PTSD로 진단받지 못하는 경우가 생길 수도 있다."

#치료는 어떻게

"다른 정신과적 치료와 마찬가지로 크게 약물치료와 상담치료가 쓰인다. 특히 인지행동 치료가 많이 사용된다. PTSD 환자의 주된 증상은 공포가 될 수 있는 충격적인 사건을 다시 경험한다거나 그 사건을 다시 기억하게 하는 상황이나 자극에서 회피하는 행동을 보인다. PTSD 환자의 증상은 여러 가지인데, 환자에 따라 불안이 심하거나, 우울증이 심하거나, 망상증이 심할 수도 있다. 환자에 따라 우울증 조절 관련 약을 쓰거나, 불안증 약, 앵거 매니지먼트(분노 조절)가 제대로 이뤄지지 않으면 관련 약을 사용할 수도 있다. 또 감정 조절이 잘되지 않는 환자는 기분안정제(mood stabilizer)를 처방한다.

그러나 PTSD 치료가 힘든 것은 치료받는 것이 쉬운 것이 아니다. 환자 스스로 치료를 받으러 가야 하며 노력해야 한다. 또 치료를 잘 안 받는 환자들도 많다. 치료 기간도 길다. 하지만 그냥 방치하면 자신의 삶뿐 아니라 타인의 삶도 망가뜨릴 수 있다.

보통 재향군인을 위해 재향군인 병원의 치료 팀이 팀 치료를 통해 환자를 돕는다. 팀 치료는 상담만 하는 것이 아니라 재활치료까지 병행되며, 소셜 워커가 경제적으로 지원하고 직업을 위한 기술 교육까지 체계적으로 이뤄진다.

피해망상증이 심해 난폭한 행동이나 폭력을 행사하거나 자살 기도를 한다면 강제 입원을 시켜서 치료를 해야만 하는 경우도 있다. 또한 경험 있는 전문가에게 치료를 받고 체계적으로 팀 치료를 받는 것이 중요하다고 본다."

"공식적으로는 아니지만, 나는 정신과 전문의로 자살 문제를 일종의 합병증으로 본다. 환자에 따라 상황이나 병의 심한 증세가 다 다르다. 환자가 갖고 있던 우울증, 불안증 등이 더 심해져 자살할 수도 있다. 또 PTSD 때문에 비의학적, 불법적 약물 남용을 하다가 약물 중독이 돼서 큰 문제가 발생할 수도 있다. 고베 지진이 발생한 이후 알코올중독에 빠지거나 자살한 케이스가 많았다. 평생 트라우마로 인해 괴로워하다가 폐인이 되는 경우도 있다.

사회적인 관계 문제가 발생하기도 한다. 앵거 조절이 되지 못해 폭력적으로 싸우면서 법적 문제가 발생한다거나, 교통사고를 일으킨다거나, 혹은 심한 피해망상으로 인해 심각한 문제를 일으킬 가능성도 있다."

#현대인에게 이런 정신과적 문제가 왜 이렇게 많은가?

"옛날보다 요즘 세대가 약해졌다고 본다. 예전에는 어떤 전쟁이나 극한 상황이 발생하면 그 상황을 받아들였다면, 요즘 세대는 그런 극한 상황에 대한 준비가 돼 있지 않다. 또 요즘 현대인들은 스트레스가 심하고, 몸도 약하다. 신경써야 할 것이 너무 많다. 그러다 보니 우울증, 공황장애, PTSD, 주의산만증, 피해망상 등이 부쩍 증가했다.

또 예전에는 주변 가족이나 친척들이 옆에서 도와주는 사람들이 많았다면 요새는 도움을 받을 사람이 주위에 없다. 다 고독하다. 혼자 해결해야 한다. 점점 더 심리적 부담은 늘어날 수밖에 없다고 본다. 생활을 위한 모든 것은 기술적인 부분은 날로 편안하게 발전하고 있지만 심리적으로는 전부 불안하다. 혼자 살아남아야 하며, 이래저래 바쁘다 보니 육체적으로 정신적으로 약해져 있으며 신경계는 더욱 약해져 있어, 정신과적 질환은 더욱 늘어날 전망이다."

－출처 : "트라우마 시한폭탄 'PTSD' 치료 의지가 중요", 『한국일보』(2018. 12. 4)－

사례 기사 Ⅱ

하늘이 무너져도 솟아날 구멍은 있지만 그 구멍으로 빠져나와 목숨을 건진 사람들은 또 하나의 높고 험한 산을 넘어야 한다. 외상후스트레스장애(PTSD) 환자가 겪는 고통은 시간이 지난다고 해서 다 해결되지 않기 때문이다.

2004년 친구들과 함께 푸켓 피피섬을 여행하던 주부 P씨는 크리스마스 다음 날 엄청난 쓰나미를 경험했다. P씨는 다행히 호텔 고층에 숙박하고 있었기에 생명을 건질 수 있었지만 함께 여행하던 여행객들의 상당수가 목숨을 잃었다. 당시 창가에서 쓰나미가 덮치는 장면을 목격한 P씨는 사람들의 비명으로 아수라장이 된 호텔 복도를 거쳐 옥상으로 대피했다.

우여곡절 끝에 무사히 한국으로 돌아온 P씨는 이후 또 다른 공포에 시달렸다. 밤이면 잠을 제대로 잘 수 없었고 쓰나미가 몰려와 공포에 시달렸던 장면들이 자꾸만 반복해서 떠올랐다. 늘 불안하고 긴장했으며 혼자 있는 것이 두려웠다. 평상시에는 마치 넋이 나간 것처럼 멍하다가도 주변에서 작은 소리가 날 때마다 깜짝 놀라며 주변을 두리번거렸다. 당시의 중요한 장면들은 잘 기억하지 못하는 반면, 몇몇 장면에 대해서는 아주 자세하고 생생하게 기억하고 있었다. 텔레비전이나 신문에서 쓰나미 관련 뉴스가 나올 때면 식은땀을 흘리며 어쩔 줄 몰라 했다. 주변 사람들이 그때 이야기를 꺼내는 것조차 끔찍해했다.

심각한 사건 뒤에 나타나는 외상후스트레스장애

외상후스트레스장애(Post Traumatic Stress Disorder, PTSD)는 P씨의 경우처럼 생명에 위협을 느끼는 상황과 같은 심각한 사건을 경험하거나 목격한 후에 나타나는 불안장애다. 얼마 전 발생한 동일본 대지진 같은 엄청난 사건들은 모두 외상후스트레스장애를 유발할 수 있는 외상 사건이다. 그외에 일상에서 종종 발생하는 교통사고, 강도, 강간, 폭행, 유괴 등의 사건들도 외상 사건의 대표적인 예다. 과거에는 경험한 사건이 얼마나 중대하고 심각한 것인지가 외상후스트레스장애를 유발하는 결정적 요인이라고 여겼으나, 최근에는 개인이 주관적으로 그 사건을 얼마나 심각한 것으로 받아들이는지를 사건의 심각성보다 더 중요하게 생각하고 있다.

외상후스트레스장애의 특징으로는 크게 3가지 증상군을 들 수 있다. 첫째, 스트레스가 되는 외상 사건들이 일상생활에서 반복적으로 경험된다. 위에서 말한 P씨의 경우처럼 쓰나미의 장면들이 떠오르거나 그와 관련된 악몽을 꾸거나 뉴스를 듣는 것같이 그 사건을 기억나게 하는 상황에 노출되었을 때 강한 심리적 고통을 느끼는 것이 여기에 해당된다. 둘째, 외상과 연관된 자극을 피하려 하고 무감각하고 멍한 모습을 보인다. 셋째, 늘 지나치게 긴장되어 있고 각성된 모습을 보인다. 잠이 잘 오지 않고 중간에 자주 깨거나 신경이 예민해지거나 또 위험한 일이 발생하지 않을까 해서 늘 주변을 살핀다.

외상 충격 클수록 예후 나쁘다

외상후스트레스장애는 외상적 사건을 경험한 후 얼마 되지 않아 발생하는 경우가 대부분이지만 때로는 6개월 이후에 발생하기도 한다. 치료를 받지 않는 경우 약 30%에서는 완전히 회복되고, 40% 정도는 가벼운 증상을 계속 경험하며, 20%는 중등도의 증상을, 10%는 심한 증상을 지속적으로 경험한다. 대개는 1년 안에 절반 정도는 회복된다.

외상후스트레스장애를 경험하는 사람들의 예후는 사건의 심각도에 따라서도 다르지만, 개인이 스트레스를 극복할 수 있는 능력이나 주변의 도움에 따라서도 달라진다. 일반적으로는 경험한 외상의 충격이 클수록 예후가 좋지 않으며, 그 충격을 적절하게 다룰 만한 정신적 여유가 부족할수록 경과는 좋지 않다. 이런 이유로 청장년에 비해 어린 나이나 노년기에 외상 사건을 경험하면 예후가 좋지 않을 때가 많다. 또한 외상 사건으로 인해 많은 스트레스를 받는 경우 알코올이나 약물에 의존하게 되는데 이 경우 문제는 훨씬 복잡해지며 증상은 더욱 악화되므로 특히 주의해야 한다.

약물치료와 심리치료 병행해야

치료 시에는 환자가 자신의 어려움에 대해 이야기하고 위로받을 수 있도록 지지하고 격려해주어야 한다. 항우울제, 항불안제 같은 약물치료가 도움이 되며 특히 선택적 항우울제를 일차적으로 사용해볼 수 있다. 약물치료는 꾸준히 시행하는 것이 좋다. 일반적으로 약물의 항우울, 항불안 효과가 나타나기까지는 4~8주의 기간이 필요하며 수개월 이상 유지해야 재발을 막을 수 있다.

이와 함께 심리치료를 병행하는데 전체적인 긴장을 줄여주기 위해 이완요법 같은 행동치료를 하기도 하고, 두려움을 자극하는 상황을 극복하기 위해 그 상황에 점진적으로 도전하게 하는 노출요법을 시행하기도 한다. 최근에는 '안구운동민감소실 및 재처리요법'이라는 새로운 치료법이 소개되어 활발히 사용되고 있다.

주변에서 특히 주의해야 할 것 중 하나는 외상적 사건에 대해 반복적으로 질문하지 않는 것이다. 만약 그렇게 할 경우 고통스러운 외상 사건에 대한 기억에 반복해서 노출됨으로써 증상이 더욱 악화될 수도 있다. 주변에서는 이런 외상을 경험한 사람들을 충분히 이해하고 위로하며 격려해서 가급적 빨리 일상으로 복귀하도록 도와야 한다.

여기에서 충분히 이해한다는 것은 정말 그 사람의 입장이 되어 조심스럽게 접근해야 한다는 의미를 포함한다. 성급하게 일상으로 돌아가도록 밀어붙이지 말아야 하며, 동시에 일상에서 완전히 동떨어져서 고립되게 하지도 말아야 한다. 의사를 비롯한 전문가의 적절한 도움을 받을 수 있도록 격려하는 것도 중요하다.

－출처 : "외상후스트레스장애(PTSD)", 세브란스병원 홈페이지－

9-2 상담 사례

Q 질문

저희 조카입니다. 나이는 빠른 6세라 내년에 취학을 하게 되고 여자아이입니다. 지금 살고 있는 집은 아파트 3층인데 같은 라인의 1층에서 불이나 한 시간 반 정도 구출되지 못하고 갇혀 있던 적이 있습니다. 15개월 된 동생과 저희 언니(아이 엄마입니다)가 같이 있었지만 불이 전부 꺼지고 난 뒤에야 소방관 아저씨께 구조되었다고 합니다. 그 후 아이가 낮에는 괜찮은데 불이 났던 저녁 즈음이 되면 괜히 우울해하고 왜 그러냐고 물어보면 조심스레 불이 날까 봐 무섭다는 말과 함께 울어버린다고 합니다. 인형도 사주고 과자도 사주고 달래도 소용이 없고 아이를 데리고 2박 3일 정도 벚꽃 구경 삼아 여행도 가보았지만 여행 중에는 괜찮은가 싶도록 잘 놀았는

데 집으로 돌아오니 소용이 없습니다. 가까운 병원의 신경정신과에 데리고 가보았지만 별 이상이 없으니 괜찮을 거라며 안정제를 처방해주셨습니다. 아이는 약을 먹으면 그냥 자버리고 장난감을 사주고 놀아줘도 싫다며 잠들어버립니다. 낮에는 평상시와 다를 바가 없고 저녁이 되면 불안해한다고 합니다. 어떻게 그대로 두어도 되는지 전문적인 치료가 필요한 상태인지 궁금합니다. 답변 부탁드립니다. 감사합니다.

A 답변

외상후스트레스장애로 인한 문제입니다.

아동은 불이 났을 당시 심리적 외상으로 커다란 충격을 받아 현재도 저녁 때가 되면 그 당시 무서웠던 경험이 다시 살아나서 그렇습니다. 이러한 문제는 단순한 약물치료만 가지고는 해결이 안 됩니다. 아동의 심리적 불안을 이완시켜줄 치료 프로그램이 필요합니다.

우선 아파트에서 이사를 가서 단독주택의 형태에서 생활하도록 조치하든지, 또는 그 당시 받았던 심리적 충격을 이완시켜줄 수 있는 행동치료적 접근 방법을 찾아 적용시켜주든지 하는 적절한 해결책을 찾기 위하여서는 아동에 대한 행동 평가와 심리적 진단 평가가 필요합니다.

9-3 정의

한번 경험한 또는 반복되는 치명적인 사건을 회상하면서 지속적으로 불안증상을 나타내는 것이다. 치명적인 사건이란 인간 경험의 정상 범주에서 벗어난 것으로서 폭력 장면의 목격, 친족의 죽음, 성폭력 및 아동 학대 등을 포함한다. 즉, 아동의 삶에 중요한 영향을 미치는 주변 사람의 죽음이나 죽음에 대한 위협 등의 스트레스 요인들이 외상후스트레스장애를 일으킬 수 있다. 불면증, 집중 결여, 불안, 악몽, 환각의 재현 현상 등의 증상을 보인다. 아동기 외상후스트레스장애의 출현율은 명확히 밝혀지지 않았지만 대개 2% 정도로 추정한다. 외상후스트레스장애에 대한 중재는 주로 치료자와 함께 안전하고 지원적인 환경에서 정신적 충격을 일으킨 사건을 재검토하는 재노출 접근으로 이루어졌다.

진단 및 평가

DSM-5

A. 외상성 사건을 경험했던 개인에게 다음 2가지 증상이 모두 나타난다.

1) 개인이 자신이나 타인의 실제적이거나 위협적인 죽음이나 심각한 상해, 또는 신체적 안녕에 위협을 가져다주는 사건(들)을 경험하거나 목격하거나 직면하였을 때

2) 개인의 반응에 극심한 공포, 무력감, 고통이 동반될 때

※ 주의: 소아에서는 이런 반응 대신 지리멸렬하거나 초조한 행동을 보인다.

B. 외상성 사건을 다음과 같은 방식 가운데 1가지(또는 그 이상) 방식으로 지속적으로 재경험할 때

1) 사건에 대한 반복적이고 집요하게 떠오르는 고통스런 회상(영상이나 생각, 지각을 포함)

※ 주의: 소아에서는 사고의 주제나 특징이 표현되는 반복적 놀이를 한다.

2) 사건에 대한 반복적이고 괴로운 꿈

※ 주의: 소아에서는 내용이 인지되지 않는 무서운 꿈

3) 마치 외상성 사건이 재발하고 있는 것 같은 행동이나 느낌(사건을 다시 경험하는 듯한 지각, 착각, 환각, 해리적인 환각 재현의 삽화들, 이런 경험은 잠에서 깨어날 때 혹은 중독 상태에서의 경험을 포함)

※ 주의: 소아에서는 외상의 특유한 재연(놀이를 통한 재경험)이 일어난다.

4) 외상적 사건과 유사하거나 상징적인 내적 또는 외적 단서에 노출되었을 때 심각한 심리적 고통

5) 외상적 사건과 유사하거나 상징적인 내적 또는 외적 단서에 노출되었을 때의 생리적 재반응

C. 외상과 연관되는 자극을 지속적으로 회피하려 하거나, 전에는 없었던 일반적인 반응의 마비가 다음 중 3가지 이상일 때

1) 외상과 관련되는 생각, 느낌, 대화를 피한다.

2) 외상이 회상되는 행동, 장소, 사람들을 피한다.

3) 외상의 중요한 부분을 회상할 수 없다.

4) 중요한 활동에 흥미나 참여가 매우 저하되어 있다.

5) 다른 사람들로부터의 소외감

6) 정서의 범위가 제한되어 있다.(예: 사랑의 감정을 느낄 수 없다.)

7) 미래가 단축된 느낌(예: 직업, 결혼, 자녀, 정상적 삶을 기대하지 않는다.)

D. 외상 전에는 존재하지 않았던 증가된 각성 반응의 증상이 2가지 이상 있을 때

1) 잠들기 어려움 또는 잠을 계속 자기 어려움

2) 자극에 과민한 상태 또는 분노의 폭발

3) 집중의 어려움

4) 지나친 경계

5) 악화된 놀람 반응

E. 장해(진단 기준 B, C, D)의 기간이 1개월 이상

F. 증상이 임상적으로 심각한 고통이나 사회적, 직업적, 다른 중요한 기능 영역에서 장해를 초래한다.
외상후스트레스장애를 진단받은 후에는 다음과 같이 급성, 만성, 지연성으로 세분화할 수 있다.

(1) 급성: 증상 기간이 3개월 이하

(2) 만성: 증상 기간이 3개월 이상

(3) 지연성: 스트레스 발생 후 적어도 6개월 이후 증상이 나타난다.

1) 외상후스트레스장애는 죽음 또는 죽음의 위협, 신체적 상해, 성폭력과 같은 외상 사건을 경험한 후에 나타내는 다양한 부적응 증상을 말한다.

(A) 외상적 사건을 재경험하게 만드는 침투 증상

(B) 외상 사건과 관련된 기억이나 단서를 피하려는 회피 증상

(C) 외상 사건에 대한 생각과 감정의 부정적 변화

(D) 사소한 자극에 잘 놀라는 과민한 각성 반응

9-5 원인

외상후스트레스장애는 충격적인 사건 자체가 일차적인 원인이지만 충격적인 사건을 경험한 모두가 이 질환을 경험하는 것은 아니다. 일반인 중 60%의 남자와 50%의 여자가 상당히 의미 있는 사건을 경험하지만 실제 이 질환의 평생 유병률은 6.7% 정도이다. 사건 경험 전의 심리적, 생물학적 사전 요인이 질환 발생에 관여하는 것으로 생각된다.

질환 발생과 연관된 위험인자는 다음과 같다.

1) 어렸을 때 경험한 심리적 상처의 존재
2) 성격장애나 문제
3) 부적절한 가족, 동료의 정서적 지원
4) 여성
5) 정신과 질환에 취약한 유전적 특성
6) 최근에 스트레스 많은 삶으로 변화
7) 과도한 음주

이 밖에 심리학적 원인은 어렸을 때 심리적인 충격과 관련하여 해결되지 않은 심리적인 갈등들이 현재의 사건과 맞물려 다시 일깨워지는 것으로 보는 정신분석적 모델과, 조건화된 자극이 지속적으로 공포 반응을 일으켜서 그 자극을 피하려는 행동이 문제를 일으키는 것으로 보는 인지행동적 모델로 설명하고 있다.

생물학적 요인으로는 신경전달 물질인 도파민, 노르에피네프린, 벤조다이아제핀 수용체, 그리고 시상하부−뇌하수체−부신 축의 기능 등이 연관이 있는 것으로 보고되고 있다.

외상후스트레스장애 환자군에서 노르에피네프린 시스템과 시상하부−뇌하수체−부신 축의 기능이 증가되어 있다는 연구 보고가 있고, 자율신경계의 반응이 과도하게 증가되어 있다는 연구 결과도 있는데, 그 증거로 혈압 및 심장 박동 수가 증가되어 있고 비정상적인 수면 구조를 보이는 것을 들 수 있다. 일부 연구는 이 질환이 우울장애 및 공황장애와 원인적 측면에서 유사성을 가진다는 주장을 하기도 한다.

• 유전적 요인과 환경적 스트레스

불안장애는 가계를 따라 나타나는 경향이 있다. 불안장애가 있는 부모에게서 태어난 아동들은 다른 장애를 가지고 있거나 장애가 없는 부모에게서 태어난 아동들보다 불안장애를 더 많이 나타낸다. Last, Philips 그리고 Statfeld(1987)가 불안장애 아동들의 엄마를 진단 평가한 결과, 정신질환을 가지고 있는 통제집단에 비해 불안장애를 가지고 있는 아동들의 엄마들에게서 불안장애의 출현율이 높게 나타났다. 또한 공황장애를 가지고 있는 환자들의 친척에게서 불안장애의 출현율이 높게 나타났다. 예상할 수 있듯이, 환경적 스트레스 요인도 불안장애를 일으키는 데 있어서 중요한 역할을 한다. 불안의 정도가 높은 아동과 청소년 집단은 불안의 정도가 낮은 집단에 비해 부정적인 생활 사건들을 훨씬 많이 경험했다.

• 신경생물학적 이론

불안장애를 생물학적으로 설명하는 이론 중 가장 설득력이 있는 것은 Eysenck(1981)이 제시한 것이다. 이 이론에 따르면, 각 사람은 대뇌피질의 각성 수준과 자율신경계의 반응 수준이 다르며 이는 생물학적으로 결정된다. Eysenck에 따르면, 대뇌피질의 각성수준과 자율신경계의 반응수준이 상호작용하여 불안장애를 일으킨다. 불안수준이 높은 사람은 대뇌피질의 각성에 있어서 휴식기 수준이 높으며 자율신경계의 반응도 높다.

• 행동이론과 인지이론

조작적 조건화, 사회 학습 및 수동적 조건화의 원리들이 불안장애의 원인을 설명하기 위해 사용되어왔다. 조작적 조건화에 따르면, 두려워하는 행동과 불안해하는 행동은 긍정적인 환경적 반응에 의해 형성되고 유지된다는 것이다. 예를 들어 아동이 두려워할 때 지나친 동정을 받거나 싫어하는 과제로부터 회피할 수 있게 되면, 두려워하는 행동은 강화될 것이다. Bandura(1997)는 아동이 주변의 또래나 성인의 경험을 관찰하고 나서 대리로 두려움을 학습하는 두려움의 사회 학습을 설명하였다. 예를 들어 다른 아동이 개에게 물리는 것을 본 아동은 개를 두려워하는 것을 대리 학습하게 된다. 이 예에서 개에게 물린 아동은 개와 고통이 연결되고 수동적 조건화를 통해 동물에 대한 지나친 두려움을 갖게 된다. 이 경우에 있어서 사건과 관련된 정신적 쇼크 등의 다양한 변인에 따라 달라지기는 하지만, 두 아동 모두 개에 대한 공포증을 갖게 되며, 이 공포가 다른 동물들에게까지 일반화될 수도 있다. 조건화 이론은 두려워하고 불안해하는 행동이 형성되는 데 있어서 부분적인 것만을 설명할 수 있을 뿐이다. 이러한 행동과 관련된 인지적 요인의 역할에 대한 연구 대부분이 성인을 대상으로 하고 아동이나 청소년을 대상으로 한 연구가 거의 없다. 그럼에도 불구하고 치료에 있어서의 시사점을 제공하므로 이 분야의 연구는 중요하다.

9-6 중재 및 치료 방법

1) 지도 방법

(1) 학교에서의 지도 방법

1. 학생 이해하기

① 학생의 불안 상태가 수업 성취와 태도에 영향을 미치므로 이에 대한 고려가 있어야 한다.

② 불안증상이 있으면 안절부절 못하거나 집중을 오래 유지하기가 어렵다.

③ 시간에 맞게 과제를 끝내거나 여러 가지 과제를 동시에 하는 데 어려움을 겪으며 다른 학생들과 지내는 것에도 영향을 받는다.

④ 갑작스러운 변화에 적응이 어려울 수도 있고 시험 등 평가에는 불안이 더욱 증가할 수 있다.

⑤ 불안한 경우는 자극에 민감해져 소리, 빛, 냄새에 과민하게 반응할 수 있고 소음이나 복잡하고 시끄러운 상황을 매우 힘들어할 수 있다.

2. 학생 지도하기

① 상담교사, 학부모, 의료진과 학생의 상태에 대해 체크하면서 의견을 나누는 것이 도움이 됨. 이 경우 긍정적인 자세로 문제 해결 방법에 집중하며 의사소통해야 한다.

② 학교생활에 도움이 될 수 있도록 부모가 아이의 과제를 확인하고 과외 등 다양한 방법으로 아이를 도울 수 있도록 의논해야 한다.

③ 과제 등의 학습 기대치를 조정해야 한다.

④ 개별적으로 학생과 불안, 공포를 일으키는 상황과 아이가 원하는 도움에 대해 먼저 의논한다.

⑤ 편안함을 주는 활동을 함께 찾는다.(하늘 보기, 속으로 노래 부르기, 책상 쓰다듬기, 좋아하는 소지품 활용하기 등)

⑥ 수업 중 학생이 불안하고 긴장이 심하면 심호흡, 이완을 유도하고 부드럽고 조용한 어조로 이야기하는 것이 도움이 된다.

⑦ 불안을 자극하는 상황에서 교사 스스로가 편안하게 행동하는 모델을 보여준다.

⑧ 소규모의 친숙한 아이들과 점심을 함께 먹을 수 있도록 배려한다.

⑨ 학생이 수학여행 등에 대해 걱정하면 당일 다른 일로 불안을 분산시키기 – 출석 체크 도와주기 등

⑩ 학생에게 특별히 자극하는 주제의 과제는 다른 것으로 대체한다.(부모의 이혼이나 형제의 죽음으로 괴로워하는 아이에게 '가족의 화목'이라는 주제의 글쓰기는 피해주기)

⑪ 낯선 환경에서는 동물, 운동, 캐릭터 등 친숙한 것에 대해 미리 질문하여 새로운 불안을 줄인다.

⑫ 아이들 앞에서 말하는 것을 두려워하면 생각을 글로 써서 다른 학생이 읽거나 녹음하여 들려주도록 배려한다.

⑬ 보이는 곳에 하루 일과 시간표를 만들어 불안을 줄인다.

⑭ 학생이 불안할 때 긍정적 혼잣말을 하도록 돕는다.("괜찮아, 잘할 수 있어" 등을 속삭이도록 돕기)

⑮ 학생이 불안해하면 10번 심호흡하기, 영웅이 상황을 해결하는 장면을 상상하기, 선생님과 상담하기, 5분간 다른 글 읽기 등의 활동으로 전환하도록 지도한다.

(2) 가정에서의 지도 방법

1. 식습관 조절
〈불안 장애를 치료하는 7가지 음식〉
① 홀그레인(통곡물)
② 해초
③ 블루베리
④ 아사이베리
⑤ 아몬드
⑥ 초콜릿
⑦ 마카(Maca) 뿌리

〈피해야 할 음식〉 튀긴 음식, 글리세믹 인덱스(혈당지수) 수치가 높은 탄수화물류, 정제 설탕 및 주류

2. 환경 조절
- 외상후스트레스장애를 일으킨 환경에서 벗어나는 것이 좋다. 예를 들어 사례의 아동의 경우 아파트에서 갇힌 기억이 스트레스가 되어 증상이 나타났으므로 단독주택으로 이사를 가는 것이 적절하다고 볼 수 있다.

3. 이해하기
- 외상후스트레스장애 같은 경우는 불안장애의 일종이다. 그러므로 가족 구성원들이 외상후스트레스를 겪고 있는 가족을 이해하고 힘이 되어주어야 한다.

① 충분한 휴식과 수면이 필요하다.
   과로나 스트레스 받는 일을 피하고 충분한 영양 섭취 및 수면이 필요하다.
   음주나 카페인 섭취는 충동 조절의 어려움, 과잉 각성, 불안 등을 야기할 수 있으므로 삼가도록 한다. 지나친 자극에 노출될 우려가 있으므로 사고 관련 뉴스나 신문기사는 멀리하도록 한다.
② 명상, 요가, 심호흡 등의 활동이 증상 호전에 도움이 될 수 있다.
   신체적 활동에 집중하면서 외상 사건이 지속적으로 떠오르는 것을 차단시킬 수 있으며 몸의 긴장을 해소하고 심리적 안정을 찾을 수 있게 도와준다.
③ 외상후스트레스장애에 대한 교육 및 이해가 필요하다.
   외상후스트레스장애의 원인 및 증상, 경과, 다양한 대처 방법을 숙지함으로써 자신의 증상이 정상적인 반응이며 차차 호전될 수 있다는 자신감을 가질 수 있다.

2) 중재 및 치료 방법

◆ 정신과적 치료

(1) 약물

생존자들은 가족들로부터 지지를 받거나 충분한 휴식을 취함에도 불구하고 극심한 불안이나 악몽 등으로 힘들어할 수가 있다. 이러한 경우는 불안, 불면증을 조절하는 항불안제나 수면제의 단기 투여가 도움이 될 수 있다. 증상이 수개월 이상 장기간 지속되는 경우에는 불안, 공포, 충동성 등의 조절을 위한 항우울제의 꾸준한 투여가 필요하다.

(2) 인지행동치료

① 인지치료

사고 당시 경험한 정신적 외상과 그 여파에 대한 생각을 어떻게 이해하고 변화시킬 수 있는지를 치료자가 돕는 치료 방법이다. 구체적으로 사건에 대한 어떤 생각이 스트레스를 유발하고 증상을 악화시키는지 이해하는 것으로 치료가 시작된다. 환자는 자신과 주변 환경에 대한 자신의 어떤 생각이 자신을 불안하고 혼란스럽게 하는지 알게 된다. 치료자의 도움을 받아, 이러한 생각을 더 정확하고 더 편안한 생각으로 대처하는 방법을 익히게 된다. 또한 분노, 죄책감, 공포 등의 감정에 어떻게 대처하는지도 익히게 된다.

② 노출치료

노출치료의 목표는 사고 기억에 대해 공포를 덜 느끼게 하는 것이다. 사고에 대해 이야기를 하는 것 자체가 힘들고 꺼려질 수 있으나 치료자의 도움을 받아 이야기하고 감정을 떠올리다 보면 점차 사고에 대한 기억에 압도당하는 고통이 줄어들게 된다. 덜 고통스러운 기억이나 감정으로부터 시작해서 점차적으로 더 고통스러운 기억으로 접근하는 방법과, 한꺼번에 가장 고통스러운 기억에 노출시키는 방법 등이 있다. 이러한 기법들은 대부분 고통스러운 기억이 떠오를 때 마음을 이완시키는 방법을 연습하는 이완훈련이나 분노 조절법 등과 같이 시행된다.

◆ 이외의 기법들

(1) 집단치료

사고의 피해자들은 비슷한 경험을 가진 다른 사람과 사고의 경험에 대해 이야기하기 원한다. 집단치료는 외상성 경험을 한 후 외상후스트레스장애로 고통받는 사람들과 서로 이야기를 나누는 방법이다. 자신의 이야기를 나눔으로써 증상, 기억, 타인과의 관계 등에 어떻게 대처할지 서로 경험을 나누고 도움을 줄 수 있다. 분노, 죄의식, 부끄러움, 공포 등의 감정에 어떻게 대처할지를 배우며, 집단과 공유함으로써 자신감과 신뢰를 회복하는 데 도움을 받을 수 있다. 과거의 기억 때문에 압도되었던 감정 대신 현재의 삶에 대하여 관심을 기울일 수 있도록 돕는다.

(2) 부부 및 가족치료

외상후스트레스는 환자 자신만이 아니라 가족 전체에게 영향을 준다. 가족들은 환자가 왜 분노하고 스트레스를 받는지를 충분히 이해할 수 없으며, 환자의 증상에 대해 두려워하고, 죄책감을 느끼며, 심지어는 화를 내기도 한다. 치료자는 가족이 의사소통하고, 좋은 관계를 유지하며, 서로의 감정에 더 잘 대응할 수 있도록 돕는다.

9-7 외상후스트레스장애의 오해와 진실

외상후스트레스장애의 오해와 진실

PTSD 치료 방법과 환자를 대하는 법

PTSD(외상후스트레스장애)는 특효약이나 수술 요법으로 개선할 수 있는 것이 아니라 정신 요법이나 약물 요법으로 치료하는 질병입니다. 상담을 기본으로, 증상에 따라 항우울제나 항불안제가 사용됩니다.

갑작스런 불행과 죽음의 위험을 느낄 정도의 사건을 경험하면 강렬한 두려움이 남아 일상 생활에 지장을 초래할 수 있습니다.

외상에 효과적인 심리 치료

PTSD 치료에는 정신 요법이 필수적입니다. 상담 치료가 일반화돼 있습니다.

■ **지속 노출 치료**(prolonged exposure therapy)

PTSD 방법 중 하나로, 외상후스트레스장애에 효과가 입증된 치료 방법이지만 안타깝게도 한국에서는 치료 효과에 대한 경험적 연구가 거의 없는 실정입니다. 공포 체험을 컨트롤하고 불안과 두려움을 제거하는 치료법입니다.

■ **EMDR, EFT**

'안구운동 민감소실 및 재처리요법'이라고도 하며 눈동자를 움직여 뇌를 자극하고 신경계에 작용합니다. 비교적 새로운 치료법으로 공황장애와 공포증 등 정신병에 효과적입니다.

■ 인지 행동 치료

기존의 사고방식을 좋은 방향으로 해결하고 스트레스를 완화하는 심리 요법입니다. 인지, 행동, 정서, 신체, 환경 다섯 가지에 주목해서 치료를 실시하고 있습니다.

경우에 따라서는 약물 요법도 실시한다. 심각한 우울증이 있거나, 환청, 수면장애, 정신 요법에서 생각보다 효과가 없는 경우 PTSD 치료에 약물 요법이 사용될 수 있습니다. 이 경우 'SSRI' 등 항우울제나 벤조디아제핀 항불안제를 사용할 수 있습니다.

약에 따라 부작용이나 의존성이 높기 때문에 약을 복용할 경우 의사의 지시를 따르십시오. 복용 중에는 알코올이나 운전을 삼갑니다.

입원 치료가 필요한 경우도 있습니다. 혼자 생활하면 불안 증상이 강하고 자해, 알코올 중독, 보행이 곤란한 경우 입원 치료가 필요할 수도 있습니다. PTSD 치료 방법은 마음의 상처를 극복하는 것이며 심리 치료를 시작하기 전에 PTSD 환자를 둘러싼 치료 환경을 갖추는 것이 중요합니다. 중증 PTSD 환자는 입원 치료 중 사회 복귀를 목적으로 한 재활이 수행될 수 있습니다.

환자를 대할 때는
■ 비난/협박은 금물

만성 PTSD는 가족이나 친구 등 가까운 사람으로부터 받은 경험이 많습니다. PTSD 환자는 협박당한 경험을 공포로 기억하고 있는 경우가 많아 비난하거나 협박하지 말아야 합니다.

■ 감정적으로 대하지 말고 침착하게

PTSD 환자는 과거의 일을 생각하면 말이나 행동에 이상을 보일 수 있습니다. 자극하면 더욱 상태가 악화될 수 있으므로 주위 사람들은 침착해야 합니다. 자해 등이 있는 경우는 어쩔 수 없이 힘으로 발작을 억제해야 하는 경우가 있습니다.

■ 전문의와 상의하면서 대처

본인이 싫어하는 행동을 가급적 피해서 발작의 발생을 방지합니다. PTSD 환자의 현황을 파악하고 최적의 접하는 방법을 의사로부터 지도받는 것도 좋습니다.

전문가가 아닌 일반인의 경우는 본인을 지켜주고 증상이 악화되지 않게 해줄 수밖에 없습니다.

본인의 트라우마에 대한 사고 방식과 행동을 개선하는 것이 중요하기 때문에 전문 기관에서 진찰받는 것을 추천합니다.

−출처 : "PTSD 치료 방법과 환자를 대하는 법", 티스토리 블로그−

참고문헌

김미경(2012), 특수아동부모 교육 및 상담, 서울: 청목출판사

김미경 외(2017), 정서 및 행동장애아 교육 3판, 서울: 학지사

방명애 · 이효신(2013), 정서행동장애 이론과 실제, 시그마프레스

교사를 위한 학교 정신건강 핸드북, 대한소아청소년정신의학회

http://terms.naver.com/entry.nhn?docId=926927&cid=51007&categoryId=51007

http://www.helpchild.net/bbs/view.php?id=selected_board&page=2&sn1=&divpage=1&sn=of
f&ss=on&sc=on&select_arrange=headnum&desc=asc&no=37

[네이버 지식백과] 외상후스트레스장애(外傷後 ← 障碍, post traumatic stress disorder)(특수교육학
용어사전, 2009., 국립특수교육원)

http://www.koreatimes.com/article/1217977

https://starlucky.tistory.com/767

제 10 장

학습장애(Learning Disorder)의 상담

10-1 사례 기사

사례 기사 I

학습에 어려움을 보이는 데는 다양한 원인이 있다. 따라서 공부를 못한다고 해서 전부 학습장애라고 할 수는 없다. 성장기 아이들의 학습을 방해하는 학습장애란 무엇이며, 그 원인과 치료법에 대해 전문가의 의견을 들어보았다.

학습장애의 의학적 정의와 발생하는 원인은 무엇인가?

미국 정신의학협회(American Psychiatric Association)가 출판하는 서적으로 정신질환 진단에 있어서 가장 널리 이용되고 있는 정신질환 진단 및 통계 편람(Diagnostic and Statistical Manual of Mental Disorders, DSM-5)에서는 '특정학습장애'라는 큰 테두리 아래 '읽기 장애', '쓰기 장애', '계산 장애'의 하위 분류를 두고 있다.

즉, 의학적인 범주에 있어서 학습장애란 지능, 시각, 청각 및 환경적 문제가 없음에도 불구하고, 모든 학습에 기본이 되는 읽기, 쓰기, 계산하기 등의 능력을 배양하고 이용하기에 문제가 발생하는 질환군을 의미한다. 학습장애의 원인에 있어서 읽기 장애는 관련된 유전자가 알려진 만큼 유전적 요인이 확실하다. 하지만 쓰기 장애나 계산 장애는 확실한 원인이 알려진 바 없다. 아울러 유전적 요소 외에도 임신 기간 내의 흡연과 약물, 음주도 학습장애를 발생시키는 원인이 될 수 있다.

학습장애로 인해 나타나는 특징적인 증상은 무엇인가?

학습장애는 유치원이나 초등학교와 같이 정규 교육이 시작되면 증상이 드러나기 시작한다. 반복적인 학습에도 불구하고 읽기 장애에 있어서는 소리 내어 읽기를 힘들어하거나, 맞춤법에 맞춰서 읽는 것을 어려워하기도 하며, 너무 느리게 읽고 내용을 이해하지 못하기도 한다. 또한 쉬운 단어도 잘못 읽고, 줄을 건너뛰어 띄엄띄엄 읽기도 하며, 받침을 빼먹거나 다른 걸로 바꿔 읽기도 한다. 쓰기 장애는 철자나 맞춤법 지키는 것을 어려워하고, 지속적인 교육에도 오류를 바로잡지 못한다. 계산 장애는 기본적인 사칙연산이 잘되지 않고, 자릿수와 같은 수리적 개념을 잘 익히지 못하기도 한다.

학습장애 아동의 대략 절반 정도가 ADHD(주의력결핍 과잉행동장애)를 동반하고, ADHD 아동들은 반항장애, 품행장애가 나타나기도 쉽다. 아울러 학습장애로 인하여 불안장애, 우울증 등이 발생하기도 한다. 그렇기 때문에 학령기에 이르러서 불안, 우울, 주의력장애, 반항장애 등의 문제를 보이는 경우 전문 의료기관을 통해서 학습장애와의 연관성도 검토해야 한다.

학업 성적이 낮다고 모두 학습장애는 아니다. 낮은 지능으로 인하여 모든 영역에 있어서 교육 수준이 늦어지는 '학습지진'이나 지적 능력은 정상이지만 환경적 요인이나 부적절한 학습 방법, 정서적 문제, ADHD나 틱장애와 같은 질환으로 인해 자기 능력이 발휘되지 못하는 '학습부진'과도 구별되어야 한다.

학습장애의 조기 치료의 중요성과 치료를 하지 않는다면 어떻게 되는가?

학습장애는 지적 능력과 관계없이 쓰기, 읽기, 계산하기 등과 같은 특정 분야의 장애로 발생한다. 그렇기 때문에 오히려 지능이 높은 경우 저학년에는 잘 나타나지 않다가 고학년이 되어서야 비로소 문제가 부각될 수도 있다.

또한 똑똑한 아이가 학업 성적이 좋지 않으면 아이가 학업에 흥미를 느끼지 못한다고 생각하거나 게으름을 피운다고 오해하기도 한다. 이러한 몰이해나 오해는 대뇌 발달의 중요한 시기를 놓치게 할 뿐만 아니라 학습장애 아동의 자존감을 떨어뜨리고 분노를 유발해서 반항, 우울 등의 문제를 만들기도 한다.

일상생활 중 학습장애에 있어서 주의해야 할 점에 대해 조언한다면?

학습장애는 치료의 대상일 뿐이며, 훈육이나 강제적인 교육으로 극복될 수 없다. 학습 효율이 낮다고 아이의 반항이나 나태함으로 몰아가면 아이의 자존이 손상되고, 우울증이나 반항적인 태도를 가져올 수 있다. 그러므로 부모는 아이가 학습에 어려움을 보인다면 전문 의료기관을 찾는 것이 좋다.

－출처 : "혹시 우리 아이도 학습장애?", 『중앙일보』(2016. 9. 4) －

사례 기사 Ⅱ

○○는 국민학교 4학년 남자아이다. 부모 모두 일류 학교 출신이며 가까운 친척들 대부분이 전문직에 종사하고 있다. 이러한 가계의 영향 덕분인지 어려서부터 ○○는 뛰어난 두뇌를 소유한 아이라고 모든 사람들이 인정하였다. 독창적인 능력이 뛰어나 조립식 장난감을 가지고 놀 때에도 아무도 상상할 수 없을 만큼 풍부한 창의력으로 변형해서 만들어 다른 아이들의 부러움의 대상이 되었다.

6살 때는 1학년인 누나가 책을 읽으면 ○○는 그 내용을 다 기억해두었다가 다른 사람에게 그 내용을 이야기할 정도로 기억력이 뛰어났고 듣는 사람을 감동시킬 정도로 어휘 구사 및 표현 능력도 다른 아이들에 비해 월등히 뛰어났다. 그러기에 ○○를 지도한 유치원 교사나 주변 사람들은 ○○가 학교에 들어가면 틀림없이 여러 면에서 두각을 나타내리라 예견했다.

저학년 초기에는 그 예견이 어느 정도 빗나감 없이 맞아떨어지는 듯했다. ○○의 능력이 뛰어남이 담임교사에게도 두드러지게 보였다.

그러나 뛰어난 학습 성취에 반해 전체의 반도 맞지 못하는 받아쓰기 시험은 담임 선생님에게는 이해할 수 없는 부분이었다. 이는 ○○의 능력에 대해 과신하고 있던 부모에 있어서는 충격적인 것으로 받아들여졌다.

밤 늦은 시간까지 엄마와 함께 받아쓰기 연습을 하게 되었다. 이러한 노력에도 불구하고 ○○의 받아쓰기 시험 성적은 부모가 기대하는 수준에는 도달하지 못했다. 하지만 받아쓰기를 제외한 나머지 부분에서는 전반적으로 우수한 능력을 발휘하는 것을 위안 삼아 학년이 올라가면 저절로 받아쓰기 문제가 해결되리라 생각했다.

2학년이 된 ○○는 부모의 기대에 부응하여 우수한 학업 성적과 또래 속에서 리더십을 발휘하였다. 그러나 여전히 받아쓰기는 부모도 아이도 어쩔 수 없는 문제였다. 그런데 평소 ○○의 뛰어난 능력에 ○○를 주시하고 있던 담임 선생님에게 이해할 수 없는 일이 생겼다.

여느 때와 마찬가지로 ○○에게 읽기를 시켰을 때 다만 다른 점이 있다면 교과서가 아닌 아이들에게 들려주려고 선생님이 준비해 온 창작동화를 읽게 했을 때 평소 거침 없이 읽어 내려가던 ○○의 모습은 찾을 길 없고, 처음 글자를 대하는 아이처럼 글자의 낱자 낱자를 매우 어색하고 서툴게 읽었고 그나마 몇 줄 읽고는 빨개진 얼굴로 자리에 주저앉고 말았다. 그 사건을 계기로 ○○는 침울해졌다.

○○의 엄마는 담임 교사의 ○○의 읽기 문제를 거론했을때 전혀 ○○에게 있어 읽기상의 문제가 없다고 완강히 부정하였고, 아마 ○○가 몸이 좋지 않아서 그랬을 것이라고 주장하였다. 하지만 평소 교과서나 동화책을 꺼내 혼자 읽기보다는 엄마나 누나에게 읽어달라고 조르는 ○○의 행동에 혹시나 하는 마음으로 읽어 들려주지 않은 이야기책을 꺼내어 읽게 하였을 때 담임 교사의 말이 틀린 말이 아니라는 것을 너무나도 분명히 확인할 수 있었다.

○○가 다른 아이들에 비해 뛰어난 아이라고 평소에 믿고 그에 상응하는 만큼의 기대를 걸었던 부모에게는 ○○가 읽지도 쓰지도 못하는 아이라는 것을 인정할 수 없었고 또 다른 사람들이 알게 된다는 것은 부모의 자존심으로서는 용납될 수 없는 것이었다. 그러기에 담임 선생님의 병원 진단 권유를 무시하고 아이를 사립학교에서 공립학교로 전학을 시켰다. 그러나 ○○의 읽기, 쓰기의 곤란은 이제 너무나도 손쉽게 발견되었고 아이도 점차 학과목에서 읽어야 될 내용이 많아지자 전처럼 내용을 다 기억한다는 데도 한계에 이르게 되었다.

읽기와 쓰기에서의 누적된 실패감과 부모의 되풀되는 읽기, 쓰기의 반복 지도 속에서 부모도 아이도 더 큰 실망감만을 느끼게 되는 생활 속에서 ○○는 점차 공부에 싫증과 거부감을 나타내게 되었다. 차츰차츰 학교 선생님의 눈에 ○○의 모습은 활동성이 없는 소극적인 아이로 비춰지게 되었다.

3학년 여름방학이 되어 대학 부속병원에서 일련의 심리검사를 받은 ○○는 학습장애의 소인으로 읽기나 쓰기에 문제를 보이는 것으로 판정받고 본 연구소의 치료 교육을 권유받아 본 연구소에 찾아오게 되었다.

○○의 부모는 오진의 가능성을 고려하여 재차 심리검사할 것을 강력히 요구하여 학습장애 판별 진단검사가 실시되었다. 그 결과 ○○의 전체 지능은 '우수'하며 그 지능을 구성하고 있는 하위 능력들도 거의 안정되게 발달한 것으로 나타났다.

또한 시각적, 청각적 주의 집중력, 변별 및 기억 능력이 뛰어난 반면에 눈으로 보이는 문자 정보와 귀로 들려오는 정보를 연합해서 지각하고 기억하는 데 어려움이 있고 이로 인해 쓰기, 읽기에 곤란을 경험하고 있는 것으로 나타났다.

2학기에 들어서면서 ○○에게 학습장애 치료 교육이 이루어지게 되었다. 그러나 부모의 학습장애에 대한 몰이해, 즉 학습장애는 전반적인 능력이 모두 뒤떨어지는 것이라는 잘못된 생각에 기대를 한 몸에 받던 아이를 능력이 떨어지는 아이들이 다니는 곳에 보낼 수 없다는 생각에 한 달 정도의 치료 후에 부모에 의해 일방적으로 종결되었다.

겨울방학 즈음에 잘못된 진단일 수도 있다는 또 의학적인 치료의 또 다른 희망을 갖고 병원을 찾아가게 되었다. 그러나 진단 결과는 똑같았고 의학적인 치료 방법은 없다는 실망된 결과만을 받았다. 그곳에서도 우리 연구소를 추천해주면서 치료 교육받을 것을 권유해주었다.

그렇게 해서 본격적으로 시작된 ○○의 치료 교육 프로그램은 아동의 몇몇 인지적인 과정에서의 결함 치료보다는 그동안 여러 병원을 거치면서 또 부모의 이해의 부족으로 겪어야 했던 마음의 상처를 치유해주는 것이 급선무였다.

뛰어난 인지능력에 대한 강화를 통해 ○○는 점차 자신감을 회복해갔고 이에 뒤따라 읽기, 쓰기 문제에 대한 치료 교육이 이루어졌다.

치료 교육은 한 음절의 청각적인 음가와 시각적인 문자 지각의 연합 학습에서 출발하였다. 그런 다음 한 낱말, 또 한 어절의 청각, 시각 대응 연합 교육이 이루어졌다. 이와 더불어 뛰어난 아동의 언어적인 이해 및 표현 능력과 사고 능력 등을 보다 향상시킴으로써 아동 스스로 자신의 문제를 극복할 수 있는 자생력과 자신감을 키워나가도록 하였다.

○○의 우수한 잠재적인 지적 능력뿐만 아니라 어려움을 극복하고자 하는 강한 내적인 힘이 있었기에 더욱 치료 교육의 효과가 크게 나타났다. 현재도 ○○는 4학년으로서는 읽기와 쓰기에 있어 서툰 면을 보이고 있지만 초기에 읽기나 쓰기 과제를 제시하면 자신의 결점을 숨기기 위해 무조건적으로 거부를 한다거나 하는 부정적인 반응들은 거의 사라졌다. 오히려 적극적으로 읽고, 쓰려고 하는 긍정적인 학습 태도를 보이고 있고 아동 자신의 장점적인 능력을 스스로 활용하고 있다.

아무리 어려운 조립 장난감이나 공작들이 ○○의 손에만 들어가면 거침없이 멋지게 완성되어 나오는 것을 본 아이들은 ○○에게 에디슨이라는 별명을 붙여주었다.

○○의 부모도 아이에 대한 이해를 새로이 하여 악화되었던 아이와의 관계가 이젠 회복 단계로 서서히 접어들어가고 있다. 최근의 상담을 통하여 ○○의 엄마는 아이들은 저마다 독특한 특

성을 갖고 있고 이를 이해하고 인정함으로써 아이가 보다 더 밝게 클 수 있다는 것을 인식하고 있다.

- 출처 : "학습장애 사례", 다음 블로그(발달심리치료)(2016. 5. 14) -

10-2 상담 사례

사례 기사 1 - 읽기

2015년 9월 초에 내원한 K군은 초등학교 3학년 남자아이임에도 호리호리하고 매우 예쁘장한 얼굴로 꼭 여자아이같이 보였습니다. 성격이 다루기가 까다로운 아이처럼 보였는데, 검사 시 읽기가 요구되는 상황에서 입이 얼어붙은 듯 아무 말도 하지 않아 읽기검사가 제대로 이루어지지 않았습니다.

K군 부모님 이야기

K군은 어려서부터 읽기에서 문제가 있었다고 합니다. 읽을 때 조사 등을 자주 빼먹고 읽으며 읽은 내용에 대한 이해력도 매우 부족한 편으로 부모님은 K군의 읽기 능력을 바로잡아주기 위하여 어려서부터 책을 많이 읽도록 했다고 합니다.

그런데 언제부터인가 읽으라고 하면 두통, 눈부심 등의 신체 증상을 호소하며 읽기를 거부하기 시작했는데 지금은 책을 읽으라고만 하면 읽지 않는다고 합니다.

검사 결과

지적 능력은 75 이상이며 적응 행동은 개념적, 사회적, 실제적 항목에서 하나 이상의 영역이 전체 점수가 평균보다 2표준 편차 이하로 나타나지 않아 지적장애로 보기는 어렵고, 읽기 이외의 검사에서 K은 청각 처리 능력이 매우 부족한 것으로 나타났습니다. 읽기에는 음운 인식, 문자 인식, 유창성, 어휘력, 내용 이해 등 다섯 가지 중요 요소가 있습니다.

난독증은 읽기의 다섯 가지 중요 요소 중 음운 인식의 부족으로 나타나는데, 음운 인식 능력의 발달은 청각 처리 능력의 발달과 밀접합니다. 청각 처리 능력의 발달에 문제가 있는 경우 음성언어의 표상이 제대로 형성되지 않아 음운 인식 능력이 부족하게 됩니다.

음운 인식이 부족한 경우 문자 인식 또는 유창성 단계에서 어려움이 나타납니다.

※ K군이 읽기가 요구되는 상황에서 입이 얼어붙은 듯 아무 말도 하지 않은 이유는 음운 인식의

부족으로 읽기에서 어려움을 느꼈던 K군이, 읽기 시 느꼈던 불편한 감정이나 신체반응이 읽기와 결합되어 나쁜 습관이 만들어진 경우입니다.

또 읽은 내용에 대한 이해력도 매우 부족한 이유도 읽기 시 문자 해독의 과정에 과도한 주의를 기울이는 습관이 형성되어 내용을 모르면서 읽는 나쁜 습관이 형성된 경우입니다.

나쁜 읽기 습관을 없애기 위한 훈련 방법

우리 클리닉에서는 K군에게 나타나는 읽기 관련 나쁜 습관을 개선하기 위해서 역치법(역조건형성 접근법)으로, 단계별 읽기 유창성 지도를 진행하였습니다.

역치법이란 나쁜 습관을 없애기 위해 학습자에게 존재하는 하나의 S−R을 다른 하나로 대체하는 방법 중의 하나로, 처음 조건 형성된 자극을 매우 약하게 주어 습관적인 방법으로 반응하지 않도록 하고, 그다음 자극의 강도를 점진적으로 높여나가는 방법으로 이 경우 충분히 유창하게 읽을 수 있는 단계의 텍스트로 시작하여 점진적으로 단계를 높여나가는 방법을 사용하였습니다.

단계별 유창성 훈련 전에 청각처리훈련이 필요한 이유는 난독증이 나타나게 된 직접적인 원인인 음운 인식 능력의 부족이, 청각 처리 능력의 발달 부족에서 기인하기 때문입니다.

K군이 유창성 훈련에 사용될 텍스트의 선정함에 있어서 처음에는 K군의 실제 학년은 초등학교 3학년이지만 초 1 수준의 읽기 속도와 읽기에 대한 부정적인 정서를 감안하여 2단계 낮은 레벨인 유치원 아동들이 읽는 수준의 텍스트를 사용하였습니다.

그리고 읽어야 할 분량에 있어서도 읽기에 대한 부정적인 정서를 감안하여 정상적인 읽기 능력을 가진 유치원 아동들이 2분 동안 소리 내어 읽을 수 있는 분량의 텍스트를 선정해주어 읽기에 대한 부담을 주었습니다.

진단 방법

훈련 초기에는 빠르게 읽기보다는 이해하며 편하게 읽도록 하였으며, 2분간 읽고 난 경우 다름 회에 들어가기 전에 잘 읽었다는 칭찬과 함께 좀 더 큰소리로 읽도록 유도하였습니다. 훈련이 진행됨에 따라 K군의 읽기 능력에서 변화가 나타났는데, 정확한 발음으로 이해하며 읽기 시 텍스트를 읽은 시간을 분석하여 텍스트 레벨을 1레벨씩 높여주었습니다.

결론

K군은 지금도 훈련을 하고 있습니다.

현재는 K군에게 나타나던 읽기 관련 나쁜 습관들은 대부분 교정되었습니다.

그리고 읽기 유창성이 매우 많이 좋아졌으며, 읽은 내용에 대한 이해력도 매우 많이 향상되었습니다.

출처 : "책을 읽으라 하면 눈물만 뚝뚝", 더 브레인 두뇌학습클리닉 천안센터(2016. 10. 31) −

사례 기사 2 - 쓰기

Q 질문

안녕하세요. 저는 초등학교 5학년 남자아이의 엄마입니다. 다름이 아니라 어렸을 때부터 머리가 영특한 줄로 알았었는데 학교에 들어가서 학습 문제가 생겼어요. 유치원 다닐 때는 '학교 가서 배우면 되겠다'라는 생각에 급한 마음은 없었거든요. 그런데 생각보다 문제가 커지는 것 같아서요. 5학년인데도 맞춤법이 거의 잘 맞지 않아서 아예 쓰기는 하지 않으려고 합니다. 학교생활에서 학습에 문제가 많아 또래 관계까지 영향이 미치는 것 같아 우리 아이가 많은 상처를 받을까 걱정입니다. 활발하던 아이가 자신감을 잃어버린 모습을 보면 너무 마음이 아픕니다.

아직 교육과 검사를 받아본 적은 없는데 어떻게 하면 될까요? 답변 기다리겠습니다.

A 답변

어머님이 주신 글 잘 보았습니다. 현재 아동이 5학년인데 쓰기가 잘되지 않는다면 학습 상황뿐만 아니라 또래 관계에도 안 좋은 영향을 미칠 수 있습니다. 이로 인해 자신감 상실로 우울한 느낌까지 갖게 될 수도 있습니다. 지난 여름부터 다닌 초등학교 5학년 아동은 쓰기(맞춤법, 띄어쓰기)가 되지 않아 학교생활에서 자신감을 잃어 학습 상황뿐만 아니라 모든 생활 면에서 동기가 전혀 유발되지 않아서 적절한 평가를 통한 교육을 시작하게 되었습니다.

쓰기에 있어 받침이 있는 단어들의 체계적인 교육을 통하여 모든 상황에 대해 동기유발이 강화되어 자신감이 많이 생겼습니다. 쓰기 전략을 통한 체계적인 교육과 어머님의 적극적인 태도로 현재 모든 학습 상황이나 학교생활에서 적극적으로 참여하게 되었습니다.

―출처 : 순천향 아동 임상센터 상담 게시판―

사례 기사 3 - 유창성

Q 질문

초등학교 5학년 여자아이입니다.

저희 아이는 3학년 때부터 수업 시간에 주의 집중을 잘하지 못하며, 그로 인해 낮은 학업 성취의 결과를 초래합니다. 읽기를 못하는 동시에 쓰기에도 문제가 있습니다. 동화책을 읽으면 단어를 빼먹고 엉뚱한 부분을 읽을 때가 있습니다. 쓰기는 리, 라, 러 등의 글자를 헷갈려 합니다.

A 답변

학습장애가 흔히 발견되는 시점이 초등학교 3학년입니다. 너무 걱정하시지 말고 진단 평가 과정을 거치신

후에 자세한 안내를 받으시면 정상적이고 자신의 능력을 충분히 발휘할 수 있는 자신감 있고 안정된 아동으로 자라날 수 있습니다.

출처 : 순천향 아동 임상센터 상담 게시판 −

사례 기사 4 − 유창성

Q 질문

"어, 어, 어, 엄마, 무, 무, 물 주세요."

준석이의 말더듬증은 어느 날부터 불쑥 시작됐다고 한다. 갑자기 말을 더듬는 준석이를 보고 유치원 선생님이 무슨 일이 있었느냐고 부모에게 물어볼 정도였다. 준석이는 언어 발달 과정상 별다른 문제가 없었고, 말도 곧잘 하던 아이였다. 그러나 준석이의 말더듬 증상이 3개월 이상 지속되자 불안을 느낀 부모는 아이를 데리고 소아정신과를 방문했다. 면담 과정에서 준석이는 "엄마가 저를 키우기 힘들어서 어디 갈 것 같아요", "아빠가 너무 무서워요" 등의 불안을 드러냈다. 준석이의 부모는 약 6개월 전부터 큰소리로 자주 다투거나 서로 얘기를 하지 않았다고 한다. 준석이의 말더듬증은 부모의 불화에서 기인한 심리적 스트레스가 원인이었다.

A 답변

아이의 불안 심리를 해결해주기 위한 놀이 치료를 비롯해 부모의 관계가 좋아지게끔 유도하는 부부치료, 아이의 언어적 문제를 교정하기 위한 언어치료를 병행했다. 6개월간의 집중적인 치료로 준석이의 말더듬증은 말끔하게 사라졌다.

치료 방법으로는 언어치료, 심리(놀이, 음악, 미술) 치료, 가족치료, 호흡 훈련, 이완 요법 등이 있다. 아이의 말더듬증이 1개월 이상 지속될 때는 전문의를 찾는 것이 좋다. 언어 발달 및 유창성 검사, 조음 검사 등을 통해서 부모 교육을 통한 개선이 가능할지 또는 전문적으로 언어치료가 필요할지를 판단하는 과정이 필요하다.

10-3　　정의

1) 2004년 개정된 IDEIA에 명시된 학습장애 정의는 다음과 같다

일반적으로 : '특정학습장애'란 구어나 문어 형태의 언어를 이해하고 사용하는 것과 관련된 기본 심리 처리들의 하나 혹은 그 이상에서의 장애를 지칭하며, 이는 듣기, 사고하기, 말하기, 읽기, 쓰기, 철자 혹은 수학적 계산 능력의 결함으로 나타난다.

포함하는 장애 : 이 용어는 지각장애, 뇌손상, 미소뇌기능장애, 난독증, 그리고 발달적 실어증과 같은 상태들을 포함한다.

포함하지 않는 장애 : 이 용어는 시각이나 청각장애, 운동장애, 정신지체, 정서장애, 또는 환경적. 문화적. 경제적인 불리함이 일차적으로 작용하여 초래된 학습의 어려움은 포함하지 않는다.

출처 : 국가법령정보센터, 장애인 등에 대한 특수교육법 시행령

(http://www.law.go.kr/lsInfoP.do?lsiSeq=180736&efYd=20160804#0000)

▶NJCLD에서 제시한 학습장애 정의는 다음과 같다

학습장애는 듣기, 말하기, 읽기, 쓰기, 추리 혹은 산수 능력의 습득과 사용에 현저한 어려움을 보이는 이질적인 장애 집단을 지칭하는 포괄적인 용어다. 이 장애들은 각각의 개인에게 내재되어 있는 것으로, 중추신경계의 기능장애에 의한 것으로 가정되며, 일생을 통해 나타날 수 있다. 자기 조절행동, 사회적 지각, 그리고 사회적 상호작용에 문제점들이 나타날 수도 있으나, 이것들만으로 학습장애가 성립되지는 않는다. 학습장애는 다른 장애 상태(예: 감각적 손상, 정신지체, 사회적 행동. 정서장애) 혹은 환경적인 영향(예: 문화적 차이, 불충분하거나 바람직하지 못한 교수)과 동시에 나타날 수 있으나, 그러한 상태나 영향의 직접적인 결과로 나타나는 것은 아니다.

출처 : 특수아동의 이해-학습장애 정의

(http://blog.naver.com/kahio76/220306282887)

▶「장애인 등에 대한 특수교육법 시행령」 제10조

8. 학습장애를 지닌 특수교육 대상자

개인의 내적 요인으로 인하여 듣기, 말하기, 주의 집중, 지각, 기억, 문제 해결 등의 학습기능이나 읽기, 쓰기, 수학 등 학업 성취 영역에서 현저하게 어려움이 있는 사람.

출처 : 국가법령정보센터, 장애인 등에 대한 특수교육법 시행령

(http://www.law.go.kr/lsInfoP.do?lsiSeq=190541&efYd=20170101#0000)

▶한국특수교육학회의 정의

학습장애란 개인 내적 원인으로 인하여 일생 동안 발달적 학습(듣기, 말하기, 주의집중, 지각, 기억, 문제 해결 등)이나 학업적 학습(읽기, 쓰기, 수학 등) 영역 중 하나 이상에서 심각한 어려움을 겪는 것을 말한다. 이 장애는 다른 장애 조건(감각장애, 정신지체, 정서장애 등)이나 환경 실조(문화적 요인, 경제적 요인, 교수적 요인 등)와 함께 나타날 수 있으나, 이러한 조건이 직접적인 원인이 되어 나타난 것은 아니다.

출처 : 한국민족문화대백과, 한국학중앙연구원

(http://terms.naver.com/entry.nhn?docId=1820357&cid=46615&categoryId=46615)

2) 유형 및 특성

◆ Kirk와 Chalfant가 제안한 학습장애 하위 유형

1) 발달적 학습장애(기억, 사고)

선행 기술에 결함이 있는 경우를 의미한다. 발달적 학습장애를 크게 1차 장애와 2차 장애로 구분한다. 1차 장애는 주의집중장애, 기억장애 및 지각장애를 포함한다. 1차 장애는 아동의 사고와 구어에 영향을 주게 되고, 궁극적으로는 2차 장애인 사고장애와 구어장애를 초래하게 된다.

2) 학업적 학습장애(읽기, 쓰기, 철자)

읽기장애, 글씨 쓰기장애, 철자 및 작문장애, 수학장애 등을 포함하는 개념이다. 학습을 할 수 있는 잠재 능력을 지니고 있고 또한 적절한 교육적 기회가 제공되었음에도 불구하고 읽기, 쓰기(글씨 쓰기, 철자, 작문), 수학 영역에서 성취도가 현저하게 낮은 경우를 의미한다. 즉, 특정 학습 영역에서 학업 성취 수준이 심각하게 떨어지는지 여부가 아동의 학업적 학습장애 유무를 결정짓는 주요 기준이 된다.

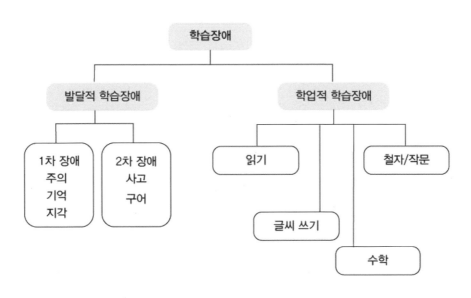

■ 그림 10-1

출처 : 김애화 외(2012), 학습장애 이론과 실제, 학지사, pp.33~38.

◆ 하위 유형

• 읽기장애

단어 인지 읽기장애

- 음운 인식 : 말소리를 변별하고 조작할 수 있는 능력을 말한다.
- 빠른 자동 이름 대기 : 시각적으로 제시된 자극의 이름을 빠르고 정확하게 말할 수 있는 능력을 의미한다.
- 음운 기억 : 단기기억과 작동기억을 포함한 개념이다.
- 어휘 : 단어 인지를 예측하는 유의한 변인으로 보고되고 있다.

읽기 유창성 읽기장애

- 빠른 자동 이름 대기 : 단어 인지뿐만 아니라 읽기 유창성을 유의하게 예측하는 변인이다.
- 표기 처리 : 말소리를 나타내는 문자 체계를 의미한다.
- 어휘 : 단어 인지 읽기 유창성을 예측하는 유의한 변인으로 보고되고 있다.

읽기 이해 읽기장애 : 언어 지식, 듣기 이해, 작동 기억, 상위 인지 등

• 쓰기장애

철자 쓰기장애

- 표기 처리 : 폭넓은 연령대와 다양한 언어에서 철자 능력을 설명하는 가장 대표적인 변인, 철자뿐 아니라 글씨 쓰기에 영향을 주는 중요한 변인으로 언급되고 있다.
- 음운 인식

작문 쓰기장애

- 실행 기능 : 다양한 맥락과 영역에서 자신이 설정한 목적을 달성하기 위해 인지적 과정을 통제하고 운영하는 시스템을 의미한다.
- 언어 지식 : 작문에 영향을 주는 또 다른 변인이다.
- 읽기 이해 : 작문 능력에 유의한 영향을 미친다고 보고되고 있다.

• 수학장애

연산 수학 장애

- 작동 기억 : 연산 능력에 영향을 미치는 중요한 변인으로 언급되고 있다.
- 처리 속도 : 연산 능력에 영향을 주는 중요한 변인으로 언급되고 있다.
- 주의 집중 행동 : 연산 능력을 예측하는 유의한 변인으로 보고되고 있다.

– 수 감각 : 수에 대한 유창성이나 유연성, 수가 의미하는 것에 대한 지각, 암산을 수행할 수 있는 능력, 실생활에 수를 적용하는 능력을 의미한다.

문제 해결 수학장애
– 언어 지식 : 문제 해결 능력을 예측하는 가장 강력한 변인으로 언급되고 있다.
– 주의 집중 행동 : 연산 능력뿐 아니라 문제 해결 능력을 예측하는 유의한 변인으로 보고되고 있다.

출처 : 소리나라 언어발달심리치료센터(http://solinala.blog.me/220150756959)

10-4 진단 및 평가

DSM-5 기준

1. 하나의 범주인 특정학습장애(Specific Learning Disability, SLD)로 통합하고 하위 요소를 차원적으로 분류하였다. DSM−Ⅳ에서는 학습장애를 읽기장애, 수학장애, 쓰기장애 등으로 분류하였으나 DSM−5에서는 각 하위 영역에서 상호 배타성, 적용 가능 정도, 발달상의 민감도, 심리 측정 기준으로서의 임상적 유용성과 타당성의 문제를 보완하기 위하여 특정학습장애로 통합하였다. 또한 각 하위 요소에 대한 차원의 개념을 도입하였다. 즉, 각각의 하위 요소에 대한 장애 정도를 경도(Mild), 중도(Moderate), 최중도(Severe)로 명확하게 제시함으로써 차원적으로 해석할 수 있도록 하였다.

2. 불일치 진단 기준을 삭제하고 교육적 아이디어를 수용하였다. 지능에 비하여 학업 수준에 현저한 차이를 보이는 불일치 진단 기준을 삭제하고, 어려움이 있는 학습 영역에 적절한 중재를 제공했음에도 지속적인 학업적 어려움을 6개월 이상 보이는 경우와 읽기, 쓰기, 수학 등의 영역에서 구체적인 학습의 어려움의 징후를 보이는 경우로 나누어 제시하였다. 이는 최근 교육계에서 주목하고 있는 중재반응모형을 완벽하게 적용한 것이라고 볼 수는 없지만, 중재반응모형의 아이디어를 일부 수용한 것이라고 해석할 수 있다.

3. 생애주기를 고려하여 학습장애 진단 시기를 확장하였다. DSM−Ⅳ에서는 학습의 어려움을 유발하는 특정 학업기술의 결손이 학업이나 일상생활 활동을 저해하는 학령기에만 국한하여 적용

하였으나, DSM-5에서는 저성취 기준이 도입되어 학업 기술이 등 연령보다 낮은 수준의 점수(최소 -1.5표준편차)를 보이고, 표준화된 검사와 종합적인 임상 결과가 확인될 경우에 학습장애로 정의할 수 있음을 명시하였다. 이는 학령기에 사용하는 표준화된 검사를 학습의 어려움에 관한 기록 등으로 대체하는 것을 허용함으로써 학습장애가 학령기 이후에도 정의될 수 있음을 명시한 것이다.

4. 배제 요인을 구체적으로 제시하였다. DSM-IV에서는 시각, 청각의 결함으로 인해 나타난 학업의 어려움만을 배제 요인으로 제시하였지만, DSM-5에서는 지적장애, 시청각 결함 또는 다른 신경학적 장애, 심리사회적 문제, 언어문제, 부적절한 교수로 발생하는 학습의 어려움을 배제 요인으로 제시하여 학습장애로 과잉 진단하는 것을 방지하고자 하였다.

5. 명확한 난독증과 난산증 개념을 제시하였다. DSM-5의 마지막 변화는 특정학습장애에 난독증과 난산증을 포함하여 그 개념에 대하여 명확하게 게시하였다는 점이다. DSM-5에서 정의한 난독증은 정확한 단어인지 능력에 비해 부족한 해독 능력과 철자 능력을 보이는 증상으로, 이로 인하여 심각한 학업적 어려움을 보이는 것이라고 명시하였다. 또한 난산증은 수 정보처리 과정에서 결손을 보이고 연산 지식을 학습하는 데 결함을 보이는 증상으로 수 연산과 관련하여 학업적 어려움을 보이는 아동을 난산증으로 진단할 수 있다고 밝혔다.

DSM-5의 개정에 있어 가장 주목해야 할 변화는 역사적으로 교육계에서 제안하고 국제적으로 권장하고 있는 중재반응모형의 기본 아이디어가 학습장애 진단 기준으로 제시되었다는 점이다. 정신의학계에서 기초적인 진단 기준으로 삼는 DSM-5에서 교육 기반 아이디어를 수용했다는 것은 교육계와 의학계가 학습장애 진단 기준을 구축함에 있어 시너지 효과를 가지게 되었음을 시사할 뿐만 아니라 앞으로 교육계와 의학계가 협업하여 이뤄나가야 할 부분이 확장될 수 있다는 것을 의미한다.

출처 : 김동일·이대식·신종호(2016), DSM-5에 기반한 학습장애아동의 이해와 교육, 학지사, p.400.

진단검사 도구	지능 검사	한국 웩슬러 아동 지능검사(K-WISC IV)	곽금주, 오상우, 김청택(2011)
		카우프만 아동용 지능검사(K-ABC)	문수백, 변창진(1997)
		KISE 한국형 개인 지능검사(KISE-KIT)	박경숙, 정동영, 정인숙(2008)
	학업 성취도 검사	KISE 기초학력검사(KISE-BAAT) : 읽기(선수 기능, 단어 인지, 읽기 이해), 쓰기(표기, 작문), 수학 측정	박경숙, 김계옥, 송영준, 정동영, 정인숙(2008)

		기초학습기능검사 : 정보처리, 읽기(단어 인지, 읽기 이해), 쓰기(철자 재인), 수학 측정	박정숙, 윤점룡, 박효정(1989)
	인지 처리 검사	한국판 시지각 발달검사(K-DTVP-2) : 시지각과 시각- 운동 통합기술의 발달 수준 측정	문수백, 여광웅, 조용태(2006)
		스트룹 아동 색상-단어 검사(STROOP) : 억제 과정의 효율성(실행 기능) 측정	신민섭, 박민주(2007)
		아동 색 선로 검사(CCTT) : 지각 추적 능력, 정신 운동 속도, 순차적 처리 능력 및 분할 시각 주의력과 지속력 시각 주의력(실행 기능) 측정	신민섭, 구훈정(2007)
		아동용 한국판 보스톤 이름대기검사(K-BNT-C) : 표현 어휘 측정	김향희, 나덕렬(2007)
		그림어휘력검사 : 수용 어휘 측정	김영태, 장혜성, 임선숙, 백현정(2004)
		구문 의미 이해력 검사 : 구문 의미 이해(통사 처리) 측정	배소영, 임선숙, 이지희, 장혜성(2004)
		한국 아동 토큰 검사(K-TTFC-2) : 듣기 이해	신문자, 김영태, 정부자, 김재옥(2011)
		아동용 Rey-Kim 기억검사 : 기억 측정	김홍근(1999)
		아동용 Kims 전두엽-관리기능 신경심리검사 : 실행 기능 측정	김홍근(2001)
	학업 성취 및 인지 처리 검사	읽기 성취 및 읽기 인지처리 검사 : 읽기 성취(단어 인지 성취, 읽기 유창성 성취, 읽기 이해 성취) 와 읽기 인지 처리(단어 인지 처리, 읽기 유창성 인지 처리, 읽기 이해 인지 처리) 측정	김애화, 김의정, 황민아, 유현실(2012 출판 예정)
		언어 기반 읽기 평가: 읽기 성취(단어 인지)와 읽기 인지 처리(음운 인식, 듣기 이해, 문법 형태소나 어휘) 측정	배소영, 김미배(2012 출판 예정)

10-5 원인

1) 뇌손상

대뇌는 높은 수준의 인지적 및 학업적 추리력을 수행한다. 뇌손상은 출생 전, 출생기 및 출생 후 요인으로 생길 수 있고, 손상 원인, 위치, 손상 시의 발달적 성숙, 손상 기간, 검사 시점에서 아동의 발육 상태, 재훈련 시도의 특성과 정도 등에 따라 학습과 행동에 미치는 영향이 다르다. 먼저 출생 전에는 산모의 임신복합증이나 알코올, 약물 등이 태아의 두뇌 발달에 부정적인 영향을 준다. 이 중 알코올중독증의 특색으로는 신생아의 발육부진, 특이한 형태의 안면 기형, 중추신경계의 이상이 있으며 산모의 알코올 섭취는 출생 이후 아동의 지능에 영향을 준다. 출산 시의 원인으로는 표준 몸무게의 미달아, 산소 부족, 출산 시간의 장기화, 출산 시에 사용된 각종 의료기구 등이 신생아의 두뇌에 미세한 손상을 주어 언어, 운동, 주의집중 등의 발달에 영향을 줄 수 있다. 출생이후의 원인으로는 각종 사고, 즉 심장마비, 고열, 뇌염, 뇌막염, 두뇌 이상 등을 들 수 있다. 여기서 특정 부위를 다쳤을 때 두뇌의 기능에 미세한 장애를 가져와 보고, 듣고, 말하는 정보처리에 문제가 발생한다.

학습장애 아동 중 일부는 뇌손상을 입은 아동도 있지만 뇌손상이 학습장애를 유발하는 것은 아니며 학습장애는 다른 요인에 의해 일어날 수 있다.

2) 유전적 요인

이란성 쌍둥이의 학습장애 비율이 31%인 데 비하여 일란성 쌍둥이의 경우 70%로 높게 나타난다. 또한 읽기장애를 가진 부모들의 자녀에서 읽기 능력에 어려움을 보일 가능성이 많고, 난독증을 가진 경우 부모나 형제에서 난독증을 보이는 경우가 34%인 것으로 보고되고 있다.

3) 정보처리 과정 요인

학습장애 유형 중 읽기장애와 관련된 연구들은 주로 시지각기술, 청각적 정보처리 과정, 주의집중 및 운동기술 등에 관심을 두었다. 그러한 연구 결과에 의하면 읽기장애의 주 원인은 유아기의 시지각 과정, 아동기의 언어 기술의 취약, 주의집중 장애가 있다.

4) 신경생화학적 요소

뇌손상이나 유전적 요인, 정보처리적 결함에 대한 뚜렷한 증거가 없으면서 학습장애를 나타내는 아동들이 있다. 정신지체아의 한 원인으로 알려진 페닐케토뇨증에 상응하는 어떤 생화학적 불균형 상태가 아동들에게 학습장애를 수반케 한다고 추정되고 있다.

또한 생화학적 이상의 경우로서, 어떤 학습장애아동들은 신경계의 불균형이 일어나 신경계의 전이가 잘 일어나지 않아 학습의 문제나 행동의 문제가 발생한다고 볼 수 있다.

5) 사회 및 환경적 요인

학습장애는 부모의 양육 태도가 지나치게 지시적이거나 과다한 간섭, 칭찬보다 꾸중을 많이 하는 경우, 가정폭력, 아동 학대 등에 노출된 경우가 원인이 될 수 있다.

또한 납, 독극성 의약이나 알레르기성 음식 등의 환경적인 문제에 노출됨으로써 학습 과정에 방해를 준다. 미세한 정도의 납을 인체에 흡수할 경우 주의산만하고, 충동적이며, 학습에 방해를 받는다는 연구 보고들이 있다.

출처 : 김자경 외(2012), 학습장애 이론과 실제, 학지사, pp. 26~51.

10-6 중재 및 치료 방법

1) 지도 방법

(1) 학교에서의 지도 방법
- 지시 사항을 간단명료하게 써서 제시하거나 구두로 반복하도록 한다.
- 학습능력 향상을 도모하기 위해 체계적인 교수 절차를 사용하여야 한다.
- 과제물의 양은 짧은 것에서 긴 것으로 늘려나가야 한다.
- 선호도가 높은 과제는 선호도가 낮은 과제 다음에 제시하여야 한다.
- 과제는 학교에서 당일 완성할 수 있는 만큼의 양만 제시하여야 한다.
- 학습 기술을 집중해서 가르쳐줄 필요가 있다.

(2) 가정에서의 지도 방법

• 부모가 자녀의 학업 수준에 대한 눈높이를 낮춘다.

• 학교에서 지도한 수업 내용에서 수준을 낮추어 다시 복습하도록 한다.

◆ 읽기 교수 영역

(1) 읽기 선수 기술

• 프린트 인식 : 아동이 문자 언어가 어떻게 사용되는지를 이해하는 능력

▶ 프린트 인식 능력 향상을 위한 지침

프린트의 기능 및 관례 가르치기	교사는 책을 왼쪽에서 오른쪽, 위에서 아래로 읽는다는 것, 페이지의 순서를 나타내기 위해 페이지 번호가 있다는 것 등 책의 구조에 대해 지도하도록 한다.
책 읽어주기	책을 읽어줄 때는 큰 책을 사용하여 아동이 책에 있는 글자와 단어를 볼 수 있도록 하는 것이 좋다.
프린트를 자주 접할 수 있도록 주위 환경 마련하기	카드를 활용하여 집이나 유치원에 있는 다양한 공간 및 물건에 이름표를 붙인다.
프린트를 활용하는 놀이하기	아동이 장보기 목록을 작성하는 것을 흉내 내는 놀이, 자신의 이름을 쓰는 것을 흉내 내는 놀이, 편지나 생일 카드를 쓰는 것을 흉내 내는 놀이 등을 하도록 기회를 제공한다.
구어와 문어 간의 관련성을 이해하도록 돕기	책을 읽으면서, 아동이 자신의 이름을 구성하는 글자와 같은 글자를 찾도록 하는 활동은 아동이 구어와 문어 간의 관련성을 이해하는 데 도움이 된다.
프린트의 기능 강화하기	주위 환경에서 쉽게 볼 수 있는 프린트가 적힌 포스터, 이름표, 간판 등을 가리키며, 프린트가 중요한 메시지를 전달해주기 때문에 유용하다는 것을 알려주는 것이 좋다.
프린트의 관례 강화하기	책을 읽을 때 책을 읽는 방향이나 단어에 대한 개념 등에 대해 질문하고, 아동이 정확하게 답을 할 경우 이를 강화하고, 필요한 경우 교정적인 피드백을 제공하도록 한다.
책 읽기를 통해 프린트 관례에 대한 질문하기	- 책의 맨 앞면을 가리키세요. - 책의 제목을 가리키세요. - 어디서부터 읽기 시작해야 하는지 가리키세요. - 글자를 가리키세요. - 단어를 가리키세요. - 문장의 첫 번째 단어를 가리키세요. - 문장의 마지막 단어를 가리키세요. - 마침표를 가리키세요. - 책의 뒷면을 가리키세요.

• 자모 지식 : 자음자와 모음자의 이름에 대한 지식, 자음자와 모음자의 소리에 대한 지식, 자음자와 모음자의 이름과 소리를 빠르고 정확하게 인출하는 능력 등을 말한다.

▶ 자모 지식 향상을 위한 지침

자모 관련 책이나 자모 블록 등을 자주 접할 수 있도록 하기	
개별 자모의 이름 가르치기	개별 자모의 이름을 가르치는 예로 'ㄱ'을 보여주면서, "이 낱자의 이름은 기역입니다"라고 지도한다.
개별 자모의 소리 가르치기	먼저 초성 소리를 가르치고, 아동이 초성 소리를 명확하게 알게 된 후, 종성 소리를 가르친다.
개별 자모의 이름과 소리를 가르칠 때 음운 인식 활동과 결합하기	개별 자모의 이름과 해당 자모의 소리를 확실하게 알게 된 후, 음운 인식 활동의 하나인 음소 합성 활동과 결합하여 교수하는 것이 좋다.

• 음운 인식 : 말소리를 식별하는 능력으로 같은 소리로 시작되는 단어와 다른 소리로 시작되는 단어를 인식하는 능력, 단어를 구성하는 음소를 셀 수 있는 능력, 단어를 구성하는 소리들을 합성, 분절 또는 조작할 수 있는 능력 등을 말한다.

▶ 음운 인식 향상을 위한 지침

아동의 발달 수준에 적합한 음운 인식 교수 실시하기	아동의 발달 수준을 고려하여 음절 인식 활동, 초성-각운 및 음절체-종성 활동, 음소 활동 중 적절한 음운 인식 단위를 선택하여 지도한다.
음소 분절 및 음소 합성 활동하기	음소 분절 활동은 "/마/는/ㅁ/와/ㅏ/라는 소리로 떨어질 수 있어요"이며, 음소 합성 활동은 "/ㅁ/와/ㅏ/소리를 합치면/마/가 되요"다.
구체물 활용하기	교사: /마/라는 소리를 나누고 합쳐보세요. 학생: 1. 첫 번째 플라스틱 칩을 손으로 잡으면서, /ㅁ/라고 한다. 2. /ㅁ/를 발음하면서 아래로 플라스틱 칩을 내린다. 3. 두 번째 플라스틱 칩을 손으로 잡으면서 /ㅏ/라고 한다. 4. /ㅏ/를 발음하면서 아래로 플라스틱 칩을 내린다. 5. 두 개의 플라스틱 칩을 가까이 놓으면서, 두 소리를 합친다. /ㅁ/ /ㅏ/ /마/ *각각의 플라스틱 칩은 음소를 상징한다. *첫 번째 플라스틱 칩은 첫소리인 /ㅁ/를, 두 번째 플라스틱 칩은 두 번째 소리인 /ㅏ/를 상징한다.

	아동은 교사의 지시에 따라 하나의 음소에 하나의 구체물을 대응하면서 구체물을 조작하는 음운 인식 활동에 참여한다. 구체물을 활용한 음소 분절 및 음소 합성 활동인 '발음하고 옮기기 활동'의 예다.
낱자-소리의 대응 관계를 결합한 음운 인식 교수 실시하기	 교사: /마/라는 소리를 나누고 합쳐보세요. 학생: 1. "ㅁ" 낱자 카드를 선택한다. 2. "ㅁ"에 대응하는 /ㅁ/소리를 낸다. 3. "ㅏ" 낱자 카드를 선택한다. 4. "ㅏ"에 대응하는 /ㅏ/소리를 낸다. 5. "ㅁ"와 "ㅏ" 낱자 카드를 가까이 모으며 /마/라고 한다. 　/ㅁ/　/ㅏ/ → /마/
소집단 교수 실시하기	대집단 교수보다 소집단 교수를 할 때, 음운 인식 교수의 효과를 더욱 높일 수 있다.
교사의 음소 인식 과제에 대한 시범 보이기	교사는 각 음소를 어떻게 발음하는지를 구체적으로 시범 보여야 한다. 음소 합성 과제일 경우, 교사는 각 음소를 따로 따로 명확하게 발음(/ㅁ/ /ㅏ/)한 다음, 음소를 합쳐서 발음(/마/)하는 것을 시범 보인다.
학생에게 연습 기회 제공하기	교사의 명시적인 시범 후, 학생에게 비슷한 과제를 반복적으로 연습할 수 있는 기회를 제공하여야 한다.

(2) 단어 인지

• 파닉스 교수 : 음운 인식과 낱자(군)-소리 대응 관계를 활용하여 단어를 읽을 수 있도록 가르치는 읽기 교수법

▶ 파닉스 교수 유형

합성 파닉스
– 부분-전체 접근법을 적용하여 단어를 구성하는 각각의 낱자를 소리로 바꾼 후 이 소리들을 합쳐서 단어를 읽도록 가르치는 단어인지 교수법이다.
예: 교사 : (칠판에 '나'라는 단어를 쓴 다음) 선생님이 이 단어를 읽어볼게요. (단어를 구성하고 있는 낱자 'ㄴ', 'ㅏ'의 소리를 각각 따로 발음한다.) /ㄴ/, /ㅏ/ ▷(소리를 순서대로 합쳐서 발음한다.) /ㄴ···ㅏ/ ▷/나/.

분석 파닉스

- 전체-부분 접근법을 적용하여 각 낱자에 대응하는 소리를 따로 가르치지 않고 단어 내에서 낱자-소리의 대응 관계를 파악하도록 가르치는 단어 인지 교수법이다.

  이는 학생이 이전에 습득한 단어 중 같은 소리를 포함한 단어들(예: 바위, 바지, 바다)을 제시한 후, 학생이 이 단어들은 모두 /ㅂ/라는 소리로 시작되고 /ㅂ/라는 소리는 'ㅂ'이라고 쓴다는 것을 파악하게 하도록 지도한다.

유추 파닉스

- 학생이 알고 있는 단어나 단어의 부분을 활용하여 새로운 단어를 읽도록 가르치는 단어 인지 교수법이다.

  예: '무너뜨리다'라는 새로운 단어를 지도할 때, 교사는 학생이 알고 있는 '빠뜨리다'라는 단어와 '무너뜨리다'라는 단어의 동일한 특성(뜨리다)을 인식함으로써, '무너뜨리다'라는 단어를 유추하여 읽을 수 있도록 지도한다.

임베디드 파닉스

- 글을 읽는 과정에서 파닉스 교수를 삽입하여 단어를 읽도록 가르치는 단어 인지 교수법이다.

- <u>음운 변동이 적용되는 단어에 대한 교수</u>

1단계 : 음운 변동 규칙이 적용되는 단어를 선택하여 그림과 함께 소개하기
    - 예: 음운 규칙이 적용되는 단어(예: 웃음)와 웃는 그림

2단계 : 음운 변동 규칙 가르치기
    - 예: 연음 규칙: 앞 글자에 받침이 있고, 바로 뒤에 오는 글자가 'ㅇ'으로 시작하면, 받침은 'ㅇ' 자리로 오고 'ㅇ'은 물방울처럼 날아가버리는 연음 규칙 가르치기

3단계 : 음운 변동 규칙이 적용되는 원리 연습하기
    - 예: 연음 규칙: '앞으로'에서 첫 번째 음절의 'ㅍ'과 두 번째 음절의 'ㅇ'을 색연필로 표시하면서 연음 규칙이 적용되는 원리 연습하기

4단계 : 음운 변동 규칙이 일어나는 단어와 그렇지 않은 단어 분류하기
    - 예: 연음 규칙 적용 단어: 걸음, 국어
    - 예: 연음 규칙이 적용되지 않은 단어: 칠판, 동생

5단계 : 글자/단어를 단어은행에 모아 두고 연습하기
    - 이미 학습된 글자/단어들을 누적 연습한다.

- <u>총체적 언어/통언어적 교수</u>
- 읽기 능력이 자연적으로 습득된다는 철학에 기반을 두고 있다.

‒ '의미 있는' 읽기 활동을 통해 단어를 가르칠 것을 강조한다.

따라서 의미 있는 단어를 선택하고 이를 반복적으로 접할 수 있는 기회를 제공함으로써 학생이 단어의 시각적 형태, 발음 그리고 의미를 연결할 수 있도록 지도한다.

(3) 읽기 유창성

• 짝과 함께 반복 읽기

짝 정하기(학생 A, 학생 B)	두 명이 짝이 되도록 구성하되, 학생 A는 글을 더 유창하게 읽는 학생, 학생 B는 글을 덜 유창하게 읽는 학생으로 구성한다.
학생 B의 수준에 적합한 글 선택하기	학생 B가 글에 포함된 단어의 90%를 정확하게 읽을 수 있는 읽기 지문(예: 10단어 중 1단어 정도를 잘못 읽는 정도 수준의 읽기 지문)을 선택한다.
'짝과 함께 반복 읽기' 절차를 명시적으로 설명하고 연습하기	교사는 반드시 '짝과 함께 반복 읽기' 절차를 명시적으로 설명하고 시범을 보여야 한다. ‒ 각자 3분씩 읽기 : 학생 A가 먼저 3분 동안 읽기 지문을 소리 내어 반복 읽기를 하고, 그다음 학생 B가 3분 동안 소리 내어 반복 읽기를 한다.(이때 학생 A는 학생 B에게 시범자의 역할을 한다.) ‒ 체계적으로 오류 교정해주기 : 학생 B가 읽기 지문을 읽는 동안, 학생 A가 오류 교정 및 지원을 해준다. 　■ 글자를 잘못 읽었을 때 　• 다시 읽어보자. 　• 3초 기다림 　• 3초 안에 올바로 읽으면, "잘했어, 이 글자가 들어간 문장 전체를 다시 읽어보자." 　• 3초 안에 올바로 읽지 못하면, "이 글자는 ○○야. 무슨 글자라고? (짝의 응답 기다림) 맞았어. 이 글자가 들어간 문장 전체를 다시 읽어보자." 　■ 글자를 생략하고 읽을 때 　(생략한 글자가 들어간 문장을 가리키며) "이 문장을 다시 읽어보자." 　■ 3초 이상 기다렸는데 반응하지 않을 때 　"이 글자는 ○○야. 무슨 글자라고? (짝의 응답 기다림) 맞았어. 이 글자가 들어간 문장 전체를 다시 읽어보자." ‒ 각자 1분씩 '최대한 잘 읽기' : 학생 A가 먼저 1분 동안 읽기 지문을 소리 내어 읽고, 그다음 학생 B가 1분 동안 소리 내어 읽는다. 1분 읽기는 차시별 읽기 유창성 평가 활동이다. ‒ 읽기 유창성 점수 계산하기 : 각자 자기 짝의 읽기 유창성 점수를 계산한 후, 서로 확인한다. 　1분 동안 읽은 전체 단어 수 ‒ 잘못 읽은 단어 수 = 1분 동안 정확하게 읽은 단어 수 ‒ 읽기 유창성 그래프 그리기 : 차시별 읽기 유창성 점수를 막대그래프의 형식으로 학생 스스로 기록하게 한다.
'짝과 함께 반복 읽기' 적용하기	학생이 '짝과 함께 반복 읽기' 절차를 숙지한 다음 실제로 적용한다. 이때 전체 시간 관리는 교사가 학급 전체를 대상으로 진행하는 것이 좋다.

• 끊어서 반복 읽기

끊어서 반복 읽기 활동에 필요한 읽기 지문 준비하기	교사는 미리 읽기 지문을 분석하여, 의미가 통하는 구나 절 단위로 끊기는 부분을 표시한다. **우리는/여러 용도의 질그릇에서/선조들의 해박한 과학 지식과/위생 관념을/확인할 후 있다./우선,/질그릇 밥통부터/살펴보자./**
교사가 끊어 읽기 시범 보이기	교사는 구나 절 단위로 끊기는 부분이 표시된 읽기 지문을 사용하여, 적절한 곳에서 끊어 읽으면서 유창하게 읽는 것을 시범 보인다.
학생과 함께 끊어 읽기 연습하기	학생과 함께 적절한 곳에서 끊어 읽으면서 유창하게 읽는 것을 연습한다.
학생이 독립적으로 끊어서 반복 읽기	두 명이 짝을 구성하여 번갈아 가며 끊어서 반복 읽기를 연습하도록 한다. 짝과 연습할 때의 절차는 앞에서 언급한 '짝과 함께 반복 읽기'의 절차와 동일하게 사용할 수 있다.

(4) 어휘

• 1단계 교수법(결합 지식 교수법) : 목표 어휘와 대표적인 정의를 연결할 수 있는 수준
 - 사전적 정의 : 교사는 학생에게 목표 어휘의 사전적 의미를 찾고, 해당 어휘를 사용하여 문장을 만들고, 간단히 평가하는 형식으로 수업을 구성할 수 있다.
 - 키워드 기억 전략 : 목표 어휘와 학생이 이미 알고 있는 키워드를 연결하여 목표 어휘를 가르치는 방법이다.
 - 컴퓨터 보조 교수 : 어려운 어휘의 정의를 제공하거나, 어려운 어휘를 쉬운 어휘로 바꿔주는 등의 방법을 적용한다.

• 2단계 교수법(이해 지식 교수법) : 목표 어휘를 관련 어휘들과 연결하여 범주화할 수 있는 수준
 - 의미 지도 : 목표 어휘와 관련된 다양한 어휘 간의 관계를 파악하도록 함으로써 학생이 어휘를 보다 조직적으로 기억하도록 도와준다. 학생이 자신의 선행 지식과 연결하여 새로운 어휘의 의미를 이해하고, 어휘력을 확장하는 데 유용한 방법이다.
 - 개념 지도와 개념 다이어그램 : 개념 지도 ▷ 목표 어휘의 정의, 예, 예가 아닌 것으로 구성된 그래픽 조직자다.
   개념 다이어그램 ▷ 개념 비교표를 만들어서 학생이 개념의 특성, 예와 예가 아닌 것 등을 비교함으로써 목표 개념을 이해하도록 도와주는 방법이다.

- 의미 특성 분석 : 목표 어휘와 그 어휘들의 주요 특성들 간의 관계를 격자표로 정리하는 방법으로 학생들은 각 어휘가 각 특성과 관련이 있는지(+표시) 없는지(− 표시)를 파악함으로써 목표 어휘의 의미를 폭넓게 이해할 수 있게 된다.
- 기타 어휘 확장 교수법 : 어휘 관련시키기 활동과 질문−이유−예 활동 등을 들 수 있다. 어휘 관련시키기 활동은 이미 학습한 어휘의 의미를 강화하고 확장시키는 방법으로 유의어, 반의어 및 유추 어휘를 찾는 형식으로 구성된다.
  질문−이유−예 활동은 해당 어휘를 사용한 이유를 이야기하고, 해당 어휘와 관련된 자신의 경험을 예로 들어 이야기해 보는 활동이다.

- 3단계 교수법(생성 지식 교수법) : 여러 상황에 어휘를 적절하게 적용하는 수준
- 빈번한, 풍부한, 확장하는 어휘 교수 : 학생이 어휘를 다양한 맥락에서 반복적으로 접함으로써 단순히 정의를 아는 것에 그치는 것이 아니라, 목표 어휘와 관련 어휘의 관계 및 다양한 맥락에서의 의미를 파악함으로써 점차적으로 어휘에 관한 '소유권'을 갖도록 하는 것을 목적으로 한다.
- 다양한 장르의 책을 다독 : 교사는 학습장애 학생이 다양한 장르의 책을 지속적으로 읽을 수 있도록 계획, 지원 및 관리하여야 한다. 또한 학생이 책을 읽다가 모르는 어휘가 나오면 스스로 파악할 수 있도록 돕는 전략을 가르쳐야 한다.

(5) 읽기 이해
• 읽기 전 전략

브레인스토밍	학생은 앞으로 읽을 글에 대한 제목을 보고, 제목에 대해 이미 알고 있는 것을 자유스럽게 말하고, 교사는 이를 그래픽 조직자 등의 형식을 사용하여 시각적으로 조직한다.
예측하기	글을 읽기 전에 글의 제목, 소제목, 그림 등을 훑어본 다음, 앞으로 읽을 글에 대한 내용을 예측하는 활동이다.

• 읽기 중 전략
- 비교−대조 글 구조에 대한 교수
  ① 단서 단어에 대한 교수
  ② 어휘 교수
  ③ 문단을 읽으면서 내용 분석하기
  ④ 비교−대조 구조에 대한 이해를 돕는 그래픽 조직자 사용하기

⑤ 비교 – 대조 질문하기

⑥ 요약하기

– 중심 내용 파악하기

1단계 : 문단의 주인공 찾기

2단계 : 문단에서 가장 중요한 내용 찾기

        2 – 1) 각 문장을 자세히 읽기

        2 – 2) 비슷한 문장끼리 묶기

        2 – 3) 지우기를 적용하여 가장 중요한 내용을 찾기

        • 지우기 ①: 같은 내용 반복 지우기

        • 지우기 ②: 구체적인 설명 지우기

        • 지우기 ③: 예 지우기

3단계 : 주인공과 문단에서 가장 중요한 내용을 합하여 10개의 어절이 넘지 않도록 중심 내용 문장 만들기

4단계 : 중심 내용을 지지하는 세부 내용 찾기

• 읽기 후 전략

– 읽기 이해 질문 만들기 전략 : 학생이 자신이 읽은 내용을 다시 한 번 복습하게 하고, 특히 중심 내용을 다시 한 번 살피고 기억하는 데 효과적이다.

– 요약하기 : 읽은 글의 전체 내용을 종합적으로 파악하여 필요 없는 내용은 버리고 중요한 내용에 초점을 맞추어 정리하는 것을 돕는 전략이다.

– 상보적 교수 : 교사와 학생이 글에 대해 구조화된 대화를 함으로써 학생의 읽기 이해력을 향상시키는 것을 목적으로 한다.

  ① 예측하기: 글을 읽는 목적을 설정하는 데 도움을 주며 학생은 자신이 예측한 내용이 맞는지 여부를 점검하면서 글을 읽게 된다.

  ② 질문 만들기: 학생이 자신이 읽는 글에서 중요한 내용에 집중할 수 있도록 돕는 전략으로 누가, 언제, 어디서, 무엇을, 어떻게, 왜 등의 키워드를 사용하여 질문을 만든다.

  ③ 명료화하기: 학생이 자신의 글에 대한 이해 여부를 점검하도록 돕는 전략이다.

  ④ 요약하기: 학생이 자신이 읽은 글의 내용을 정리하고, 중요한 내용을 기억하는 것을 돕는 전략이다.

– K – W – L 전략

  ① K – 읽은 글의 제목에 대해 자신이 이미 알고 있는 것에 대해 기록한다.

  ② W – 앞으로 글을 읽음으로써 배우고 싶은 내용을 기록한다.

  ③ L – 글을 다 읽은 후, 자신이 글을 통해 배운 것을 요약한다.

- 쓰기 교수 영역

  (1) 글씨 쓰기

• 시각 단서+기억 인출 교수법

시각 단서 교수법은 글자의 필순과 진행 방향을 화살표와 번호로 표시한 학습지를 사용하여 글씨를 쓰는 방법에 대해 시각적으로 보여주면서 글씨 쓰기를 가르치는 방법이다.

기억 인출 교수법은 글자를 주의 깊게 살펴보도록 지시한 후, 가림판으로 글자를 가린 상태에서 글자를 기억하여 쓰도록 하는 방법이다.

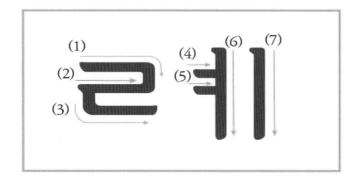

• 베껴 쓰기

교사가 먼저 글씨 쓰는 것을 시범 보인 후, 학생이 같은 글자를 베껴 쓰도록 하는 방법이다. 이때 교사는 글씨 쓰는 것을 시범 보일 때, 글자를 구성하는 낱자의 이름과 글자의 필순을 말로 표현하도록 한다.

  (2) 철자

음운 처리 중심 교수법	소리(음소)의 인식뿐 아니라 낱자-소리의 대응 관계에 관여하며, 음운 처리에 문제가 있는 학생은 소리 나는 대로 표기하는 단어의 철자에서 오류를 보인다. 예: 교실 ▷ 교시 / 예술 ▷ 애술 – 낱자-소리 대응 관계(기본 자음, 기본 모음)를 먼저 가르친다. – 이중모음(예, 왜)과 겹자음(예, ㄲ,ㅆ,ㅎ)순으로 가르친다.
표기 처리 중심 교수법	학생이 올바른 단어 표기를 인지하는 능력이라고 할 수 있고, 표기 처리의 문제는 일반적으로 소리 나는 대로 표기되지 않는 단어에서 나타나게 된다. 예: 같이 ▷ 가치 / 좋아하다 ▷ 조아하다 / 읽다 ▷ 일다 – 음운 변동 규칙별로 단어를 묶어서 소개(예: 연음규칙이 적용되는 단어: 걸음, 국어, 웃음, 돌아서다)하고, 같은 음운변동 규칙이 적용되는 단어끼리 분류하는 활동(예: 걸음, 국어, 웃음, 돌아서다-연음규칙/ 습한, 쌓고, 시작하다, 내놓다-축약규칙/ 쌓여, 낳은, 찧어서, 놓아서-ㅎ 탈락)을 적용할 수 있다. – 문장 안에서 단어의 쓰임을 인식할 수 있도록 하는 것이 좋다.

형태 처리 중심 교수법	단어를 구성하는 형태소에 대한 인식이 부족하여 나타나는 오류다. 예: 앉(고 · 어 · 다) ▷ 어간과 어미의 경계를 구분하지 못하는 오류 빛난다. ▷ 빛났다. ▷ 시제 선어말 어미를 제대로 인식하지 못하는 오류 죽음 ▷ 죽은 ▷ 어미를 변환하는 오류 반듯이 ▷ 반드시 ▷ 동음이의어로 혼동하는 오류 　- 용언의 기본형과 용언의 변형을 연결하여 교수하는 방법으로, 어미의 종류에 따라 단어를 분류하는 활동을 할 수 있다. 　- 문장 안에서 단어의 쓰임을 인식할 수 있도록 하는 것이 좋다.
기타 철자 교수법	- 자기 교정법(가리고, 베껴 쓰고, 비교하기 포함)으로 학생에게 단어를 보여준 다음, 단어를 가리고, 약간의 시간을 주어 학생이 단어를 외워서 쓰도록 하고, 그다음 다시 단어를 보여 주어 해당 단어와 자신의 답을 비교하여 답을 확인하게 한다. 만일 학생이 잘못 철자하면, 잘못 철자된 부분에 학생이 스스로 표시하는 것도 좋은 방법이다.

(3) 작문

- <u>5단계 쓰기 과정 교수</u>

1단계 계획하기	- 글감 선택하기 - 쓰기의 목적 고려하기 - 독자 선택하기 - 생각 생성 및 조직하기
2단계 초안 작성하기	- 문법, 철자보다 내용을 생성하고 조직하면서 글을 작성하는 데 초점 맞추기
3단계 내용 수정하기	- 내용에 초점을 맞춰 수정하기 - 초고를 다시 읽고, 보충하고, 다른 내용으로 바꾸고, 필요 없는 부분을 삭제하고, 내용을 옮기는 등의 수정하기 - 또래 교수를 사용한 수정 전략 : 서로의 글을 읽고, 잘 쓰인 곳 한 곳과 개선이 필요한 곳 두 곳(이해가 잘 안 되는 부분, 내용이 더 필요한 부분)을 골라 수정하기
4단계 쓰기의 기계적인 측면 교정하기	- 쓰기의 기계적인 측면(예, 철자, 구두점, 문장 구성)에 초점을 맞춰 교정하기 - 또래 교수를 사용한 편집하기 전략 : 서로의 글을 읽고, 철자, 구두점, 완전한 문장인지 여부, 문단 들여쓰기 여부 등을 표시하여 교정하기
5단계 발표하기	- 쓰기 결과물을 게시하거나 제출하기(학급신문이나 학교문집 활용) - 적절한 기회를 통하여 학급에서 자기가 쓴 글을 다른 학생에게 읽어주거나 학급 게시판에 올리기

- <u>미, 쓰, 수</u>

－미 : 미리 계획하기(계획하기)

- 쓰 : 쓰기(초안 작성하기)
- 수 : 수정 및 검토하기(내용 수정하기, 편집하기)

● 자기 조절 전략 교수

논의하라	교사는 전략을 명시적으로 소개하고, 전략의 목적과 전략의 장점 등을 명시적으로 제시한다.
시범을 보여라	교사는 전략을 어떻게 사용하는지 정확하게 시범을 보인다.
외우도록 하라	학생은 기억 전략을 사용하여 전략 사용의 단계를 외운다.
지원하라	교사는 학생이 전략 사용 단계에 따라 전략을 적용하는 데 필요한 지원을 한다.
독립적으로 사용하게 하라	학생은 궁극적으로 교사의 지원 없이 전략을 독립적으로 사용한다.

- 수학 교수 영역

1) 수 감각	- 수의 순서 익히기	20부터 거꾸로 기계적 수 세기
	- 수 의미 이해 십의 자릿수 개념 익히기	수 막대를 이용하여 두 자릿수 11~20 나타내기
	- 수 계열 인식하기	연속된 수 중 빠진 수 넣기
	- 규칙적 수 배열 이해하기	주어진 수만큼 뛰어 세기
	- 수 관계 인식하기 수의 분해 이해하기 수의 상대적인 크기 알기	주어진 수를 두 수로 나누기
		주어진 수에 가까운 수 찾기
	- 연산(덧셈) 이해하기	한 자릿수+한 자릿수(10 미만) 한 자릿수+한 자릿수(10 이상)
	- 연산(뺄셈) 이해하기	한 자릿수-한 자릿수
2) 사칙연산 교수법	- 덧셈 교수	큰 가수를 기준으로 이어 세기 부분 인출 및 직접 인출 두 자릿수 이상의 덧셈 교수
	- 뺄셈 교수	뺄셈 개념 및 뺄셈식 알기 뺄셈구구 교수 두 자릿수 이상의 뺄셈 교수

	– 곱셈 교수	곱셈식 알기 몇 배 개념 알기 곱셈구구 교수 두 자릿수 이상의 곱셈 교수
	– 나눗셈 교수	나눗셈 개념 및 나눗셈 식 알기 나눗셈구구 두 자릿수 이상의 나눗셈 교수
3) 문장제 문제 해결	– 표상 교수	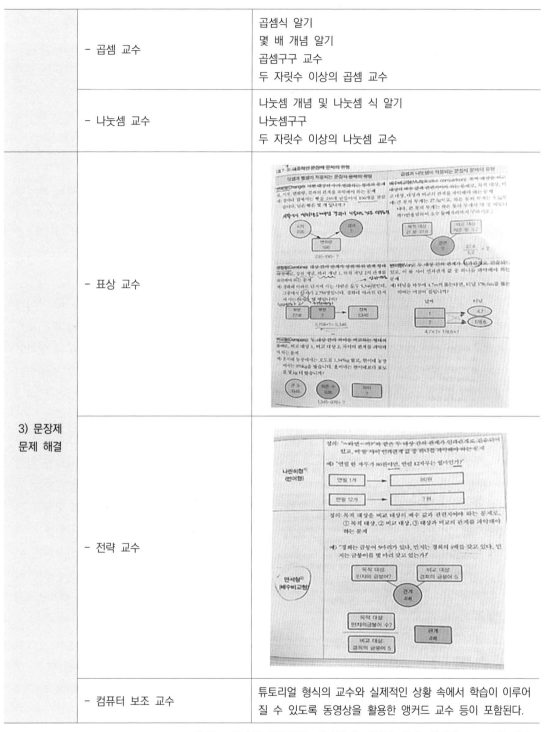
	– 전략 교수	
	– 컴퓨터 보조 교수	튜토리얼 형식의 교수와 실제적인 상황 속에서 학습이 이루어 질 수 있도록 동영상을 활용한 앵커드 교수 등이 포함된다.

출처 : 김자경 외(2012), 학습장애 이론과 실제, 학지사, pp. 147~413

학습장애의 오해와 진실

학습장애의 오해와 진실

김대호(가명·11) 군이 지난 3년 동안 이뤄낸 변화는 극적이다. '학습장애'와 '주의력결핍 과잉행동장애' 진단을 사형선고처럼 받아들이는 부모들이 많은 현실에서 더욱 빛나는 결과다. 3년 전 김 군한테 학습장애 진단을 내린 의사는 "우리나라에 학습장애와 관련해서 도움을 받을 수 있는 곳은 없다"고 말했다. 손 내밀 곳 없었던 절망적인 상황을 반전시킨 주역은 어머니 신○○(40, 경기 성남시 분당구)씨였다.

신 씨는 아들의 학습장애를 인정하는 데서 첫 단추를 끼웠다. "많은 부모가 처음에는 내 아이가 이런 문제를 지닌 아이일 리 없다는 생각을 하는 것 같아요. 하지만 학습장애가 뭔지 제대로 모르면서 기대를 내려놓지 않으면 자녀를 결코 도울 수 없어요." 귀가 아니라 뇌의 문제 때문에 읽기와 쓰기에 어려움을 겪고 때로 말도 헛나온다는 것, 상위 5%의 지능을 가지고도 '지진아'로 오해받는 아들 역시 정신적 충격이 크다는 것 등을 알게 되자 마음이 편해졌다. 그제야 신세 한탄을 벗어나 아들을 어떻게 도와야 하는지를 고민하기 시작했다.

학습을 돕기 위해서는 아들의 흥미를 공략하기로 했다. 글자에 대한 공포를 누그러뜨리려고 아들이 좋아하는 요리를 활용했다. "사진이 많이 나온 요리책을 함께 보며 만들고 싶은 요리를 직접 고르게 했어요. 빵 만들기를 자주 했는데 빵의 종류, 만드는 방법 등을 보면서 자연스레 글자를 접했죠." 글자만 보면 엎드려 울던 아들도 요리책에 나온 글자에는 거부감이 없었다. 재료 구입을 위해 시장을 보고 계산을 하는 과정에서는 숫자와도 친해졌다. 그때 신 씨는 "글자를 아니까 빵 만드는 게 참 편하다, 그치?"라는 말을 슬쩍 덧붙였다. 자연스레 글자를 배워야 한다는 동기부여가 됐다. "영어 알파벳도 모르는 우리가 미국의 대학 강의실에 앉아 있다고 생각해보세요. 학습장애 애들한테 글자를 배우는 일은 정말 괴롭고 힘들어요. 그 스트레스를 이기려면 강한 내적 동기부여가 필요하죠."

못마땅한 자기 자신을 보며 느끼는 무력감과 학교에서 겪는 좌절감을 어루만져주는 것도 중요했다. "크고 작은 상처가 쌓이면 '나는 못난 아이야, 나쁜 아이야'라는 생각을 스스로 하게 되죠. 그게 평생 상처로 남지 않게 하려면 자기를 사랑할 줄 아는 법을 깨우쳐줘야 할 것 같았어요."

"우리 아들은 세상에서 누구를 제일 사랑해?"

"엄마."

"그래? 엄마는 엄마를 제일 사랑하는데. 자기를 사랑할 줄 아는 사람은 자기를 가장 사랑하는 사람이야. 그럼 자기를 사랑하려면 어떻게 해야 할까?"

양보, 배려 등 아들이 대인관계에서 겪을 수 있는 문제를 해결하는 데 필요한 가치를 체득한 것은 하루도 거르지 않고 나눈 엄마와의 대화를 통해서였다. 주의력결핍 과잉행동장애와 비슷한 증상이 있는 탓에 화를 억제하는 데 어려움을 겪었던 아들은 "화가 나면 조용히 앉아서 즐겁고 재미있는 생각을 하며 화를 잊을 수 있"게 됐다. 자기를 사랑하는 사람은 자기가 화가 나도록 내버려 둬서는 안 된다고 신 씨와 함께 깨달은 뒤였다.

신 씨는 이 모든 교육의 열매는 '자존감'이라고 말한다. 자녀의 학습으로 고민하는 여느 부모들도 공감할 법한 결론이다. "사실 당시에는 몰랐는데 지나고 나니 제가 적용했던 모든 교육의 방법이 결국에는 '자존감'을 키워주지 않았나 싶어요. 나는 소중한 사람이다, 나는 할 수 있다는 생각이 아들이 어려움을 극복하는 데 큰 힘이 되고 있죠." 아들은 이제 주의력과 집중력을 유지하기 위해 약을 먹는 대신 계획표를 세워 실천한다. 두 문제 풀고 5분 쉬고 1시간 공부하고 30분 쉬는 지난한 과정이다. 하지만 아들한테는 '할 수 있다'는 자신감이 있다. 결국 지난해 2학기 기말고사 국어 시험에서 난생처음 100점을 받았다.

아들한테서 패배와 좌절의 주홍글씨를 지우는 동안 신 씨는 억만금을 주고도 들을 수 없는 '엄마 수업'을 받았다. "아들이 10살이면 나 역시 엄마로 산 건 10년뿐이니 어른 행세를 하면 안 되는 거였어요. 아이를 존중하고 제대로 사랑할 줄 알게 된 거죠." 엄마가 아파서 늦게 일어난 날에는 "아침을 꼭 드시라"며 밥상을 차려놓고 간다는 속 깊은 아들이 100점 받은 아들보다 더 귀하고 소중하다고 말하는 신 씨의 눈가에는 눈물이 맺혔다.

신 씨는 현재 학습장애 아이를 둔 부모를 위한 카페 '꿈을 찾아가는 아이들(cafe.daum.net/dys-lexia7)'을 운영하고 있다. 2007년에는 도움을 받았던 전문가를 초청해 강연회를 열었고 2008년부터는 부모들의 공부 모임을 꾸려왔다. "학습장애나 주의력결핍 과잉행동장애나 치료보다는 교육이 절실해요. 일본에서는 지방에도 학습장애협회가 있어서 알맞은 교육을 제공한대요. 이런 아이들한테 맞는 교육 프로그램이 전무한 우리나라에서는 부모의 짐이 더 무거워요." 앞으로 갈 길이 더 멀다는 신 씨의 짐을 사회가 덜어줄 때가 된 것 같다.

−출처 : "학습장애 탈출 3년간의 기적", 『한겨레』(2009. 2. 8)−

참고문헌

김동일 외(2016), DSM-5에 기반한 학습장애아동의 이해와 교육, 학지사

김자경 외(2012), 학습장애 이론과 실제, 학지사

설지민(2016), 설지민 특수교육학2, 아모르에듀

http://solinala.blog.me/220150756959

순천향 아동 임상센터 상담게시판

http://blog.naver.com/mangto38/220548435516

http://blog.naver.com/withme0125/30011928009

http://blog.naver.com/lunarsy/50004440372

http://blog.naver.com/youngs602/100129317648

http://blog.daum.net/child-clinic/1

http://elmabrain.com/alter/view.php?id=41&ids=21

http://www.helpchild.net/bbs/view.php?id=selected_board&page=3&sn1=&divpage=1&sn=of
    f&ss=on&sc=on&select_arrange=headnum&desc=asc&no=16

http://terms.naver.com/entry.nhn?docId=1820357&cid=46615&categoryId=46615

(한국민족문화대백과, 한국학중앙연구원)

http://www.law.go.kr/lsInfoP.do?lsiSeq=190541&efYd=20170101#0000(국가법령정보센터, 장애
    인 등에 대한 특수교육법 시행령)

http://blog.naver.com/kahio76/220306282887

(특수아동의 이해-학습장애 정의)

http://blog.naver.com/tntbyj/220851569048

http://1004pr.co.kr/kccp/skin/html/304b.jpg

https://news.joins.com/article/20546264

http://blog.daum.net/child-clinic/1

http://www.hani.co.kr/arti/society/schooling/337532.html

제 11 장

의사소통장애
(Language Impairment)의
상담

11-1 사례 기사

사례 기사 Ⅰ

한창 어떤 주제로 이야기를 나누는데, 누군가가 갑자기 생뚱맞은 소재를 꺼낼 때, 아무런 상관이 없는 얘기에 갑자기 끼어들 때 '갑분싸'나 '낄끼빠빠'라는 용어가 사용된다.

이런 말들은 장난식일 수도 있지만 실제로 의사소통의 맥락을 따라잡기 어렵고, 동화되지 못하는 경우가 있다. 이를 사회적 의사소통장애(social communication disorder) 또는 실용적 의사소통장애(pragmatic communicationdisorder)라 부른다. 물론 자폐증이나 중증의 지적장애가 있는 경우는 여기에 포함하지 않는다. 사회적 의사소통장애는 자폐증과 비슷해 보일 수 있지만, 지능적 문제와 반복적인 행동이나 집착이 없다는 점에서 차이를 보인다.

◇ 사회적 의사소통장애, 왜 대화가 어려울까?

전문가들은 사회적 의사소통장애가 등장한 배경으로 현대 사회의 개인화와 다양성, 그리고 시공간을 초월하는 문명의 발달을 꼽는다. 집단보다는 개인의 중요성이 강조되고 존중되면서 대화의 주제나 관심사 등이 다양해졌고, 통신기기의 발달로 때와 장소를 가리지 않고 다양한 그룹과 소통하게 되면서 적응해야 하는 기준이 과거와는 비교도 할 수 없을 정도로 방대해졌다는 것이다. 이렇게 다양해진 사회에 적응하기 위해서는 정보 습득력과 상호 이해 수준이 그 규모와 속도를 따라잡아야 하는데 이런 부분에서 차이가 날수록 '갑분싸', '낄끼빠빠'라는 단어가 등장할 가능성이 커지게된 것이다. 이런 문제는 주로 혼자 놀거나 온라인 게임 등에 집착해 또래와 교류가 부족한 아이들에게도나타날 수 있다.

사회적 의사소통장애를 보이는 예는 흔히 다음과 같다.

- 일상적인 대화에서 전반적인 흐름과 주제를 이해하지 못한다(분위기 파악이 느리다).
- 갑자기 대화의 맥과 상관없는 엉뚱한 말이나 돌발 행동을 한다.
- 현실에 맞는 대화 상대, 대화 장소, 대화 시간 등을 맞추지 못하고 아무 때나, 아무 말을 한다.
- 화자의 행간이나 의도, 비유 등에 대한 이해도가 전반적으로 낮다(말을 문자 그대로 해석한다).
- 자신의 감정 표현에 서툴다.

- 자기 중심적으로 행동한다.

　　하지만 어찌 보면 개인 나름의 선택과 집중의 결과로 '갑분싸'와 '낄끼빠빠'가 등장하게 된 건지도 모른다. 이런 사람들 나름의 기준에 대한 배려와 관심으로 서로 소통하는 시간을 점점 늘려가는 것은 어떨까. 물론 교실이나 직장에서 생활을 지속하기 어려울 정도로 반복적인 문제가 된다면, 정신건강의학과를 통해 상담을 받아보는 것이 도움이 된다.

　　사회적 의사소통장애는 2013년 5월에 발간된 미국 정신질환 진단 및 통계편람(DSM-5)에 처음 등재된 진단명으로 자폐스펙트럼장애의 진단 기준에 해당하지 않으면서, 기본적인 어휘나 문장 구성 능력은 별로 떨어지지 않지만, 화용언어(pragmaticlanguage impairment)에 심각한 문제가 있어 대인관계나 사회성에 어려움이 발생한 경우에 진단받을 수 있다.

　　－출처 : "갑분싸 유발하고, 낄끼빠빠 못하는 '사회적 의사소통장애'", 하이닥 홈페이지(2019. 11. 22)－

사례 기사 II

　　K.H. 님은 만 27세의 남성으로, 현재 모 대학에 재학 중이나 말더듬으로 인해 정상적인 학교 생활이 어려운 상황입니다.

　　본인의 말더듬을 처음으로 발견했을 때는 초등학교 6학년쯤이라고 하였으나 보통 말더듬은 지각했을 당시보다 더 일찍 발생했을 가능성이 있습니다. 중·고등학교 시절에는 말의 첫소리나 첫 음절을 반복하는 증상을 주로 보였으나, 친구들에게 놀림을 당한 후로는 말의 막힘이 더 자주 나타났다고 합니다.

　　부모님과 가장 가까운 친구 한 명 외에는 본인의 말더듬을 아는 사람이 없다고 합니다. 말더듬이 발각되는 것이 본인에게 수치심을 불러일으키고 사회생활에 치명적인 영향을 미친다고 생각하기 때문에 감추어왔다고 합니다.

　　대학에 입학해서는 출석을 부를 때 "네"라고 대답하는 것에 대한 부담감으로 인해 막힘이 발생하여 출석을 놓치는 상황까지 있었다고 합니다. 상황이 반복되었지만 본인의 말더듬을 밝히는 것이 두려워 교수님께도 말씀을 드리지 못했다고 합니다.

　　위 사례의 경우 말더듬 평가 결과 '중간급 및 진전된 말더듬' 단계에 해당되었습니다. 말더듬의 치료 방법에는 크게 두 가지가 있는데, 하나는 말더듬수정치료법이며 다른 하나는 유창성완성치료법입니다. 말더듬 대상자와 면담 끝에 두 가지 치료법을 통합한 '통합치료법'을 통해 치료를 진행하도록 결정하였습니다.

　　유창성장애(말더듬) 치료 사례 － 치료 과정

1. 본인의 말더듬 확인하기

대부분의 사람들은 본인이 생각하는 본인의 단점이나 안 좋은 버릇들을 직접 확인하는 것을 꺼려 합니다. 말더듬 대상자들도 마찬가지입니다. 본인이 말을 더듬는 사실을 알고 있을지라도 어떤 상황에서 말의 막힘이 발생하며, 어떤 행동을 통해 말더듬에서 탈출하려고 하는지, 표정의 변화나 느낌은 어떠한지에 대하여 회피하지 않고 직접 확인하는 시간을 가집니다. 본인의 말더듬에 대하여 본인이 가장 잘 인식해야만 스스로의 말더듬을 조절할 수 있게 됩니다. 또한 말이 산출되는 과정을 알아보면서 유창한 말을 하기 위해서는 호흡, 발성, 혀, 입술 등의 근육들이 긴장 없이 자연스럽게 움직일 수 있어야 함을 이해하도록 하였습니다.

2. 부정적인 느낌 줄이기

본인의 말더듬을 확인하는 과정을 통해 이미 말더듬에 대한 느낌이 많이 달라져 있었습니다. 그러나 두려움을 더욱 감소시키고 말에 대한 부정적인 느낌을 바꾸려면 본인의 말더듬에 대하여 타인과 거리낌 없이 말할 수 있어야 합니다. 대상자가 본인의 말더듬을 고백할 수 있는 사람들을 정하고, 그 사람들에게 본인의 말더듬을 고백했을 때 어떤 반응을 보였는지 기록한 후 치료사와 면담을 진행합니다. 생각보다 사람들은 본인의 말에 대한 문제에 별로 관심이 없다는 것을 알게 됩니다. 이외에도 의도적으로 말을 더듬는 연습을 통해서 '말'이란 내가 조절할 수 있는 것이라는 인식을 가지도록 하였습니다.

3. 유창성을 향상시키기

말을 더듬는 사람의 유창성을 향상시키기 위한 첫 번째 방법은 말의 속도를 느리게 하는 것입니다. 모든 말소리를 길게 하고, 낱말들 사이의 간격을 더 길게 쉬어 말을 합니다. 그러나 이는 '정상적인 느린 속도'여야 합니다. 두 번째 방법은 '말의 시작을 부드럽게 하는 것'이며, 세 번째 방법은 '가볍게 말하기'입니다. 말을 하는 데에 갑작스러운 움직임이나 힘을 들이지 않고 말하는 것입니다. 이러한 말하기 규칙을 처음에는 치료실에서, 다른 장소에서 지인과, 전화 상황에서, 낯선 장소에서 낯선 이와 대화할 때로 점차 사용 장소를 넓혀나가는 연습을 하였습니다.

4. 쉽게 더듬기

쉽게 더듬기란 말을 더듬더라도 당황하지 않고, 말더듬에서 탈출하려는 행동을 사용하지 않고 말을 하는 것을 의미합니다. 일반 사람들이 정상적으로 말을 더듬을 때처럼 말입니다. 쉽게 더듬기를 위한 몇 가지 기법이 있습니다. 그 기법들을 사용하는 것을 연습하면서 대화 중에 말더듬이 나타나더라도 당황하지 않고 말을 마칠 수 있도록 훈련하였습니다. 그러나 이것들은 말더듬을 감추기 위한 수단이 아님을 명심해야 하며, 오히려 '내가 이렇게 말하는 이유는 유창하게 말하기 위한 노력이다'라고 대화 상대에게 본인의 유창성에 대해 소개할 수 있어야 합니다.

말더듬은 재발의 가능성이 높습니다.

현재 이분은 주 1회 치료를 통해 치료실에서 습득한 유창성을 실생활로 전이시켜 계속하여 유창성을 개선하는 훈련을 하고 있습니다. 이러한 과정에는 많은 노력이 필요합니다. 특히 말더듬은 다른 언어장애에 비하여 재발하는 확률이 높습니다. 성인의 경우 최소 치료 기간을 1년으로 예상하지만 2~3개월 차에 많은 변화가 나타나곤 합니다. 이때 치료를 그만두시는 분들이 가장 많기도 합니다. 말더듬은 치료에 대한 의지와 치료사에 대한 믿음을 바탕으로 한 충분한 치료 기간과 재발에 대한 대비가 필요합니다.

－출처 : "사례로 알아보는 말더듬: 유창성 장애 언어치료", 네이버 블로그
(이어짐 보청기 청각언어센터 공식 블로그)(2018. 7. 26)－

11-2 상담 사례

Q 질문

올해 8살 남자 아이인 OO는 걷기나 서기 등 운동발달과 인지능력은 비교적 정상이었지만 어릴 때 옹알이도 별로 하지 않았고, 또래에 비해 언어발달이 늦어서 2돌쯤 되어서야 "엄마"라고 첫 단어를 말했다고 합니다. 이후로도 나이에 비해 말하는 것이 어눌하고 만 4살이 되어서야 3~4단어로 문장을 만들어 말할 수 있게 되어서, 주로 또래보다는 자기보다 나이 어린 아이들이나 2살 아래의 동생과 어울렸고 때로는 동생에게도 무시당하는 경우도 종종 있었습니다.

OO는 일반 초등학교에 입학하였지만 또래에 비해 조리 있게 말하지 못하고 학습능력도 떨어질 뿐 아니라, 아이들이 무시하고 놀리는 경우도 많다고 합니다. OO이 어머니는 그저 아이가 말이 좀 늦을 뿐이지 기다리면 좋아질 것이라고 생각하여 어렸을 때 병원에 데리고 오지 않았다고 합니다. OO가 초기보다는 언어 표현이 꽤 늘어나고 문장을 구사할 수 있게 되었지만, 여전히 문법에 맞지 않는 말을 쓰고, 말하는 것에 자신이 없어 어눌하고 작은 목소리로 말하는 등의 문제로 학교나 또래 관계에서 적응하기 어려워 도움이 필요하겠다는 생각에 병원을 찾아오게 되었습니다.

A 답변

OO의 경우 단순언어장애를 의심해볼 수 있는데, 단순언어장애 아동은 인지능력이 정상 범주에 있으며, 자폐증의 특성도 보이지 않고, 기질적인 어떤 문제도 가지지 않았음에도 불구하고 언어발달의 지체를 보이는 아

동을 지칭합니다. 이 아동들은 1차적으로는 언어 문제를 드러내지만, 점차 언어 문제로부터 인지 발달, 사회성 발달, 정서 발달에 이르는 2차적인 문제를 야기할 수 있습니다. 단순 언어장애 아동 언어의 특성은 아동마다 매우 다양합니다. 대개 공통적으로 새로운 낱말(어휘)을 배우거나, 알고 있는 낱말을 표현하는 것에 많은 어려움을 보이며, 문법에 맞지 않는 어순과 어미 변화가 눈에 띄게 나타납니다. 발음의 경우에는 대개 일반 아동들이 보이는 것과 비슷한 정도의 발달 과정을 보입니다. 그러나 일반 아동들이 스스로 말을 배워 터득해나가는 것과는 달리, 말의 의미를 이해하고 문장을 조합해서 말하게 되는 속도가 매우 늦습니다. 또한 주어진 상황에 대한 이해 및 사건의 원인과 결과에 대한 추론 등의 문제 해결 능력에 어려움을 보이며, 직접적인 표현 이외의 은유적인 표현 등은 언어 수준이 높은 경우에도 잘 이해하지 못합니다. 단순언어장애 아동은 다른 어떤 원인에 의한 언어장애 아동보다 빠른 속도로 언어 치료의 효과를 보여주므로 조기에 치료를 받을 경우 아동의 상태가 빠르게 호전을 보일 수 있습니다.

11-3 정의

1) 정의

단순언어장애(specific language impairment, SLI)란 감각적 · 신경학적 · 정서적 · 인지적 장애를 전혀 가지고 있지 않고 언어 발달에만 문제는 보이는 경우를 말한다. 이는 언어발달지체나 언어발달장애와는 구분되는 개념이다. 단순언어장애를 가정하기 위해서는 일차적으로 다른 영역에서의 발달장애나 질병 요인이 완전히 배제되어야 한다. 단순언어장애는 일차적으로 수용 언어나 표현 언어상의 심각한 결함을 보이는 발달적 언어장애이며, 동시에 언어 발달상의 지체 현상을 가지고 있다.

2) 특성

(1) 언어 습득의 지체

일반 아동의 경우 2세 전후에 나타나는 어휘 폭발기가 단순언어장애 아동의 경우에는 뚜렷하게 관찰되지 않는다. 2세가 되어도 몇 개의 단어만으로 의사소통을 하는데 그치거나, 몸짓이나 손가락으로 가리키는 비구어적 의사소통을 선호한다. 3세가 되어서야 비로소 두 단어 조합, 세 단어 조합이 나타나기 시작한다. 수용 언어에서의 지체가 함께 나타나기도 하는데, 단순언어장애 아동의 20~40%가 수용 언어와 표현 언어 모두에서 지체를 보인다.

(2) 음운론적 영역

외부 사람들이 아동의 말을 이해하기 어려울 정도로 발음에 문제를 보인다. 이들은 기질적으로 문제가 없음에도 불구하고, 문장 내에서 음운상의 오류를 자주 보이는 특성이 있다. 즉, 음운 규칙과 음운 변동 현상을 이해하고 정확하게 발음하는 데에 어려움이 있는 것이다. 취학 전에 언어 치료를 받을 경우 조음의 문제는 매우 경미하거나 거의 사라진다.

(3) 의미론적 영역

단어의 전이적 의미나 중의성을 파악하는 데 어려움을 보이고 새로 학습한 단어를 산출하는 데 걸리는 시간이 오래 걸리고 단어를 잘못 말하는 경우도 자주 나타난다. 또한 어휘의 사용에 있어서 양적으로나 질적으로 빈약하다는 특징을 갖는다.

4) 구문론적 영역

두 단어를 조합하는 시기가 일반적으로 1년 이상 지체될 뿐만 아니라, 아동들이 점차 문장 형식으로 만들어내는 단어들의 조합이 매우 비문법적이다. 문법 형태소 사용에 취약하고, 상대적으로 짧은 문장을 사용하며, 내포문 사용 빈도가 낮아 취학 아동의 경우에는 사동 피동 표현에 의해 의미 해석이 달라지는 과제나, 형태소를 이용해서 단어를 형성하거나, 문장 성분에 따라 문장의 구조를 분석하는 과제에서 어려움을 갖는다. 특히 수용언어에서 언어발달지체를 보인 아동의 경우에는 구문론적 영역에서 더욱 심각한 문제를 가져온다.

11-4 진단 및 평가

1) 단순언어장애의 조건

(1) 표준화된 언어검사를 실시하였을 때 그 결과가 최소한 -1.25 표준편차(SD) 이하에 속하여야 한다.
(2) 지능이 정상 범주에 속하여야 한다.
(3) 청력에 이상이 없어야 하며, 진단 시 중이염을 앓고 있지 않아야 한다.
(4) 간질이나 뇌성마비와 같은 뇌손상 및 신경학적 이상을 보이지 않아야 하며, 간질이나 신경학적인 문제로 인해 약물을 복용한 경험도 없어야 한다.
(5) 말 산출과 관련된 구강구조나 기능에 이상이 없어야 한다.
(6) 사회적 상호작용 능력에 심각한 이상이나 장애가 없어야 한다.

2) 선별 및 진단검사

단순언어장애의 경우에는 선별검사와 진단검사가 명확하게 구분되어 있지 않다.

(1) 영·유아 언어발달 검사(SELSI)
– 검사 목적

생후 4개월부터 35개월 사이에 있는 영·유아의 언어 발달 정도를 평가하기 위하여 고안되었다. 일차적으로 언어장애의 조기 선별을 목적으로 하기 때문에 아동의 발달을 잘 아는 부모나 주 양육자의 면담을 통해서 이루어진다. 검사의 결과를 통하여 언어 발달의 지체 여부를 판별할 수 있으며, 특히 유아의 수용 언어 및 표현 언어 발달 간의 차이를 분석할 수 있다. 또한 본 검사의 문항들은 초기 유아의 인지 개념 및 의미론적 언어 능력, 음운 능력, 구문론적 언어 능력, 그리고 화용적인 언어 능력을 두루 평가할 수 있도록 적절히 배치되었으며, 언어발달지체로 판정될 경우에는 각각의 영역별 평가에 의해 대상 아동이 보이는 언어 발달의 정도를 다각적으로 평가할 수 있으므로, 언어장애의 조기 선별 기능뿐 아니라 문제를 보이는 영역에 대한 구체적인 정보를 제공해주는 기능도 포함하고 있다.

– 검사 대상

생후 4개월부터 35개월 사이의 정상 발달 아동뿐 아니라 언어발달지체나 장애를 나타낼 가능성이 있는 유아 및 아동들의 언어 능력을 평가하는 데 사용할 수 있다. 특히 생활 연령에 비하여 언어 능력이 떨어지는 아동들의 언어 발달 정도를 알 수 있게 해주기 때문에, 단순언어장애, 정신지체, 자폐, 뇌성마비, 청각장애 및 구개파열 등으로 인하여 언어 발달에 결함을 나타낼 가능성이 있는 아동들의 언어 능력을 평가하는 데에 활용할 수 있다.

– 문항 구성

수용 언어검사와 표현 언어검사의 두 부분으로 구성되어 있는데 각 검사는 56문항씩을 포함하고 있어 총 122문항으로 이루어져 있다.

(2) 그림어휘력검사

검사 목적 : 아동들의 수용 어휘 능력을 측정하기 위하여 고안되었다. 이 검사는 정상 아동은 물론, 정신지체, 청각장애, 뇌손상, 자폐증, 행동결함, 뇌성마비 등으로 인하여 언어에 문제가 있는 아동들의 수용 어휘 능력을 평가하는 데 활용할 수 있다.

검사 대상 : 2세 0개월~8세 11개월 아동

– 문항 구성 : PPVT–R의 문항을 기초로 하였다. 그 외에 초등학교 교과서 언어 발달에 관한 논문을 참고로 하여 2세 0개월~8세 11개월의 아동에게 적절한 178개의 어휘가 초기에 선정되었는데, 3차례에 걸친 문항 선정 과정을 통하여 부적절한 문항을 제외시키고 최종적으로 112문항이 선정되었다. 이 문항들의 내용은 PPVT–R의 분류체계와 같이 품사별, 범주별로 이루어져 있는데, PPVT–R(L형, M형)에서 59개 문항(53%)이 선정되었다. 내용을 살펴보면 품사별로는 명사(57%), 동사(20%), 형용사(12%), 부사(1%)이고, 범주별로는 동물, 옷, 건물, 음식, 가구, 가정용품, 신체 부위, 직업, 도형, 식물, 학교 및 사무실의 비품, 기구 및 장치, 악기, 교통기관, 날씨, 계절 등의 내용이 포함되어 있다.

11-5 원인

1) 유전적 요인

일란성 쌍둥이와 단순언어장애 가족력을 조사한 결과, 말더듬과 같은 다른 언어장애와 마찬가지로 단순언어장애에도 유전적 성향이 있다고 본다. 남아의 출현율이 여아와 비교하여 3~4배 정도 높으며, 형제순으로 볼 때에는 첫째와 독자일 경우 출현율이 낮다. 그러나 어느 정도의 상관성이 있는지에 대해서는 밝히지 못하고 있다.

2) 신경생리학적 요인

뇌의 조직과 기능의 활성화 측면에서 특이점이 있다고 보고 있다. 뇌의 편재화가 이루어져가는 과정상의 결함으로 설명하고 있으나, 마찬가지로 충분한 설득력은 갖추고 있지 않다.

3) 정보처리 과정

단순언어장애 아동의 경우, 따라 말하기 과제(숫자/문장/기능적 단어)에서 낮은 수행 능력을 보이는 것은 청각적 단기기억의 문제라고 보고 있다. 이러한 단기기억의 결함은 언어 정보를 신속하게 처리하는 데 문제를 가져오며, 단순언어장애 아동은 접수된 언어를 처리함에 있어서 종합적인 전략보다는 부분적인 전략을 선호하는 경향이 있다.

4) 환경 요인

언어 발달에서 환경 요인의 중요성은 늘 강조되는 부분이다. 부모의 의사소통 태도와 풍부한 언어 자극이 갖는 중요성에 대해서는 논란의 여지가 없다. 그러나 매우 불리하고 열악한 언어 환경 속에서도 아동의 언어 발달은 매우 견고하다는 부분에 대해서는 생각해볼 필요가 있다. 따라서 환경요인은 단순언어장애를 유발하는 원인이라기보다는 완급을 조절하는 요인으로 보는 것이 타당하다는 지적이다.

11-6 중재 및 치료 방법

1) 지도 방법

(1) 학교에서의 지도 방법
- 아동의 말을 이해하기 힘들 때 : 교사는 아동의 발화 중 이해한 한두 개의 단어를 가지고 이렇게 질문하는 것이 좋다. "어제? 아, 어제 어디를 갔었어?" 이러한 교사의 반응은 두 가지 측면에서 바람직하다. 첫째, 아동은 교사가 자신의 말에 관심을 보인다는 것을 느끼고 다시 말하고 싶은 의욕을 갖는다. 둘째, 두 번째 말을 할 때에는 좀 더 두려움이 없어지고 새로운 방식으로 시도할 수 있다. 다시 반복해서 말해보라는 교사의 요구는 아동으로 하여금 의사소통의 벽을 쌓게 만든다.
- 아이들이 아동의 말을 따라 하거나 놀릴 때 : 또래 아이들과는 양적으로나 질적으로 다른 단순언어장애 아동의 언어는 자주 놀림의 대상이 된다. "선생님! 용산이가 바보같이 말해요"라고 놀릴 때, 교사는 이렇게 반응하는 것이 좋다. "선생님도 알고 용산이도 알아. 그래서 용산이가 지금 언어치료를 받으러 다니는 거야. 우리가 아프면 병원에 가는 것과 같은 거야. 우리도 용산이가 말을 잘 할 수 있도록 도와주자!" 의학적 용어는 피하되, 아동이 수용할 수 있는 정도에서 정확한 용어로 설명해주어야 한다.
- 아동의 언어 모델로서의 교사 : 교사는 항상 자신의 언어 행동을 주시하여야 한다.
  – 아동이 말하기 전에 미루어 짐작하여 말하거나 도움을 주지 않아야 한다.

(2) 가정에서의 지도 방법

- 아동의 흥미가 어디에 있는지, 아동이 선호하는 것은 무엇인지를 알아야 한다. 만약 아동이 몸짓을 사용하여 소통하는 것을 선호한다면, 부모도 몸짓언어를 통한 의사소통을 수용해야 한다.
- 몸짓이나 표정을 최대한 사용한다. 아동으로 하여금 소통하고 있다는 느낌을 갖게 해주는 것이 무엇보다도 중요하기 때문이다. 비구어적 의사소통 수단은 구어 발달을 저해하는 요인이 아니라 긍정적인 보조수단이 될 수 있으므로 오히려 초기 단계에는 함께 사용해주는 것이 좋다.
- 새로운 낱말을 습득하는 데 어려움을 보이기 때문에 중요한 단어를 말할 때는 목소리를 높이고 악센트를 주어야 한다.
- 새로운 단어는 두 번씩 반복해주는 것이 좋다. 예를 들면 그림책에서 강아지가 나왔다면 "와! 강아지다. 멍멍! 귀여운 강아지다"라고 말해줌으로써 청각적 정보를 처리할 수 있는 기회를 최소한 두 번 이상 주면서 의미적으로도 쉽게 이해할 수 있도록 한다.
- 완전하지 못한 문장이나 불확실한 조음으로 인해 아동의 언어 표현의 발화에도 항상 반응해주어 말하고자 하는 욕구를 자극해준다.
- 그림책을 볼 때 "호랑이 어디에 있지", "이건 뭐지?"라고 끊임없이 묻는 질문은 아동에게 표현의 즐거움 대신 압박감만이 남고, 이러한 질문이 반복되면 아동은 그림책을 보는 것 자체에 흥미를 잃어버리기 때문에 주의해야 한다.

2) 중재 방법

(1) 언어중재프로그램

- 청지각 훈련 : 단순언어장애 아동의 경우에는 정상적인 청력을 가지고 있음에도 불구하고 음소를 변별하고 말소리에서 의미를 추출해내는 청지각 능력이 부족하다. 청지각 훈련은 음운인식 능력을 향상시키기 때문에 함께 묶어서 프로그램을 구성하는 것이 효과적이다.
- 청지각의 하위 개념

  청각적 수용력 : 소리를 듣고 의미를 알고, 말을 듣고 이해하는 능력

  청각적 식별력 : 같은 소리인지, 같은 음절인지, 같은 자음인지 등을 구별하는 능력

  청각적 기억력 : 들은 말을 그대로 재현하거나, 청각적 정보를 순서대로 기억하는 능력

  청각적 종결력 : 청각적인 자극에서 소리가 빠졌을 때 그것을 찾아내고 구별해내는 능력

  청각적 혼성력 : 하나하나의 소리를 단어로 연결하고 종합하는 능력

- 청각적 주의집중 훈련 : 청각적 주의집중은 말소리 변별, 청각적 이해력 그리고 기억력을 가능하게 하는 기본적인 전제조건이다. 일반적으로 듣기는 단순한 물리적 수준의 듣기와 들려오

는 말소리를 받아들이고 주의를 기울여 의미를 구성하고 메시지를 이해하여 듣기로 구분한다. 듣기는 특별한 교육을 받지 않더라도 자연스럽게 습득되는 영역으로 간주되었으나, 효과적인 듣기를 위해서는 듣기 전략과 태도를 길러주어야 한다.

- 상위 언어 인식 훈련 : 상위 언어 인식이란 언어를 대상으로 하는 사고능력으로서 인지능력과도 상관이 있다. 언어의 어떤 부분을 사고 대상으로 하느냐에 따라 음운 자각, 단어 자각, 구문 자각, 화용 자각 등으로 분류할 수 있다.

  음운 자각 : 음절을 음소로 분절하는 것으로서, 단어를 음소로 나누고, 음소를 다시 단어로 합성해내는 능력이다.

  - 상위 언어 인식 훈련 분류

  단어 자각 : 단어가 가지고 있는 물리적 속성과 추상적 속성을 이해하는 능력을 말한다.

  구문 자각 : 문법에 맞는 문장을 사용하는지에 대해 자각할 수 있는 능력을 말한다.

  화용 자각 : 자신의 발화가 상황에 적절한지 혹은 목적달성에 적합한지 등을 스스로 점검하고 조절하는 것을 말한다.

(2) 구체적인 지도 전략

- 단어를 가르칠 때에는 독립된 명사 혹은 동사 중심이 아닌 문맥상에서 가르친다. 그림 카드를 이용하여 사물의 이름을 배우는 것이 아니라 놀이 형식으로 반복해서 새로운 단어를 듣고 이해하도록 한다.
- 단어를 미리 말해준다. 교사는 행위나 사건을 보여주기 전에 먼저 학습해야 할 단어를 명명해준다.
- 아동이 목표 어휘를 정확히 이해했는지 못했는지는 아동의 반응으로 알 수 있다. 이때 교사는 비구어적 단서를 모두 제거한 상태에서 확인해야 한다.
- 반복 재생하기 : 교사가 하나의 문장을 계속 모델링을 해주다가, 어느 순간에 마지막 단어를 말하지 않고 아동을 (기다린다는 눈빛으로) 응시한다. 아동이 반복된 단어를 말하도록 하는 것이 목적이며 아동이 목표 단어를 산출하지 않을 경우에는 교사가 단어를 말해 준다.
- FA 질문법 : 두 개의 단어 가운데 하나를 선택할 수 있는 질문을 던지는 방법으로 초기 어휘 학습 단계에서 많이 사용하는 방법이다.

의사소통장애의 오해와 진실

의사소통장애의 오해와 진실

1. 오해: 사회적 의사소통장애는 자폐의 한 증상이다.

진실: 자폐아동들이 사회적 의사소통과 관련된 문제를 가지고 있기는 하지만, 부가적으로 다른 문제들도 가지고 있다.

반면에 사회적 의사소통장애 아동들은 자폐스펙트럼에 필수적인 요소들을 가지고 있지 않다.

2. 오해: 사회적 의사소통장애 아동들은 똑똑하지 않다.

진실: 사회적 의사소통장애는 IQ에 상관없이 나타날 수 있지만, 대부분의 사회적 의사소통장애 인들은 영리하고, 사회적이며, 성공적이다.

3. 오해: 사회적 의사소통장애는 구어에만 영향을 끼친다.

진실: 사회적 의사소통장애는 말하기, 쓰기, 제스처, 수화를 포함한 구어적이고 비구어적인 의사 소통 전반에 영향을 끼친다.

4. 오해: 길고 복잡한 문장을 정확한 문법으로 사용하는 아동은 사회적 의사소통장애가 아니다.

진실: 사회적 의사소통은 문장 구조와 관련된 문제가 아니라 상황에 따라 적합한 언어를 사용하 는 것과 관련된 문제다.

사회적 의사소통장애를 가진 아동은 문법적으로는 올바르지만 상황이나 듣는 이에게 적합하지 않은 말을 사용하는 경우가 많다.

5. 오해: 사회적 의사소통장애는 단독으로 나타난다.

진실: 사회적 의사소통장애는 단독으로 나타나기도 하지만 구어장애, ADHD, 다른 학습장애 등 과 같이 나타날 수도 있다.

－출처 : "사회적 의사소통 장애에 대한 오해와 진실", 네이버 블로그(2019. 1. 23)－

참고문헌

고은(2015), 의사소통장애아교육, 학지사

김미경(2012), 특수아동 부모 교육 및 상담, 청목출판사

김영태(2015), 아동언어장애의 진단 및 치료, 학지사

송현종 외(2016), 특수아동과 상담, 전남대학교출판부

심현섭 외(2010), 의사소통장애의 이해, 학지사

이승희(2012), 특수교육 평가, 학지사

http://blog.naver.com/hdm7553/20175169238

http://blog.naver.com/lmhhy12

http://blog.naver.com/lmhhy12/220703398228

http://blog.naver.com/PostView.nhn?blogId=slpddoong&logNo=110126181896&parentCategoryN
   o=&categoryNo=85&viewDate=&isShowPopularPosts=true&from=search

http://blog.naver.com/qkftksghdi/120119027983

https://mobile.hidoc.co.kr/healthstory/news/C0000485084

http://blog.naver.com/PostView.nhn?blogId=eargym&logNo=221326809018

https://m.blog.naver.com/126poets/221448882111

제 12 장

지적장애
(Intellectual Disability)의
상담

사례 기사

대한민국 장애인은 261만 8,000명(작년 말 기준)에 달한다. 전체 인구 100명 중 5명은 장애인으로 결코 작지 않은 숫자지만, 주변에서 그들을 찾아보기란 생각만큼 쉽지 않다.

왜 그런 걸까. 아마도 장애인들이 주로 폐쇄된 공간에서 그들끼리만 어울리고, 스스로 비장애인과 교류하는 걸 차단한 것이 원인일 수 있다. 실제로 통계청 조사에 따르면 비장애인 가운데 장애인과 지속적인 관계를 유지하는 비율은 17.9%에 불과하다.

그러나 장애인과 비장애인의 교류가 활발하지 않으면, 장애 인식 개선을 더디게 만들 뿐이다. 특히 장애인이 다큐멘터리 속 안타까움의 대상으로만 계속 비춰지게 되면, 왜곡된 시선이 비장애인의 머리 속에 겹겹이 쌓여 장애인들은 점점 더 위축되고 수동적 존재로 머무르게 된다.

'이래선 안 되겠다'며 공개적으로 목소리를 내는 장애인들이 있다. 그들은 '불편하지만 불행하진 않다'며 유튜브 영상을 통해 비장애인과 크게 다를 바 없는 자신들의 일상을 가감 없이 보여준다. 장애인으로 살아가며 느낀 편견과 생활 속 불편을 있는 그대로 알려주는 게 소통을 강화하고 오해를 줄일 수 있는 지름길이라고 믿기 때문이다.

한 신문사는 세상 속으로 당당히 뛰어든 화제의 시각장애인과 청각장애인, 지체장애인, 다운증후군 장애인을 차례로 만나 우리가 몰랐던 그들의 속 깊은 이야기를 들어봤다.

다운증후군 장애인 박 모(33) 씨와의 인터뷰에는 박 씨의 부모님이 동행했다. 부모님이 운영하는 카페에 들어가기 전에 야외에서 사진촬영을 요청하자, 박 씨는 더운 날씨에도 힘든 내색 없이 밝은 표정으로 다양한 포즈를 취했다.

올해 초 개설한 박 씨의 유튜브 채널 '선쁘'의 구독자 수가 1만 명을 넘자 언론에서 인터뷰 요청이 잇따랐다. 그런데 인터뷰 내용이 마음에 들지 않아 모두 거절했다고 한다. 언론은 박 씨가 장애를 어떻게 극복했는지, 다운증후군 장애인 가족이 어떤 시련을 겪었는지 등 주로 '불쌍한' 모습을 담으려고만 했다. 박 씨 어머니는 "장애인 가족이 불행할 것이란 편견을 갖고 접근해 와 불편했다"고 말했다.

'선쁘' 채널에는 박 씨의 일상이 고스란히 담겨 있다. 박 씨와 함께 살고 있는 부모님이 영상을 찍어 전달하면, 박 씨의 여동생이 영상을 편집해 유튜브에 올린다. 때로는 직접 찍었거나 제목을 붙인 영상이 올라오기도 한다.

박 씨는 '집안의 구심점'이다. 박 씨 아버지는 "요즘 딸 덕분에 적적하지 않게 웃고 산다"고 전했다. 어머니도 "아기 같은 모습으로 집안을 밝히고, 가끔은 어른스러운 말로 식구들에게 감동을 준다"며 대견해했다.

박 씨를 가까이서 바라본 가족 입장에서 보면, 다운증후군 장애인의 성격이 모두 비슷할 것이라는 생각은 편견이다. 박 씨는 학습 욕구가 높아, 방문 학습지를 통해 10년째 읽고 쓰기를 익히고 있다. 열심히 공부하는 이유에 대해 박 씨는 "말을 더 잘하고 싶었을 뿐"이라고 말한다. 가족들은 박 씨를 위해 집안 곳곳에 낱말 카드를 붙여놓았다. 기자와 대화 도중 '인터규'와 '인터뷰'를 혼동하자, 어머니는 네 번 정도 박 씨에게 '인터뷰'가 맞는 표현이라고 설명해줬고, 대화가 끝나기 전에 박 씨는 '인터뷰'라는 단어를 확실히 알게 됐다.

박 씨는 주변 사람들을 살뜰히 챙긴다. 예쁜 귀걸이를 보면 여동생을 떠올리고, 월급을 받으면 주변 사람에게 건넬 선물을 산다. 부모님이 운영하는 카페의 아르바이트가 혼자 일하는 날이면 가게에 들러 일을 돕기도 한다. 청소를 도와주는 아주머니의 수고를 덜어주려고 집안 청소를 미리 해놓고 외출할 때도 있다. 어머니는 "딸이 가족의 도움을 받기도 하지만, 우리가 딸에게 배우는 게 훨씬 많다"고 말한다.

유튜브 영상에는 박 씨가 가족과 시간을 보내는 모습이 자주 담겨 있지만, 처음부터 의사소통이 원활하진 않았다. 어머니는 수년 전까지만 해도 박 씨를 '나이 먹은 만큼' 대했지만, 박 씨에게 말을 걸 때는 네 살 아이처럼 대해야 한다는 점을 깨달았다. 천천히 쉬운 단어를 골라서 짧은 문장으로 대화를 해야지, 딸과 의사소통이 원활하다는 점을 알게 된 것이다. 박 씨 어머니는 "다른 다운증후군 가족이 '선쁘' 채널을 많이 보는데, 그들도 우리가 대화하는 모습을 보고 소통을 더 잘할 수 있게 되기를 바란다"고 전했다.

박 씨 가족은 다운증후군 장애인이 자립할 기회가 부족하다고 강조한다. 박 씨의 경우 장애인 복지사업시설인 '예림일터'에서 종이컵을 제작하는 일을 맡아 운이 좋은 편이지만, 대개는 스무 살이 넘으면 일할 곳이 없기 때문이다. 다운증후군 장애인이 시설에만 머무르는 것도 지양해야 할 점으로 지적됐다. 그럴 경우 장애인끼리만 소통하게 돼, 비장애인과 어울리면서 익힐 수 있는 언어 능력과 사회 적응 능력이 떨어질 수 있다는 것이다. 박 씨 가족은 정부가 지원하는 활동보조 서비스의 질을 높여야 한다고도 말했다. 보조사 재량에 서비스가 맡겨져 있다 보니, 단순한 이동 보조 위주의 서비스가 제공되는 등 서비스의 편차가 클 수 있기 때문이다.

박 씨 가족의 희망 사항은 앞으로도 '소소한 행복을 주는 유튜버'로 사람들의 기억에 남는 것이다. "앞으로도 딸의 눈높이에 맞춰 성취감을 주고 싶다. 그래서 행복한 미소가 담긴 영상을 꾸준히 올릴 것이다." 세상과 진솔한 대화를 이어나가고 싶은 박 씨의 소박한 소망은 이뤄질까요.

－출처 : "30대 다운증후군 딸에게 배우는 게 훨씬 많아요", 『한국일보』(2020. 9. 10) －

윌리암스증후군에 대해 알아보고자 합니다.

윌리암스증후군은 7번 염색체 이상과 관련된 근접 유전자 증후군입니다. 특징적인 임상 소견을 보입니다. 출생아 2만 명당 1명꼴로 발생합니다.

▷원인

윌리암스증후군의 원인은 7번 염색체의 장완 근위부(7q11.23)의 미세 결실입니다. 이 부위에는 혈관 벽 같은 탄성 조직을 이루는 엘라스틴 단백질의 생성과 관련이 있는 엘라스틴 유전자와, 인지 능력과 관련 있는 LIMK1 유전자를 비롯하여 여러 유전자가 위치합니다. 이러한 유전자의 결실로 인해 다양하고 특징적인 외형과 임상 증상이 나타납니다. 7q11.23의 미세 결실은 대부분 자연발생 적으로 일어납니다. 드물게 가족력이 있습니다.

▷증상

① 외형적 특징

위로 솟은 작은 코끝, 긴 인중, 큰 입, 두툼한 입술, 작은 볼(협골 형성 부전), 부은 듯한 눈두덩 이, 손톱 형성 부전, 엄지발가락의 외반증과 같은 외형적 특징이 나타납니다.

② 심장과 혈관의 기형적 특징

심장과 혈관의 기형적 특징으로는 판상부대동맥협착증(supravalvular aortic stenosis)이나 말초폐 동맥협착증(peripheral pulmonary stenosis)을 들 수 있습니다. 이 밖에 폐동맥의 판막 협착증, 심실 또는 심방 중격 결손, 고혈압이 동반된 신동맥의 협착, 대동맥 형성 부전 등이 나타날 수 있습니다.

③ 기타 신체적 특징

영아기에는 고칼슘혈증이 나타납니다. 출생 시에는 저체중 및 성장 발육 부전이 나타나기도 합 니다. 또한 정상아에 비해 제대나 서혜부 탈장이 흔하게 나타납니다. 소리에 매우 민감하게 반응합 니다. 치과적 문제로는 부분적인 무치증과 에나멜 형성 부전이 나타납니다. 신장 이상으로는 방광 게실, 신장의 구조와 기능 이상이 나타납니다. 근골격계 문제로는 종종 근력 저하나 관절의 이완성 이 나타납니다.

④ 성격

'칵테일 파티 매너'라고도 표현되는 매우 사교적이고 친숙한 성격입니다. 지나칠 정도로 정중함 과 친밀감을 표시합니다. 낯선 사람을 두려워하지 않고, 자신의 또래보다는 어른들과 더 가까이하 려는 성향이 나타납니다.

⑤ 지능

성장 발달 지연, 학습 지진, 집중력 결핍이 나타납니다. 행동상 집중력이 결핍되어 있지만 성장하면서 상태가 좋아집니다. 대부분 지능 저하가 있습니다. IQ 범위는 20~60이고, 평균 IQ는 58 정도입니다. 기억력과 기술 습득 능력은 매우 강한 반면, 미세한 운동이나 공간적인 사고를 필요로 하는 지적인 능력은 떨어집니다.

▷진단

윌리암스증후군은 특징적인 외모와 임상 증상으로 의심할 수 있습니다. 7번 염색체의 장완 근위부(7q11.23)에 존재하는 엘라스틴 유전자 소식자를 이용한 형광동소보합(FISH) 검사로써 미세 결실을 확진할 수 있습니다. 이 검사는 90% 이상의 윌리암스증후군을 진단할 수 있습니다.

▷치료

윌리암스증후군의 근본적인 치료 방법은 없습니다. 일생 동안 잘 관리해야 하는 질환입니다.

① 영아기의 성장 장애 : 고칼로리 분유를 자주 수유합니다. 위 역류 치료, 변비 치료 등이 필요합니다.

② 발달 및 행동 장애 : 언어 치료, 음악 치료, 운동 치료 등 여러 재활 치료가 필요합니다.

③ 고칼슘혈증 : 칼슘을 제한하고, 비타민 D가 첨가되지 않은 분유로 수유합니다.

④ 내분비 장애 : 갑상선기능저하증이 있는지 확인하고, 있다면 갑상선 호르몬을 복용합니다.

⑤ 심장 기형 : 심장전문의의 진료가 필요합니다. 심초음파 검사를 정기적으로 시행합니다. 나이가 들면서 고혈압이 발생하면 약물을 투여합니다.

⑥ 안과와 이비인후과적 문제 : 시력과 청력을 정기적으로 측정하고 진찰받아야 합니다.

⑦ 탈장 및 요로계 문제 : 탈장은 수술해야 합니다. 요로계 감염, 야뇨증 등은 치료해야 합니다. 신장의 기형이나 시장의 혈관이 정상인지 확인할 필요가 있습니다.

⑧ 근골격 장애 : 영아기에는 관절이 유연하여 오히려 불안정하여 걷는 것이 느립니다. 나이가 들면서 관절의 구축이 오고 척추측만증이 올 수 있습니다. 정기적인 진찰과 스트레칭 운동 등이 필요합니다.

⑨ 치과적 문제 : 부정 교합, 치아의 충치, 불규칙 교열 등을 치료해야 합니다.

－출처 : "윌리암스증후군", 서울아산병원 홈페이지(질환백과)－

상담 사례 1

Q 질문

고등학교 2학년 남학생입니다. 지적장애 3급으로 지적 능력이 IQ 57로 기억력이나 판단력에 장애가 심합니다. 올해 1월에 한 번 앞에 가는 미니스커트 여성의 치마를 들추다가 그 여성에게 붙잡혀 파출소에 갔었고, 며칠 전에 또 한 번 같은 건으로 잡혀 경력이 있어서인지 파출소에서 경찰서로 넘어와 조사받고 나왔습니다. 이후 집에서 단단히 혼을 내었는데, 요즘처럼 노출이 심한 계절에 동생이 잊어버리고 충동에 이런 일이 또 일어날 수 있겠다 싶어 걱정이 됩니다. 만약 다시 이와 같은 짓을 할 경우 동생이 일반인들처럼 성추행범으로 구속이 되는지, 이 문제를 해결하기 위해서 동생의 성적 욕구를 해소해줘야 하는지 아니면 초등학생 아이들과 같은 치마를 들추는 호기심 정도로 봐야 하는지 전혀 판단이 안 섭니다. 동생의 성적 욕구가 어느 정도 상태인지도 모르겠고, 또 앞으로 어떻게 이 문제를 알고 대처해야 될지… 몸만 성인이지 정신연령은 아이 수준이라 요즘 성폭력범처럼 그런 짓은 하지 못할 것 같은데… 일단 두 번 성추행한 경력이 돼버려서 걱정이 많이 됩니다. 도움 부탁드립니다.

A 답변

지적장애 3급이라면 비교적 경증으로 심리사회적 성적 행동이 보통 수준의 비장애인과 유사하므로, 비장애인과 유사한 성적 충동이나 자극을 느끼고 성에 대한 지식이 부족하여 자기 자신을 성적으로 남용하거나 타인에게 성적으로 이용될 수 있습니다. 또한 지능이 부족하다고 하여 본능적인 성에 대한 욕구가 사라지는 것은 아니므로, 성폭행의 가능성도 배제할 수는 없습니다.

따라서 가능한 사회에 통합되도록 노력해야 하고 언어를 통한 성교육, 성상담, 성치료가 가능하므로 계속적인 성교육과 성상담을 받도록 해야 합니다.

또한 다른 관심사가 없을 경우 더욱 성적 충동에 집중될 수가 있는데 지역 인근의 복지기관들의 프로그램 등을 이용하며 관심사를 다른 곳으로 돌리는 것도 문제 행동을 경감시키는 데 도움이 되기도 합니다.

Q 질문

저희 아들은 8살입니다. 저와 아내가 어린 나이에 아이를 가져 결혼생활 4년 만에 이혼을 했습니다. 저는 계속해서 돈을 벌어야 하니 이혼 후 아이를 제 어머니가 있는 시골에 4살 때 보냈습니다. 그런데 저희 아이가 학교를 진학하고부터 담임선생님께 전화가 많이 왔습니다. 담임선생님께서 아이가 학습에 어려움을 많이 느끼는 것 같다고 말씀하시더군요. 하지만 저희 어머니와 저는 아이가 어리니 그럴 수 있다 생각해 별 대수롭지 않게 넘겼습니다. 그런데 담임선생님께서 정밀검사를 해보는 게 어떻겠냐고 말씀하시더군요. 자꾸만 담임선생님이 문제를 말하니 아니라고 보여줘야겠다 싶어 시간을 내어 종합검진을 받기로 했습니다. 담임선생님의 도움을 받아 종합병원에서 종합검진을 받은 결과 아이의 전체 지능이 50, 언어성 지능 52, 동작성 지능 59, 사회지수는 66이 나왔습니다. 지적장애 3급이라고 하더군요. 생활이 바빠 아이에게 신경을 쓰지 못한 것이 죄였나 싶어 지금은 다시 함께 살고 있습니다. 생각해보니 어렸을 때부터 다른 아이들에 비해 느리다고 생각했으나 대답은 곧잘 하여 문제를 가볍게 넘겼고, 가끔씩 대소변을 가리지 못하는 경우가 종종 있었고, 자기 마음에 들지 않으면 울거나 삐지는 행동은 과하다 싶을 때가 많았지만 어린아이라 그런가 하고 가볍게 넘겼습니다. 아이의 문제를 가볍게 넘긴 것이 너무 후회가 됩니다. 담임선생님은 수학, 국어 부분에 뒤처져 있어 그 시간만 희망반으로 보낼 수도 있으나, 아이가 학교에서 또래들과 어울리지 못하고 있다고 하더군요. 아이들이 저희 아이를 따돌리는 경향이 있다구요. 쉬는 시간에도 학교에 있는 유치원 아이들과 놀려고 한다고 특수학교도 추천하시더군요. 저는 아이가 대답도 잘하고 겉으로 보기에는 이상이 없어 일반 학교에 보내고 싶은데 아이를 위해서는 특수학교에 보내야 하는 걸까요?

A 답변

장애아동들마다 장애 정도나 성격 등 개인 차가 많기 때문에 자녀분의 진로에 대해서 특수학교가 좋을지 특수학급이 좋을지 결정지어드리는 것은 어려움이 있습니다. 다만 아드님의 나이가 어리고 지적장애 3급이라면 장애가 비교적 경미한 것으로 판단되는데 학교생활을 가장 가까이에서 보고 있는 담임선생님과 충분히 상담하시고 자녀분의 진로에 대해 신중히 결정하시기 바랍니다.

－출처 : 한국지적발달장애인복지협회 ＞ 상담실 ＞ 공개상담실－

정의

1) 정의

① 「장애인 등에 대한 특수교육법」 시행령 제10조의 특수교육 대상자의 선정 기준에 지적장애를 지닌 특수교육 대상자란 "지적 기능과 적응행동상의 어려움이 함께 존재하여 교육적 성취에 어려움이 있는 사람"이라고 정의하고 있다.

② 「장애인복지법」
"정신 발육이 항구적으로 지체되어 지적 능력의 발달이 불충분하거나 불완전하고 자신의 일을 처리하는 것과 사회생활에 적응하는 것이 상당히 곤란한 사람"이라고 정의하고 있다.

③ 미국지적장애 및 발달장애협회(AAIDD)에서는 다음과 같이 지적장애를 정의하고 있다.

지적장애란 지적 기능성과 개념적·사회적·실제적 적응 기술로 표현되는 적응 행동 양 영역에서 유의하게 제한성을 보이는 것이다. 이 장애는 18세 이전에 시작된다.

이러한 정의를 적용하기 위해서는 다음과 같은 가정들이 반드시 전제되어야만 한다.

1. 현재 기능성에서의 제한성은 그 개인의 동년배와 문화에 전형적인 지역사회 환경의 맥락 안에서 고려되어야 한다.
2. 타당한 평가는 의사소통, 감각과 운동 및 행동의 요인에서의 차이뿐만 아니라 문화와 언어에서의 다양성도 함께 고려되어 실시되어야 한다.
3. 한 개인의 제한성만 갖고 있는 것이 아니라 동시에 강점도 갖고 있다.
4. 제한성을 기술하는 중요한 목적은 그 개인에게 필요한 지원이 무엇인지 파악하기 위해서이다.
5. 개별화된 적절한 지원이 장기간 제공된다면 지적장애인의 생활 기능은 일반적으로 향상될 것이다.

---

2) 유형

일반적으로 지적장애인에 대하여 장애 정도가 얼마나 심한가를 주로 지적 기능 수준(즉, IQ)에 따라 경도, 중등도, 중도, 최중도와 같이 분류해왔다. 그러나 미국지적장애협회에서는 이러한 개인의 지적 결함에 초점을 맞춘 분류 체계를 적용하지 않고, 지적장애인이 필요로 하는 지원의 강도에 따른 네 가지 수준을 제안하였다. ① 간헐적 지원(필요한 경우에만 지원이 제공되어 특성상 단속적이며 지속시간을 짧다.), ② 제한적 지원(간헐적 지원보다는 지원의 시간이 길지만, 지원의 강도가 그리 크지는 않는다.), ③ 확장적 지원(특정 환경에서 규칙적인 지원이 제공되며, 지원의 시간은 제한되지 않는다.), ④ 전반적 지원(지원의 강도가 높고, 지속적이며, 장소를 제한하지 않는다. 특성상 평생 지속될 수 있다.) 이와 관련하여 우리나라 「장애인복지법」에서는 여전히 지능지수를 기준으로 지적장애를 1급, 2급, 3급과 같이 등급으로 나누고 있다.

분류	지적장애		
	지적 기능 수준에 따른 분류	요구되는 지원의 종류와 강도	「장애인복지법」
경도	IQ 55~70	간헐적 지원	3급 IQ 50~70
중등도	IQ 40~55	제한적 지원	2급 IQ 35~49
중도	IQ 25~40	확장적 지원	1급 IQ 34 이하
최중도	IQ 25 미만	전반적 지원	–

12-4 진단 및 평가

1) 진단 기준

미국정신의학회가 '정신질환 진단 및 통계 편람' 제5판(DSM-5)에서 제시한 지적장애의 진단기준은 다음과 같다.

지적장애(지적발달장애)는 발달 시기에 시작되며, 개념, 사회, 실행 영역에서 지적 기능과 적응 기능 모두에 결함이 있는 상태를 말한다. 다음의 3가지 진단 기준을 충족해야 한다.

A. 임상적 평가와 개별적으로 실시된 표준화된 지능 검사로 확인된 지적 기능(추론, 문제 해결, 계획, 추상적 사고, 판단, 학업, 경험 학습)의 결함이 있다.

B. 적응 기능의 결함으로 인해 독립성과 사회적 책임 의식에 필요한 발달학적·사회문화적 표준을 충족하지 못한다. 지속적인 지원 없이는 적응 결함으로 인해 다양한 환경(가정, 학교, 일터, 공동체)에서 한 가지 이상의 일상 활동(의사소통, 사회적 참여, 독립적 생활) 기능에 제한을 받는다.

C. 지적 결함과 적응 기능의 결함은 발달 시기 동안에 시작된다.

주의점: 지적장애라는 진단명은 ICD−11의 지적발달장애와 동의어다. 이 편람에서는 지적장애라는 용어를 사용하고 있지만, 다른 진단 체계와 연관성을 명확히 하고자 제목에는 2가지 용어 모두 기재하였다. 더욱이 미연방 법령(공법 111−256, 로사법)에서 정신지체라는 용어 대신 지적장애라는 용어를 사용하기로 결정하였고, 학술지에서도 지적장애라는 용어를 사용하고 있다. 이와 같이 지적장애라는 용어는 의학, 교육 및 기타 전문직뿐 아니라 일반 시민과 시민단체에서도 널리 사용되고 있다.

현재의 심각도를 명시할 것
317(F70) 경도
381.0(F71) 중등도
381.1(F72) 고도
381.2(F73) 최고도

2) 지능검사

① 웩슬러 지능검사
• 한국 웩슬러 유아 지능검사 4판(K−WPPSI−IV)
2세 6개월~7세 7개월 사이 유아를 대상 인지 능력을 임상적으로 평가하는 지능검사다. 전반적인 지적 능력을 나타내는 전체 IQ와 특정 인지 영역(언어 이해, 시공간, 유동적 추론, 작업 기억, 처리 속도)의 지적 기능을 나타내는 지표점수, 소검사 점수를 제공한다. 15개의 소검사로 구성되어 있고 2세 6개월~3세 11개월용과 4세 0개월~7세 7개월용 검사로 구분하여 기록용지와 검사 체계를 구분한다. 두 연령 집단의 검사가 포함하는 소검사는 전체 척도, 기본 지표 척도, 추가 지표 척도를 포함한 세 가지 수준의 검사로 구성되어 있다.

• 한국 웩슬러 아동 지능검사 4판(K−WISC−IV)/한국 웩슬러 아동 지능검사 5판(K−WISC−V)(2020 한국 표준화판)
웩슬러 아동 지능 검사 4판의 한국어판이다. 6세 0개월~16세 11개월 사이 아동의 인지 능력을 평가하는 개별 검사로, 인지기능을 전반적으로 평가하고 아동이 지닌 강점과 약점을 파악할 수 있다. 이 검사는 4개 지표의 15개 소검사로 구성되어 있으며 다섯 가지 합산 점수를 낼 수 있다.
　　− 언어이해지표(VCI) : 언어성 IQ로 언어적 추론, 이해, 언어적 표현을 나타낸다. 소검사로 공통성, 어휘, 이해, (상식), (단어 추리)가 있다.

- 지각추론지표(PRI) : 동작성 IQ로 유동적 추론인 추상적 개념, 규칙, 일반화, 논리적 관계를 나타낸다. 소검사로 토막 짜기, 공통 그림 찾기, 행렬 추리, (빠진 곳 찾기)가 있다.
- 작업기억지표(WMI) : 주의집중을 나타내며 의식상의 정보를 활발하게 유지하고 결과를 도출하기 위해 정보를 조작하는 능력이다. 소검사로 숫자, 순차 연결, (산수)가 있다.
- 처리속도지표(PSI) : 처리 속도를 나타낸다. 소검사로 기호 쓰기 동형 찾기, (선택)이 있다.
  ( ) 속 검사들은 보충검사이며 보충검사는 주요 소검사를 대체하는 용도로 사용될 수 있다.

• 한국 웩슬러 성인 지능검사 4판(K-WAIS-Ⅳ)
한국 웩슬러 성인 지능검사 4판은 16세 0개월~69세 11개월을 대상으로 언어 이해, 지각 추론, 작업 기억, 처리 속도 일반 지능을 측정하는 성인용 지능검사다. 이 검사는 전체 IQ와 네 가지 합성 점수에 근거한 해석을 하였다.
- 언어이해지표(VCI) : 공통성, 어휘, 지식/(이해)
- 지각적추리지표(PRI) : 토막 짜기, 행렬 추론, 퍼즐/(빠진 곳 찾기, 무게 비교)
- 작업기억지표 : 숫자, 산수/(순서화)
- 처리속도지표 : 동형 찾기, 기호 쓰기/(지우기)

② 한국카우프만 아동 지능검사 2(KABC-Ⅱ)
한국카우프만 아동 지능검사 2는 정보처리 능력과 인지 능력을 측정하기 위해 개발된 개인지능검사로서 미취학 아동부터 고등학생들의 심리, 임상, 심리교육, 그리고 신경심리적 평가를 위한 목적으로 개발되었다. 사용 연령은 만 3~18세다. 사고력과 전반적 인지 능력을 모두 측정할 수 있고, 인지 능력과 사고력에 있어서 개개인의 강점과 약점을 파악할 수 있도록 되어 있다. 한국카우프만 아동 지능검사 2에는 5개 하위 척도로 구성되어 있다.
- 순차처리 : 연속적 또는 시간적 순서로 정보를 처리하여 문제를 해결하는 능력을 측정하는 척도이다. 하위검사로는 수회생, 단어 배열, 손동작이 있다.
- 동시처리 : 한꺼번에 주어진 정보를 통합해서 전체 형태 구성 방식으로 처리하여 문제를 해결하는 능력을 측정하는 척도이다. 하위검사로 블록 세기, 관계 유추, 얼굴 기억, 형태 추리, 빠른 길 찾기, 이야기 완성, 삼각형, 그림 통합이 있다.
- 학습력 : 습득한 사실적 지식을 측정하는 척도다. 하위검사로 이름 기억, 암호 해독이 있다.
- 계획력 : 하위검사로 형태 추리, 이야기 완성이 있다.
- 지식 : 하위검사로 표현 어휘, 수수께끼, 언어 지식이 있다.

3) 적응행동검사

① 사회성숙도 검사

사회성숙도 검사는 자조, 이동, 작업, 의사소통, 자기관리, 사회화 등과 같은 변인으로 구성되는 개인의 적응 행동을 평가 혹은 측정하는 데 그 목적이 있다.

이 검사는 0세부터 만 30세까지의 모든 사람에게 사용할 수 있다. 6개의 행동 영역(자조, 이동, 작업, 의사소통, 자기관리, 사회화)으로 구성되어 있으며 검사 결과는 사회연령(SA)과 사회지수(SQ)로 분석된다.

② KNISE-SAB

KNISE-SAB는 국립 특수교육원이 한국의 사회적·문화적 맥락과 생활양식에 적합하게 개발한 검사 도구다. 사용 연령은 만 21개월부터 17세까지의 일반아동과 만 5세부터 17세까지의 지적장애 아동이다. 이 검사는 아동을 6개월 이상 관찰한 정보 제공자와의 면담을 통해서 실시된다. 검사의 구성은 다음과 같다.

영역	영역의 의미	소검사
개념적 적응행동검사	구체적인 현실적 실제가 아니라 학문적 상황에서 성공하는 데 필요한 기술	언어 이해, 언어 표현, 읽기, 쓰기, 돈 개념, 자기지시
사회적 적응행동검사	사회적 기대와 다른 사람의 행동을 이해하고 사회적 상황에서 자신이 어떻게 행동하는 것이 적절한지를 판단하는 기술	사회성 일반, 놀이 활동, 대인관계, 책임감, 자기 존중, 자기 보호, 규칙과 법
실제적 적응행동검사	평범한 일상생활 활동을 해나가는 데 있어 독립된 인간으로서 자신을 유지해가는 데 필요한 실제적 적응 기술	화장실 이용, 먹기, 옷 입기, 식사 준비, 집안 정리, 교통수단 이용, 진료 받기, 금전 관리, 통신수단 이용, 작업 기술, 안전 및 건강 관리

12-5 원인

전통적으로 지적장애의 원인은 생물학적 원인과 환경적 원인으로 구분되어왔다. 그러나 생물학적 원인을 가진 지적장애인이 환경적 위험 요인이 나타날 수 있고, 환경적 원인을 가진 지적장애인에게 생물학적 위험 요인이 부가적으로 나타날 수 있으므로 AAIDD에서는 전통적으로 분류된 지적장애의 원인을 지양하면서 위험 요인을 네 가지 범주로 나눈 다중위험 요인 접근법을 제시하였다. 또한 이러한 요인들이 부모로부터 자녀에 이르기까지 세대에 걸쳐 혹은 한 사람의 일생에 거쳐 장기간 동안 영향을 줄 수 있으며, 제각기 분리되어 개별적으로 지적장애의 원인으로서 작용하기 보다는 상호작용하여 영향을 끼침을 강조한다. 다중 위험 요인 접근법에서는 네 가지 범주의 위험 요인과 그것이 발생하는 세 가지 범주의 시기를 축으로 지적장애를 초래하는 위험 요인을 제시하고 있다.

▶ 지적장애의 원인이 되는 위험 요인

시기	생의학적	사회적	행동적	교육적
출생 전	-염색체 이상 -단일유전자장애 -증후군 -대사이상 -산모질병 -뇌발육부전 -부모 연령	-빈곤 -산모 영양실조 -가정폭력 -출생 전 관리 결여	-부모의 약물 사용 -부모의 음주 -부모의 흡연 -부모의 미성숙	-지적장애를 보이는 부모에 대한 결여 -부모가 될 준비의 결여
출생 전후 (주산기)	-조산 -출생 시 손상 -신생아 질환	-출산 관리의 결여	-부모의 양육 거부 -부모의 자식 포기	-퇴원 시 중재 서비스를 위한 의료적 의뢰의 결여
출생 후	-외상성 뇌손상 -영양실조 -뇌막염 -경련성장애 -퇴행성 질환	-손상을 가진 양육자 -적절한 자극의 결여 -가정 빈곤 -가정 내 만성적 질환 -시설 수용자	-아동 학대 및 유기 -가정폭력 -부적절한 안전 조치 -사회적 박탈 -다루기 힘든 아동의 행동	-손상된 부모 기능 -지체된 진단 -부적절한 조기 중재 서비스 -부적절한 특수교육 서비스 -부적절한 가족 지원

출처 : AAIDD(2010)

1) 생의학적 위험 요인

생물학적인 처리 과정과 관련 있는 다양한 위험 요인들로 염색체 이상, 유전자 장애와 이외의 기타 생의학적 위험 요인들이 있다.

① 염색체 이상 : 세포가 분열되는 과정에서 나타날 수 있는 문제로서, 염색체 수의 이상과 구조의 이상으로 나누어 살펴볼 수 있다.

- 염색체 수의 이상

염색체 수의 이상은 생식세포가 감수 분열되는 과정에서 염색체쌍이 비분리되는 현상이 일어나는 경우에 발생한다.

다운증후군	부모의 생식세포의 감수분열 과정에서 21번째의 상염색체가 비분리된 결과로 나타난다. 일반적으로 낮은 지능과 전형적인 지능을 보인다.
클라인펠터 증후군	정상적인 남성 염색체 XY에서 X염색체가 추가되어 발생한다. 주요 증상은 운동발달 지연, 언어지연, 읽기장애 등이 있다.
터너증후군	여성의 성염색체 이상으로 인해 발생한다. 터너증후군을 가진 여성의 약 50%에서 모든 세포에 X염색체가 하나 없으며, 약 30~40%에서는 X염색체가 하나 있는 세포와 두 개 있는 세포가 섞여 있다. 이 증후군은 사춘기 발달이 안 되거나 미약한 것이 특징이다.

- 염색체 구조의 이상

또 다른 염색체 이상은 염색체를 구성하는 일부가 떨어져 나가 자신의 쌍이 아닌 다른 염색체와 결합되거나, 두 개의 서로 다른 염색체의 일부가 서로 바뀌어 결합되는 등의 전위현상이 일어나거나, 일부가 결손되는 등 염색체 구조상의 문제로 인해 발생한다.

프래더-윌리 증후군	약 70%에서는 아버지로부터 전달받은 15번째 염색체의 장완 부분이 미세하게 결손되어 있다. 프래더-윌리증후군의 가장 심각한 증상은 비만이다.
안젤만 증후군	약 70%는 어머니로부터 전달받은 15번째 염색체의 장완 부분에 결손이 있다. 증상은 움직임과 균형 감각에 이상으로 걸음에 장애가 생기며, 쉽게 흥분하는 경향을 보인다. 또한 머리 크기의 성장이 비정상적으로 지연되어 2세경에 소두증을 보인다.
묘성 증후군	5번 염색체의 단완의 부분결실이 원인이다. 이 증후군은 고양이 울음소리 같은 특징적인 울음소리를 보이는데 이는 후두의 결함이 원인이다.
윌리엄스 증후군	7번 염색체 장완의 미세결실이 원인으로서, 이 증후군을 가진 아동들은 위로 솟은 작은 코끝, 긴 인중, 큰 입, 두툼한 입술, 작은 볼등의 외양적 특성을 갖고 있다.
스미스-마제니스 증후군	17번 염색체 단완의 일부가 결실되어 나타나며, 이 증후군을 보이는 아동들은 튀어나온 턱, 넓은 사각형 얼굴, 납작한 후두골 등의 특징적인 얼굴 형태를 갖고 있다.

② 유전자 장애 : 유전자 돌연변이 및 유전자 유전
- 상염색체 우성유전 장애

신경섬유종증	신경계에서 영향을 주는 가장 흔한 단일유전자질환으로 제1형과 제2형으로 구분된다. 이 중 제1형이 지적장애와 연관이 있다. 제1형 신경섬유종증의 경우 약 50%가 17번째 유전자로 인해 우성유전되는 경우이며 나머지는 유전자의 자연발생적인 돌연변이로 인해 생긴다. 증상으로는 밀크커피색 반점, 겨드랑이 주근깨 양상 등이 나타난다.

아퍼트증후군	10번 염색체에 위치한 유전자 돌연변이나 우성유전을 통해 발생한다. 얼굴의 기형과 두정부의 첨형과 사지의 합지증을 특징으로 한다.

- 상염색체 열성유전 장애: 대사장애

상염색체 열성유전으로 인해 생기는 장애의 대표적인 경우는 대사장애로서, 인체의 특정 물질을 분해하지 못하게 되는 효소 결핍으로 인해 발생한다.

페닐케톤뇨증	페닐알라닌을 티로신이라는 아미노산으로 전환시키는 효소의 활성이 선천적으로 저하되어서 페닐알라닌이 축적되어 생기는 단백질 장애다. 원인이 되는 유전자는 12번 염색체 장완에 위치하고 있으며 열성유전된다.
선천성 갑상선기능 저하증	선천성 갑상선기능저하증은 흔한 선천성 내분비 질환으로 갑상선형성부전이나 갑상선 호르몬 합성장애 등에 의해 일어난다. 이 중 10% 정도에서 나타나는 갑상선 호르몬 합성장애는 상염색체 열성유전으로 일어난다.
갈락토스혈증	갈락토스를 포도당으로 전환시키는 능력이 손상되어 체내에 갈락토스가 축적되는 질환이다.
호모시스틴뇨증	시스타치오닌 합성요소의 유전적 결핍으로 메치오닌과 호모시스틴이라는 아미노산이 체내에 축적되어 발생하는 아미노산의 대사장애이다. 원인이 되는 유전자는 21번 염색체의 장완에 위치해 있고 열성유전된다. 이는 지적장애, 경련 등을 보이기도 하고 골격계 기형이 나타나기도 한다.
단풍당뇨증	필수아미노산인 류신, 이소류신, 발린의 대사장애로 나타나는 질환으로 땀과 소변, 귀지 등에서 특유의 단내가 나는 것이 특징이다.

- 성염색체 유전자 장애

약체 X 증후군	X염색체 장완의 끝부분이 끊어져 유전된다. 증후군의 특징으로 남아의 경우 행동장애와 지능 저하를 보이며 긴 얼굴, 튀어나온 턱, 크고 뚜렷한 귀 등의 특징적인 얼굴 형태를 보인다. 그러나 여아의 경우 대개 다양한 정도의 지능 저하만을 보인다.
레트증후군	X염색체의 특정한 단백질 생산을 조절하는 유전자의 자연적 돌연변이로 인해 발생한다. 증상에는 기능적인 손의 사용이 퇴행하면서 손의 상동행동이 나타나게 된다.
레쉬-니한증후군	레쉬-니한증후군은 DNA의 구성 물질인 퓨린 대사 과정에 관여하는 효소인 HPRT 결핍에 의해 발생한다. 레쉬-니한증후군의 특징은 뇌성마비와 비슷한 운동장애, 인지 및 행동장애, 요산의 과생산(고요산혈증)을 나타낸다.

③ 기타 생의학적 위험 요인
- 신경관 손상

신경관 손상이란 뇌나 척수에 발생하는 손상을 말한다. 따라서 신경관 손상은 선천적인 뇌 발육 부진을 초래한다. 여기에는 이분척추, 무뇌증, 뇌류 등이 대표적인 예다.

- 모체의 감염

모체의 감염에 의한 질환도 선천적으로 지적장애를 초래하는 생의학적 요인 중 하나다. 선천성 풍진증후군, 거대세포바이러스증, 톡소플라스마증 등이 있다.

2) 사회적 위험 요인

지적장애를 초래할 수 있는 사회적 위험 요인은 아동 발달에 영향을 줄 수 있는 자극과 상호작용의 질을 좌우하는 여건에서 초래되는 요인들을 말한다.

① 빈곤한 가정환경

출산 전 빈곤한 가정환경은 산모에서 영향을 주어 궁극적으로 태아에게 영향을 끼칠 수 있다. 산모의 부적절한 영양섭취나 규칙적이고 적절한 산전 관리의 부재, 폭력에 노출된 가정환경 등은 태아에 악영향을 끼칠 확률을 높인다. 또한 빈곤한 가정에서 태어난 아동들의 경우 정상적인 지적 능력을 보이고 있더라도 아동 발달에 필요한 기본적인 환경 자극을 제공할 수 없어 지적 잠재력을 최대한으로 나타내지 못할 수 있다. 따라서 빈곤 자체가 지적 발달을 저해하지는 않지만, 빈곤과 연관될 수 있는 많은 요인들이 지적 발달을 위한 자극을 충분히 제공하지 못한다.

② 납중독

납은 아동의 건강과 지적 기능에 심각한 영향을 준다. 일반적으로 납에 노출될 수 있는 환경인 공장지대나 오래된 주거시설, 먼지, 오염물질의 노출 등은 빈곤과도 연관되어 있는 요소이다.

3) 행동적 위험 요인

행동적 위험 요인은 당사자뿐만 아니라 부모의 부적절한 행동으로 인해 야기될 수 있는 잠재적인 위험 요인들이다. 예를 들어 출생 전 부모의 약물 복용이나 음주, 흡연과 같은 행동, 산전 관리에 도움이 안 된 미성숙한 행동들, 출산 전후에 나타나는 부모의 육아 거부 행위, 출생 후 부모의 아동 학대, 사회로부터 아동을 격리하는 행위 등이 이에 해당된다.

4) 교육적 위험 요인

교육적 위험 요인은 지적 능력과 적절한 적응 기술을 발달시킬 수 있는 정보 제공 및 교육 지원의 부재로 인해 야기될 수 있는 위험 요인들이다. 동일한 수준의 빈곤 가정이라 할지라도 어머니가 지적장애를 가지고 있는 경우에는 그렇지 않는 경우에 비해 자녀의 지능과 학업 성취가 더 낮고, 더 많은 행동 문제를 가지고 있으며 가정환경과 어머니에 대한 사회적 지원도 더 부족한 것으로 나타났다.

12-6 중재 및 치료 방법

1) 지도 방법

(1) 학교에서의 지도 방법
- 지적장애 학생들의 성교육을 위해서는 이를 전담하는 교사를 배치하여야 한다.
- 특수교사와 일반교사는 지적장애 학생을 위한 성교육의 운영 방안 및 기술을 충분히 습득하여 적절한 성교육을 제공하도록 한다.
- 지적장애 학생들의 성교육은 특별한 시간을 별도로 마련하여 지도하는 것도 필요하지만, 대부분 생활하는 중에 자연적으로 습득하도록 체계적으로 지도해야 한다.
- 일반화에 어려운 지적장애인에게 가장 효과적인 학습 자료는 실물 자료이지만, 성교육의 경우 실물 자료의 수집은 곤란하므로 실제의 생활 모습이 반영되는 슬라이드·비디오·영화 등의 시청각 자료를 제공하여 지도한다.
- 자위행위를 하는 경우 공적인 공간과 사적인 공간을 구별해준다.
- 지적장애 학생에게 성폭력 예방을 위해서는 성폭력에 대한 포괄적인 내용을 가르쳐야 한다.
- 성폭력 예방 교육 시 성폭력이 발생할 수 있는 상황을 지적장애 학생의 일상생활에서 흔히 일어날 수 있는 상황을 고려하여 역할극으로 구성
- 정기적, 실용적인 부모 교육 프로그램들을 통해 지적장애 학생의 부모들이 가정에서 적절한 성교육을 제시할 수 있도록 도움을 준다.
- 성교육에서 교사들은 부모들이 지닌 정보를 최대한 활용해야 하며, 부모들과 협력하여 지도를 해야 한다. 성교육을 실시하기 전에 부모회의를 열거나 부모의 승인을 받고, 부모와 함께 성교육 프로그램을 검토하고, 정기적으로 부모에게 정보를 제공하는 등 보다 적극적인 방법으로 부모와 협력하면 성교육으로 인한 문제점을 감소시킬 수 있다.

(2) 가정에서의 지도 방법
- 부모는 학교와 협력하여 자녀의 성교육에 필요한 지식을 충분히 습득한다.

- 부모는 자녀의 사춘기를 자연스럽게 받아들이며, 가정에서도 반복적으로 성교육을 실시한다.
- 자위행위 시 사적인 공간과 공적인 공간을 구분지어 설명해주며, 위생에 대해 알려준다.
- 지적장애 학생의 성적인 관심을 운동, 여가, 취미활동 등의 다른 활동에 돌리도록 한다.
- 부모와 주변인들은 지적장애 학생에게 관심과 사랑을 주는 것만으로도 성폭력을 예방할 수 있다.

역할극 2 : 공공장소, 버스, 지하철에서	역할극 8 : 동네에서
◆ 등·하교시 버스 정류장에 서 있는데 모르는 사람이 차에 타도록 권유하고 데려가려고 하는 상황	◆학교에서 돌아오는 길에 아파트 경비 아저씨나 동네 아저씨가 '엄마가 급히 어디에 가시면서 나랑 함께 있으라고 했다'고 하면서 유인하여 성적인 행동을 하려는 상황
♤ 모르쇠 : (차 안에서) 얘, 어디 가니? ♠ 자아 : 집에 가요. ♤ 모르쇠 : 니네 집이 어딘데? ♠ 자아 : ○○이요. ♤ 모르쇠 : 마침 잘됐다. 아저씨(아줌마)도 그쪽으로 가는 중인데, 어서 타라. ♠ 자아 : _____. ♤ 모르쇠 : 어서 타. 아저씨(아줌마)랑 같이 가면 금방 집에 갈 수 있어. ♠ 자아 : _____. ♤ (자아가 망설이거나, 타려고 하지 않을 경우 차에서 내려 자아의 팔목을 끌면서) 괜찮아, 나 나쁜 사람 아니야. ♠ 자아 : _____.	♤ 동아씨 : (막 아파트 현관으로 들어서는 자아를 부르며) 자아야, 자아야. ♠ 자아 : 예, 안녕하세요. ♤ 동아씨 : 엄마 집에 없어, 아까 막 나가셨어. ♠ 자아 : 어디 나가셨어요? ♤ 동아씨 : 글쎄, 아까 엄마가 나가면서 나보고 자아 좀 봐달라고 하더라. 밥은 먹었니? 이리 와봐. (맛있는 빵이나 과자를 보여주며 유인한다.) ♠ 자아 : _____ . ♤ 동아씨 : 자아 정말 예쁘게 생겼구나.(다가와서 옆에 앉으며 사적인 부위를 만지려 하거나 껴안거나 바닥에 눕힌다) ♠ 자아 : _____ .

자위행위 지도 예시

> **활동 1 : 자위행위와 관련된 경험 이야기하기**
> 자위행위나 몽정을 경험한 경우 그때의 느낌과 내용을 서로 이야기한다.
> 다른 사람의 자위행동이나 성기 노출을 본 경험과 그때의 느낌을 이야기한다.(자위행위는 성장과정에 있어서 지극히 정상적이고 건강한 것이다. 결코 해서는 안 되는 행동이 아니고 몸에 나쁜 영향을 미치지도 않는다. 그러므로 자위행위를 한다고 죄의식이나 수치심을 가질 필요가 없다는 것을 알게 한다.)

활동 2 : 자위행위 장소(공적인 장소, 사적인 장소)에 대한 O, X 퀴즈

공적 장소 : 여러 사람이 함께 쓰는 공간(교실, 복도, 거실, 운동장 등)

사적 장소 : 혼자 쓰는 공간(자기 방, 화장실)

가. 인원

전체 인원을 2~3개 팀으로 나누며, 인원에는 제한이 없다.

나. 방법

가) 교사는 학생들에게 게임의 방법과 취지를 설명한다.

나) 전체 학생을 2~3팀으로 나눈다.

다) 팀별로 판 1개씩을 준다.

라) 교사는 퀴즈 내용을 읽어주며 사전 준비를 시킨다.

마) 교사는 어떠한 장소를 불러주거나 보여주었을 때 팀별로 상의하여 자위행위에 적합한 장소에는 ○, 부적합한 장소에는 ×를 든다.

바) 가장 정답을 많이 맞힌 팀이 승리한다.

◆ 행동주의 학습 이론에 근거한 교수

1) 과제 분석적 교수

학생이 전체 과제를 시도하기 전에 그 과제의 요소와 선행 요소를 학습한다면 학습이 촉진될 수 있다고 가정하여 과제를 분석하여 교수하는 것이다.

2) 직접 교수

교사가 직접 목표 학습 상태를 가능한 한 상세히 그리고 구체적으로 보여주고 잘 계획된 수업환경에서 반복적으로 익히도록 교수하는 것이다.

3) 우발 교수

자연스러운 교수로서 아동이 반응을 불러일으킬 수 있는 환경을 만들어 학생들이 요청을 하도록 요구할 때 교사가 바른 행동을 보여줌으로써 교수하는 것이다.

◆ 인지주의 학습 이론에 근거한 교수

1) 발견 학습법 : 교사의 지시를 최소한 줄이고 학생 스스로 학습을 통해 학습 목표를 달성하도록 하는 교수−학습 과정 형태다

2) 정보처리 모델 : 인간의 기억을 마치 컴퓨터가 외부 자극을 정보처럼 받아들여 처리, 저장해 두었다가 출력해주는 것과 같이 보는 이론이다.

3) 인지적 교수 : 지식을 습득, 저장하고 활용하며 관리할 줄 아는 능력을 교수하는 것으로 인지 과정을 중요시한다.

◆ 구성주의 학습 이론에 근거한 교수

1) 또래 교수 : 한 학생이 다른 학생에게 교수자로서 행동하거나 번갈아가며 교수자의 역할을 하는 것이다.
2) 협력 교수 : 일반교육 교사와 특수교육 교사가 공동으로 교수하는 형태이다. 협력 교수 형태에는 교수지원교수, 스테이션 교수, 평행교수, 대안적교수, 팀티칭이 있다.
3) 교수적 비계 : 아동이 혼자서 할 수 없는 과제를 완성하도록 도움을 줄 때 사용하는 일시적 지원으로 성인 혹은 또래와의 상호작용 인지 발달을 촉진하도록 하는 것이다.
4) 상보적 교수 : 교사와 학습자는 서로 대화를 통해 역할을 교체하면서 내용을 이해하고 학습하는 방법을 익힐 수 있도록 하는 수업이다.
5) 모델링 : 하나 혹은 그 이상의 모델을 관찰함으로써 행동적·인지적·정서적 변화를 하게 하는 것으로 반응 촉진, 금지/탈 금지, 관찰학습의 기능이 있다.
6) 협동학습 : 학습 능력이 다른 학생들이 동일한 학습 목표를 향하여 소집단 내에서 함께 활동하는 수업 방법이다. 능력별 팀 학습, 토너먼트식 학습, 팀 보조 개별학습 등이 있다.

◆ 긍정적 행동 지원

긍정적 행동 지원은 장애 학생의 삶의 질을 향상시키기 위하여 문제 행동을 일으키는 방해 요소를 제거하여 문제 행동을 예방하고 그 학생에게 꼭 필요한 물리적, 사회적, 교육적, 의학적, 기술적인 지원을 체계적이고 종합적으로 제공하는 비강압적이고 포괄적인 접근이다.

1) 긍정적 행동 지원 특징
① 전반적인 생활양식의 변화와 삶의 질에 주목
개인을 둘러싼 사회적 상황과 인간 존중의 철학을 기초로 보다 나은 생활양식을 만들기 위한 요구를 포함한다.
② 생에 전반에 걸친 지원
중재 실시 후에도 여전히 중재의 효과가 나타나는가의 유지 개념을 확장하여 중재 효과가 실제 생활환경에 자연스럽게 유지될 수 있도록 한다.
③ 자연스러운 현실 환경, 적극적 참여자로서의 장애학생, 가족 및 주변인
구조화된 상황에서가 아닌 적절한 행동이 요구되는 자연스럽고 다양한 상황에서 행동을 지원하고 문제 행동을 지닌 학생과 학생의 가족 주변인들은 다양한 시간대에 적극적으로 참여한다.
④ 체제 변화를 비롯한 다차원적 접근

생태학적 가정을 전제로 문제 상황에 초점을 두고 변화시키고자 노력한다.

⑤ 문제 행동 예방에 대한 강조

긍정적 행동 지원에서는 문제 행동의 부재 시기가 최적의 중재 시기라고 규정하므로 물리적·사회적·정서적 환경에서의 변화를 시도하고, 문제 행동과 같은 기능을 가질 수 있는 적절한 대체 행동을 지도하여 문제 행동을 사전에 예방하는 데 중점을 둔다.

2) 기능적 행동 평가

기능 평가는 행동의 이유나 목적을 확인하기 위해서 선행 사건, 행동, 후속 결과에 관한 정보를 수집하여 분석하는 방법을 의미한다.

① 면담

문제 행동을 하는 학생, 학생을 잘 알고 있는 사람과의 짧은 면담 형식으로 이루어지는 간단한 기능평가, 평가척도를 통해 행동 지원 계획을 수립할 수 있다. 면담을 통해 문제 행동, 문제 행동의 빈도나 정도, 문제 행동에 대한 전략 등을 파악한다. 또한 문제 행동의 배경이 될 만한 사회적·심리적·생리적 요인들을 찾고, 그 학생의 삶의 질에 대한 정보를 수집한다.

② 직접 관찰

아동이 있는 환경에 들어가 직접 관찰하는 방법을 통해 아동의 문제 행동의 기능을 파악해내기 위해서, 관찰자는 특정 행동이 발생하는 일상적인 환경(예: 아동의 교실, 학교 운동장 등) 내에서 아동의 행동을 명료하게 규정하고 난 후 관찰을 한다. 관찰자가 아동이 있는 환경에 직접 들어가 관찰을 통해 평가를 함으로써 아동의 문제 행동과 아동을 둘러싼 주변 환경 내 특정 상황 요인 간의 관계를 파악할 수 있으며 문제 행동이 발생하는 원인과 행동이 지속적으로 나타나게 하는 요인을 알아낼 수 있다. 직접 관찰로 일화 기록, A-B-C 분석, A-B-C 기술 분석 등이 있다.

③ 기능 분석

자료의 수집이 끝나면 언제 문제 행동이 발생하고 그 행동의 후속 결과가 무엇인지 기능 분석을 실시한다.

3) 문제 행동 지원 우선순위 결정

문제 행동이 여러 가지인 경우에는 우선적으로 지도해야 할 행동을 결정한다.

우선순위	문제 행동	문제 행동의 예
1	파괴 행동	아동이나 주위 사람의 건강이나 생명을 해칠 수 있는 행동(때리기, 눈 찌르기, 머리 흔들기. 긁기. 자르기 등)
2	방해 행동	집, 학교, 지역사회에서의 일상생활 참여를 방해하고, 교실을 뛰어다니는 등의 학습을 방해하는 행동
3	분산 행동	귀찮은 행동이지만 해가 되지 않는 행동 (공공장소에서 손 흔들기, 책 찢기, 반항어 등)

4) 행동 지도 계획

기능평가를 통해 얻은 정보에 기초하여 조작적으로 정의된 문제 행동과 대체 행동, 행동에 대한 배경 사건과 선행 사건, 문제 행동을 유지하는 후속 결과, 배경 사건 전략, 선행 사건 전략, 교수 전략, 후속 결과 전략이다.

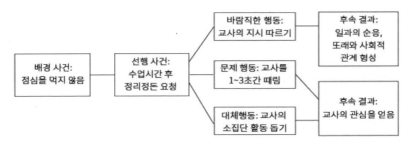

배경 사건 중재	선행 사건 중재	새로운 기술 (대체행동) 지도	후속 결과 중재
미선이가 좋아하는 반찬을 먹는 것을 허용하기	교사가 미선이에게 정리 정돈 시간 전에 다음 수업을 도와달라고 요청하기	정리 정돈하기, 교사 돕기, 다음 활동 전이하기 연습하기	미선이가 정리 정돈을 하거나 전이 활동을 잘했을 때 교사를 돕도록 허락하기
	교사가 미선이가 정리 정돈을 하고 다음 시간으로 전이하는 것을 돕기	미선이가 정리 정돈한 후에 교사를 돕는 것에 대해서 요청하기를 교수	미선이가 교사를 때리면 "때리면 안 되지"라고 말하거나 혹은 미선이가 교사를 때렸을 때 약속한 것을 이행하게 하기(반응 대가 등)
	교사가 미선이가 정리 정돈하는 것을 도와주기	미선이가 정리 정돈을 잘할 수 있도록 교수	필요한 경우 위기 관리 전략 사용하기(다른 곳으로 옮기기)

출처 : Crone & Horner(2003). p. 134.

5) 구체적 전략

① 의료적 중재
교사는 문제 행동이 일어날 때 먼저 문제 행동과 관련될 만한 의료적인 상태에 주목할 필요가 있다.

② 선행 사건 조절
배경 사건 조절이 어려울 경우 선행 사건을 조절하는 것이 필요하다. 이때 교사는 학생에 대한 기대 수준을 적절히 조정하고 학생이 좋아하는 활동을 활용하거나 활동의 난이도를 조정한다.

③ 대체행동 지도
대표적인 기능의 문제 행동이 일어나는 상황을 분류한 후에는 각 상황마다 문제 행동이 기능을 달성하게 해주는 대체행동을 찾아야 한다. 문제 행동과 같은 목적을 제공하는 의사소통 양식을 찾아야 한다. 대체행동을 선택할 때는 문제 행동보다 학생의 에너지를 적게 소모시키는 행동이어야 한다.

④ **자기관리**

자기관리 기술은 학생들이 적극적인 참여자로서 자신의 행동을 직접 선택하여 목표 행동을 수행하도록 지원한다. 자기관리 기술에는 목표 설정, 자기 교수, 자기 점검, 자기 평가, 자기 강화의 영역이 있다.

- 목표 설정 : '해야 하는' 목록을 만들고 성취 가능한 목록을 만드는 것이다.

  예: 교실에 정시에 도착하기
- 자기 교수 : 행동을 시작하거나 안내, 억제하기 위해 언어적 단서를 사용하는 것이다.

  예: 과제 수행 시 자기 스스로 "천천히 배운 것을 생각해보자"라고 말하면서 자신의 과제 수
  행을 안내
- 자기 점검 : 주어진 과제를 다 했는지 과제 목록표에서 하나씩 지우는 것이다.
- 자기 평가 : 목표 행동이 얼마나 잘 수행되었는지, 어느 정도로 나타났는지에 관심이 있다.
- 자기 강화 : 학생 자신이 자기 강화의 기준이나 강화제의 특성, 양을 결정하여 자기 강화에
  사용하도록 한다.

⑤ **후속 결과 사용**

학생의 문제 행동에 대한 교사의 반응은 그 행동이 다시 일어나는 것에 영향을 미친다. 후속 결과를 고려할 때는 바람직한 행동이 효과적으로 문제 행동과 경쟁할 수 있도록 하기 위해 결과를 어떻게 바꾸어야 할지에 초점을 두어야 한다.

- 강화를 통하여 긍정적인 행동을 증가시킬 수 있다. 칭찬, 피드백, 프리맥의 원리, 토큰경제, 행동계약, 자극 통제를 사용할 수 있다.
- 문제 행동 감소 전략에는 소거, 차별 강화, 반응 대가, 타임아웃, 과잉 교정 등이 사용된다.

12-7

지적장애의 오해와 진실

지적장애의 오해와 진실

[질문] 지적장애와 정신질환이 같은 장애인가요?

[답변] 지적장애와 정신질환은 전혀 다른 장애입니다.

지적장애는 정신이상처럼 질병이 아니므로 의학적 치료 대상이 아니며 특수교육이나 훈련에 의해 발달이 가능한 교육적 대상입니다.

[질문] 지적장애는 유전되는 것인가요?

[답변] 아직까지 지적장애에 대한 정확한 원인은 밝혀지지 않았습니다.

지적장애에 대한 원인으로 추정하고 있는 것만 해도 200여 가지가 넘으며 선천적 원인보다는 후천적인 요인들의 상호작용으로 인해 나타나는 경우가 더 많습니다.

[질문] 어차피 지능이 낮은데 교육을 받아야 하나요?

[답변] 인간의 지적 능력은 자연스럽게 발달할 뿐 아니라 교육과 훈련에 의한 향상도 기대할 수 있습니다. 지능은 고정불변한 것이 아니므로 교육을 받아야 합니다.

[질문] 지능이 낮으면 신체능력도 떨어지나요?

[답변] 지적장애는 대부분 지능지수는 낮으나 이는 신체적 능력이나 정서, 감정, 창의력 등과는 상관이 없습니다.

지능이 낮다 하더라도 운동을 잘할 수 있고 노래도 잘할 수 있습니다.

[질문] 지적장애인도 일을 할 수 있나요?

[답변] 지적장애인도 개인의 능력에 맞는 일을 반복, 훈련하면 충분히 일을 할 수 있으며 이를 통해 직업생활을 영위할 수 있습니다. 다른 사람에 비해 좀 더 긴 적응 시간을 필요로 하지만 인내심을 가지고 반복, 훈련을 하면 가능합니다.

－출처 : "장애 바로 알기! 지적장애에 대한 오해와 진실", 네이버 블로그(한국장애인고용공단 공식 블로그) －

참고문헌

김동일(2015), 특수아 상담, 학지사

송준만(2016), 지적장애아교육, 학지사

http://blog.naver.com/bjs718/70176111057

http://terms.naver.com/entry.nhn?docId＝927249&mobile&cid＝51007&categoryId＝51007

http://www.law.go.kr/lsInfoP.do?lsiSeq＝190541&efYd＝20170101#AJAX (국가법령정보센터)

https://ko.wikipedia.org/wiki/%EA%B8%8D%EC%A0%95%EC%A0%81_%ED%96%89%EB%8F%99
    _%EC%A7%80%EC%9B%90

http://www.hani.co.kr/arti/society/handicapped/604931.html

http://cafe.daum.net/imyongmidal

https://m.hankookilbo.com/News/Read/A2020090622050000974

http://www.amc.seoul.kr/asan/healthinfo/disease/diseaseDetail.do?contentId＝3242

https://m.blog.naver.com/PostView.nhn?blogId＝kead1&logNo＝221045233179&proxyReferer＝&
    proxyReferer＝https:%2F%2Fblog.naver.com%2Fkead1%2F221045233179

제 13 장

시각장애(Visual Impairment)의 상담

13-1 사례 기사

사례 기사 I

시각장애인 A 씨는 과외를 가려고 했다. 교통약자콜을 접수했으나 잡히지 않아 카카오택시를 불렀다. 택시 기사는 안내견을 보고는 승차를 거부했다. "법적으로 안내견은 어디든 갈 수 있다"는 A 씨의 설명에 기사는 수원 시청, 다산 콜센터 등에 전화를 걸었다. 시청에서는 '담당자'를 연결해 주겠다고 답했다. 한참 후 담당자는 "태워야 한다"는 콜백을 줬지만 A 씨는 이미 과외를 늦은 상태였다.

1급 시각장애인 B 씨는 안내견과 함께 버스에 타려고 하는데 운전기사의 폭언을 들었다. 버스 기사는 "어디서 개를 데리고 타려고 해! 당장 내려!"라며 명령조로 소리쳤다. B 씨가 시각장애인 안내견을 정당한 사유 없이 거부할 수 없다고 하자 기사는 "벌금을 낼 테니까 내리라"고 하며 버스카드를 찍으려는 B 씨의 손을 쳐냈다. B 씨는 결국 다른 승객들에게 "제가 시각장애인인데요, 제 보조견과 함께 탑승해도 될까요?"라고 물었고 승객들이 단체로 허락하고 나서야 자리에 앉을 수 있었다. 버스기사는 끝까지 "개 데리고 타려면 묶어서 박스에 담아서 타란 말이야!"라고 소리를 질렀다.

시각장애인에게 안내견은 '눈'과 같다. 위 사례처럼 안내견의 동행을 제한하는 것은 비장애인들에게 '눈을 감고 타라는 것'과 다름없는 일이다. 지금까지 시각장애인의 안내견 동승을 막아온 사례는 A 씨, B 씨의 경우 외에도 셀 수 없이 많다. 김예지 미래통합당의 안내견인 '조이'도 본회의 출입이 제한될 뻔했다. 국회가 그동안 국회법 148조에 의거, 본회의장과 상임위원회 회의장에 안내견 출입을 제한해와서다. 국회법 148조는 "의원은 본회의 또는 위원회의 회의장에 회의 진행에 방해되는 물건이나 음식물을 반입해서는 안 된다"고 규정하고 있다.

안내견 탑승·출입 거부는 엄연한 위법 행위

"시각장애인들의 눈과 같은 역할을 하는 안내견의 택시 승차 거부, 식당 출입 거부 등의 거부 행위는 '눈 뜨고는 들어오지 못하고 타지 못한다! 눈을 가리고 들어와라!'고 하는 것과 같다." 김 의원은 안내견의 택시 동승을 거부당한 A 씨의 사례에 대해 페이스북에서 이같이 지적했다. 그러면서 그는 "국민 모두는 아니더라도 적어도 법령에 기반해 정책을 만들고 이행하는 공무원분들은 (법 내용을) 알고 계셔야 한다고 생각한다"고 비판했다.

이어 김 의원은 "안내견(장애인 보조견)의 대중교통 이용, 공공장소 출입 등은 이미 「장애인복지법」 제40조 제3항, 「장애인차별금지법」 제4조 제1항 제6호에 법적 근거를 두고 있다"며 "아직도 아래와 같은 상황들이 비일비재하게 나타나고 있어 마음이 너무 아프다"고 말했다. 안내견의 동승 및 동행을 정당한 이유 없이 거절하는 행위는 '위법 행위'라는 것.

실제로 「장애인복지법」 제40조 제3항에는 "누구든지 보조견 표지를 붙인 장애인 보조견을 동반한 장애인이 대중교통수단을 이용하거나 공공장소, 숙박시설 및 식품접객업소 등 여러 사람이 다니거나 모이는 곳에 출입하려는 때에는 정당한 사유 없이 거부하여서는 아니된다. 제4항에 따라 지정된 전문훈련기관에 종사하는 장애인 보조견 훈련자 또는 장애인 보조견 훈련 관련 자원봉사자가 보조견 표지를 붙인 장애인 보조견을 동반한 경우에도 또한 같다"고 쓰여 있다.

「장애인차별금지 및 권리구제 등에 관한 법률」(「장애인 차별금지법」) 제4조 제1항 제6호에는 "보조견 또는 장애인보조기구 등의 정당한 사용을 방해하거나 보조견 및 장애인보조기구 등을 대상으로 제4호에 따라 금지된 행위를 하는 경우"를 차별행위로 규정한다.

이처럼 엄연히 법으로 정해져 있지만 지켜지지 않고 또 '담당자'만 아는 이유는 뭘까. 윤진철 장애인부모연대 조직국장은 "지키지 않아도 되는 법을 만들어놓은 게 문제가 아닐까 싶다"면서 법에 대한 인지와 사회적 인식 개선을 위해서는 처벌 수위를 높여야 한다고 밝혔다.

윤 조직국장은 "「장애인 차별금지법」의 처벌 조항 자체가 약해서 대중들이 문제 자체를 느끼지 못하는 것일 수 있다는 생각이 든다"면서 "(처벌이 강화돼야) 그것이 사회·제도적 인식을 형성할 수 있지 않겠나 싶다"고 주장했다. 이어 그는 "물론 처벌을 위한 처벌은 안 된다. 또 강제를 하는 것만이 답이냐는 논란이 있을 수 있다"면서도 "캠페인과 홍보만으로 가능하다는 것에는 회의적이다"고 말했다.

현재 「장애인복지법」 제90조 제3항 제3호에 따르면 "제40조 제3항을 위반하여 보조견 표지를 붙인 장애인 보조견을 동반한 장애인, 장애인 보조견 훈련자 또는 장애인 보조견 훈련 관련 자원봉사자의 출입을 정당한 사유 없이 거부한 자"는 300만 원 이하의 과태료가 부과된다.

「장애인 차별금지법」 제6장 제49조 제1호에는 "이 법에서 금지한 차별행위를 행하고 그 행위가 악의적인 것으로 인정되는 경우 법원은 차별을 한 자에 대하여 3년 이하의 징역 또는 3,000만 원 이하의 벌금에 처할 수 있다"고 써있다. 다만 제6장 제49조 제2호에서는 '악의적'이란 개념을 좁게 해석한다. '차별의 고의성·지속성 및 반복성·보복성'을 고려해야 하며 피해의 내용과 규모를 따져봐야 한다고 덧붙여져 있어서다.

그러나 처벌 강화는 쉽지 않아 보인다. 김예지 의원실 관계자는 "300만 원 이하의 과태료 카테고리에 '안내견 탑승 거부'뿐만 아니라 '등록증 반환 명령 불이행' 그리고 '장애인 자동차 표지 타인에게 양도' 등에 대한 사안이 묶여 있다"면서 "만약 안내견 동행 제한을 500만 원으로 바꾸고 싶다 하면 나머지 두 개에 대한 법적 검토가 필요하다. 이런 경중은 우리가 판단할 수 있는 게 아니고

법체계를 연구하는 분들이 하는 거다. 불가능하지는 않지만 거쳐야 할 단계가 있다"고 설명했다.

인식 개선도 중요하지만 장애인 포용하는 교육 필요

우리나라의 교육 체계에서 장애인은 '특수'교육인 개별화 교육을 받는다. 비장애인인 학생과 분리되는 것이다. 이런 교육 체계에서는 장애인에 대한 인식을 바꾸자는 것은 한계가 있다.

윤 조직국장은 "'인식 개선 교육'이라는 것은 자칫 '너의 인식이 틀렸어 바꿔야 해'로 비춰질 수 있다. 이렇게 접근하는 것은 한계가 있다"면서 "(비장애 학생들이) 장애 학생들을 접할 수 있어야 '사람이 다 다르다'는 것을 자연스럽게 알 수 있다"고 대안을 제시했다.

우리나라 정규 교육 과정에 '장애인의 장애 특성을 고려한 배려' 내용을 추가하면 어떨까에 대한 질문에 윤 조직국장은 "기본적으로 모든 것은 대화를 하면 된다"고 간단명료한 해결책을 제시했다. 그는 "장애인이 도움을 청할 때에는 물어본 것에 대해 대답해주면 된다"며 "예컨대 '버스가 몇 분 뒤에 오는 거냐'라고 물어보면 '몇 분 뒤에 온다'고 대답하면 되는 거다"라고 말했다.

－출처 : "시각장애인 안내견 탑승 거부? 눈 감고 타라는 것과 같아", UPI뉴스(2020. 6. 13)－

사례 기사 Ⅱ

〈사례1〉

40대 초반의 식당을 운영하는 남성분께서 몇 달 전부터 앞이 뿌옇게 잘 보이지 않는다며 오셨습니다.

한참 사회생활을 할 젊은 나이지만, 검사한 결과 백내장이 많이 진행되어 있었습니다.

이분의 경우 시력이 0.5 정도로 야간에는 운전이 어려울 정도였습니다.

특별히 다른 질환은 없었으며, 수술을 하기에 다른 요인들 역시 문제가 없었습니다.

그래서 이분께는 노안 백내장 수술을 권해드렸습니다. 그 이유는 백내장이 많이 진행되어 일상생활이 매우 불편하였으며, 아직 사회활동이 많을 젊은 나이로, 돋보기를 착용하기에는 주변의 시선도 부담스러워 하셨습니다. 그래서 돋보기 없이 책이나 모니터 등을 볼 수 있는 노안 백내장 수술을 권해드렸으며, 백내장 검사 다음 주에 수술을 받으셨으며, 수술 결과에 매우 만족하셨습니다.

〈사례2〉

40대 후반의 사무직 여성분께서 침침한 증상으로 진료를 받으셨는데, 환자분이 호소하는 증상으로는 책을 읽을 때 예전 같지 않지만, 아직 책을 읽지 못하지는 않는다는 것이었습니다.

검사 결과, 초기 백내장이 진행되고 있었으며, 시력은 0.8이었습니다.

이 분은 노안 백내장에 관심이 있으셨으며, 빨리 수술 받기를 희망하셨습니다.

하지만 수술은 백내장 진행을 관찰하며, 차후에 좀 더 불편해지면 받으실 것을 권해드렸습니다.

수술 연기를 권해드린 그 이유는 40대 후반으로 노안과 백내장이 진행되고 있지만, 시력이 0.8정도였으며, 아직 수정체의 조절 능력이 양호했습니다.

즉, 아직 초기의 노안과 백내장으로 수술받기에는 이른 감이 있었습니다.

이런 경우에 수술을 받으면 적응하기까지, 수술 전보다 오히려 더 불편할 수도 있습니다. 따라서 백내장과 노안의 진행 정도를 관찰하다가 수술을 받는 것이 더 좋을 수 있습니다.

〈사례3〉

독서를 좋아하고 사업체를 운영하는 50대 후반의 남성분께서, 전에는 가벼운 난시가 있지만, 시력은 좋아 큰 불편이 없었기에 안경을 착용하지 않으셨습니다.

하지만 언제부터인가 사물이 심하게 겹쳐 보이고, 신문 등을 보기가 어려워져 내원하셨습니다. 이분은 당뇨가 있어 평소 혈당 관리를 하고 계셨습니다.

검사 결과 시력이 0.3까지 떨어져 있었고, 진단 결과 당뇨병성 백내장이 꽤 진행되어 있었으며, 또한 초기의 심하지 않은 당뇨망막병증이 동반된 상태였습니다. 이 분은 백내장 수술을 바로 시행하지 않았습니다.

이유는 백내장 수술 결과를 보다 좋게 하기 위해 철저한 혈당 관리를 시행하면서, 당뇨망막병증의 경과를 관찰하여 안정적으로 관리가 되는지를 확인할 필요가 있었습니다. 이러한 경과 관찰로 안정적인 상태가 확인되었을 때 백내장 수술을 결정했습니다.

그리고 이 환자분은 안경 착용을 많이 불편해하셔, 충분한 상담을 통해 노안과 난시를 동시에 해결할 수 있는 백내장 수술을 시행하였으며, 그 결과 많은 시력 개선 효과를 보시고 큰 불편 없이 생활하고 계십니다. 이런 경우에도 수술 후 당뇨망막병증의 정기적인 관리가 중요합니다.

－출처 : "사례로 알아보는 백내장 수술 시기", 네이버 블로그(연세본안과)(2014. 6. 12)－

13-2   상담 사례

Q 질문

안녕하세요. 저희 아이는 중증미숙아로 태어나서 선천성 백내장이 생겼습니다. 수술을 한 후에 안과 선생님이 시력이 어느 정도 좋아지는지 지켜보자고 하셨습니다. 하지만 유치원에 갈 나이가 되니까 이제 더 좋아질 부분이 없을 수도 있고 안경으로 교정되는 것도 한계가 있어 특수학교를 알아보라고 하시네요. 시각장애인이 되는 거냐니까 그럴 수도 있다고 하시구요. 근데 아이가 아직 글도 잘 모르고 시력이 어느 정도인지 정확하지 않습니다. 시력 검사판이 잘 안 보이는 것이 속상해서 그림으로 측정을 해도 보이는지 안 보이는지 잘 표현을 하지 않습니다. 정확히는 모르겠으나 제일 위의 글씨도 안 보이는 것은 맞습니다. 우리 아이 같은 경우는 나중에 학교에서 어떻게 수업을 받도록 해야 하나요? 맹학교에 다녀야 하나요?

Ⓐ 답변

눈 중에서 이식이 가능한 유일한 곳이 각막입니다만, 아직 눈의 성장이 끝나지 않아 기다려야 하나 봅니다. 잘 볼 수 있게 될 그날을 대비해서 많이 익히고 훈련해야 할 터인데 아직 마땅한 교육기관이 부족합니다.

최근에는 저시력 아동들이 일반학교에 다니는 예가 많습니다. 모든 학교에 특수교사가 배치되어 있고, 학령 아동이 적어 교사들의 보살핌도 개선되었습니다. 예전에 비해 정보 공유가 쉬워졌고, 보장구도 계속 개선되고 있습니다.

통합교육과 특수교육에 대한 찬반은 아직도 구구합니다. 정답을 도출해낼 만큼 시간과 경험이 쌓이지 않았고, 아동의 특성이나 부모의 열의 및 여건 등에 따라 개인 편차가 매우 크기도 합니다. 각각의 장단점에 대해 공개적으로 말하기는 조심스럽다는 점도 이해하시리라 믿습니다. 시간이 되실 때 내방하시면 보다 자세한 말씀을 나눌 수 있을 것 같군요.

13-3 정의

시각장애를 결정할 때 주요 기준으로 삼는 눈의 두 기능은 시력과 시야이다. 시력은 사물의 형태를 분명하게 구별하거나 특정 거리에서 사물을 변별하는 능력이다. 시야란 눈을 움직이지 않고 한 점을 주시하고 있을 때 볼 수 있는 외계의 범위를 말하며, 정상적 눈은 정면을 똑바로 응시할 때. 약 160~170° 범주 내의 사물을 볼 수 있다. 만약 시야가 좁으면 시야의 중앙 부분에 있는 사물은 잘 볼 수 있으나 주변에 있는 사물은 잘 볼 수 없다. 시각장애의 정의는 일반적으로 목적에 따라 법적 정의, 교육적 정의, 의학적 정의로 구분할 수 있다.

1) 법적 정의

△「장애인 등에 대한 특수교육법」에 따르면 시각장애인은 시각계의 손상이 심하여 시각기능을 전혀 이용하지 못하거나 보조공학기기의 지원을 받아야 시각적 과제를 수행할 수 있는 사람으로서 시각에 의한 학습이 곤란하여 특정의 광학기구·학습매체 등을 통하여 학습하거나 촉각 또는 청각을 학습의 주요 수단으로 사용하는 사람을 말한다.

(1) 교육적 정의

△국립특수교육원

- 시각장애: 두 눈 중 좋은 쪽 눈의 교정시력이 0.3 미만이거나 교정한 상태에서 학습 활동에 어려움을 겪는 자를 말한다.
- 맹: 두 눈 중 좋은 쪽 눈의 교정시력이 0.05 미만이거나 두 눈 중 좋은 쪽 눈의 시야가 20도 이하인 자 또는 학습에 시각을 주된 수단으로 사용하지 못하고 촉각이나 청각을 주된 수단으로 사용하는 자를 말한다.
- 저시력: 두 눈의 교정시력이 0.05 이상 0.3 미만인 자 또는 저시력 기구나 시각적 환경이나 방법의 수정 및 개선을 통하여 시각적 과제를 학습할 수 있는지를 말한다.

(2) 의학적 정의

△국제보건기구의 ICD − 10

- 맹: 시력이 3/60(0.05) 미만이거나 동시에 교정한 상태에서 좋은 쪽 눈의 시야가 상실된 상태
- 저시력: 시력이 6/18(0.3) 미만이지만 교정한 상태에서 좋은 쪽 눈이 3/60(0.05) 이상인 상태

13-4 **진단 및 평가**

아동의 시력검사는 객관적 검사, 주관적 검사, 그리고 기능시력 평가 세 가지가 있다.

1) 객관적 검사

객관적 검사는 다음과 같은 검사를 통하여 아동의 시력 상태를 파악한다.

① 눈의 외모와 안저 반응

② 양안의 위치 및 안구 운동

③ 광선을 눈에 비출 때 동공의 모양 및 크기의 변화

④ 안진검사에 대한 반응

⑤ 전기·생리학적 검사에 대한 반응

△망막전위도(Electroretinogram, ERG) 검사

망막을 광선으로 자극했을 때, 전기적인 변화를 기록하여 망막의 기능을 관찰하는 검사이다.

△시유발전위(Visual Evoked Potential, VEP)

눈을 빛으로 자극하면 망막이 흥분하게 되는데, 이 흥분은 시로를 통하여 후두엽에 도달하여 전위 변화를 일으킨다. 이러한 전위 변화로 망막에서 대뇌의 시피질의 기능 검사를 하는 것이다.

2) 주관적 검사

△원거리 시력검사

- 원거리 시력검사로는 안질환의 종류, 시기능, 굴절 이상, 조명과 눈부심의 효과, 지각이나 지적 상태 등에 관한 정보를 얻기 어렵지만 법적 맹의 여부, 처방할 저시력 기구의 배율 등을 알 수 있다.
- 원거리 시력표는 한식표준 시시력표, 청산 시력표, 진용한 시력표 등이 있으며 저시력인용 원거리 시력표, 유아용 원거리 시력표, 유아와 정신지체아용 쉐리던검사 등이 별도로 준비되어 있다.
- 원거리 시력검사는 아동에게 원거리에서 제시해줘야 할 크기의 정도를 알 수 있게 도와주며 진행성 질환일 경우 시력이 나빠지는 정도를 파악할 수 있는 데 의의가 있다.

△근거리 시력검사

- 근거리 시력검사는 35cm 거리에서 시력을 측정하는 검사이다. 근거리 시표에는 란돌트고리, 스넬렌 문자, 숫자 등이 사용되며 Jaeger 방식을 사용하기도 한다.
- 우리나라에서 개발된 근거리 시력표에는 한식표준 소아용 시력표와 진용환의 근거리 시력표가 있다.
- 근거리 시력검사는 아동이 책을 볼 때 글자의 크기를 결정하는 부분과 점자교육의 여부를 판단하는 데 도움을 준다. 또한 확대경과 확대글자 사용에 필요한 글자의 크기를 판별하는 데 필요하다.

△시야검사

- 시야란 눈을 움직이지 않고 한 점을 주시하고 있을 때 볼 수 있는 외계의 범위를 말한다.
- 시야 검사의 목적은 저시력 아동에게 어떤 부위의 시야에 중요한 손상이 있는가를 파악하기 위한 것으로 대표적으로 암슬러 격자검사가 있고 대면법, 탄젠트스크린법, 주변시야계법, 평면시야계법 등이 있다.

△색각검사

- 색각이란 가시광선 중 파장의 차이에 따르는 물체의 색채를 구별하여 인식하는 능력을 말한다.

- 색각 이상은 정도에 따라 색맹과 색약으로 나눌 수 있으며 색각 이상에는 선천성 색각 이상과 후천성 색각 이상이 있다.
- 선천적 색각 이상: 태어날 때부터 색채를 구별하지 못하고 혼돈하는 것으로 원인은 선천적으로 망막 추체 내 감광물질의 이상으로 발현되며 삼각형 색각자, 이색형 색각자, 단색형 색각자로 분류된다.
- 후천적 색각 이상: 색채를 구별하지 못하고 혼돈하는 것으로 원인은 망막의 염증이나 이탈이다.

△대비감도 검사
- 대비감도란 서로 다른 대비를 갖는 대상을 얼마나 잘 구별하는가를 말하는 것이다.
- 유아의 대비감도는 줄무늬를 이용하여 주시선호 검사법으로 측정한다. 하지만 대비감도가 낮은 유아는 안면 정보에 반응할 수 있는 저대비검사를 이용하여 시각을 평가한다.
- 일반적으로 대비감도 검사에서 중하위에 해당하는 저시력 학생은 최적의 조명 조건에서 흰색 종이에 검은색 글씨로 쓰여 있지 않으면 읽기 어렵고, 어두운 곳에서 보행할 때도 어려움을 느낄 수 있다.

3) 기능시력 평가

기능시력이란 원하는 과제를 수행하기 위하여 시력을 사용하는 능력을 말한다. 따라서 기능시력 평가는 일상생활 활동이나 특수한 조건에서 각 학생이 기능시력을 활용하는 방법을 알기 위하여 실시한다.

기능시력을 평가하기 위하여 준거지향 검목표, 관찰보고서, 형식적 검사도구 등이 개발되었으나 형식적 검사로 평가할 수 없는 아동은 비형식적 검사로 평가한다.

△비형식적 검사도구를 사용해야 하는 경우
- 아동이 전맹으로 판정이 났으나 교사나 부모는 아동의 시력이 있다고 느낄 때
- 교사가 학습 과제와 관계되는 특수한 시각적 행동을 문서화할 필요가 있을 때
- 교사가 가장 적합한 환경을 결정함으로써 학생을 도와야 할 때
- 아동이 시기능의 변화를 경험할 때

△기능시력 평가의 종류
- 시기능 효율성 개발 프로그램
- 교사용 시기능 평가
- 중복 중도 장애아의 기능시력 검사
- 기능시력 검목표

원인

1) 각막 질환

각막염	- 각막염에는 세균이나 바이러스 또는 진균 등이 침입하여 발생하는 감염성 염증이 가장 많다. - 각막간질까지 파이게 되는 것을 각막궤양이라 하고 더 심해지면 각막이 뚫리는 각막 천공이 생긴다. - 각막염이나 각막궤양 모두 치료를 받고 염증이 치유되어도 백색 혼탁이 남게 된다.
각막외상	- 각막외상은 상해, 타박상, 이물질, 화상 등으로 인해 각막이 손상되는 경우 발생할 수 있다. - 표층의 상처가 나았다고 생각하여 내부의 이상을 지나쳐버리면 치료 시기를 놓쳐 시력을 상실하는 경우도 있다.
원추각막	- 원추각막은 각막 중심부가 서서히 얇아져서 원뿔 모양으로 돌출되는 질환이다. - 주된 증상으로는 각막의 돌출로 인해 난시가 심해지고, 원거리 시력이 점차 떨어진다. 증세가 심해지면 반흔이 생기거나 각막이 파열되어 시력을 잃게 된다.

2) 중막 관련 질환

무홍채증	- 선천적인 유전성 질환으로 홍채의 일부만 있거나 홍채가 자라지 않은 경우를 말한다. - 안구진탕, 수명, 수정체 탈구, 백내장과 같은 다른 질환을 수반하기도 하며 무홍채증 아동에게는 녹내장이 자주 나타난다.
베세트병	- 실명률이 높은 안질환으로 눈뿐만 아니라 전신의 여러 장기 조직을 침범하는 만성질환이다. - 병이 오래 지속됨에 따라 망막기능이 저하되어 결국 실명하게 되는 경우가 많다.

3) 수정체 질환

선천성 백내장	- 대부분이 원인 불명이며 유전성인 경우, 임신기의 감염, 중독, 대사 이상, 태아의 산소 결핍 등으로 발생되며, 한쪽 눈이나 양쪽 눈 모두에 생기고 안구진탕이나 사시를 동반하기도 한다. - 특히 임신 3개월 무렵 엄마가 풍진에 감염되었을 때 태아의 양쪽 눈에 백내장이 생기는데 이것을 풍진 백내장이라고 한다. 또 탄수화물의 일종인 갈락토오스(galactose)의 대사에 필요한 효소가 선천적으로 결핍된 신생아에서 발생하는 백내장을 갈락토세미아백내장이라고 한다. - 선천백내장은 한쪽 눈 또는 양쪽 눈에 모두 올 수 있다. 그리고 여러 가지 형태의 혼탁이 수정체의 어느 부분에나 일어날 수 있다. 신생아는 시력장애를 스스로 표현하지 못하므로 자각할 수 있

	는 증상은 구별하기 어렵다. – 대부분 진행되지 않고 정지성이나 수정체 혼탁이 심해 안저가 보이지 않으면 가능한 한 빨리 수술하는 것이 바람직하다.
	– 선천성 백내장의 주요 증상 – 아이의 검은 눈동자가 희게 혼탁되어 보인다. – 생후 3개월이 지나도 엄마와 눈을 정확히 맞추지 못한다. – 불빛이나 햇빛에 눈을 못 뜰 정도로 심하게 눈부셔한다. – 눈이 자주 충혈 되거나 눈물이 많이 나고, 눈꼽이 심하게 낀다. – 사람이나 사물을 바라볼 때 아이의 눈이 떨린다. – 이동하는 물체를 잘 따라서 보지 못한다. – 아이가 사람이나 사물을 볼 때 고개를 기울이거나 돌려서 본다. – 시선이나 초점이 똑바르지 않아 보인다. – 사람이나 사물을 바라볼 때 아이의 눈이 떨린다. – 눈앞에 사물을 한 번에 잘 잡지 못하고 헛손질을 한다. – 눈을 자꾸 비비거나 깜박인다.
후천성 백내장	– 나이가 들면 발병하는 노인성 백내장이 가장 많으며, 외상에 의한 경우도 있다. – 노인성 백내장은 연령이 증가함에 따라 조직의 노화로 수정체섬유단백질의 양이 많아지면서 수정체가 혼탁해지고, 점차적으로 진행되며, 시력 저하 증상이 나타나는데 통증이나 염증은 없다.

• 백내장이 있는 아동은 시야 전체가 흐릿하게 보이며, 수정체 적출술을 시행하면 무수정체안으로 보게 된다.
• 모든 백내장의 치료법은 수술인데 종류와 상태에 따라 수술 시기와 방법이 다르다.

4) 방수에 의한 질환

원발성 녹내장	– 개방각 녹내장: 전방각의 넓이는 정상이지만 섬유주의 장애로 방수 유출이 이루어지지 않아 안압이 상승하는 것을 말한다. 서서히 시력이 저하되고 야맹증세가 나타나며 실명에 이를 수 있다. – 폐쇄각 녹내장: 전방각이 폐쇄되어 방수의 유출이 잘되지 않아 발생한다. 24~48시간 내에 치료하지 않으면 시신경이 손상되어 실명하게 되므로 주의해야한다.
속발성 녹내장	– 홍채염, 모양체염, 수정체 이상, 안저 출혈, 안종양 등이 원인이 되어 2차적으로 발생하는 것으로 주로 전방각이나 섬유주의 폐쇄로 방수 유출에 장애가 발생한다.
선천성 녹내장	– 전방각 조직의 형성 이상으로 방수가 유출되지 않아 안압이 상승되는 것으로, 각막과 공막이 충분히 발육되지 않은 출생 시 또는 생후 1년 이내에 발생된다. – 안구가 늘어나고 확장되어 각막의 직경이 12mm 이상으로 커지게 되어 거대각막, 우안이라고도 한다. – 진행이 되면 각막이 붓고 혼탁이 생기며, 데스메막이 파열되고, 시신경이 위축되어 시력을 상실한다.

5) 망막 질환

당뇨막망병증	- 당뇨병에 의한 망막 혈관의 손상으로 인해 발생한다. - 당뇨병이 있으면 망막병증을 일으킬 위험이 높다. 당뇨병은 인체의 모든 작은 혈관의 이상을 초래할 수 있다. 망막의 혈관이 손상되면 당뇨병성 망막병증이 생기며 보통 양쪽 눈에 다 생긴다. 처음에는 망막의 작은 혈관에서 출혈이 일어난다. 나중에는 연약한 새 혈관이 망막에서 유리체로 자라나, 치료하지 않으면 결국 실명하게 된다. - 당뇨병을 앓은 기간이 길고 조절이 잘되지 않았을수록 위험은 높아진다. 제1형 당뇨병 환자는 진단 후 10년 내에는 망막병증이 생기는 경우가 많지 않지만 일단 생기면 빠르게 진행된다. 반면 제2형 당뇨병 환자의 경우는 당뇨병 발견 당시 이미 어느 정도 망막병증이 진행되어 있기도 한다.
미숙아망막병증	- 신생아의 망막에서 혈관을 형성하게 될 전구조직이 산소를 매개로 하는 세포의 독성 반응으로 손상되어 발생한다. - 미숙아망막변증이 있는 경우 망막 발달이 떨어지고 망막 접착력이 부족하여 망막박리를 일으킨다. - 심한 경우에는 전맹이 되고, 시력이 매우 약해지며, 근시, 녹내장, 망막박리 또는 안구진탕을 수반하게 된다.
망막박리	- 망막이 눈 뒤쪽의 받쳐주는 조직으로부터 분리되어 발생한다. - 망막은 눈 밑의 조직에 붙어 있는 것이 정상인데, 이 망막이 붙어 있던 조직으로부터 떨어져나가는 것을 망막박리라 한다. 보통 한쪽 눈에만 생기지만 빨리 치료하지 않으면 부분적으로 또는 완전히 실명하게 된다. - 망막박리는 보통 망막의 작은 열공에서 시작된다. 망막에 작은 열공이 있으면 유리체액이 그 구멍으로 들어가 망막을 박리시킨다. 열공은 심한 근시나 눈의 손상, 그리고 유리체 출혈 후 남은 흉터에 의해 생기기도 한다. 가끔 가족력을 보이며, 통증은 없지만 시력 이상을 가져온다. - 눈의 한쪽에서 빛이 번쩍이는 느낌이나 시야에 어두운 반점이 많이 보인다.
망막모세포종	- 망막에 발생하는 악성 종양으로 눈 안의 조직에 생기는 악성 종양 가운데 가장 많이 발생하는 질병이다. - 종양의 크기가 작을 때는 광응고술과 냉동법으로 치료가 가능하나 이 시기를 놓치면 안구적출술을 시행한다.
망막색소변성	- 망막색소변성은 망막의 광수용체가 계속 죽는 드물지 않은 질환이다. 망막에 검은 색소의 반점이 생겨 시력이 떨어진다. 이 질환은 남성에 더 많고 보통 상염색체 열성(유전자 질환)으로 유전된다. 성년 초기까지는 증상이 나타나지 않으며 양쪽 눈에 같이 생긴다. 망막색소변성의 첫 증상은 어두운 곳에서 시력이 떨어지는 것이다. 나중에는 주변 시력을 잃게 되고 점점 중앙으로 진행되어 결국 작은 중심 시력만 남게 된다(이를 터널 시야라고 한다). 드물게 터널 시야에서 실명할 수 있다. - 망막색소변성은 검안경 검사로 망막을 검사하여 진단한다. 치료는 불가능하지만 시력 손상이 심한 경우 저시력 안경이 시야를 넓히는 데 도움을 준다. 자녀를 가지려고 할 때는 비정상 유전자가 유전될 가능성이 어느 정도인지 알기 위해 유전 상담을 한다.

황반변성	– 망막에서 가장 민감한 부위인 황반이 서서히 변성되는 것을 황반변성이라고 한다. 이 병에 걸리면 중심 시력과 상세 시력을 서서히 잃는다. 환자는 글을 읽지 못하거나 얼굴을 알아보지 못하게 된다. 그러나 가장자리의 시력(주변 시력)은 영향을 받지 않아 안전하게 움직일 수 있다. 보통 양쪽 눈 모두에 생기며, 여성에 더 많고 가끔 가족력을 보인다. 젊은이에게 생기는 드문 형태가 있긴 하지만 보통은 70세 이후에 생긴다. 햇빛에 많이 노출되거나 흡연을 할 경우 발생 위험이 높아진다.
백색증	– 색소 결핍 또는 멜라닌 색소의 감소가 함께 나타나는 열성유전 질환이다. 피부가 매우 흰 백색증 아동은 강한 햇빛이나 자외선에 노출되었을 때 심한 화상을 입기 쉽고 시력장애의 정도가 심하고 시력이 0.15 이상 되기가 어렵다.
추체 이영양증	– 망막의 중심부가 발달하지 못하여 색맹이 되거나 원거리 시력이 감퇴되는 질환이다. 추체세포의 기능이 상실되고 간체세포는 밝은 곳에서 기능을 잘하지 못하므로 이 질환이 있는 아동은 심한 수명과 안구진탕을 일으킨다.

6) 시신경 질환

시신경염	– 망막에서 뇌로 신호를 전달하는 시신경의 염증으로 인해 발생한다. – 시신경염이 발생하면 시신경의 염증으로 인해 통증이 오고 시야가 흐려진다. 보통 한쪽 눈에만 생긴다. 시신경염은 보통 시신경을 싸고 있는 신경초의 변성으로 생긴다. 이를 탈수초라고 하는데, 원인은 다발성 경화증을 포함하여 다양하다. 시신경염은 납이나 메탄올 같은 화학물질에 중독되거나 수두와 같은 바이러스 감염으로도 생기며, 특별한 원인 없이 올 수 있다. 10대 후반이나 20대의 여성에 가장 많다.
시신경 위축	– 시신경 섬유가 파괴되어 시신경 유두가 창백하고 시야 결손 및 시력장애를 일으키는 질환이다. – 시신경이 나빠지면 시야, 대비가 감퇴되어 주변이 어두워진다. 이것은 진행성 또는 비진행성으로 다른 질환과 함께 나타나기도 한다.
시로장애	– 반맹과 시력장애가 나타난다. 반맹은 한쪽 눈의 시야 절반이나 양쪽 눈의 시야 절반이 각각 시력을 상태를 말한다. – 시신경에 장애가 오면 손상당한 눈에 정맹과 대광반사가 나타나지 않고, 시신경 교차에 장애가 있으면 양이측 반맹이 나타날 수도 있으며, 시신경 교차의 중앙부에 장애가 있으면 양쪽 눈의 바깥쪽의 반이 결손된다.
피질 시각장애	– 시로 또는 후두부 돌출부의 장애로 일시적 또는 역구적인 시력 상실이 나타난다. – 보는 시간이 매우 짧고 선과 형태를 볼 수 있으나 그것을 인식하지 못한다. – 주변시력이 중심시력보다 더 좋아서 대상을 볼 때 머리를 돌린다. – 낮은 시기능과 협응 능력을 보인다.

7) 외안근 이상

사시	- 사시는 좌안과 우안의 시축이 동일점을 향하지 않는 상태를 말하며, 마비성 사시와 비마비성 사시가 있다. - 사시 아동은 돌아간 쪽의 눈을 사용하지 않아서 시력이 나빠지기 때문에 정상적인 눈을 가리면 시력이 좋아진다. 　사시는 시력 사용을 방해하며, 시력과 시야를 감퇴시키고, 백내장과 같은 다른 안질환을 수반하여 나타나므로, 사시와 함께 발병할 수 있는 일련의 질환들을 주의 깊게 관찰해야 한다.
안구진탕	- 안구가 규칙적이고, 반복적이며, 불수의적으로 움직이는 것을 말한다. - 단독으로 나타날 수 있고 백색증, 무홍채증, 선천성 백내장과 같은 다른 질환을 수반하기도 한다.

8) 굴절 이상

근시	- 근시란 가까운 곳이 잘 보이고 먼 곳이 잘 보이지 않는 것을 말한다. - 근시에는 축성 근시와 굴절성 근시가 있으며, 근시의 정도에 따라서 경도, 중등도, 고도근시로 분류한다. - 진행의 여부에 따라 단성 근시와 진행성 근시(악성 근시)로 구분된다. - 물체를 똑똑히 보기 위해서는 광선이 각막과 수정체에 의해 초점이 맞춰져서 망막에 깨끗한 상이 맺혀져야 한다. 근시에서는 안구의 길이가 각막과 수정체의 초점 거리보다 길다. 때문에 멀리 떨어진 물체에서 온 빛은 지나치게 굴절되어 망막 앞쪽에 상이 맺혀서 상이 흐려진다. 매우 흔하고 가끔 가족력을 보이며 대개 교정이 가능하다.
원시	- 원시는 평행광선이 망막 뒤에 결상되는 것으로, 망막 뒤에 맺은 초점을 망막 위에 맺게 하려면 볼록렌즈를 사용한다. - 원시는 축성 원시와 굴절성 원시가 있다. 축성 원시란 안축의 길이가 정상적인 눈보다 짧은 경우에 나타나고, 굴절성 원시는 각막이나 수정체의 굴절력이 정상적인 눈보다 약한 경우를 말한다. - 안구의 길이가 각막과 수정체의 초점거리보다 짧으면 원시가 생긴다. 상이 망막 뒤에 맺히면 흐릿하게 보이는데 가까운 물체를 볼 때 더 심하다. 원시가 있는 젊은이는 수정체가 신축적이어서 초점거리를 바꿔서 멀리 있는 물체를 똑똑히 볼 수 있지만, 나이가 들면서 초점을 맞추는 능력이 떨어져서 먼 물체를 볼 때도 영향을 받게 된다.
난시	- 난시는 모든 방향으로 각막을 통과한 빛의 굴절력이 균일하지 않고 눈의 경선에 따라 차이를 보이는 상태를 말한다. - 난시에서는 각막의 곡면이 불규칙하여 광선이 통과하는 부위에 따라 다른 각도로 굴절된다. 수정체는 모든 광선을 망막의 초점에 맞출 수 없어 상이 흐려진다. 난시는 가족성으로 올 수 있고 종종 근시나 원시를 동반하기도 한다.

9) 기타 질환

결손증	– 눈의 구조 중 일부가 결손되어 있는 선천적, 병리적, 수술적으로 비정상적인 상태를 말한다.
풍진	– 태아가 풍진 바이러스에 감염되어 발생하는 질환으로 시각장애, 청각장애, 심장병 그리고 지적장애를 수반하기도 한다.
다운증후군	– 21번 염색체 이상으로 발생한다. – 다운증후군 지적장애의 원인이 되고, 그 밖에 백내장, 안구진탕, 굴절 이상, 사시를 포함한 시각장애를 수반할 가능성이 높다.
마르판증후군	– 상염색체 우성유전으로, 비정상적으로 길고 가는 골격과 선천성 심장질환이 있고, 수정체탈구가 빈번하고, 굴절 이상, 거대각막, 백내장, 포도막결손, 속발성 녹내장 등이 나타난다.
어셔증후군	– 출생 직후부터 발병하며 망막색소변성에 의한 점진적인 시력 상실과 함께 청각장애를 수반하는 유전성 질환이다.

13-6
중재 및 치료 방법

1) 지도 방법

(1) 학교에서의 지도 방법

• 교실에서 자리를 배정할 때 직사광선이나 반사되는 빛이 적은 자리에 배치하여 눈부심을 피하게 한다.

• 학습 매체 평가를 실시하여 아동에게 알맞은 글자의 크기나 대비를 파악하여 교수 자료를 수정하여 제공한다.

• 아동의 백내장이 수정체 가장자리에 있는 경우 고도조명을, 중심부에 혼탁이 있는 경우 낮은 조명을 제공한다.

• 근거리나 원거리 활동 시에는 저시력 기구를 제공하고 이를 활용할 수 있는 적절한 훈련을 실시한다.

• 학습 활동을 할 때 또래 아이들의 행동 기준에 맞추되, 수행 시간을 더 허용해야 한다.

• 동적인 활동을 할 때에는 주위 장애물 위치를 사전에 알려주고 관찰할 시간을 주어야 하며 주위 환경에 적응할 수 있도록 해야 한다.

(2) 가정에서의 지도 방법

• 책을 읽을 때 독서대를 사용하도록 한다.
• 함께 운동을 하거나 야외활동의 기회를 늘려 자신감과 안정감을 심어주도록 한다.
• 식사할 때 밥과 반찬의 위치를 말로 알려주고, 손을 잡아 그릇의 위치를 알도록 해주어 독립적으로 식사를 할 수 있도록 한다.
• 의자에 앉거나 걷기를 할 때 바른 자세를 유지하도록 알려준다.
• 가급적 집안 물건의 위치를 바꾸지 않고, 위치가 바뀐 경우 아동에게 말해준다.
• 시각장애가 심하여 지팡이를 사용하는 경우에는 안내법보다 지팡이 사용을 권장하여 집 안과 밖에서 자주 사용하도록 격려한다.

(3) 점자지도

점자는 시각장애 아동이 읽고 쓸 수 있는 중요한 문자로서, 단순히 문자이기보다 그 이상의 의미를 갖는다. 즉, 점자는 시각장애인에게 자신감과 독립성 그리고 동등권을 주며, 점자를 능숙하게 읽고 쓸 수 있는 경우 점자를 모르는 시각장애인보다 취업률이 높고, 더 높은 자아존중감을 갖는 경우가 많다.

점자는 가능한 조기에 배우는 것이 자연스럽게 습득하는 데에 도움이 되며 약자 점자를 처음부터 습득하는 것이 점자 출판물을 익히는 데 유리하다.

점자 읽기 훈련을 할 때는 양손의 촉지를 모두 사용하는 경우 보다 빠르게 점자를 읽을 수 있다.

점자 쓰기 교육은 대체로 점자 읽기 교육과 거의 같은 시기에 이루어지며 우리나라는 주로 점자판을 사용한다.

(4) 보행 교육

보행 교육은 환경 속에서 독립적이고 효율적으로 보행할 수 있는 능력을 길러주어 개인의 자아개념에 긍정적인 영향을 주고 자기존중감을 높여준다. 또한 공간 속에서 이동하는 기능이기 때문에 신체적인 운동을 할 수 있다. 지팡이 사용을 하는 경우 걷기와 같은 큰 근육운동과 지팡이 사용과 같은 작은 근육운동을 계속 교육할 수 있고, 방향정위와 이동의 과정을 통해 강화된다.

보행의 종류는 일반적으로 안내법, 지팡이 보행, 안내견 보행, 전자 보행기구에 의한 보행 등으로 나눌 수 있다.

• 안내법

안내법은 시각장애인이 안내자의 반 보 뒤에 서서 자신의 팔의 상박부와 전박부가 90도가 되게 하여 안내자의 팔꿈치 위를 잡고 함께 보행하는 것을 말한다.

• 지팡이 보행

지팡이는 다른 사람에게 자신이 맹인이란 점을 알려주고, 범퍼와 탐색의 역할을 한다. 지팡이 보행은 지팡이가 물체와 보행 표면에 대한 정보를 제공하고, 기동성이 있으며, 가격이 싸고 관리하기 편하다는 장점이 있다. 반면 상체를 보호하지 못하고, 세찬 바람이 불 때 사용하기 어렵다는 단점이 있다.

지팡이 사용법은 촉타법과 대각선법이 있다.

• 안내견 보행

안내견의 도움을 받는 시각장애인의 보행 방법이다.

촉각 정보를 활용하는 지팡이 보행과는 달리 안내견 보행은 하네스(harness: 안내견 몸통에 끼운 핸들)를 잡은 상태에서 느껴지는 공간적 정보를 독립 보행에 사용한다. 안내견 보행 시에 시각장애인은 안내견과 나란히 같은 방향을 보고 걷는데, 주로 안내견의 오른편에 서서 걷는다. 안내견 보행은 제1차 세계대전 후 독일에서 셰퍼드를 이용한 훈련을 통해 개시하였고, 1929년 미국에 'The Seeing Eye'라는 맹인 안내견 학교가 설립된 후 본격적인 훈련과 보급이 시작되었다.

• 전자 보행기구에 의한 보행

전자 보행기구는 일정한 범위 또는 거리 내에서 환경을 지각하기 위하여 전파를 발사하고 그로부터 받은 정보를 처리하여 환경과 관계되는 정보를 사용자에게 알려주는 기구를 말한다. 진로 음향기, 모와트 감각기, 소닉가이드, 레이저 지팡이 등이 있다.

(5) 시각장애아를 위한 보육적 접근

1. 사회적 인식

① 자존감

시각장애를 지닌 아동들은 자신감이 부족하고 경쟁을 한 경험이 거의 없기 때문에 몸의 인식이 보다 느리게 발달되는 경향이 있다. 대부분의 아동은 관찰을 통하여 여러 가지 사회기술을 학습하지만, 시각손상을 지닌 아동의 경우에는 관찰이 어려우므로 특별한 방법으로 지도하여야한다.
• 안경을 착용하거나 광학기기를 이용하는 역할모델이 필요하다.
• 아동이 다양한 방법으로 장소를 이동하도록 격려한다.
• 아동들에게 자신의 감정을 설명하고 다른 사람의 정서를 이해할 수 있는 어휘를 지도한다.
• 자신감과 긍정적 자존감은 연령에 적합한 기술을 학습함으로써 갖게 된다.

② 포함(통합)
• 또래들이 시각 손상을 지닌 아동에게 말을 걸 때 자신이 누구인지를 밝히도록 지도한다.
• 다른 아동들에게 시각 손상의 영향에 대해 설명한다.

- 저시력을 지닌 아동들에게 특정 장난감이나 자료를 가지고 함께 놀자고 권할 수 있도록 격려한다.
- 일반 아동들이 다양한 시각 손상을 체험하는 활동을 할 수 있도록 한다.

③ 사회학습
- 소집단 아동들을 대상으로 현장학습 계획을 세워 각자 경험을 할 수 있게 한다.
- 현장학습을 마친 후 이야기와 연극놀이와 같은 후속활동 기회를 제공한다.
- 아동을 위해 사물의 이름을 말할 때 그 모습과 실제를 구분한다.
- 시력을 측정하고 정확한 렌즈를 처방하는 등 의료 전문가들의 역할을 인식하도록 도와준다.

2. 언어와 문해

① 말하기
- 구어 지시 따르기는 언어의 중요한 기능이다. 1~2단계로 이루어진 간단한 지시부터 시작한다. 지시를 할 때는 항상 구체적으로 하도록 한다.
- 시각 손상을 지닌 아동들은 감정을 표현하고 이해하는 단어에 더욱 의존한다. 이러한 단어들을 배우도록 도와준다.

② 듣기
- 시각 손상을 지닌 아동은 화자를 분명히 볼 수 없기 때문에 말하고 있는 사람을 보지 못할 수 있다. "나를 보세요. 사람들은 이야기할 때 말하는 사람을 보는 것을 좋아해요"라고 말해서 말하는 사람을 볼 수 있도록 격려한다.
- 시각 손상을 지닌 아동들이 소리 찾는 연습을 할 수 있도록 듣기 게임을 한다. 아동이 소리 나는 곳을 찾으면 소리를 낸 물체를 느끼게 하고 어떻게 이용되는지를 말해준다.
- 가능하면 교사가 말하고 있는 사물의 모형을 준다. 크기는 상관이 없고, 모형으로 물체를 명확히 확인하고 실물이 아니라는 것을 알게 한다.
- 아동들이 가장 어려워하는 단어는 색깔, 하늘과 같이 볼 수 없는 것들이다. 이러한 단어는 일상생활 속에서 아동에게 추가의 단서를 주어 학습할 수 있게 한다.
- 사물의 기술적 정의와 더불어 기능적 정의를 이용한다. "공은 구른다.", "공은 튄다." 아동이 공을 굴리고 튀길 때 강화를 한다.

③ 읽기
- 교사는 이야기를 읽어줄 때 아동이 보고 느낄 수 있는 모형물을 이용하는 것이 좋다.
- 듣기 코너에서 녹음 교재를 듣게 한다.
- 아동이 큰 것을 구분할 수 있게 되면 작은 것을 구분하게 한다.
- 저시력을 지닌 아동들의 읽기 준비를 발달시키기 위해 촉각 기능을 활용한다.
- 컴퓨터를 이용하여 글자의 크기를 확대한다.

- 인쇄에 대한 인식을 증가시켜 아동이 책을 느끼고 책의 각 부분을 확인하도록 한다.
- 점자를 포함하여 아동에게 다른 유형의 문어를 보여준다.

④ 쓰기
- 약시아동을 위해 넓은 마커를 이용하여 쉽게 볼 수 있도록 한다.
- 아동이 시각적 피드백을 이용할 수 없다면 미디어와 촉각적 피드백을 함께 적용한다.
- 아동에게 사포나 나무 문자를 주어 손가락으로 추적하게 한다.
- 다른 촉각적 속성을 지닌 쓰기 미디어를 이용한다.
- 점자 읽기와 점자 쓰기를 할 수 있도록 한다.

3. 탐구

① 수학
- 아동들에게 여러 가지의 모양, 크기, 무게를 촉각적으로 변별하고 짝 지을 수 있도록 지도한다.
- 수 개념과 기하 도형을 지도할 때는 실물을 가지고 시작한다.
- 반복되는 촉각 패턴을 다양하게 이용하여 패턴과 관계를 지도한다.
- 여러 가지 자료를 다양하게 대응하기, 범주화하기, 순서화하기 등의 경험을 제공한다.

② 과학
- 아동이 눈과 눈의 기능에 관하여 학습하도록 돕는다.
- 렌즈의 목적에 관하여 이야기한다.
- 버터 만들기, 얼음 녹이기, 찰흙으로 모형 만들기 등을 통해 물질의 모양이 변하는 것을 경험한다.
- 다양한 온도의 물이 담긴 플라스틱 병과 다양한 무게의 용기를 순서대로 늘어놓고 온도나 촉감을 발달시키도록 한다.

③ 보조공학
- 목소리신디사이저와 컴퓨터를 함께 이용한다.
- 컴퓨터는 텍스트와 배경색을 바꿀 수 있다. 일부 약시아동들은 어떤 특정한 색이 배합될 때 더 잘 수행할 수 있으므로 최상의 색 배합을 찾아야 한다.
- 대형 화면을 이용하여 글자를 크게 확대한다.

4. 안녕

① 건강과 안전
- 모든 아동이 적응 기술에서 독립성을 기르도록 도와준다.
- 안전, 보기, 듣기 기술을 지도한다.
- 아동들이 물건을 들어 올릴 때 무릎을 굽히도록 지도한다.

- 아동이 밖에서 뛰어놀 때 안경이 떨어지지 않도록 고정 장치를 한다.
- 그네, 시소와 같은 놀이기구에는 울타리를 설치한다.

② 대근육운동

- 균형을 유지하는 일은 매우 중요하다. 고정된 위치에서 균형을 잡는 법부터 시작하여 아동이 서 있거나 앉은 상태에서 균형 잡는 연습을 한다. 아동이 역동적인 균형을 잡기 위해 손에 물건을 들고 걷기, 점프하기, 기기 등의 행동을 하며 균형 잡는 연습을 한다.
- 특정 움직임에 대한 개념 형성이 미흡할 경우, 그들이 움직이기 전에 성인의 신체 윤곽을 느끼게 하고 성인은 아동의 자세를 잡도록 도와서 운동감을 느끼도록 한다.

③ 소근육운동

- 퍼즐 맞추기를 한다.
- 아동이 큰 조작활동에서 시작하여 점점 미세한 조작활동을 할 수 있도록 격려한다.
- 아동들에게 천을 구별하는 연습을 시킨다.

④ 감각운동 통합

- 저시력을 지닌 아동은 공간을 이동해 가기 위한 운동기억을 발달시켜야 한다. 아동이 크기가 다른 장애물의 위, 아래를 기어 다니게 하는 것은 방향 정위를 지도하는 좋은 방법이다.

5. 창의적 예술

① 미술

- 다양한 모델링 자료를 이용하여 여러 가지 촉각 경험을 제공한다.
- 아동들이 손가락을 사용할 수 있다면 테이블 위에서 핑거페인팅을 한다.
- 이젤페인트와 핑거페인트에 모래와 톱밥과 같은 추가의 자료를 첨가하여 보다 쉽게 느낄 수 있게 한다.
- 아동이 보지 못하는 경우 사포나 코르크와 같은 것으로 경계를 느낄 수 있게 해준다.

② 음악

- 악기소리를 듣고, 소리가 어디에서 나는지를 찾아보게 한다.
- 음악의 소리 높이를 이용하여 '높다', '낮다'의 개념을 지도한다.
- 동작이 있는 노래로 이름, 행위, 명칭을 지도한다.
- 몸 인식 능력을 향상시킬 수 있는 노래와 아동이 하고 있는 활동을 기술하는 노래를 부른다.

시각장애의 오해와 진실

시각장애의 오해와 진실

시각장애인은 전혀 보지 못한다.

완전히 시각을 잃은 쪽보다 시력이 많이 떨어진 저시력 장애인, 극히 좁은 각도만 볼 수 있는 시야각 결손 장애인이 훨씬 많다. 점자블록이 노란색인 이유도 시력이 낮은 장애인에게 밝은색이 그나마 가장 잘 보이기 때문. 나안 시력이 매우 나쁜 사람이 안경을 벗고 다니는 것과 비슷하다고 볼 수 있다. (단, 장애인의 경우는 렌즈, 안경 및 기타 보조 광학기기 등등 현재 기술로 보정할 수 있는 최대한 보정했음에도 고도 근시인 사람이 안경 벗고 보는 수준의 시력이라는 것이다.)

시각장애인은 시각이 손상되는 대신 다른 감각이 발달한다.

미디어를 통해 매우 널리 퍼진 편견으로 실제 전맹 시각 장애인의 경우 촉각과 청각에 더 많은 집중력을 투자하기에 그렇게 보일 뿐, 특별히 감각이 예민해지지는 않는다. 한술 더 나아가 파동을 느껴 반향정위를 한다는 황당한 설정도 많은데, 당연히 현실에선 불가능하고 상당히 감각 훈련하면 시각이 발달한 사람도 쓸(흉내낼) 수 있다(…). 오히려 시각장애인 유형 중 하나인 당뇨망막병증 환자의 경우 오히려 촉각이 둔해져 점자를 읽지 못하는 경우도 자주 볼 수 있다.

선천적 시각장애인은 색깔과 같은 시각적인 묘사를 하는 단어들을 이해하지 못한다.

오히려 아스퍼거증후군에서 많이 관찰되는 증상으로, 의외로 날 때부터 앞을 보지 못했던 사람들도 시각적인 묘사를 이해하는 경우가 많다. 원리에 대해서는 아직까지 특수교육계와 의학계에서도 정확히 밝혀내지는 못했다고 알려져 있으며 특수교육계 사이에서 이런 사례가 자주 보고되고 있다.

시각장애인은 제대로 된 식사를 하지 못한다.

대부분의 시각장애인은 음식의 위치를 한 번만 알려주면 정확하게 음식을 먹을 수 있다. 시각 장애인 중에서는 비빔밥을 싫어하는 사람들이 많은데, 이것 저것 다 섞은 비빔밥이 편할 것이라 생각해서 너도 나도 비빔밥만 시켜주기 때문이라고.

－출처 : 나무위키－

시각장애를 바라보는 색안경 이제 그만!

편견 1. 시각장애인은 오감 외에 다른 감각을 추가로 가지고 있다.
시각장애인이 벽이나 장애물에 부딪치지 않고 멈추는 것은 청각 등의 감각을 통해 공기 흐름의 변화를 파악할 수 있기 때문입니다.
시각장애인이라고 다른 감각을 가지고 있지는 않습니다.

편견 2. 전맹 시각장애인은 세상을 온통 깜깜하게 느낀다.
전맹 시각장애라 하여 세상을 온통 깜깜한 상태로 경함하는 것이 아닙니다.
시각 경험의 양과 시각장애 발생 시기 및 원인에 따라 동틀 무렵의 어슴푸레함, 색조 있는 빛의 플래시 등과 같이 다르게 느낍니다.

편견 3. 시각장애인은 잠잘 때 꿈을 꾸지 않는다.
시각장애인도 잠잘 때 꿈을 꿉니다.
꿈에서는 볼 수 있는 사람도 있고, 소리나 몸의 접촉 느낌, 냄새나 맛 등의 감각을 경험하는 식으로 꿈을 꾸기도 합니다.

편견 4. 시각장애인은 목소리를 들으면 누구인지 쉽게 알아차린다.
일부 시각장애인은 청각 기억이 뛰어나지만 대부분 목소리만 듣고 사람을 식별하기는 어렵습니다.
따라서 '나 누굴까?'와 같이 목소리를 내면서 맞추라고 하는 것보다 자신의 이름을 먼저 밝혀주며 인사하는 것이 바람직합니다.

편견 5. 시각장애인은 음악성이 평균 이상이다.
안드레아 보첼리, 이상재, 전재덕 등과 같이 국내외의 유명한 시각장애인 음악가들이 있지만, 시각장애인들이 정안인들보다 더 음악성이 높다는 실증 근거는 없습니다.

편견 6. 시각장애인과 대화할 때 '보아라', '바라보세요' 등의 시각 관련 표현을 사용하면 안 된다.
시각장애인들도 정안인들과 같이 시각적인 표현을 이해하고 사용하므로 그런 용어를 사용해도 됩니다.

편견 7. 시각장애인에게 말할 때에는 목소리를 크게 해야 한다.
시각장애인이 청각장애가 있는 것이 아니므로 굳이 목소리를 크게 할 필요는 없습니다.

－출처 : "시각쟁애인에 대한 편견", 활짝 충북교육소식 홈페이지(2018. 10. 15)－

참고문헌

김미경(2012), 특수아동 부모 교육 및 상담, 청목출판사

김익균(2013), 장애아지도론, 정민사

부산대학교(2014), 장애학생의 문제 행동 사례별 중재 가이드북, 부산광역시교육청

서울대의대(2014), 시각장애인을 위한 운동길라잡이, 국민건강지식센터

송현종 · 정광주(2016), 특수아동과 상담, 전남대학교출판부

임안수(2013), 시각장애아 교육, 학지사

http://blog.naver.com/gap5dam/220175277807

http://cafe.naver.com/bitnuriworld/149

http://chamcblog.com/220684232525

http://terms.naver.com/entry.nhn?docId=383853&cid=42128&categoryId=42128

http://www.kbuwel.or.kr/

http://www.lowvision.or.kr/sub02/a4.php

http://www.nise.go.kr/main.do?s=nise

http://www.snuh.org/pub/infomed/sub02/sub01/index.jsp?s2_id=12&s3_id=2&s4_id=18&s5_id

https://www.upinews.kr/newsView/upi202006120063

http://blog.naver.com/PostView.nhn?blogId=yonseiboneye&logNo=220028188885

http://namu.wiki

https://news.cbe.go.kr/home/sub.php?menukey=20026&mod=view&no=1010072290&page=10
&scode=00000002&listCnt=20

제 14 장

청각장애(Defect Disorder)의
상담

14-1 사례 기사

사례 기사 I

대학생 박○영(가명·22) 씨는 오늘도 배달 대행 앱인 '배달의 민족'을 보며 식사 메뉴를 고민하고 있다. 코로나 확산세가 거세지며 음식점들의 대부분이 배달 또는 테이크아웃(take-out)으로 운영되고 있기 때문이다. 1년 가까이 지속되고 있는 집콕 생활로 배달 대행 어플과 이커머스(E-Commerce)는 우리의 생활 깊숙이 자리 잡았다. 하지만 만약 그가 시각장애인이었다면 어땠을까.

코로나19 발생 이후 우리의 일상은 변화했고, 여러 가지 대책이 마련되었다. 그러나 현재 시행되고 있는 방역수칙의 많은 부분이 장애인을 배려하지 않고 만들어졌다는 점에서 문제가 제기되고 있다. 보건복지부의 장애인등록현황에 따르면 전국에 등록된 시각장애인은 25만 명, 청각·언어장애인은 39만 명에 이른다. 비장애인의 편의성에 맞춰진 방역 시스템은 장애인을 소외시킬 뿐 아니라 그들의 기본권까지 침해하고 있는 실정이다.

지난해 12월 1~2일 이틀에 걸쳐 성북구와 노원구의 카페 및 음식점을 직접 방문하여 취재한 결과, 22곳의 매장 중 입 모양이 보이는 투명 마스크, 일명 '립뷰(lip-view) 마스크'를 착용한 직원은 단 한 명도 찾을 수 없었다.

청각장애인의 경우 손동작뿐 아니라 표정과 입 모양을 보고 의사소통을 하기 때문에 마스크로 인해 얼굴이 가려질 경우 소통에 어려움을 겪을 수밖에 없다. 정부 차원에서 각 지방자치단체에 립뷰 마스크를 지원하는 사업을 진행하고 있지만, 여전히 일상 속에서 장애인에 대한 배려는 턱없이 부족한 상황이다.

바닥에 부착한 거리 두기 표시 스티커도 문제였다. 이용객들이 적당한 간격을 유지하며 이동하도록 동선을 표시하는 용도이나, 시각장애인의 경우 바닥에 붙인 스티커로는 제대로 된 안내를 받지 못할 확률이 높다. 또한 생성된 QR 코드를 15초 내에 인식시켜야 하는 전자출입명부나, 촘촘하게 칸이 나눠져 있는 수기출입명부 역시 시각·발달장애인이 쉽게 이용할 수 없다. 키오스크에 음성 해설 시스템이 없어 시각장애인이 주문을 할 수 없는 매장도 다수였다.

대형 복합 쇼핑몰에서도 장애인을 위한 안내 시스템이 미비하다는 것을 확인할 수 있었다. 쇼핑몰 입구에 설치된 무인 체온측정기 주위에 안내 직원이나 점자 블록이 없어 시각장애인의 경우 스스로 체온을 측정하는 데 어려움이 있었다. 해당 쇼핑몰의 입구는 세 곳으로, 모두 무인 체온측정기가 설치되어 있었지만 안내 직원은 한 사람도 찾을 수 없었다. 방역을 위한 도구가 장애인들에게는 일상을 가로막는 벽이 되고 있는 것이다.

다중이용시설이 아닌, 장애인을 대상으로 한 지역 복지관의 상황 역시 마찬가지다. 한국 시각장애인 복지관에 문의해본 결과, 운영은 하고 있으나 식당 이용이 제한되고 5인 이하의 소규모 프로그램만 진행되고 있었다.

장애인의 사회활동에 있어 복지관은 매우 큰 비중을 차지하는데도 일괄적으로 시설 모임 인원을 축소하는 기존 방역 대책은 장애인의 특수한 상황을 고려하지 않은 결과라는 지적이 나온다. 장애인은 비장애인에 비해 사회적으로 고립될 위험성이 높다는 점을 감안할 때 복지관의 운영 제한은 장애인들이 스스로의 삶을 영위하는 데 큰 걸림돌이 될 수 있다는 것이다.

그 밖에도 코로나19 확산 방지를 위해 비대면 교육 시스템이 도입되면서 장애인들이 제대로 된 교육을 받기 힘들다는 문제가 있다. 전국장애인차별철폐연대 정책실의 변재원 활동가는 "시각장애인 및 청각장애인 학생의 경우 온라인 비대면 교육 콘텐츠의 접근이 쉽지 않다"며 "발달장애인 역시 돌봄교실 등의 공백으로 인하여 적합한 수업환경이 보장되지 못하는 상황"이라고 설명했다.

또한 코로나19 방역 대책으로 인해 대중교통보다 개인 이동이 중시되면서 장애인의 이동권이 보장되지 못하는 문제도 제기됐다. 서울시는 지난 12월 4일, 오후 9시 이후 대중교통의 운행을 30% 축소하겠다고 밝혔다. 변 활동가는 "축소된 대중교통수단은 장애인의 외출 기회를 제한하며, 대중교통뿐 아니라 각 지자체에서 운영하는 장애인 콜택시 등의 특별교통수단의 이용조차 쉽지 않은 상황"이라고 지적했다.

한국시각장애인연합회 시각편의시설의 홍○준 연구원은 최근 대중교통의 대체재로 활성화된 전동킥보드의 문제점을 꼬집었다. 그는 "시각장애인이 점자블록 위에 무단으로 주차되어 있는 전동킥보드에 걸려 넘어지며 부상을 입기 쉽고, 인도 위에서 질주하는 킥보드와 부딪힐 경우 자칫하면 머리를 다쳐 생명을 위협하는 일까지 발생할 수 있다"고 말했다.

코로나19 이후, 이처럼 장애인이 방역체계에서 배제된 채 위험 속에 고립될 가능성이 커졌다. 국가적인 재난 상황 속에서 복지의 사각지대에 놓인 이들을 구제할 수 있는 대응 시스템이 필요하다. 전문가들은 "코로나19 속 복지체제 구축은 장애인들을 위한 배려가 아닌 정당한 권리가 되어야 한다"고 입을 모았다.

홍 연구원은 "전동킥보드 규제 완화에 대한 안전 대책 마련이 시급하며, 비대면 시대에 장애인들이 관계 단절로 어려움을 겪지 않도록 여가 및 문화 서비스를 개발해야 한다"고 주장했다.

또한 변 활동가는 시각장애인과 청각장애인의 경우 비대면 수업을 보장하기 위해 수어 통역, 텍스트 지원 등이 이루어져야 하며, 정신장애 및 발달장애인 등을 위해서는 돌봄 및 지원 체계의 공백이 발생하지 않도록 해야 한다고 말했다. 그는 "정부 당국이 장애인의 니즈에 맞는 사회복지정책을 개발해야 한다"면서 "체계적인 복지체제 운영을 위한 매뉴얼을 제작하여 전국적으로 통일된 프로세스를 가질 필요가 있다"고 강조했다. 즉, 장애인을 위한 통합적인 지원 체계가 지방자치단체와 정부 수준에서 마련되어야 한다는 것이다.

해외에서는 이미 많은 국가에서 정부 차원의 장애인 대상 복지사업을 진행하고 있다. 호주는 '장애인들을 위한 코로나19 정책을 발표하고 정책 실현을 위한 자문위원회를 설립하여 작년 4월부터 구체적인 정책을 시행 중이다. 또한 장애인을 위한 코로나19 교육 및 다방면 지원 시스템을 마련하여 장애인의 정신건강을 위한 복지 서비스 등을 도입했다.

캐나다는 장애인을 포괄하는 코로나19 방역 정책을 수립함과 동시에 장애인을 대상으로 한 개별 지원 사업을 적극적으로 시행하고 있다. 일본의 경우 포괄 지원 교부금을 배부하는 등 장애인 교육을 위한 긴급 대책을 도입했으며, 그 밖에도 장애인 복지 서비스 사업자에 대한 지원 사업 등의 다양한 대책을 논의하고 있다.

코로나19 시대, 이제는 장애인들의 필요를 반영한 지원 체계가 마련되어야 하며, 이는 정부 차원의 구체적이고 실효성 있는 정책이어야 한다. 그리고 앞으로 경험할 모든 재난 상황에서도 사회적 약자들이 소외되지 않도록 정부와 지방자치단체, 그리고 국민의 지속적인 관심이 필요하다.

−출처 : "사회적 거리두기 넘어 사회적 고립… 사각지대의 장애인", 오마이뉴스(2021. 1. 13)−

사례 기사 II

말은 종종 소통을 방해한다. 진심을 왜곡하고 생각을 꾸며낸다. 마음을 흘리지 않고 고스란히 전달하기에는 언어의 여정이 너무나 길다. 문법체계라는 논리적 환상이 진심을 멋대로 마름질하고, 성대를 거쳐 먹먹히 퍼지는 마음은, 상대방 귓바퀴를 파고들기도 전에 이미 오염된다. 말은 직관적이지 못하고 개념적이며, 투명한 대신 뿌옇고, 본능적인 대신 이성적이다. 우리는 종종 언어 속에서 길을 잃는다.

완전한 침묵이 찾아올 때 진정한 소통 가능성이 열리기도 한다. 지난 21일 서울시 강서구 신신기업 휴게실에서 우리나라 청각장애 1호 택시기사 이○○(52·남) 씨를 만났다. 오전 9시가 15분이 조금 넘은 시간이었다. 야간운전을 마치고 휴게실 문을 밀고 들어오는 이씨의 얼굴엔 피곤함이 가득했다. 그는 애써 웃어 보였지만 입꼬리를 끝까지 올리진 못했다. 전날 오후 7시부터 밤을 새워 운전했다고 한다. 수화통역사가 양손으로 허공을 휘저으며 "피곤하시죠?라고 물었고, 이씨는 통역사에게 미소 띤 얼굴로 "조금 피곤하다"고 전했다. 언어가 단절되니 두 눈으로 이씨의 감정을 샅샅이 훑을 수밖에 없었다. 무테 안경 너머의 눈빛에는 피곤함과 반가움, 그리고 경계심이 뒤섞인 듯했다. 사전 협의된 내용이었음에도 이씨에게 조심스레 취재 의도와 내용을 전달했다. 이씨의 택시 안에서 1시간가량 이씨와 손님들의 반응을 엿보기로 했다.

이씨는 지난해 8월 청각장애인으로서는 국내 최초로 택시영업을 시작했다. 청각장애인의 운전면허가 허용된 지는 오래지만, 2종보통까지가 한계였다. 1종보통 이상의 면허가 필요한 택시 영업은 불가능했다. 한국농아인협회는 지속적으로 1종보통 면허 획득 허용을 요청했고, 2010년 6월 개정

법안이 국회를 통과하면서 법적 기반이 마련됐다. 그러나 사회적 장벽이 청각장애인 택시 기사 탄생을 가로막았고, 지난해 8월에서야 8년 만에 첫 청각장애 택시기사가 영업을 할 수 있었다. 이씨가 운전면허를 취득한 시점으로부터는 25년 만이다.

이씨는 "교회에서 식사하는 중에 택시기사와 대화를 나눴다. 수입이 괜찮은 것 같았지만 농인(聾人)이라 할 수 있을까 걱정이 앞섰다. 그냥 생각만 하다 잊고 있었는데 '고요한 택시(스타트업 코엑터스가 개발한 청각장애인 택시기사가 승객들과 쉽게 소통할 수 있는 애플리케이션)'와 인연이 닿아 택시기사가 될 수 있었다"고 손으로 의사를 전달했다.

여기에 현대자동차는 이씨의 택시에 청각장애인용 안전운전 시스템을 더했다. 2017년 사내 기술 개발 경연대회에서 시작된 아이디어가 실제 택시에까지 적용됐다. 운전대의 진동과 헤드업디스플레이(HUD)를 통해 청각 정보를 시각과 촉각 정보로 치환한다. 내비게이션이 차량 전면 유리에 떠오르고, 주변의 차가 경적을 울리면 운전대가 반응하는 형식이다. 이씨는 "이 기술이 실제 안전운전에 많이 도움이 된다"고 했다.

오전 9시 30분경 이씨와 함께 택시를 타고 시내로 나섰다. 당초 이씨의 조수석에서 승객을 함께 맞이할 계획이었다. 그러나 사람이 타 있는 택시는 합승 탓에 사람들이 꺼려했고, 갑작스런 인터뷰 요청에는 더더욱 손사래를 쳤다. 갈 길 바쁜 사람들이 타는 택시에는 대화를 위한 여유가 없었다. 결국 또 다른 택시 한 대에 올라타 이씨의 택시를 뒤에서 추적했다.

이씨의 택시 뒤에서 승객들의 탑승을 기다렸으나 손님을 찾기 어려웠다. 15분 정도 기다리다 시간이 없어 결국 택시에서 내렸다. 길거리에서 즉석으로 시민들을 섭외했다. 목적지를 묻고 태워다 주는 대신 인터뷰를 요청했다. 운 좋게도 택시에서 내려 처음 만난 시민은 '조용한 택시'에 대해 알고 있었다. SNS(사회연결망서비스)를 통해 접했다고 했다.

김○○(20, 여) 씨는 올해 갓 스무 살이 됐다. 올해 대학에 진학하는 김 씨는 강남의 한 음식점에 아르바이트를 하러 가는 길이라고 했다. 김 씨가 택시에 올라타자 "안녕하세요"라는 인사말과 함께 목적지를 태블릿에 입력해달라고 안내 음성이 나왔다. 김 씨는 쑥스러워하면서도 소신 있게 답했다.

김 씨는 "청각장애인분이 운전하는 게 신기하고 멋졌다. 한번 타보고 싶다고 생각했다. 일반 택시와 다른 점은 하나도 못 느끼겠고 거부감도 전혀 없다"며 "복지관에서 봉사활동을 오래 한 덕분에 장애를 갖고 있는 사람에 대한 편견이 없다"고 말했다.

김 씨에게 청각장애 택시기사를 위한 안전 기술이 적용됐다고 설명하자 김씨는 "이런 기술들이 정말 멋지다고 생각해서 진로도 이쪽으로 정하고 있다. 지금 대학교 전공도 기계공학과로 정했다"며 "불편하신 분들에게 도움이 되는 기술을 개발하고 싶고, 이 기술도 상용화가 되면 좋겠다"고 밝혔다. 김 씨는 내리기 전 태블릿을 통해 '기사님 파이팅'이라고 메시지를 전달했고, 이대호 기사는 오른손 엄지를 치켜들며 감사를 표했다.

두 번째 승객으로는 IT업계에 종사하는 장○○(42, 남) 씨가 택시에 올라탔다. 우연찮게도 두 번째 승객 역시 장애인 복지에 관심이 많았다. 장 씨는 지난 2년간 장애를 가진 교통약자를 위한 프로그램 개발을 진행했다고 밝혔다.

장 씨는 이 씨가 운전하는 택시에 대해 "일반 택시와 전혀 다른 점을 느끼지 못하겠다. 현재 무인자동차 개발이 한참인데, 이런 기술이 나와 흥미롭다고 생각한다"며 "더 안전하게 운전하시는 것 같아서 좋다"고 했다.

2008년도 경찰청과 도로교통안전공단, ○○대학교가 합동으로 조사하여 발표한 연구 용역 '청각장애인 운전면허제도 개선방안 연구'를 보면 청각장애인의 교통발생 사고율은 1.2%에 불과하다. 당시 운전면허 소지자 7,705명 중 교통사고 발생 건수는 96건뿐이었다. 일반인 전체 교통사고 발생 빈도가 0.86%(전체 운전면허 소지자 수 2,468만 1,440명/ 교통사고 발생 건수 21만 1,662건)인 것을 고려하면 수치상 큰 차이가 없었다.

장 씨는 "장애가 운전하는 데 걸림돌이 될 거라고는 생각 안 했다. IT업계에서 일하고 또 대중교통 분야를 다루다 보니 기술적으로 충분히 극복 가능하다고 생각했다"며 "다만 이걸 기술적으로 어떻게 해결할지 궁금하고 호기심이 넘쳤다"고 말했다.

이어 "주변에 이런 택시가 있다고 추천하고 싶다. 운전도 차분하게 하신다"고 덧붙였다. 그러면서도 장 씨는 "내 의견이 대중적이지 않을 수 있다. 특히 어르신들이 탔을 때 불편할 것 같기도 하지만, 이건 익숙함의 차이인 것 같다"고 했다.

두 명의 승객을 이동시키고 다시 차고지로 돌아왔다. 어느새 눈발이 날렸고, 다시 처음 만났던 휴게실로 들어가 난로를 가운데에 두고 동그랗게 모여 앉았다. 이○○ 씨는 광고 영상이 화제가 된 이후 알아보는 사람이 많냐는 질문에 "사람들이 많이 알아본다. 찰칵 소리가 나서 뒤를 돌아보면 손님들이 사진을 몰래 많이 찍는다. 그럼 기분이 좋다. 팁을 주시는 분들도 있다"며 웃었다. 이 씨는 처음 만났을 때보다 표정이 한결 편해 보였다. 지친 기색은 여전했지만 어색함은 확연히 누그러진 듯했다.

운전을 하며 위험한 순간은 없었는지 궁금했다. 이 씨는 "택시들이 위험하다. 갑작스레 끼어들고 난폭운전을 한다. 처음엔 위험하고 어려웠지만 지금은 많이 익숙해졌다"며 "그럴 때 현대차가 개발한 보조 시스템이 많이 도움이 된다. 운전대 진동과 불빛이 미리 경고해준다"고 말했다. 이어 "승객들 역시 뒷자리에 앉아 핸드폰만 바라본다. 불안해하는 기색은 전혀 없다"고 덧붙였다.

이씨는 "하차할 때 손님들이 감사하다고 인사할 때 하루 중 가장 기분이 좋다"고 했다. 반대로 가장 기분이 나쁠 때는 "택시에 앉자마자 바로 내려버릴 때"라고 했다. 이 씨는 청각장애인이기 전에 택시기사로서 존중과 인정받을 때 가장 기쁘다고 했다.

이 씨의 다음 목표는 개인택시다. 개인택시를 몰기 위해서는 3년간 무사고로 법인택시를 운전해야 한다. 보건복지부 장애인 등록 현황에 따르면 2017년 기준 청각장애인은 32만 2,000명이다. 그중 극히 일부인 12명이 전국에서 택시기사로 운행하고 있다. 이씨만 하더라도 운전 경력 25년에 차를 8대나 바꾼 베테랑인데, 이제야 택시를 몰기 시작했다. 3년 뒤 이들 중에서 첫 개인택시 기사가 탄생할 수 있을까.

―출처 : "말보다 따뜻한 '침묵'… 청각장애인 택시를 타다", 시사저널e(2019. 1. 24) ―

14-2 상담 사례

상담 사례 1

Q 질문

안녕하세요. 5세인 제 아들은 청각 및 언어장애를 가지고 있고 양쪽 귀에 보청기를 착용하고 있어요. 청력손실도는 좌: 95db이고 우: 90db이고요. ○○○은 청각에 장애를 발견한 시기가 일반 아동보다 늦어요. 아들의 이상을 발견하여 병원에서 자폐아로 판정을 내렸으며 소아정신과에서 자폐아로 치료를 1년 정도 받게 되었어요. 청각장애가 있음을 의심하여 다시 검사를 받고 보청기 착용을 한 뒤 청각장애아동 전문 교육기관으로 1년 정도 특수교육을 받았어요. 아들이 청각적 이해 능력의 지체로 부모와 형제들과의 의사소통의 장애가 있어서 타인의 말이나 입장을 잘 이해하지 못해요. 집에서 부모가 언어 교육을 어떻게 시켜야 할까요?

A 답변

청각을 통한 언어 지각의 발달로 자기의 이름 및 사물의 명칭이 다름을 변별하도록 합니다. 환경음을 구별할 수 있게 해주며 소리 나는 음의 구별과 뜻을 이해할 수 있도록 지도해줍니다. 또한 언어의 뜻을 이해하고 활용할 수 있는 능력의 발달로 음성 언어의 모방과 간단한 의사소통 지도와 다양한 어휘의 습득 및 이해, 그리고 언어적 상호작용의 기회를 증가하여 읽기 학습의 발달을 지도해줍니다.

상담 사례 2

Q 질문

○○○ 아동은 생후 18개월에 청력 이상이 발견되어, 20개월부터 보청기를 착용하였다.

현재 청력은 양쪽 귀 모두 100dB이고, 보청청력은 40dB이다. 그러나 2,000~8,000Hz대의 보청청력이 40dB에도 미치지 못하여 자음을 변별하고 정조음하는 데 어려움이 있다. 청각장애에 따른 언어 문제를 제외한 신체적, 정서적, 기타 행동상의 이상은 관찰되지 않는다.

유아지능검사(K-PPSI) 중 동작성지능검사에서도 IQ 112의 결과를 얻어 인지적으로도 이상 없음이 확인되었다.

1세 10개월~3세 10개월까지 수원에 있는 특수학교에 다녔고, 4세 이후 현재까지 복지관에서 청능 훈련 및 언어치료를 받고 있다. 4세 4개월에 언어치료를 받기 시작했으며, 현재 일반초등학교 1학년에 재학 중이다. 다소 고집이 세기는 하나 성격이 밝고 사회성이 좋아 언어적인 문제를 제외하고는 학교생활에 큰 어려움 없이 잘 적응하고 있다.

A 답변

○○○ 아동은 청각장애로 인한 언어장애를 보이고 있어 자음 변별에 있어 중요한 2,000~8,000Hz대의 보청청력이 40dB에도 훨씬 미치지 못하여 자음을 변별하고 정조음하는 데 많은 어려움이 있으나, 지속적인 청능교육을 통하여 잔존청력을 최대한 활용할 수 있도록 지원되어야 하겠다.

언어검사 결과 수용 언어 및 표현 언어 영역 모두에서 생활 연령 7세 7개월보다 3년 정도 지체되어 있는 것으로 나타나 아동의 언어 발달을 촉진할 수 있는 적극적인 치료 교육적 지원이 시급하다. 특히 구문 영역의 성취 수준 및 말 명료도 향상을 꾀할 수 있는 언어치료가 제공되어야 하겠다.

14-3 정의

1) 의학적(생리학적)인 정의

• 정의 기준 : 청력 손실도
  - 농 : 90dB 이상, 90~50dB라도 말소리를 이해하기가 불가능하거나 곤란한 경우
  - 난청 : 20~90dB

2) 교육적인 정의

• 정의 기준 : 언어 정보를 이해하고 처리하는 능력(청력손실과 의사소통 간의 관계)
  - 농 : 보청기를 착용하고도 청각을 통해 언어적 정보를 주고받지 못하는 사람
  - 난청 : 보청기를 착용했을 때의 잔존청력으로 청각을 통한 정보 교환이 가능한 사람

3) 법적인 정의

• 「장애인복지법」(서비스의 적격성 - 청력손실도, 말의 명료도, 평형기능)
  ① 두 귀의 청력손실이 각각 60dB 이상인 사람
  ② 한 귀의 청력손실이 80dB 이상, 다른 귀의 청력손실이 40dB 이상인 사람

③ 두 귀에 들리는 보통 말소리의 명료도가 50퍼센트 이하인 사람

④ 평형기능에 상당한 장애가 있는 사람

• 「장애인 등에 대한 특수교육법」(의사소통 가능 여부에 따라)

청력 손실이 심하여 보청기를 착용해도 청각을 통한 의사소통이 불가능 또는 곤란한 상태이거나, 청력이 남아 있어도 보청기를 착용해야 청각을 통한 의사소통이 가능하여 청각에 의한 교육적 성취가 어려운 사람.

<table>
<tr><td>14-4</td><td colspan="2">진단 및 평가</td></tr>
</table>

1) 병력 청취 및 아동 관찰

청력을 손실한 시기는 의사소통과 교육의 측면에서 매우 중요한 특성이 있다. 청력 손실이 언어 습득 이전에 발생했는지, 언어 습득 이후에 발생했는지에 따라 언어 발달에 미치는 영향은 절대적이며, 이에 따른 교육과 지도 방법에 큰 차이가 발생하기 때문이다.

범위	청력 손실 정도	청력 실태
0~20dB	정상	정상
27~40dB	경도 난청	대화 시 작은 말소리에 어느 정도 어려움을 느끼긴 하나 상대방의 말소리가 분명하고 주변 상황이 조용한 곳이라면 대화하는 데 큰 문제는 없다.
41~55dB	중등도 난청	일상적인 대화에 어려움이 많으며 TV와 라디오 볼륨을 크게 하여 듣는다.
56~70dB	중등고도 난청	가까운 거리에서 큰소리로 말하는 경우에만 알아듣는 정도이다.
71~90dB	고도 난청	정상적인 대화가 어렵다.
91dB 이상	최고도 난청	고도난청에 속하는 사람과 마찬가지로 많은 불편을 느끼며, 보청기로 도움을 받을 수 있는 부분이 제한적이다.

2) 청각장애 판정 기준

- 청각장애의 데시벨(dB)은 보통사람의 경우 0~20 정도이며, 20~30은 귀에 대고 속삭이는 소리, 30~40은 1m의 거리에서 조용히 말하는 소리, 40~60은 보통 크기의 말소리, 60~80은 강연 등의 약간 큰 말소리, 80~90은 고함치는 소리이다.
- 청각장애 2급의 경우 90dB 이상이므로 기차의 경적소리를 듣지 못하게 된다. 보통 80dB 이하의 난청자의 경우는 상담실과 같은 조용한 곳에서 어느 정도 의사소통이 가능하다. 하지만 음에 대한 변별력을 어느 정도 가지고 있느냐에 따라 개인 차가 있기 마련이다.

3) 청각장애의 평가도구

청각장애의 진단 검사는 청력손실의 유무를 판별하고, 그 정도와 유형을 평가하여 향후의 치료 및 재활에 기본적인 자료를 제공하는 데 그 목적이 있으므로 정확한 청력손실에 대한 측정은 매우 중요하다. 청력의 측정 방법으로는 환자의 적극적인 협조하에 이루어지는 주관적인 검사와 환자의 협조 정도에는 관계없이 측정하여 결가를 분석하여 적용하는 객관적인 검사가 있다.

(1) 청각장애 검사
① 순음청력검사

순음청력검사(PTA)는 방음시설이 갖추어진 방에서 순음(pure tone)을 피검사자에게 들려주어 반응을 검사하여 청력 수준(hearing level)을 각 주파수별로 측정하는 방법이다. PTA 검사는 선별과 진단, 중재의 목적으로 사용되며, 검사 결과를 통하여 청력 손실치를 통한 청력손실의 정도, 청력형, 청력 손상 부위와 차폐음 사용 여부를 알 수 있다.

② 어음청력검사

어음청력검사는 일상적인 의사소통 과정에서 흔히 사용되는 어음(단음절, 이음절, 삼음절 또는 4음절 이상의 단어와 문장을 녹음음이나 육성음을 통해 제시)을 이용하여 언어의 청취 능력과 이해 정도를 파악하는 검사이다. 제시되는 단어는 피검자가 익숙한 단어여야 하며, 제시되는 모든 단어의 강도가 동일하여야 한다. 피검자의 응답 방법은 직접 따라 말하거나 종이에 적거나 그림이나 카드를 지시하는 방법이 있다.

③ 행동관찰검사법

2세 유아에게 이용되는 방법으로 단지 유아의 청력 상태가 정상인지 아닌지만을 알 수 있는 검사도구이다.

④ 조건반사검사법

6개월부터 2세 유아에게 사용되는 방법으로 소리에 반응을 나타내면 시각적으로 보상을 제공한다.

⑤ 물질강화조작조건검사법

집중력이 떨어지는 유아나 정신지체아동에게 사용되는 방법으로 소리 자극에 대한 강화로 사탕이나 음료수와 같은 구체적인 물질을 사용한다. 주파수에 따른 청력을 알 수 있다.

⑥ 놀이 검사법

30개월에서 4세 정도까지의 유아나 약간의 정신지체가 있는 아동에게 사용되는 방법으로 소리에 반응을 했을 때, 기차가 움직이거나 블록을 쌓을 수 있는 놀이를 하면서 청력검사를 하는 방식이다.

⑦ 중이검사

외이도 입구에서 소리 자극을 주고 고막에서 반사되어 돌아오는 에너지를 분석하여 고막과 외이도 구조물의 저항과 수용 에너지를 측정함으로써 중이 상태를 간접적으로 분석할 수 있게 한다.

⑧ 청성유발전위검사

음향 자극을 준 후 일정한 자극을 가했을 때 일어나는 아주 작은 전기적 반응을 측정, 분석함으로써 청력의 역치를 확인한다.

⑨ 이음향방사

달팽이관의 외유모세포에서 중이와 외이를 거쳐 소리가 방사되는데 이를 외이도에서 측정하여 청력을 간접적으로 추정할 수 있다.

5) 청각장애로 인한 언어장애나 언어발달지체가 있는 경우 진단 기준과 평가 도구

언어장애(language disorder)는 이해력이나 표현력의 결함 때문에 언어의 습득과 사용에 지속적인 곤란이 있는 경우를 말한다. 자신의 연령에 비해 언어 능력이 크게 저하되어 있고, 효과적인 의사소통을 못하며, 학업적, 직업적 성취나 사회적 적응에 심각한 기능적 저하가 초래될 때 언어장애로 진단된다.

언어장애의 원인은 발달형과 획득형으로 구분된다. 발달형(developmental type)은 신체적 문제는 없지만. 언어발달이 이루어지는 유아기에 언어 사용과 관련된 적절한 환경과 자극을 받지 못한 결과로 환경적 원인과 관련이 있다. 획득형(acquired type)은 신체적 원인에 의해 언어발달이 지체되는 경우를 말하며, 어떤 나이에서도 발생할 수 있다.

(1) DSM-5 진단 기준
① 표현성언어장애
언어를 이해하는 것에는 문제가 없으나 언어를 표현하는 능력에 결함이 있는 경우이다.
A. 개별적으로 실시한 표준화된 표현성 언어 발달검사 점수가 비언어적 지적 능력과 수용성 언어 발달검사 점수보다 현저하게 낮다. 이 장애는 현저하게 제한된 어휘, 시제에서의 오류, 단어 회상의 문제나 발달 수준에 맞는 긴 문장이나 복잡한 문장을 만드는 데 어려움이 있는 증상들로 나타날 수 있다.
B. 표현성 언어 문제가 학업 혹은 직업 성취나 사회적 의사소통을 방해한다.
C. 수용-표현 혼합형 언어장애나 전반적 발달장애의 진단 기준과 일치하지 않는다.
D. 정신지체, 운동성 언어 결함이나 감각 결함, 또는 환경 박탈이 존재할 경우, 언어장애가 통상적으로 이러한 문제에 동반되는 정도를 훨씬 초과해서 나타난다.

② 수용성 언어장애
언어를 이해하고 받아들이는 능력에 결함이 있는 경우를 말한다.

③ 수용성-표현성 언어장애
수용성 언어장애와 표현성 언어장애가 함께 나타나는 경우를 말한다.
A. 개별적으로 실시한 표준화된 수용성 및 표현성 언어발달검사 점수가 표준화된 비언어성 지적 능력검사 점수보다 현저하게 낮다. 증상은 표현성 언어장애의 증상뿐만 아니라, 단어, 문장 또는 공간 용어 등 특정 유형의 단어를 이해하는 어려움을 포함한다.
B. 수용성 언어 및 표현성 언어장애가 학업, 직업 성취나 사회적 의사소통을 방해한다.
C. 전반적 발달장애의 진단 기준과 일치하지 않는다..
D. 정신지체, 운동성 언어 결함이나 감각 결함, 또는 환경 박탈이 있을 경우, 언어 장애가 통상적으로 이러한 문제에 동반되는 정도를 훨씬 초과해서 나타난다.

④ 음성장애
나이나 지능에 비해서 발음이 정확하지 않은 상태로 언어 발달상 자음의 발음이 어려운 것이 흔하게 나타나게 된다. 대개 이런 경우 시간이 지나면 좋아진다고 해서 그냥 방치하는 경우가 많지만 의사소통 문제로 학업이나 정서에 영향을 미칠 수 있다.

⑤ 말 더듬기

말을 할 때 음이나 음절을 자주 반복하거나 지연시키면서 한 단어 사이를 쉬어서 발음을 하기 때문에 유창하게 말하는 것이 나이에 비해 현저하게 장애가 있다. 어린 소아에서 가장 많이 나타나고 나이가 들거나 성인이 되면 해소되는 경향이 있다.

[DSM-5] 언어장애의 진단 기준

1. 이해력 또는 표현력의 결함 때문에 언어의 습득과 사용에 지속적인 어려움이 있고(예: 구어, 문어, 수화 등), 다음 3가지를 포함하고 있다.
  1) 한정된 어휘
  2) 제한된 문장 구조
  3) 화법

2. 효과적인 의사소통, 사회적 참여, 학업 수행, 작업 수행 등에 기능적 제한을 가져와 언어 능력이 연령에 따른 기대치보다 실제적으로 양적으로 떨어진다.
3. 증상의 시작은 초기 발달 시기이다.
4. 언어 곤란이 청력이나 다른 감각 손상, 운동신경 기능장애, 또는 다른 의학적이나 신경학적 질환으로 인한 것이 아니어야 하고, 지적장애나 전반적 발달지체로 더 잘 설명되지 않아야 한다.

---

(2) 언어장애 검사도구

• **그림 어휘력 검사**
  가. 개발자 : 김영태 외(1995)
  나. 대상 연령 : 2~8세
  다. 평가 영역 : 수용(이해) / 어휘
  라. 특징 : 검사자에 의한 직접 평가이며, 그림 4개 중에서 목표 어휘에 해당하는 그림 한 개를 선택하는 과제이다. 등가연령과 백분위 점수를 제공하고 있다.

• **M-BCDI-K**
  가. 개발자: 배소영 외(2006)
  나. 대상 연령 : 영유아용(9~17개월), 유아용(18~36개월)
  다. 평가 영역 : 수용(이해), 표현 / 어휘, 의사소통 기능, 문법
  라. 특징 : 주 양육자의 보고로 이루어지는 평가로서, 영유아용의 경우 284개 낱말 목록 및 제스처와 놀이 항목이 포함되어 있으며, 유아용의 경우 641개 낱말 목록과 분법과 문장을 포함하고 있다. 생활 연령에 해당하는 평균과 표준편차를 제공한다.

- 취학 전 아동의 수용언어 및 표현언어 발달 척도(PRES)

  가. 개발자 : 김영태 외(2001)

  나. 대상 연령 : 2~6세

  다. 평가 영역 : 수용(이해), 표현/의미, 음운, 구문, 화용

  라. 특징 : 주 양육자에 의한 보고와 검사자에 의한 직접 평가가 모두 가능하며, 그림 자료 책
  과 사물 자료를 이용한다. 등가연령과 백분위 점수를 제공한다. 인지 개념, 의미론적 언어
  능력, 조음 및 구문론적 언어 능력, 화용론적 언어 능력 평가가 있다.

- 영유아 언어발달 검사(SELSI)

  가. 개발자 : 김영태 외(2003)

  나. 대상 연령 : 4~35개월

  다. 평가영역 : 수용(이해), 표현 / 의미, 음운, 구문, 화용

  라. 특징 : 주 양육자의 보고에 의한 검사이며, 수용 언어 장애 및 표현 언어 장애 검사이다.
  정상 발달에 대한 규준을 제공하여 백분위를 안다.

- 언어문제 해결력 검사

  가. 개발자 : 배소영 외(2003)

  나. 대상 연령 : 5~12세

  다. 평가 영역 : 표현/화용

  라. 특징 : 검사자에 의한 직접적 평가이며, 문제 상황이 표현된 그림판을 보여주며, 그 그림
  과 관련된 검사지의 질문을 듣고 대답하게 한다. 원인 이유, 해결 추론, 단서 추측의 세
  가지 영역별로 구한 획득 점수를 통해 각각의 해당 백분위 점수를 제공한다. "왜?", "어떻
  게?"가 포함된 질문에 대답한다.

- 구문의미이해력 검사

  가. 개발자: 배소영 외(2004)

  나. 대상 연령 : 4~10세

  다. 평가 영역 : 수용(이해)/의미, 구문

  라. 특징 : 검사자에 의한 직접 평가이며, 3개의 그림 중에서 알맞은 그림을 선택하는 방식으
  로 진행되며, 백분위 점수가 제공된다. 구문 의미 이해를 알아보는 57개 문항이 있다.

- 수용 및 표현어휘력 검사(REVT)

  가. 개발자 : 김영태 외(2009)

나. 대상 연령 : 2세 6개월 ~만 16세

다. 평가 영역 : 수용(이해), 표현/어휘

라. 특징 : 검사자에 의한 직접 평가이며, 표현어휘력 검사의 경우는 그림을 보고 명명하는 방식으로 이루어지고 수용어휘검사는 그림어휘력검사와 유사하게 이루어진다. 등가연령과 백분위 점수가 제공되며, 등가연령의 경우에는 해당 연령대 전체 학생 중 하위 10퍼센트에 해당하는 아동들의 점수를 기준으로 하였다. 수용어휘, 표현어휘 각 185개 문항으로 평가한다.

• 아동용 한국판 보스턴 이름대기 검사(K-BNT-C)]

가. 개발자 : 김향희, 나덕렬(2007)

나. 대상 연령 : 3~14세

다. 평가 영역 : 표현/어휘

라. 특징 : 검사자에 의한 직접 평가이며, 그림을 보고 명명하는 방식으로 이루어지고 등가연령과 백분위 점수가 제공된다.

14-5 원인

1) 청각장애

외이의 구조는 단순하기 때문에 장애 유발이 적을 뿐만 아니라, 장애의 발생 정도도 심각하지 않다. 임신 초기의 바이러스 감염, 풍진, 인플루엔자, 또는 피임약의 부작용으로 이개가 없거나 외이도가 없는 선천성 기형아가 태어날 수 있는데, 이러한 외이도 이상의 경우는 주로 난청이 된다.

중이의 이상은 외이의 경우보다 심각한 청력 손실을 가져온다. 그렇더라도 대개의 경우는 농보다는 난청으로 구분된다. 중이의 이상은 대부분 이소골의 기계적인 작용에 결함이 있는 경우이며, 의학적인 치료나 수술 등으로 교정이 가능한 경우가 많다.

중이에 장애를 일으키는 가장 보편적인 질환은 중이염이다. 이 중이염은 감염성(인플루엔자)과 알레르기에 의한 것이 주종을 이루는데 방치하여 만성중이염이 되면 청각장애를 일으키게 된다. 이 밖에 외상으로 인해 고막이 파열되어도 청각장애를 일으키게 된다. 비교적 드물기는 하지만 이경화증이라는 질환도 발생한다. 이것은 등골이 난원창에 비정상적으로 붙게 되는 유전성 뼈 질환으로 난청을 유발하게 된다.

중이보다도 좀 더 복잡한 구조인 내이의 장애는 치명적인 청력 손실을 가져오게 된다. 내이 장애의 원인으로는 유전성, 바이러스 감염, 세균 감염(뇌막염, 뇌염), 머리 강타, 출생 시의 산소결핍증, 임산부의 산전 감염(풍진, 매독), 약물중독(항생제 부작용), 직업성 내이 파괴(과다한 소음), 모자 혈액부적합 등이 있다. 또한 나이가 들어감에 따라 귀의 관련된 세포가 쇠퇴하여 나타나는 노인성 난청도 있다.

2) 언어장애

대뇌의 언어 중추 발달이 늦어서 말이 더디고, 언어장애의 원인은 뇌성마비, 구강안면기능 장애, 지적장애 등 여러 가지 중 하나이다.

◼ 언어치료를 받아야 하는 대상.
▷청각장애로 인한 언어장애나 언어발달지체가 있는 경우
▷인공와우이식수술 전 단계의 청능 훈련이 필요한 경우
▷인공와우이식수술 후 언어재활이 필요한 언어 습득 이전의 유소아
▷인공와우이식수술 후 청각재활이 필요한 언어 습득 후의 학령기 청소년
▷인공와우이식수술 후 청각재활이 필요한 성인

14-6 중재 및 치료 방법

1) 지도 방법

(1) 학교에서의 지도 방법
- 가르치는 개념에 대해 명확하게 설명하고 시각적 예를 많이 사용한다.
- 교사나 또래들이 청각장애 학생과 이야기할 때 자연스럽게 이야기하고 제스처도 자연스럽게 하되 얼굴을 마주 보며 말하도록 한다.
- 청각장애 학생이 교사의 말하는 내용을 독화하기에 가장 좋은 자리가 어디인지 학생과 상의하여 결정한다.
- 과제물을 말할 때 칠판에 적어준다.
- 학생들이 토론하거나 발표할 때는 한 번에 한 사람씩 말하도록 하고 누가 말하는지 청각장애 학생에게 알려주어 누구를 보아야 하는지 알 수 있도록 한다.

• 전문가들과 긴밀히 협조하며 청각장애 학생들이 일반학급 내에서 적절한 교육 경험을 할 수 있도록 한다.

1) 청능 훈련

청능 훈련은 궁극적으로 청각의 활용 능력을 향상시키기 위한 훈련이며, 의사소통 시 청각적 단서를 최대한 활용할 수 있도록 돕는 과정이다. 우선적으로 소리의 존재에 대한 인식을 갖게 하고, 두 번째 단계로 여러 가지 환경음을 변별하도록 하며 마지막으로 말소리를 변별하도록 하는 것으로 진행된다.

2) 독화지도

단어부터 시작하여 문장, 문단순으로 지도하는 종합적 접근법과 음운 수준부터 지도하는 분석적 접근법이 있다. 최근에는 총체적 방법, 컴퓨터와 영상자료를 이용한 독화지도 방법, 그리고 말을 반복하고 단어 순서를 재구성하며 핵심어(key world)를 찾는 말 추적법을 사용하고 있다.

3) 발성 발어 지도

자신의 생각이나 의도를 구어로 전달하는 것을 목표로 한다.
• 감각훈련은 시각과 촉각훈련, 다감각법을 중심으로 이루어진다.
• 호흡훈련은 정상적인 목소리를 산출하기 위한 가장 기초적인 훈련이다.
• 조음훈련은 발어 시의 구형이 과장되게 부자연스러운 것을 수정하고, 정조음을 산출하는 데 목적을 둔다.

(2) 가정에서의 지도 방법
1) 청각장애아 부모 지침
• 아동의 양육은 원칙적으로 정상아동과 똑같은 식으로 한다.
• 정상아동과 잘 어울린다면, 적극적으로 접촉시킬 필요가 있다.
• 아동의 생활 중에 유희적 분위기를 조성하여 언어 습득에 힘쓴다.
• 아동이 표현한다는 사실 그 자체의 가치를 인식하고 존중한다.
• 아동의 경험을 넓히기 위해 모든 감각을 이용한다.
• 잔존 청력을 최대로 활용하게 한다.
• 가정에서의 지도와 학교에서의 지도는 유기적 관계임을 고려한다.

2) 가정교육에서 부모의 자세

- 자녀가 청각장애라는 사실을 수용해야 한다.
- 부모의 마음이 안정되어야 한다.
- 교육의 가능성 및 효율성을 믿어야 한다.
- 모든 커뮤니케이션의 수단을 다 동원해 언어 능력을 신장시켜주는 자세가 필요하다.

■ 가족의 청력 손실의 수용 과정

① 부정 : 슬픔과 충격을 받아들이고 견딜 수 있는 힘을 기르는 단계
- 청각장애는 보이지 않는 장애이므로 부정하기 더욱 쉽다.
- 여러 유명한 병원이나 전문가를 찾아다니며 진단자나 전문인에게 공격적으로 대한다.

② 죄의식 : 당연히 드는 생각이나 이성적으로 스스로 극복할 수 있는 과정

③ 분노 : 가족이나 친지 혹은 검사자나 진단자를 향하여 화를 내지만 이는 수용하기 시작하는 단계

④ 타협 : 전문인이나 교육자, 혹은 경험자가 시키거나 좋다고 하는 일은 무엇이든지 다하여 정상 회복을 위하여 노력하는 단계
- 잘못된 기대나 희망
- 현실적인 기대와 정서적 안정이 필요

⑤ 우울 : 무엇이든지 다 한 것 같은데 효과가 없고 정상으로 돌아올 수 없는 벽을 느끼는 단계
- 더 이상 부정이나 분노는 없음
- 우울이 깊어지고 털어놓지 않으면, 더 우울해진다.
- 같은 어려움을 경험한 친구가 효과적(네트워크 활용)
- 없는 것에 아쉬워하지 말고 가진 것에 감사하는 지혜로 극복
- 전문적인 도움도 필요

⑥ 수용 : 마지막이며 최고의 단계로 사실을 그대로 받아들이고 감정의 조절에 쓸 에너지를 효과적이고 생산적으로 사용할 수 있는 단계, 아이를 부정적인 견해에서 긍정적인 견해로 보는 단계

■ 장애아동의 부모가 과하거나 부족하지 않게 아이를 키우는 법
- 아이의 물리적 요구를 채워주되 과보호로 흐르지 말 것
- 장애에 대해 슬퍼하거나 아이를 거부하지 말 것
- 아이를 정상아처럼 대하되 장애를 부정하지 말 것
- 노력을 하되 결실에 매달리지 말 것
- 아이가 자라는 것을 즐길 수 있도록 기대치를 조정할 것

2) 중재 방법

보조 공학기기와 언어치료

1) 보조 공학기기
(1) 보청기

보청기에는 고감도 마이크와 고출력 스피커가 내장되어 있어 외부의 소리를 받아들이고 그것을 증폭기를 통해 스피커로 내보내는 것이다. 이와 같은 원리는 전음성 청각장애인이 듣기 어려운 소리를 듣기 쉬운 소리로 전환시켜준다. 많이 사용되는 보청기의 형태는 상자형, 귀걸이형, 귓속형 등이 있다.

① 착용 위치에 따른 유형: 상자형 보청기, 귀걸이형 보청기, 안경형 보청기, 귀속형 보청기
② 신호처리 방식에 따른 유형: 아날로그 보청기, 디지털 프로그램형 보청기, 디지털 보청기
③ 청각 보조장치에 의한 유형: FM 시스템 보청기, 집단형 보청기, 유도파 보청기, 적외선 보청기
④ 증폭 방식에 의한 유형: 선형 보청기, 비선형 보청기
⑤ 음전도 방식에 따른 유형: 기도 보청기, 골도 보청기

마이크로폰(음성신호를 전기 에너지로 변환) → 증폭기(마이크로폰의 전기 신호를 충분한 크기의 전기 신호로 증폭) → 전기(증폭기에 힘을 공급) → 이어폰(전기 신호를 음성 신호(음)로 변환)

(2) 인공와우

인공와우는 인공 달팽이관이라는 뜻으로, 양측 고도 감음신경성 청각장애인 또는 전혀 들을 수 없는 사람에게 청각을 제공해주기 위한 전자장치이다. 인공와우 수술은 외부로부터 들어오는 소리를 전기적인 자극으로 변환하여 청신경을 자극할 수 있는 전극을 와우에 삽입하는 것이다. 인공와우는 언어 습득 후 중도에 농이 된 사람, 청력 손실도가 커서 보청기의 도움을 받을 수 없는 사람, 와우의 발육이 정상인 사람, 의료적 수술에 지장이 없으며 정신질환을 갖지 않는 사람, 전기자극 검사의 반응이 좋은 사람 등에게 시술한다.

(3) 기타 보조 공학
- 자막: TV나 영화, 다양한 어휘와 구문을 접하게 함으로써 언어 능력을 신장시킴
- 청각장애인용 전화기: 문자 전화기와 골도 전화기

- 컴퓨터 테크놀로지: 일반적인 컴퓨터의 사용 이외에도 발음 연습, 청능 훈련, 수화 교육, 독화연습, 언어 보충학습 등 다양한 방법으로 청각장애 학생들을 위해 활용
- 알림 장치: 출입문의 벨소리, 화재 경보, 자명종, 전화벨 등의 소리를 듣지 못하는 청각장애인들에게 소리 대신 신호를 전달할 수 있도록 불빛이 깜빡이는 단서등 사용

2) 언어장애 치료

아동 언어장애는 크게 언어발달지체를 보이는 아동(말이 낮은 아동 혹은 기타 인지적 장애로 인한 발달 지체)과 비언어성 지능에 이상이 없는 단순언어장애 등이 있다.

아동 언어장애의 중재 접근법은 중재 장소와 중재 활동이 얼마나 실제의 생활과 비슷하냐에 따라서 자연스러움의 정도가 다르며, 이러한 자연스러움의 정도에 따라서 임상가(치료사 혹은 교사) 중심법, 아동 중심법, 절충법 등으로 중재 접근법을 나누어 볼 수 있다.

(1) 임상가 중심법

임상가 중심법에서는 임상가가 중재의 모든 측면, 즉 사용할 자료, 자료의 사용 방법, 강화의 유형과 빈도 등을 미리 정해두고 계획적으로 중재를 제공하는 방법이다.

- 가. 훈련 : 가장 구조화된 형태로 임상가가 아동에게 아동이 어떻게 반응해야 하는지를 가르치고, 낱말이나 구와 같은 훈련 자극을 제공한다. 그리고 아동이 임상가가 제공한 자극을 모방하면 강화를 제공한다.
- 나. 훈련 놀이 : 훈련과 유사한 구조이나 약간의 동기를 제공한다는 점에서 차이가 있다. 즉, 일상 사물 이름 대기를 할 경우에 임상가가 아동에게 먼저 어떤 스티커를 가지고 싶은지 선택하게 하고 적절한 반응을 보였을 때 해당 스티커를 제공할 수 있다.
- 다. 모델링 : 아동이 임상가를 모방하는 것이 아니라 아동은 임상가의 말을 듣기만 하게 하는 것이다. 따라서 아동은 훈련처럼 임상가의 목표 언어를 바로 모방할 필요가 없다. 아동은 임상가가 제공하는 수많은 목표 언어를 들은 후에 목표 언어를 산출하게 된다.

(2) 아동 중심법

행동 문제가 있어서 고집이 세거나 의사소통을 먼저 시작하지 않은 수동적인 의사소통 유형의 아동들에게 적절한 중재 접근 방법이 아동 중심법이다. 아동 중심법에서는 임상가가 활동을 준비하되, 아동에게는 목표 반응을 산출하는 것이 놀이와 상호작용의 일부처럼 일어나도록 하는 것이다. 아동 중심법에서는 아동이 주도하면 임상가는 아동의 주도를 따른다.

가. 혼잣말 기법과 평행적 발화 기법

나. 모방 : 임상가가 아동의 말을 그대로 모방하는 것으로서, 대화의 차례 바꾸기 구조를 발달할
      수 있음.

다. 확장과 확대

(3) 절충법

절충법의 세 가지 특징은 다음과 같다. 첫째, 일반적 의사소통 자체에 중심을 두는 아동 중심법
과 달리 한 개 혹은 일련의 특정 언어 목표가 있다. 둘째, 임상가는 활동과 자료를 정하는 데 있어
서 어느 정도의 통제를 유지하나 아동이 자발적으로 목표 언어를 산출할 수 있도록 유도한다. 셋
째, 아동의 주도적인 의사소통에 반응하기보다는 목표로 하는 형태를 모델링하고 강조하는 방식으
로 언어적 자극을 사용한다.

가. 집중적 자극 기법 : 상호작용 맥락을 세심하게 준비하여, 목표로 하는 형태를 아동이 필수적
     으로 산출할 수 있도록 유도한다. 이때 임상가는 놀이와 같은 의사소통 맥락에서 높은 빈도
     로 목표 형태를 모델링하여 아동이 성공할 수 있도록 돕는다. 예를 들어 목표 언어 형태가
     대상＋형위일 경우 임상가는 소꿉놀이를 하면서, 자, 선생님은 이거 봐라. 사과 잘라요. 감
     자 잘라요. 수박 잘라요. 배?라고 말하면 아동이 배 잘라요라는 반응이 나오도록 유도하는
     방식이다.

나. 환경 중심 언어 중재

다. 스크립트 중재

14-7 청각장애의 오해와 진실

청각장애의 오해와 진실

1. 농아인(청각장애인)의 보청기 착용 비율은 얼마나 되나요?

 A : 난청과는 다른 개념인 청각장애에 대해서 일반적으로 '청각장애인들은 들을 수 없다'라고
일반적으로 치부해버리기 때문에, 보청기는 난청인만 사용한다고 생각하기 쉽지요.

 하지만 이 부분은 많이 왜곡되어 있는 것이랍니다. 청각장애인도 사람에 따라 편차가 심하기는

하지만, 많은 분들이 착용하십니다. 청력을 들린다 안 들린다의 개념이 아니라, 우리 시력처럼 청력도 단계가 있다고 생각해주시면 되겠습니다. 그러면 당연히 보청기를 안경처럼 생각해주시면 되겠죠. 청각장애인(농아인)들은 보청기를 대부분 사용하십니다. 평생을 청각장애로 살아오신 어르신들은 많이들 보청기를 빼놓으시지만, 40, 50대까지는 청각장애인들도 보청기를 사용하십니다. 물론 젊은이들은 거의 다 사용한다고 보시면 된답니다. 우리나라 청각장애 인구를 35만으로 추정할 때에(한국농아인협회 추정), 그 숫자는 어마어마하지요. 보장구 지원에 대해서 할 말이 많지만, 다음에 포스팅하기로 하고 요것은 이만….

2. 농아인(청각장애인)에게 보청기가 꼭 필요한 건가요? 병원 측에서는 인공와우가 낫다며 보청기는 별로 도움이 안 될 거라고 하던데요.

A : 청각장애인에게 보청기는 꼭 필요한 것이지요. 안경이라고 생각해주시면 되겠다고 했잖아요. 안경이 없으면 불편한 것이 더 불편하듯이, 청각장애인에게 보청기는 꼭 필요한 필수품이면서도, 요즈음에는 악세사리로도 진화해가고 있답니다. 보청기를 귓속형, 또 칼라~ 바깥에 하는 보청기에는 보청기 싸개 등등 뭐 여러 가지 악세서리도 등장하고 있답니다.

병원에서는 당연히 수술을 권장하죠. 보청기는 장애인보조기구 도움으로 정부에서 30~40만 원의 지원금이 나오고 있습니다. 기껏해야 보청기로 받는 지원금은 30에 플러스 50, 60 정도? 하지만, 수술은 차원이 달라지죠. 인공와우 수술도 몇 해 전부터는 의료보험 혜택이 적용되었구요. 2,000만 원씩 하던 수술이 500, 600이면 가능하게 되었다는 거죠. 수술비가 싸졌는가? 그 수술비의 중간은 정부에서 보조하고 있다는 거죠. 결국에는 병원에서는 그대로 수익을 드시고 있다는 말… 병원 측 누가 그렇게 말씀하셨는지는 모르지만, 결국…

인공와우는 뭐냐면요. 보청기를 귀에 넣었다고 보시면 된답니다. 인공와우가 성능이 더 좋은 게 아니라, 수술을 해서 귀에 넣어 조금 더 효과를 보조 편리해보자는 거지요.

제가 콘택트렌즈를 끼는데, 안경을 낄 때와는 이점도 있고 단점도 있는 것과 마찬가지 입니다. 보청기가 구닥다리고, 인공와우가 완전 신기술이다? 죄송하지만, 신기술이 아니라 새로운 시도를 하고 있는 것이구요. 효과와 안정이라는 측면에서는 아직도 보청기가 월등합니다.

라식, 라섹 수술이 흔해져도… 콘택트렌즈를 사용하는 인구가 늘어도, 여전히 안경이 사라지지 않고 있죠. 하지만 안경을 끼는 사람들에게 우리가 구닥다리니 성능이 안 좋다니라고 말하지는 않지요. 왜냐면, 사실, 안전을 담보로 모험을 하지 않아도 되고, 비용 면에서도 우수하기 때문이죠. 큰 비용 들여서 하는 와우수술이 낫지 않겠느냐?~ 죄송하고 안타깝지만, 아직 와우수술의 성공사례는 딱히 없습니다. 난청 어르신, 난청의 인공와우수술이 득을 볼 수는 있어도, 청각장애가 뻥 뚫리게 되는 일은 거의 전무하다고 봅니다. (있으면 저에게 소개해주세요, 제가 생각을 바꿀 수도 있겠죠.)

청각장애에 대해서 사람들이 모른다고 생각하기 때문에, 쉽게 이야기하고, 쉽게 이득을 챙기려는 분들이 중간에 있게 되는 것은 당연한 일인지도 모르겠습니다.

3. 청각장애인은 소리가 안 들리는데, 왜 보청기를 착용하나요?

A : 혹시 시각장애인들도 안경을 많은 분들이 끼고 계시다는 거 아시나요? 물론 도수가 없지만요~ 선글라스를 착용하시지요. 물론 안 하시는 분도 있구요. 이분들은 안 보이는데 왜 안경을, 선글라스를 끼시는 걸까요? 외관, 미관상이기도 하겠죠. 하지만, 또 선글라스를 낌으로 건청인들이 시각장애인이라는 것을 인지하도록 하기도 하겠죠. 뭐 우리가 생각하는 용도와는 다른 여러 가지 용도입니다. 마찬가지로 청각장애인과 보청기. 그나마 잔존하는 청력을 보청기가 보완함으로 소리를 지원해주는 겁니다.

또렷이 들리지는 않지만 경적소리, 위급한 소리, 큰소리, 사람 소리인지 기계 소리인지 등의 수많은 소리를 감지할 수 있도록 조금 더 도와주는 기기가 보청기랍니다.

4. 그러면 보통 고채널의 좋은 제품을 쓰셔야겠네요~

A : 사람에 따라 선호하시고 사용하시는 제품이 있는 듯합니다.

제가 아는 형님은 아날로그는 거의 잡음이 많아서 못 쓴다고 합니다.

고채널일수록 좋은 것은 사실이지만, 너무 비싸서 쓰지 않고 가격대비 성능 좋은 것으로 디지털 보청기를 주로 사용한다고 합니다. 경제적인 여건에 따라서 사용하고 있는 것일 테죠.

－출처 : "청각장애에 대한 오해와 진실-보청기", 네이버 블로그(복음보청기 수원센터)(2012. 10. 24)－

참고문헌

권순황(2014), 특수아동 진단 및 평가, 일문사

김미경(2012), 특수아동 부모 교육 및 상담, 청목출판사

김승국 외(1997), 청각장애 아동 교육, 교육과학사

심현섭 외(2012), 의사소통장애아동교육, 학지사

양서원(2012), 청각장애아아동교육, 한국청각언어장애교육학회

유은정 외(2010), 청각장애아동의 이해와 교과교육, 학지사

윤미선 외(2007), 청각장애 아동의 부모를 위한 지침서, 군자출판

이용주(2012), 예비교사를 위한 특수아동교육의 이해, 파란마음

http://jwoh72.blog.me/90011411607

http://blog.naver.com/poosh99/140099741676

http://blog.naver.com/visionkim07/50012511644

http://www.hipak.or.kr/info/link.asp

http://blog.naver.com/pssim17/10014092349

http://blog.naver.com/jhlim0801/220958242515

http://terms.naver.com/entry.nhn?docId=2120067&mobile&cid=51007&categoryId=51007

http://cafe.naver.com/nawayo/1110296ttp://terms.naver.com/entry.nhn?docId=2120000&cid=51004&categoryId=51004

https://ko.wikipedia.org/wiki/%EC%B2%AD%EA%B0%81_%EC%9E%A5%EC%95%A0

http://blog.naver.com/jskong9464/220893261519

http://www.openter.co.kr/bbs/zboard.php?id=toedu01_example&page=1&sn1=&divpage=1&sn=off&ss=on&sc=on&select_arrange=headnum&desc=asc&no=11

http://blog.naver.com/bjs718/220345006215

http://www.ohmynews.com/NWS_Web/View/at_pg.aspx?CNTN_CD=A0002710723

http://www.sisajournal-e.com/news/articleView.html?idxno=194821

https://blog.naver.com/sntel/10150443329

https://news.naver.com/main/read.nhn?oid=087&aid=0000828233

저자 약력

김 미 경

학 력
대구대학교 대학원 특수교육 정서·행동장애아교육 전공(문학석사)
대구대학교 대학원 특수교육 정서·행동장애아교육 전공(문학박사)

경 력
현) 세한대학교 특수교육과 교수
응용분석학회(ABA)한국지부 상임이사
한국정서·행동장애교육학회 이사
한국학습장애학회 이사
한국발달장애학회 이사
한국직업재활학회 이사

논문 및 저서
논 문
• 고기능 자폐아의 중앙응집(2009)
• ADHD SC−4에 의한 ADHD아동의 출현율 조사 연구(2010)
• 학령기 전 아동의 음운인식과 작업기억 구성요소간의 관련성 분석(2011)
• 4세−7세 유아의 음운인식능력발달특성에 대한 대(규모)집단 연구(2011)
• 북아트를 활용한 기본교육과정 국어과지도가 장애학생들의 국어과에 대한 태도에 미치는 효과(2012)
• 진로탐색 집단상담 프로그램이 지적장애 중학생의 진로태도에 미치는 효과(2012)
• 기본교육과정 1−2학년군 국어과와 수학과 교과서의 적용실제와 과제요구(2013)
• 지적장애학생을 위한 국어과 단일대상 중재연구의 동향(2013)
• 음운인식 중재가 읽기장애 아동의 뇌 활성화에 미치는 효과 연구(2013)
• 경도지적장애 학생들의 성지식과 성태도 인식 및 개선방안(2014)
• 발달장애아동의 문제행동실태 및 대처에 대한 조사연구(2014)
• 지적·발달장애 학생들의 성교육 실태조사(2015)
• 또래주도 놀이활동이 자폐스펙트럼장애 아동의 친사회적 행동과 대인관계에 미치는 효과(2015) 외 50여 편

저 서
• 자폐범주성 장애아동교육(2011)
• 이상심리아동발달론(2011)
• 자폐범주성장애아동교육(2011)
• 행동지원지침서 전 4권(2011)
• 특수아동 부모교육 및 상담(2017)
• 정서 및 행동장애아 교육 제3판(2017)
• 장애아동 상담 및 부모교육의 실제(2017)
• 행동수정 및 긍정적 행동지원의 이해(2019) 외 20여 편

사례 중심의 장애아동 부모 교육

초판발행   2021년 3월 25일
중판발행   2023년 9월 5일

지은이   김미경
펴낸이   노   현

편   집   강진홍
기획/마케팅   이후근
표지디자인   BEN STORY
제   작   고철민 · 조영환

펴낸곳   (주)피와이메이트
               서울특별시 금천구 가산디지털2로 53 한라시그마밸리 210호(가산동)
               등록 2014. 2. 12. 제2018-000080호
전   화   02)733-6771
f a x   02)736-4818
e-mail   pys@pybook.co.kr
homepage   www.pybook.co.kr
ISBN   979-11-6519-143-6   93370

정 가   22,000원

박영스토리는 박영사와 함께하는 브랜드입니다.